Birnbacher
Tun und Unterlassen

Dieter Birnbacher
Tun und Unterlassen

Philipp Reclam jun. Stuttgart

Universal-Bibliothek Nr. 9392
Alle Rechte vorbehalten
© 1995 Philipp Reclam jun. GmbH & Co., Stuttgart
Satz: Utesch Satztechnik GmbH, Hamburg
Druck und Bindung: Reclam, Ditzingen. Printed in Germany 1995
RECLAM und UNIVERSAL-BIBLIOTHEK sind eingetragene
Warenzeichen der Philipp Reclam jun. GmbH & Co., Stuttgart
ISBN 3-15-009392-9

Inhalt

1 Einleitung: Worum es in diesem Buch geht

Der Gegenstand der folgenden Überlegungen ist ein universales und wohlvertrautes Element unseres moralischen Urteilens: die Tendenz, Tun und Unterlassen, Handeln und Geschehenlassen, aktives Eingreifen und passives Untätigbleiben moralisch deutlich *verschieden* zu beurteilen, und zwar auch dann, wenn sich Handeln und Unterlassen in Motiven, Absichten und Folgen nicht oder nur unwesentlich unterscheiden. Wer einen anderen vorsätzlich belügt oder betrügt, indem er ihm Märchen auftischt, wird gemeinhin strenger moralisch verurteilt, als wer einen anderen durch das Verschweigen wichtiger Tatsachen wissentlich im Irrtum läßt. Der Vorstand einer Bank, der förmlich beschließt, ein vor der Zahlungsunfähigkeit stehendes Unternehmen bankrott gehen zu lassen, hat eher Kritik zu erwarten als der Vorstand einer anderen Bank, der stillschweigend darauf verzichtet, mögliche Sanierungsmaßnahmen einzuleiten.

Stark ausgeprägt ist die Diskrepanz in der Beurteilung von Handeln und Unterlassen insbesondere da, wo andere durch ein Handeln oder Unterlassen Schäden an Leib und Leben davontragen. Einen anderen vorsätzlich zu töten, scheint in weit höherem Maße moralisch verurteilenswert, als seinen Tod lediglich nicht zu verhindern, obwohl man ihn verhindern könnte, ihn also »sterben zu lassen«. Das bloße »Sterben-Lassen« scheint – zumindest auf den ersten Blick – sehr viel weniger bedenklich als das vorsätzliche Töten, entsprechend dem – allerdings ironisch gemeinten – Vers des englischen Dichters A. H. Clough:

> »Thou shalt not kill, but need'st not strive
> Officiously to keep alive.«
>
> (»Du sollst nicht töten, brauchst dich aber auch nicht
> übereifrig darum zu bemühen, jemanden am
> Leben zu erhalten.«)

Bestätigt wird dieser Eindruck durch die seit Jahrzehnten andauernde medizin-ethische und juristische Diskussion über die aktive und passive Sterbehilfe. Während die aktive Tötung auf Verlangen weltweit (mit der Ausnahme der Niederlande) als Ultima ratio der Erlösung von unerträglich gewordenen Leidenszuständen am Ende des Lebens von der großen Mehrheit der Ethiker und Juristen rigoros abgelehnt wird, ist es im Zuge der »ökologischen« Rehabilitation eines positiv besetzten Naturbegriffs in den letzten Jahren zu einer zunehmend positiven Bewertung des passiven »Sterben-Lassens« gekommen. Ein todgeweihtes Leben durch einen aktiven Eingriff zu beenden, wird weithin als Extremform einer technisch-manipulativen Vergewaltigung natürlicher Abläufe verworfen. Einen Todgeweihten »in Ruhe sterben zu lassen« gilt vielen dagegen als Ausdruck löblicher Gelassenheit und Schicksalsergebenheit und als weiser Verzicht auf einen dem Medizinsystem angelasteten überzogenen Aktivismus.

Als symptomatisch für die Polarisierung in der Beurteilung von Aktiv und Passiv im Zusammenhang mit Lebenserhaltung und Lebensverkürzung kann eine vor einigen Jahren in der Zeitschrift *Ethik in der Medizin* geführte Diskussion gelten, in der es um eine besonders schwierige und belastende ethische Entscheidungssituation ging: Wie sollte mit einem Säugling umgegangen werden, der mit einem schnell wachsenden inoperablen Hirntumor geboren war und mit dessen Tod in allerkürzester Zeit zu rechnen war? Trotz der geringen Lebenserwartung entschlossen sich die Ärzte zu einer Operation, die das Leben auf über ein halbes Jahr verlängerte. Auslöser und Gegenstand der Diskussion war die vom Vater nach dem Tod des Säuglings angesprochene Frage, ob in diesem Fall auch eine vorzeitige aktive Tötung in Frage gekommen wäre. Kommentiert wurde dieser Fall u. a. von Eduard Seidler, Kinderarzt, Medizinhistoriker und damaliger Präsident der Akademie für Ethik in der Medizin. Seidler lehnt eine aktive Tötung dezidiert und ohne weitere Begründung ab, äußert andererseits jedoch Zweifel daran, ob es in diesem Fall sinnvoll war, den abzusehenden Tod durch die Operation hinauszuzögern. Vorsichtig, aber unmißverständlich kritisiert er »die Unfähigkeit aller Beteiligten, von Anfang an gar nichts zu tun« (Ruhrmann u.a., 1990, 202). Die wissentliche und willentliche Beschleunigung des Todes eines todgeweihten Neugeborenen durch den Verzicht auf mögliche lebensverlängernde Behandlungen liege längst nicht in demselben Maße außerhalb des ethisch Denkbaren wie ein auf dasselbe Ziel gerichtetes aktives Eingreifen.[1]

Eine ausgeprägte Tendenz zu einer Bevorzugung des Nicht-Eingreifens gegenüber dem Eingreifen findet sich auch im Bereich des *Naturschutzes*. Die Strategie des »therapeutischen Nihilismus« – wie sie unter Anspielung auf eine ältere medizinische Tradition genannt worden ist (Hargrove, 1989, 138) – entspricht hier dem Wunsch, in die natürlichen Abläufe möglichst wenig störend einzugreifen und der Natur Gelegenheit zu geben, gegen äußere Störungen zunächst ihre eigenen Abwehr- und Selbstheilungsressourcen zu mobilisieren. Menschliche Eingriffe sollen sich darauf beschränken, die Folgelasten früherer menschlicher Eingriffe zu neutralisieren. Begründet wird diese Strategie von ihren Fürsprechern sowohl mit dem Hinweis auf die Unübersehbarkeit der Eingriffsrisiken als auch mit der Behauptung eines axiologischen Eigenwerts der Ursprünglichkeit der Natur und ihrer vom Menschen ungestörten Entwicklung. Einerseits sei jeder im Namen des Naturschutzes erfolgende Eingriff angesichts der bislang nur fragmentarischen Kenntnisse über die Wirkungsverläufe innerhalb komplexer Ökosysteme mit dem Risiko behaftet, mehr zu zerstören als zu verbessern. Andererseits wird gefordert, daß Naturschutz nicht so angelegt sein dürfe, daß er die spontane Entwicklung der Natur zugunsten bestimmter kulturell definierter Wertvorstellungen sistiert und ein einmal erreichtes Stadium der ökologischen Entwicklung gegen die natürlichen Veränderungstendenzen konserviert.

---

1 Auf diesen Fall wird an späterer Stelle ausführlicher eingegangen. Vgl. S. 369.

Vielmehr soll der autonomen Dynamik der Natur, so wie sie ohne den Menschen wäre, auch da Raum gegeben werden, wo die eingeschlagene Richtung – gemessen an ästhetischen, pädagogischen und anderen kulturellen Wertungen – als destruktiv oder degenerativ erscheint.

Die naturschützerische Strategie der Eingriffsminimierung ist freilich nicht ohne Kritiker geblieben. So wurde etwa auf die Einseitigkeit hingewiesen, mit der die Vertreter eines »therapeutischen Nihilismus« das Argument der Unsicherheit interpretieren: Beim jetzigen lückenhaften Stand des ökologischen Wissens sind die Folgen eines Nicht-Eingreifens nicht weniger unübersehbar als die eines Eingreifens. Wieviel Sympathie man dem Pathos des »Lassens« und der Gelassenheit als Antidot zum Hyperaktivismus der Gegenwartskultur auch immer entgegenbringen mag – auch das bloße »Lassen« hat seine Risiken. Das gilt sowohl für das Naturvertrauen von Barry Commoners (1971, 41) sogenanntem »Dritten Gesetz der Ökologie«: »Nature knows best« als auch für Rolstons (1988, 154 f.) vermeintliche Sicherheit, daß natürlich aussterbende Arten von der Natur nicht nur ersetzt würden, sondern daß die spontane Erneuerung der Arten geradezu der »Schlüssel für das Morgen« sei. Abgesehen davon kann eine spontane, »naturwüchsige« Naturentwicklung schwerlich das einzige Ziel des Naturschutzes sein. Man kann nicht ohne weiteres davon ausgehen, daß die sich selbst überlassene Entwicklung in eine Richtung zielt, die auch unter Gesichtspunkten des Artenschutzes und des Tierschutzes wünschenswert ist. Nicht-Eingreifen kann auch bedeuten, daß dominante Arten auf Kosten schwächerer und bedrohter (und eventuell gerade deshalb schutzwürdiger) Arten überhandnehmen. Bei höheren Tieren schließlich fallen die »natürlichen« Schäden, die der Vertreter der Eingriffsminimierung in Kauf nehmen muß, auch als eigenständiger moralischer Faktor ins Gewicht. So hätte etwa eine Impfung der Schafe im Yellowstone-Nationalpark die Erblindung und den daraus resultierenden Unfalltod zahlreicher Tiere verhindern können (Hargrove, 1989, 155). Darüber hinaus bestehen Zweifel daran, ob sich ein axiologisches Wertprinzip der »Ursprünglichkeit« und der »autonomen Evolution« auf die Natur, wie sie tatsächlich ist, überhaupt anwenden läßt. Nur sehr wenige Areale der Natur sind vom Menschen gänzlich unberührt. Selbst die von den amerikanischen Naturschutzgruppen zur Erhaltung ausersehenen »wilden« Ökosysteme Nordamerikas können nicht mehr ohne weiteres als »ursprünglich« gelten, seitdem man weiß, daß sie bereits von indianischen Jägern eines großen Teils ihrer Großwildfauna beraubt und dadurch verändert worden sind (Remmert, 1988, 7).

Bisher sind lediglich Unterschiede in der Bewertung (potentiell) *schädigenden* Handelns und Unterlassens genannt worden, die Tendenz zu einer Differenzierung in der moralischen Beurteilung von Handeln und Unterlassen findet sich jedoch – wenngleich vielleicht weniger ausgeprägt – auch bei Verhaltensweisen mit im Normalfall positiv bewerteten Folgen, und zwar in umgekehrter Richtung. Andern aktiv Wohltaten zu erweisen, gilt in der Regel als moralisch verdienstvoller als passives Verschonen. Als vermeintlich eindeutigerer Ausdruck guten Willens wird die aktive Hilfeleistung gegenüber dem passiven Untätigbleiben vielfach sogar dann bevorzugt, wenn zweifelhaft ist, ob tätiges Eingreifen die Lage verbessert. In der medizinischen Praxis scheinen therapeutische Maßnahmen vielfach auch dann für angebracht gehalten zu werden, wenn sie am Zustand des Patienten nichts zu ändern vermögen, aber – nach der Devise »ut aliquid fiat« – zumindest den ärztlichen Hilfswillen dokumentieren. Daß diese Praxis nicht ganz unüblich ist, wird u. a. durch die Tatsache dokumentiert, daß neuere Richtlinienvorschläge wie der »Appleton Consensus« zum Behandlungsabbruch von 1988 (vgl. Stanley, 1989, 130) die ausdrückliche Bestimmung enthalten, daß Ärzte nicht verpflichtet sind, objektiv aussichtslose Behandlungen aufzunehmen oder weiterzuführen.

Wie deutlich sich die in unseren spontanen Urteilen und vortheoretischen »Intuitionen« verankerte Abweichung in der moralischen Bewertung von aktivem Handeln und passivem Geschehenlassen in der gesellschaftlichen Praxis auswirkt, wird besonders im *Rechtssystem* sichtbar. Rechtsgutverletzendes Handeln und Unterlassen werden insbesondere durch das Strafrecht in sehr unterschiedlichem Ausmaß sanktioniert.

Das deutsche Strafrecht unterscheidet zwischen *echten* und *unechten* Unterlassungsdelikten. Bei den echten Unterlassungsdelikten ist die Unterlassung als solche mit Strafsanktionen belegt, bei den unechten lediglich als Sonderform eines Delikts, das sowohl durch Tun als auch durch Unterlassen realisiert werden kann und sprachlich gewöhnlich »aktiv« (also scheinbar als »Handlung«) formuliert ist – als Mord, Tötung, Betrug oder Körperverletzung. Auffällig ist die strafrechtliche Differenzierung zwischen Handeln und Unterlassen bereits bei den echten Unterlassungsdelikten, etwa bei der unterlassenen Hilfeleistung (§ 323 c StGB) oder der Nichtanzeige geplanter Straftaten (§ 138 StGB). Die Strafsanktionen für diese Delikte sind deutlich geringer als die für die entsprechenden, gegebenenfalls folgengleichen aktiven Delikte (fahrlässige Tötung, § 222 StGB; Beihilfe, § 27 StGB).

Was die »unechten« Unterlassungsdelikte betrifft, so schränkt der § 13 des Strafgesetzbuchs für den Fall, daß Delikte wie Betrug, Körperverletzung, Tötung oder Mord durch Unterlassen begangen werden, die Sanktionsmöglichkeiten ebenfalls weitgehend ein. Er lautet:

> »Wer es unterläßt, einen Erfolg abzuwenden, der zum Tatbestand eines Strafgesetzes gehört, ist nach diesem Gesetz nur dann strafbar, wenn er rechtlich dafür einzustehen hat, daß der Erfolg nicht eintritt, und wenn das Unterlassen der Verwirklichung des gesetzlichen Tatbestandes durch ein Tun entspricht. Die Strafe kann nach § 49 Abs. 1 gemildert werden.«

Wortlaut und Anwendung dieses Paragraphen zeigen, daß auch das Strafrecht ein Nicht-Handeln deutlich anders bewertet als ein in Absicht, Motiven und Folgen vergleichbares

Handeln. Gleich in mehrfacher Hinsicht wird zwischen Tun und Unterlassen normativ differenziert.

Wer einen anderen zu Schaden kommen läßt, obwohl er ihn davor bewahren könnte, hat erstens nur dann mit einer Bestrafung wegen des entsprechenden Schädigungsdelikts zu rechnen, wenn er »rechtlich dafür einzustehen hat, daß der Erfolg nicht eintritt«, d. h., wenn er als »Garant« zu dem anderen in einer besonderen Verantwortungsbeziehung steht, die durch im Gesetz nicht genannte, durch Rechtsprechung und Rechtswissenschaft gesetzte Rechtsregeln festgelegt ist. Typische Garanten sind Ärzte (in Bezug auf die von ihnen behandelten Patienten), Kinderbetreuer (in Bezug auf die betreuten Kinder), direkt Verwandte (in Bezug auf die mit ihnen in enger Lebensgemeinschaft Zusammenlebenden) und Ehepartner (soweit sie nicht dauerhaft miteinander verfeindet sind). Traditionell werden dabei drei Umstände als eine »Garantenstellung« begründend angesehen:

1. gesetzliche und vertragliche Verpflichtungen, denen der Garant in Bezug auf andere Personen oder Sachen unterliegt,

2. enge Lebensgemeinschaft, und

3. die Tatsache, daß man die Gefahrenlage, aus der die Pflicht zum Eingreifen erwächst, durch eigenes Verhalten erst geschaffen hat (Ingerenz).

So erfüllt das Verhalten einer Mutter oder einer Säuglingsschwester, die es unterläßt, das eigene bzw. das ihr anvertraute Kind vor dem Ersticken zu retten, obwohl sie dazu in der Lage wäre, nach § 13 den Tatbestand der Tötung (»Tötung durch Unterlassen«), während die unterlassene Rettung durch einen Fremden, der dazu in der Lage wäre, allenfalls (soweit ihm die Rettung zumutbar ist) den – durch ein sehr viel geringeres Strafmaß sanktionierten – Tatbestand der unterlassenen Hilfeleistung erfüllt.

Darüber hinaus werden beim Unterlassen gemeinhin höhere Anforderungen an den kausalen Zusammenhang zwi-

schen Verhalten und Verhaltensfolgen gestellt als beim aktiven Tun. Strafbar ist ein Unterlassen nach verbreiteter Auffassung nur dann, wenn ein Eingreifen den eingetretenen
Schaden mit »an Sicherheit grenzender Wahrscheinlichkeit«
verhindert hätte. Für die aktive Begehungsform dagegen wird
es als hinreichend angesehen, daß das Handeln den Eintritt
des Schadens wahrscheinlich macht (vgl. Stratenwerth, 1976,
282). Wer auf einen anderen mit Tötungsvorsatz, d. h. mit dem
Wissen, daß mit dem Tod des anderen als Folge des eigenen
Verhaltens zu rechnen ist, einen Schuß abgibt und ihm dadurch eine Verletzung beibringt, die mit Wahrscheinlichkeit
zum Tode führt, erfüllt den Tatbestand der vorsätzlichen Tötung. Wer andererseits bei einer schweren Krankheitskrise
seines Ehepartners in dem Wissen, daß dies für den anderen
den Tod bedeutet, den Arzt nicht benachrichtigt, erfüllt den
Tatbestand der vorsätzlichen Tötung nur dann, wenn es sicher
ist, daß eine ärztliche Behandlung den Tod des Ehepartners
verhindern (bzw. den Todeseintritt verzögern) würde.

Weiterhin sieht § 13 für das Unterlassen eine generelle
Möglichkeit der Strafmilderung vor, von der, soweit ich sehe,
in der Praxis auch weitgehend Gebrauch gemacht wird.[2]

Trotz der Eindeutigkeit der Gesetzeslage ist die Berechtigung der strafrechtlichen Differenzierung zwischen Handeln
und Unterlassen unter den Strafrechtswissenschaftlern umstritten. Den einen geht die im Gesetz vorgesehene Differenzierung zu weit, den anderen nicht weit genug. Nach der ersten Auffassung behandelt das Strafrecht Unterlassungen zu
läßlich, da eine so weitgehende Differenzierung alles andere
als plausibel sei. Insbesondere die im Gesetz vorgesehene
Strafmilderungsmöglichkeit wird mit Kritik bedacht. Mit der
Beschränkung der strafrechtlichen Verantwortung für Unterlassungen auf den engen Kreis der »Garanten« sei dem Bedürfnis, ein »Ausufern« der Handlungsverantwortung und

---

2 Für einige Delikte ist für die aktive und passive Begehungsform allerdings
eine Gleichbehandlung gesetzlich vorgeschrieben. Dazu S. 122.

damit eine normative Überforderung zu verhindern, vollauf Genüge getan. Einer zusätzlichen Strafmilderungsmöglichkeit bedürfe es dafür nicht. Überdies wird zu Recht auf das systematische Problem hingewiesen, daß die Strafmilderungsmöglichkeit nur schwer mit der Voraussetzung in Einklang zu bringen ist, daß das zu bestrafende Unterlassen der Verwirklichung des Tatbestandes durch ein Tun »entsprechen« muß. Was soll »entsprechen« hier anderes heißen, als daß es dem aktiven Tun *gleichwertig* ist? Dann aber ist nicht zu sehen, warum es dennoch milder bestraft werden soll.

Nach der anderen Auffassung behandelt das geltende Strafrecht Unterlassungen zu *streng* – vor allem indem es auch solche Personen für unterlassene Eingriffe mit Strafe bedroht, die weder am Zustandekommen des Schadens noch am Zustandekommen der Situation, in der der Schaden eingetreten ist, kausal beteiligt sind und darüber hinaus von sich aus nichts dazu getan haben, die Erwartung zu wecken oder aufrechtzuerhalten, daß sie in einer entsprechenden Situation eingreifen würden. Nach dieser Auffassung besteht keinerlei Berechtigung, Personen, die etwa mit dem Geschädigten in enger Lebensgemeinschaft zusammenleben und im Bedarfsfall einen Eingriff unterlassen, ungeachtet ihrer kausalen Rolle und eventueller vorgängiger Selbstverpflichtungen mit einem aktiven Täter strafrechtlich gleichzustellen.

An dieser Stelle sei darauf verzichtet, die beiden Extrempositionen kritisch zu durchleuchten. Gewiß läßt sich der Wortlaut des § 13 StGB auch so verstehen, daß sich »entsprechen« nicht auf die Gleichwertigkeit im normativen Sinne, sondern auf die Gleichheit bestimmter Tatbestandsmerkmale wie Vorsatz, Absicht usw. bezieht. Daß sich Handeln und Unterlassen in derartigen Merkmalen gleichen, heißt dann nicht bereits, daß sie auch gleich bewertet werden müssen. Offenkundig ist der Zusammenhang beider Positionen mit den entgegengesetzten Gesellschaftsidealen von »Gemeinschaft« und »Gesellschaft«: das eine Mal – idealtypisch – mit dem einer durch moralische und rechtliche Verhaltensnormen und

-erwartungen eng verflochtenen Solidargemeinschaft, in der jeder seines Bruders Hüter ist; das andere Mal – ebenso ideal-typisch – mit der einer individualistisch orientierten Zweck-gemeinschaft, deren Mitgliedern primär daran liegt, nicht übermäßig durch soziale Außenerwartungen in ihrem höchstpersönlichen *pursuit of happiness* behindert zu werden.

Für die Ethik stellt sich angesichts dieser Sachlage die Frage nach den *Gründen*, die eine so weitgehende normative Diffe-renzierung zwischen Handeln und Nicht-Handeln, wie sie in Sozialmoral und Rechtssystem vorausgesetzt wird, legitimie-ren. Lassen sich plausible – allgemeine oder bereichsspezifi-sche – Prinzipien angeben, die diese Differenzierung stützen? Oder muß diese Differenzierung als ein letztes normatives Datum, eine letzte intuitive Evidenz betrachtet werden, bei der die Frage nach möglichen Gründen ins Leere geht? Wenn das letztere zuträfe, hätte dies gewichtige Konsequenzen ins-besondere für eine rein folgenorientierte (konsequentialisti-sche) Ethik: Da diese die moralische Beurteilung menschli-chen Verhaltens grundsätzlich nur von der Beurteilung der (erwarteten oder erwartbaren) Folgen dieses Verhaltens ab-hängig macht, kann sie der Unterscheidung zwischen Han-deln und Unterlassen keine *eigenständige* und folgenunab-hängige moralische Bedeutung zugestehen.[3] Es gäbe somit zumindest *eine* ethische Evidenz, der sie grundsätzlich nicht gerecht werden könnte und mit der ihr Geltungsanspruch wenn nicht zunichte gemacht, so doch entscheidend ge-schwächt wäre.

Die Frage nach den legitimierenden *Gründen* für die nor-mative Differenzierung zwischen Handeln und Unterlassen wird sowohl vom amtlichen Begründungstext bei der Einfüh-rung des § 13 ins Strafgesetzbuch in den siebziger Jahren als auch von der gegenwärtigen rechtspolitischen Diskussion um

---

3 In welche intellektuellen Gewissenskonflikte das einen überzeugten Kon-sequentialisten verwickeln kann, demonstriert auf anschauliche Art Egonsson (1990) 154 f.

Art und Ausmaß der Garantenstellung (vgl. Seelmann, 1989) unentschieden gelassen. Die »offizielle« Begründung der Strafrechtsreformkommission für die Einführung einer Strafmilderungsmöglichkeit für Unterlassungen in § 13 StGB läßt sich auf keine Prinzipiendiskussion ein, sondern beruft sich schlicht auf die unterstellte innere Plausibilität der Differenzierung:

> »In der Rechtslehre ist immer wieder darauf hingewiesen worden, daß unter sonst gleichen Umständen das Unterlassen der Abwendung des tatbestandsmäßigen Erfolges regelmäßig weniger schwer wiege als die Herbeiführung dieses Erfolges durch ein positives Tun und daß deshalb eine Milderungsmöglichkeit für die Unterlassungsfälle geschaffen werden sollte. Der Mehrheit des Ausschusses erschien dies überzeugend. Sie beschloß daher die Aufnahme einer Strafmilderungsklausel (Abs. 2)« (Strafrechtsreformkommission, 8).

Ähnlich beruft sich der Strafrechtswissenschaftler Seelmann zur Begründung seiner sehr weitgehenden Differenzierungsforderungen in der Kommentierung des § 13 StGB u. a. auf die schlichte *Faktizität* der unterschiedlichen Wahrnehmung und Beurteilung von Handeln und Unterlassen:

> »In der Rechtsgemeinschaft dürfte das Vergeltungsbedürfnis gegenüber dem Unterlassungstäter nie jenen Umfang erreicht haben wie gegenüber Handlungstätern« (Strafgesetzbuch, 1990, 405).

Diese Antworten mögen für die begrenzten Zwecke der Rechtspolitik ausreichen, können aber den Ethiker nicht zufriedenstellen, und zwar aus mehreren Gründen nicht. Erstens fällt es schwer, moralische »Intuitionen«, gleich wie evident sie auch immer erlebt werden, für die Ethik als letzte, nicht mehr zu überbietende Wahrheitsinstanz anzuerkennen. Was uns als evident, selbstverständlich oder plausibel erscheint, sind vielfach Ergebnisse gesellschaftlicher und individueller Sozialisationsprozesse, durch die bestimmte moralische Traditionen weitergegeben werden, ohne daß diese in jedem Fall einem distanzierten, unvoreingenommen Blick standzuhalten vermögen. Ethisch kann es nicht damit getan sein, die normative Differenzierung zwischen Handeln und Unterlassen, nur weil sie weithin Evidenzgefühle vermittelt und auf eine lange Tradition zurückblickt, ohne jeden Versuch einer weitergehenden Begründung in den Rang eines letzten ethischen Axioms zu erheben. Daß unsere moralischen Intuitionen so sind, wie sie sind, ist in der Regel ja nicht ganz unmotiviert. Es gehört zu den Erfahrungen der Ethik, daß auch vermeintlich »letzte« und unhintergehbare Axiome – als eine Form impliziten ethischen Wissens – vielfach einen Hintergrund an motivierenden Erfahrungen, Erwägungen und Gründen haben, in deren Kontext sie verständlich gemacht und an denen sie überprüft, legitimiert und korrigiert werden können. Anstatt die Handeln-Unterlassen-Differenzierung dogmatisch zu behaupten, gilt es zunächst einmal, diese Hintergrundsbedingungen aufzuspüren, auf den Begriff zu bringen und auf ihre Beweiskraft zu prüfen.

Zweitens sprechen auch inhaltliche Gründe dafür, es mit einem lakonischen »überzeugend« nicht sein Bewenden haben zu lassen. Die intuitive Asymmetrie in der Beurteilung von ansonsten vergleichbaren Handlungen und Unterlassungen ist nicht in allen Anwendungsbereichen gleich ausgeprägt, sondern hier finden sich signifikante Unterschiede. So scheint, wie schon bemerkt, die Differenzierung bei Verhaltensweisen mit im Normalfall positiven Folgen geringer ausgeprägt als bei Verhaltensweisen mit im Normalfall negativen Folgen. Darüber hinaus scheint das Ausmaß der Differenzierung auch von der sozialen Distanz abzuhängen, die zwischen dem jeweiligen Akteur und dem von seinem Verhalten primär Betroffenen besteht oder als bestehend angenommen wird. Sowohl dann, wenn Akteur und Betroffene sich sehr nah stehen (z.B. als Familienmitglieder), als auch dann, wenn sie sich fremd sind (z.B. als Angehörige verschiedener Kulturen), scheint die Differenzierung zwischen Handeln und Unterlassen eine wesentlich geringere Rolle zu spielen als im »mittleren Bereich« (z. B. gegenüber nicht verwandten und bekannten Angehörigen derselben Nation). Eine Mutter, die ihr Kind vorsätzlich und böswillig verhungern läßt, wird gewöhnlich nicht weniger streng verurteilt als eine Mutter, die ihr Kind vorsätzlich und aus denselben Motiven mit einem Kissen erstickt. Daß hier in der Regel kein signifikanter moralischer Unterschied gemacht wird, zeigt sich u. a. daran, daß auch im ersten Fall das »passive« Herbeiführen des Todes des Kindes gewöhnlich als »Töten« und nicht als »Sterben-Lassen« beschrieben wird. Auch im Fernbereich wird Handeln und Unterlassen gewöhnlich nicht wesentlich verschieden beurteilt. So macht es für die moralische Beurteilung in der Regel nur einen geringen Unterschied, ob der reiche Staat A das arme Drittweltland B dadurch schlechter stellt, daß er ihm Entwicklungshilfe vorenthält (Unterlassen) oder daß er Schutzzölle einführt, die dessen Exporte behindern (Handeln).

Bereits diesen Beispielen läßt sich entnehmen, daß der Grund für die moralische Differenzierung zwischen ansonsten vergleichbaren Handlungen und Unterlassungen nicht in dem bloßen Umstand liegen kann, daß in dem einen Fall ein Handeln, im andern ein Unterlassen vorliegt. Selbst wenn man sich im Sinne einer »rekonstruktiven Ethik« damit begnügen wollte, lediglich unsere grundlegenden moralischen »Intuitionen« zu erfassen, zu ordnen und zu systematisieren, würde eine solche Systematisierung kein Prinzip enthalten, das ein Verhalten, das andere schlechter stellt, in jedem Fall nur deshalb als moralisch verwerflicher beurteilt, weil es in einem Handeln statt in einem Unterlassen besteht. Zwar wäre der Handlungs-Unterlassungs-Status eines Verhaltens für seine moralische Beurteilung nicht schlechthin irrelevant. Aber diese Relevanz hinge von zusätzlichen Faktoren ab und wäre durch diese in wesentlichen Hinsichten eingeschränkt.

Ein dritter Grund, sich mit der Antwort »überzeugend« nicht zufriedenzugeben, ist die Tatsache, daß die Überzeugungskraft der moralischen Differenzierung zwischen Handlungen und Unterlassungen in vielen Bereichen durch etwas ganz und gar Kontingentes und Äußerliches: den schlichten technischen Fortschritt, in Frage gestellt wird. Die Entwicklung der Technik hat in vielen Bereichen moralisch sensiblen Verhaltens dazu geführt, daß Funktionen, die herkömmlich durch menschliches Handeln ausgeführt wurden, an automatisch ablaufende Prozesse delegiert worden sind, bei denen der Mensch im wesentlichen nur noch Kontroll- und Überwachungsfunktionen übernimmt. Damit kehren sich die Vorzeichen von Handeln und Unterlassen um. Indem positive Handlungs- und Steuerfunktionen auf Automaten übertragen werden, verbleiben dem menschlichen Subjekt zunehmend nur noch negative Steuerungsfunktionen. Der Schleusenwärter, der früher ein Ventil aktiv öffnen mußte, um eine Schleusenkammer zu fluten, kontrolliert heute nur noch einen automatisch ablaufenden Vorgang. Verursacht das Öffnen des Ventils einen Unfall, ist nicht mehr ein aktives Eingreifen, sondern der unterlassene Abbruch des Vorgangs die Ursache. Der Schleusenwärter ist nicht mehr für ein Handeln, sondern für ein Unterlassen verantwortlich (vgl. Seelmann in: Strafgesetzbuch, 1990, 388). Der Bankkunde, der früher jede Überweisung einzeln vornehmen mußte, kann sich heute durch Dauerauftrag oder Einzugsermächtigung von dieser Routine entlasten. Sollte sich jedoch nachträglich herausstellen, daß sein Geld zu unrechtmäßigen Zwecken verwendet wird, macht er sich nicht mehr durch Handeln, sondern durch Unterlassen – die unterlassene Kündigung des Auftrags – schuldig. Die ethische Bedeutung dieses Wandels liegt darin, daß schwer einzusehen ist, warum dieser rein äußerliche Unterschied für Art und Ausmaß der moralischen Verantwortung einen Unterschied machen soll. Eine rein technisch bedingte Modifikation der Verhaltensabläufe kann schwerlich als hinreichende Rechtfertigung für eine so weitgehende moralische Differenzierung der Verantwortung dienen, wie sie im Zusammenhang mit Handeln und Unterlassen üblicherweise vorgenommen wird.

Auch die Vorzeichenvertauschung in umgekehrter Richtung kommt vor, etwa in der Intensivmedizin, wo das (aktive) Abstellen von Geräten vielfach an die Stelle des (passiven) Verzichts auf weitere Maßnahmen tritt. Sobald zur Rettung eines Unfallopfers ein Beatmungsgerät eingesetzt wird, besteht der Abbruch der Rettungsmaßnahme in der Regel nicht mehr in einem Unterlassen, sondern in einem aktiven Tun. Während der Arzt, der mit einer Mund-zu-Mund-Beatmung aufhört (obwohl er sie fortsetzen könnte), etwas unterläßt, besteht der Abbruch der Behandlung beim Einsatz eines Beatmungsgeräts in einem aktiven Abstellen oder Abkoppeln des Geräts. Stirbt der Patient infolge nicht ausreichender Beatmung, hätte eine moralische Differenzierung zwischen Handeln und Unterlassen – und eine entsprechende ethische Privilegierung des Unterlassens – in solchen Fällen die intuitiv wenig akzeptable Konsequenz, daß eine (passive) Nicht-Aufnahme der Behandlung leichter zu rechtfertigen oder zu entschuldigen wäre als der (aktive) Abbruch einer einmal aufgenommenen Behandlung.

Diese Beispiele bestätigen die geäußerten Zweifel an der durchgängigen Gültigkeit der normativen Handlungs-Unterlassungs-Differenzierung. Bereits das spontane moralische Urteil scheint wenig geneigt, diese Unterscheidung dogmatisch zu nehmen. Wenn sie aber nicht generell und grundsätzlich gilt, woher nimmt sie dann im einzelnen ihre Berechtigung?

Dieser Frage soll im folgenden genauer nachgegangen werden. Zuvor scheint es jedoch ratsam, einen Schritt zurück zu tun und zunächst einmal eine Klärung darüber herbeizuführen, wie das »Unterlassen« begrifflich genauer bestimmt und vom Handeln als seinem Kontrastbegriff abgegrenzt werden kann.

2 Handeln und Unterlassen – begriffliche Abgrenzungen

Wie sind Handeln und Unterlassen gegeneinander abgegrenzt? Was heißt es überhaupt, etwas zu unterlassen?

Diese Fragen sind sehr viel verzwickter, als es auf den ersten Blick scheint, und zwar vor allem aus zwei Gründen: Wenn wir uns – was im allgemeinen eine vernünftige Strategie sein dürfte – zunächst am vorherrschenden Sprachgebrauch orientieren, so ist gar nicht offensichtlich, daß die bisher stillschweigend gemachte Voraussetzung zutrifft und Handeln und Unterlassen *Kontrastbegriffe* sind, d.h., daß ein Handeln nicht zugleich ein Unterlassen und ein Unterlassen nicht zugleich ein Handeln sein kann. Gibt es nicht zahlreiche Arten von Verhalten, die sowohl als Handeln als auch als Unterlassen beschrieben werden können? Zweitens ist nicht klar, ob eine etwaige begriffliche Unterscheidung, mag sie sich auch in abstracto befriedigend bewerkstelligen lassen, sich auch in concreto mit der gebotenen Eindeutigkeit auf reale Fallbeispiele anwenden läßt. Immerhin hat die Strafrechtswissenschaft eine Fülle von Zweifelsfällen zusammengetragen, in denen eine Zuordnung erhebliche Schwierigkeiten macht.

Dem *Sprachgebrauch* nach läßt sich ein Verhalten, das in einer Hinsicht als Unterlassen beschrieben werden kann, vielfach in einer anderen Hinsicht auch als Handeln beschreiben und umgekehrt. Der Sprachgebrauch kennt neben einem engeren auch einen weiteren Begriff des Handelns, in dem Handeln Unterlassen (dann auch »Unterlassungshandeln« genannt) *einschließt*. Dieser Sprachgebrauch liegt besonders dann nahe, wenn das Unterlassen von einer ausdrücklichen Absicht begleitet ist und insofern zusätzlich zur äußeren Untätigkeit eine Art *inneres* Handeln beinhaltet. Wenn Herr A den ihm auf einem Spaziergang begegnenden Herrn B *absichtlich* nicht grüßt, dann liegt es nahe, dieses Verhalten einerseits als Nicht-Handeln, andererseits aber auch als Handeln zu beschreiben: Zwar liegt beim Nicht-Grüßen, soweit es das äußere Verhalten betrifft, keine Aktivität vor: Als äußeres Verhalten genommen ist das Nicht-Grüßen etwas rein Negatives, die Abwesenheit des für das Grüßen charakteristischen Verhaltens. Dennoch läßt das Vorliegen einer ausdrücklichen Absicht und die daraus folgende Zielgerichtetheit des äußeren Verhaltens den Gesamtvorgang einem entsprechenden (positiven) Handeln hinreichend ähnlich erscheinen, um es als eine Art Handeln zu beschreiben: »Auch das scheinbare ›Nichtstun‹ bei Unterlassungen hat, *wenn* es willensabhängig erfolgt, formal den Status des ›Tuns‹« (Seebaß, 1993, 258, Anm. 99).

»Aktive« Beschreibungen liegen auch bei ausgeprägt *folgenreichen* Unterlassungen nahe. Wenn Herr A den ihm auf einem Spaziergang begegnenden Herrn B nicht grüßt, so bietet es sich um so eher an, Herrn A's Verhalten als Handeln zu beschreiben, je bedeutsamer die Konsequenzen sind, die dieses Verhalten für Herrn B – und indirekt für andere – hat. Es kann ja sein, daß Herr A, indem er Herrn B nicht grüßt, diesen beleidigt, provoziert, zum Äußersten reizt, eine Fehde mit ihm beginnt oder eine zeitlich ausgedehnte Prozeßwelle mit der Familie von Herrn B auslöst.

Die Neigung, Unterlassungen als Handlungen zu beschreiben, wird darüber hinaus durch die Sprache selbst unterstützt. Diese hält für die häufigsten Formen von Unterlassungen positive (und damit handlungsanaloge) Beschreibungsweisen bereit: Der Angeklagte »verweigert« die Aussage (indem er nichts sagt), das vergrätzte Mitglied des Vorstands »bleibt der Sitzung fern« (indem es nicht erscheint) usw.

Auf der anderen Seite werden Handlungen gelegentlich auch negativ, als scheinbare Unterlassungen beschrieben, etwa dann, wenn sie als *Fehlverhalten* gedeutet werden, das bestimmten Maßstäben nicht genügt. Das falsche oder unangemessene Verhalten ist dann das unterlassene richtige oder angemessene Verhalten: Jemand hat die Norm *nicht* erfüllt, es

nicht geschafft usw. Mit dem köstlich verdrehten, die Bieder-
mannsmoral karikierenden Vers von Wilhelm Busch

> »Das Gute – dieser Satz steht fest –
> Ist stets das Böse, was man läßt!«

wird diese Tendenz sogar noch weitergetrieben: Nicht nur das
verfehlte, auch das gebotene Handeln ist im Grunde genommen ein Unterlassen – das Unterlassen all des Bösen, das man
tun könnte und, wäre es nicht verboten, lieber tun würde.

Daß Unterlassungen durch positive, Handlungen durch
negative Sprachformen beschrieben werden, ist im Zusammenhang mit der Tatsache zu sehen, daß Verhaltensbeschreibungen generell nicht nur Informationen über das physische
Verhalten, sondern ebenso Hinweise auf die Ziele und Funktionen, Folgen und Ursachen, Anlässe und Umstände, Bedeutung und Sinn enthalten. So kann das Verhalten des Fußball-
spielers A, den Ball ins gegnerische Tor zu befördern, durch
die Einbeziehung weiterer Momente u. a. beschrieben werden
als: »A unternimmt den letzten Versuch, seine Mannschaft in
Führung zu bringen« (final), »A holt für seinen Verein die
deutsche Meisterschaft« (konsekutiv), »A bringt die Spielsai-
son zum krönenden Abschluß« (historisch) usw. Auf der jeweils »höheren« Beschreibungsebene werden jeweils zusätzliche Momente eingeführt, wobei »höher« und »niedrigerer«
dadurch unterschieden sind, daß h immer dann die in Bezug
auf k eine »höhere« Handlungsbeschreibung darstellt, wenn
gilt, daß A h ausführt, indem er k ausführt, aber nicht gilt, daß
er k ausführt, indem er h ausführt: A führt die Spitze seines
Stifts über ein Blatt Papier – A schreibt seinen Namen – A
unterzeichnet den Kaufvertrag – A kauft ein Aktienpaket – A
riskiert sein Vermögen – A ruiniert seine Zukunft – A besie-
gelt seinen Abstieg als Geschäftsmann.

Ausgehend von diesen und ähnlichen Befunden hat Arthur
C. Danto (1977/1978) seine Konzeption der »Basishandlungen« entwickelt. »Basishandlungen« sind die Resultate mini-
maler Beschreibungen äußerer Handlungen, wobei »mini-

mal« heißt, daß diese Beschreibungen ein Minimum äußerer Verhaltensmomente beinhalten. »Komplexe Handlungen« werden generiert, indem Basishandlungen durch Folge-, Umstands-, Ziel- und Bedeutungsaspekte erweitert werden. Hebt jemand die Hand und gibt *dadurch* ein Handzeichen und setzt *dadurch* die Kolonne in Bewegung, ist »die Hand heben« die relativ »basishaftere«, »ein Zeichen geben« und »die Kolonne in Bewegung setzen« die relativ »komplexere« Handlung. Die Identität der Basishandlungen und die genaue Struktur der Beschreibungshierarchie hängen dabei von den verfügbaren sprachlichen Ressourcen ab. Als »Basishandlung« kann jeweils diejenige Verhaltensbeschreibung gelten, die in der jeweiligen Sprache »maximal basishaft« ist, d. h., für die in der betreffenden Sprache keine basishaftere Beschreibung existiert (Trapp, 1988, 417).

Entscheidend für die Frage nach der Unterscheidung zwischen Handeln und Unterlassen ist, daß ein sprachlich auf der »Basisebene« negativ beschriebenes Unterlassen auf »höheren« Ebenen vielfach durch positive Ausdrücke beschrieben wird, die eine Interpretation dieses Unterlassens als Handeln nahelegen. Wenn A es versäumt, die Herdplatte abzustellen, *setzt* er damit nicht nur das Haus *in Brand*, sondern *verspielt* dadurch vielleicht sogar *seine Zukunft*. (Wieviel man durch Unterlassen *bewirken* kann, wissen diejenigen am besten, die erfahren haben, wie es ist, *versetzt, im Stich gelassen* oder *vergessen* zu werden.) Daß auch das Umgekehrte möglich ist und positiven Beschreibungen auf der Basisebene negative Beschreibungen auf höheren Ebenen gegenüberstehen können, hat Erich Kästner in dem Gedicht »Gewisse Ehepaare« auf den kürzestmöglichen Nenner gebracht: »Man spricht durch Schweigen. / Und man schweigt mit Worten.«

Der Alltagssprachgebrauch scheint in seinen positiven und negativen Verhaltensbeschreibungen primär daran interessiert, bestimmte funktionale und normative Verhaltensaspekte hervorzuheben, es liegt ihm weniger daran, die Struktur des Verhaltens adäquat zu beschreiben. Das wird auch daran

deutlich, daß er Unterlassungen zu iterieren erlaubt und die
sachlichen Verhältnisse damit vollends auf den Kopf stellt:
Unterlassungen können ihrerseits unterlassen werden, wobei
dann das Unterlassen des Unterlassens in einem Tätigwerden
besteht. Nicht nur Handlungen lassen sich unterlassen, sondern beliebige Verhaltensweisen – gleichgültig, ob diese ihrerseits in einem Handeln bestehen oder einem Nicht-Handeln,
etwa in Schweigen, Schlafen oder Faulenzen. Wenn ein Be-
schuldigter, der auf an ihn gerichtete Fragen gewöhnlich
schweigt, beim zwanzigsten Mal plötzlich redet, ist es nicht
abwegig, dieses Verhalten so zu beschreiben, daß er es dieses
eine Mal *unterlassen* hat zu schweigen.

2.1 Die Notwendigkeit einer beschreibungsunabhängigen Grenzziehung

Wollten wir uns bei der Unterscheidung zwischen Handeln
und Unterlassen an den sprachlichen Beschreibungen orientieren, hätte das die mißliche Konsequenz, daß der Handlungs-Unterlassungs-Status eines Verhaltens von etwas so
Kontingentem und Relativem wie den Ressourcen einer bestimmten natürlichen Sprache abhinge. Bereits Bentham hat
dieses Problem gesehen und in diesem Zusammenhang auf
das englische Verb »to starve« (verhungern lassen) hingewiesen, das – anders als seine Entsprechungen in anderen Spra-
chen – grammatisch ein Handeln nahelegt, der Sache nach
aber ein Unterlassen bezeichnet (Bentham, 1948, 73). Vor allem aber kann sich die ethische Analyse die Zuordnung eines
Verhaltens zu den Kategorien Handeln und Unterlassungen
nicht einfach durch die sprachlichen Beschreibungsweisen
vorgeben lassen. Würde sie sich darauf einlassen, verlöre die
Frage nach Recht oder Unrecht der unterschiedlichen moralischen Beurteilung von Handeln und Unterlassen ihre Pointe. Solange die Zuordnung eines bestimmten Verhaltens zum
Handeln und Unterlassen je nach Perspektive mehr oder we-

niger frei wählbar ist – oder von den Besonderheiten des verwendeten Sprachsystems abhängt –, kann eine wie immer geartete Antwort auf die Frage nach den Gründen der moralischen Differenzierung zwischen Handlungen und Unterlassungen nichts ausrichten. Wie immer die Antwort ausfiele, es stünde jedem frei, sich ihren normativen Konsequenzen durch eine Änderung der Verhaltensbeschreibung zu entziehen.[4]

Solange sich für die Unterscheidung zwischen Handlungen und Unterlassungen kein wie immer geartetes *fundamentum in re* angeben läßt, sondern ein und dasselbe Verhalten je nach perspektivischer Wahrnehmung und Bewertung als Unterlassung oder als Handlung beschrieben werden kann, verliert die Frage nach der normativen Differenzierung jedes Interesse. Ob ein bestimmter Sprecher ein bestimmtes Verhalten als Handeln oder als Unterlassen beschreibt, könnte zwar *signalisieren*, wie er das Verhalten bewertet (etwa als schwerwiegendes »Töten« oder als weniger schwerwiegendes »Sterbenlassen«); es gäbe jedoch keine Möglichkeit, die jeweils gewählte Beschreibung mit dem Hinweis auf Aspekte des beschriebenen Verhaltens zu rechtfertigen oder kritisch in Frage zu stellen.

Ein Beispiel für die Aporien, die sich ergeben, wenn man die Beschreibung eines Verhaltens als Handeln oder Unterlassen von der *Bewertung* dieses Verhaltens abhängig macht, bietet die Diskussion in der Strafrechtswissenschaft um den sogenannten »Welzelschen Respirator-Fall« (Künschner, 1992, 12):

»In einer Chirurgischen Klinik befinden sich (nur) drei Herz-Lungen-Maschinen, an die drei schwerverletzte Pa-

---

4 Diese Konsequenz wird von den Vertretern einer »perspektivistischen« Auffassung, nach der es sich bei der Unterscheidung von Handeln und Unterlassen um eine letztlich subjektive oder »verbale« Unterscheidung handelt, auch ausdrücklich gezogen. Vgl. z.B. Ladd (1979) 179; Riedel (1979) 29; Reichenbach (1990) 324.

tienten A, B, und C angeschlossen sind. Nach einem Autounfall werden drei weitere Schwerverletzte X, Y und Z eingeliefert. Der leitende Chirurg entschließt sich nach Beratung mit zwei Kollegen, statt des A den neu eingelieferten X an die Maschine anzuschließen, weil A trotz seines Anschlusses an die Maschine nur geringe Überlebenschancen, X dagegen bei Anschluß an die Maschine große Überlebenschancen hat. A stirbt – wie erwartet – nach Abschalten von der Maschine.«

Die rechtliche Frage lautet hier: Ist das Verhalten des Chirurgen gerechtfertigt (nicht rechtswidrig), entschuldbar (aber rechtswidrig) oder rechtlich verboten? In der Diskussion wird die Antwort auf diese Frage u. a. von der Einordnung des Verhaltens als Handeln oder Unterlassen abhängig gemacht. Wird das Abschalten des Geräts als *Handeln* gewertet, soll die Rechtfertigungs- wie die Entschuldigungslösung ausgeschlossen sein. Als Handeln wäre das Abschalten auf jeden Fall rechtlich verboten. Wird das Abschalten des Geräts dagegen als *Unterlassen* aufgefaßt, stünde dem Arzt ein Ermessensspielraum offen: Wie immer die Antwort im einzelnen lautet (Welzel selbst favorisierte die Entschuldigungslösung), die Aporie besteht darin, daß die Einordnung des Verhaltens von vornherein im Hinblick auf die schließliche Bewertung getroffen, die begriffliche Zuordnung des Verhaltens also ihrerseits von normativen Bewertungen abhängig gemacht würde. Damit aber würde die strafrechtliche Differenzierung zwischen Handeln und Unterlassen auf eine Tautologie reduziert. Da die Beschreibung des Verhaltens als Handeln oder Unterlassen von vornherein normativ motiviert wäre, verlören die Bestimmungen etwa des § 13 StGB jeden eigenen normativen Gehalt. Die Frage nach der ethischen bzw. rechtsethischen *Berechtigung* der normativen Differenzierung zwischen Handeln und Unterlassen ließe sich nicht mehr sinnvoll stellen.

Um der Beschreibung eines Verhaltens als Handeln oder

Unterlassen die Beliebigkeit zu nehmen, erscheint eine terminologische Festlegung unumgänglich. Diese sollte dabei bestimmten methodischen Ansprüchen genügen. Zumindest die folgenden *drei* Bedingungen erscheinen unerläßlich:

1. Die Kriterien der Zuordnung eines Verhaltens zu den Kategorien Handeln und Unterlassen sollten soweit wie möglich objektiv (intersubjektiv) und von den Ressourcen des jeweiligen Sprachsystems unabhängig sein.

2. Unterlassen sollte als *Kontrastbegriff* zum Handeln bestimmt werden. Die Explikation sollte zur Konsequenz haben, daß sich Handeln und Unterlassen wechselseitig ausschließen. Ein menschliches Verhalten, das zu Recht als Unterlassen beschrieben wird, sollte nicht zugleich zu Recht als Handlung beschrieben werden können und umgekehrt. (Damit ist nicht ausgeschlossen, daß immer noch Zweifelsfälle verbleiben, bei denen die Einordnung unsicher ist.)

3. Die Explikation sollte einen *einheitlichen* Begriff des Unterlassens etablieren, d.h. einen Begriff, der sowohl in analytischen, deskriptiven und normativen Theorien als auch in der Praxis der Verhaltensbeschreibung und -bewertung verwendet werden kann. Daraus ergeben sich zwei Forderungen: Erstens sollte der gesuchte Begriff als ein rein *deskriptiver* Begriff expliziert werden. Die handlungstheoretische Zuordnung eines Verhaltens zu den Kategorien Handeln und Unterlassen sollte von der ethischen oder rechtlichen Zuordnung unabhängig sein und diese nicht präjudizieren. Zweitens muß der Begriff möglichst *elementar* sein, d.h., er darf keine Bestimmungen enthalten, die ihn auf irgendwelche besonderen Verwendungskontexte festlegen.

Diese drei Bedingungen werden durch die im folgenden explizierte *Grundform des Unterlassens* erfüllt.

2.2 Die Grundform des Unterlassens

Die Grundform des Unterlassens läßt sich so bestimmen, daß zwei Bedingungen individuell notwendig und zusammen hinreichend sind: die *Nicht-Ausführung* einer Handlung und die *Möglichkeit*, sie auszuführen.

Beide Bedingungen sind zweifellos *notwendig*, um von einem Unterlassen sprechen zu können. Daß A es *unterläßt*, die Handlung h auszuführen, impliziert sowohl

(1) es ist nicht der Fall, daß A die Handlung h ausführt

als auch

(2) A könnte die Handlung h ausführen.

Offensichtlich reicht die Bedingung (1) für ein Unterlassen nicht aus. Die erste Bedingung kann in Fällen erfüllt sein, in denen wir nicht im Traum daran denken, von A zu sagen, daß er etwas unterläßt, z.B. wenn A gerade unfreiwillig und ohne Kontrolle über die eigenen Gliedmaßen einen steilen Abhang hinunterrollt. Daß A unter diesen Bedingungen *nicht handelt*, ist nicht hinreichend, um von ihm zu sagen, daß er etwas *unterläßt*. Wäre es A – was in diesem Beispiel nicht notwendig der Fall sein muß – *gänzlich* unmöglich, sein Verhalten willentlich zu steuern, könnte man von ihm weder sagen, daß er handelt, noch daß er etwas unterläßt. Wir können von A nur dann sagen, daß er etwas unterläßt, wenn er zu einem Handeln *in der Lage* ist. Und wir können nur dann von ihm sagen, daß er *h* unterläßt, wenn er *h* auszuführen in der Lage ist.

Die Bedingung der *möglichen Verhaltensalternative* ist ein konstitutives Moment des Unterlassens. Es ist gleichzeitig ein Moment, das das Unterlassen mit dem Handeln gemeinsam hat: Nur der handelt, der auch *nicht* handeln könnte; nur der unterläßt etwas, der auch *handeln* könnte. Handeln und Unterlassen sind begrifflich nah verwandt, und diese Verwandtschaft ist zumindest *ein* Grund für die verbreitete Neigung, das Unterlassen nicht als *Negation*, sondern als *Variante* des Handelns aufzufassen.

Diese Auffassung ist charakteristisch für die wohl bekannteste handlungstheoretische Analyse des Unterlassens, die von Georg Henrik von Wright. In von Wrights Analyse werden Handlungen (»acts«) und Unterlassungen (»forbearances«) als verschiedene *Modi* des Handelns (»action«) aufgefaßt, wobei »Handeln« die Gesamtheit der Verhaltensweisen umfaßt, zu denen der Akteur eine Alternative hat (vgl. von Wright, 1963, 48).

Von Wrights terminologischer Vorschlag ist stärker an den Gemeinsamkeiten von Handeln und Unterlassen als an den Unterschieden orientiert – insbesondere an der Gemeinsamkeit, der Steuerung durch ein willensbegabtes Subjekt unterworfen und insofern mehr als *bloßes* Verhalten zu sein. Er macht deutlich, daß Unterlassen ein Nicht-Handeln ist, das, wie man pointiert sagen könnte, ansonsten mit dem Handeln *alles* gemeinsam hat. Wenn hier von Wrights Terminologie nicht gefolgt wird, dann weniger wegen der sprachlichen Künstlichkeit der Unterscheidung zwischen Handlung (»act«) und Handeln (»action«) als wegen der Verletzung des oben formulierten Desiderats, nach der sich Handeln und Unterlassen wechselseitig *ausschließen* sollten.

Man könnte fragen, ob die beiden notwendigen Bedingungen auch schon *hinreichend* sind, um von einem Unterlassen zu sprechen. Außerdem ist noch offen, wie die in diesen Bedingungen vorkommenden Termini – insbesondere der Terminus »Handlung« – ihrerseits zu verstehen sind.

Ich glaube, daß die beiden angeführten notwendigen Bedingungen in der Tat bereits hinreichend sind. Sie formulieren gewissermaßen die »Grundform« des Unterlassens, lösen den Kerngehalt des Unterlassens aus seinen verschiedenen alltagssprachlichen Einkleidungen heraus. So kann man von einem Unterlassen auch dann sprechen, wenn dies *nicht* erwartet oder gefordert wird bzw. nicht vorsätzlich oder mit einer Absicht verbunden ist. Diese abweichenden alltags- und fachsprachlichen Verwendungen lassen sich – wie sich im folgenden zeigen wird – als jeweils spezifische *Erweiterungen* dieser Grundform des Unterlassens rekonstruieren.

Was die Ungeklärtheit der in der Analyse selbst vorkommenden Termini betrifft, so ist in der Tat bisher nicht ausgeschlossen worden, daß das nicht ausgeführte h seinerseits in dem Nicht-Ausführen einer Handlung k besteht, mit der Konsequenz, daß das *Unterlassen von h* (wie im Beispiel des gebrochenen Schweigens) mit der *Ausführung von k* zusammenfällt.

Um diese letztere Möglichkeit auszuschließen, soll »Handeln« im folgenden so verstanden werden, daß es die Ausführung jeweils charakteristischer *Körperbewegungen* bzw. *innerer Akte* beinhaltet, oder genauer (um bloß symptomatische Körperbewegungen auszuschließen) die Ausführung von Körperbewegungen oder inneren Akten, die für die jeweilige Handlung h *konstitutiv* sind.

Wer im Sinn einer *äußeren* Handlung handelt, führt mindestens eine der möglichen Körperbewegungen aus, die für die jeweilige Handlung konstitutiv ist, oder besser – da es möglicherweise auf die Abfolge und Anordnung der Körperbewegungen ankommt –, eine der für die Handlung konstitutiven *Konfigurationen* von Körperbewegungen. Körperbewegungen werden dabei so aufgefaßt, daß sie ihrerseits Handlungscharakter haben, d.h. willentlich steuerbar sind und nicht unbewußt, unwillkürlich oder reflexhaft erfolgen. Zwischen Handlung und äußerer Verhaltenskonfiguration besteht dabei in der Regel keine eindeutige Beziehung. Ein und dieselbe Konfiguration von Körperbewegungen kann je nach Kontext verschiedene Handlungen realisieren, und viele Handlungen können durch verschiedene Konfigurationen von Körperbewegungen realisiert werden.

Entsprechend kann das Unterlassen im Sinne eines *äußeren* Unterlassens so verstanden werden, daß es in der Nicht-Ausführung konstitutiver Körperbewegungen besteht: Wer etwas im äußeren Sinn von Unterlassung unterläßt, führt eine äußere Handlung nicht aus, indem er keine der möglichen Konfigurationen von Körperbewegungen ausführt, durch die die jeweilige Handlung realisiert werden kann.

Durch den Bezug auf Körperbewegungen löst sich die Beliebigkeit der Zuordnung von Verhaltensweisen zu den Beschreibungskategorien Handeln und Unterlassen auf. Wird Handeln so verstanden, daß es sich notwendig durch eine wie immer geartete Körperbewegung realisiert, kann etwa *Schweigen* nicht länger als Handlung verstanden werden. Entsprechend kann das Brechen eines fortgesetzten Schweigens, das plötzliche Reden, nicht als Unterlassen verstanden werden, auch wenn es anderweitige gute Gründe geben mag, es in dem geschilderten Fall alltagssprachlich genau so zu beschreiben. Das heißt nicht, daß wir Unterlassungen wie Schweigen oder Fernbleiben nur von Menschen aussagen können, die *keinerlei* Körperbewegung zeigen (das würde diesen Unterlassungsbegriff ziemlich unbrauchbar machen). Es heißt nur, daß wir Unterlassungen nur von Menschen aussagen können, die keine derjenigen Körperbewegungen (oder Konfigurationen von Körperbewegungen) zeigen, die für die entsprechenden Handlungen konstitutiv sind.

Das Unterlassen im Sinne eines *inneren* Unterlassens dagegen muß so verstanden werden, daß es in der Nicht-Ausführung konstitutiver willentlich steuerbarer innerer Akte besteht: Wer etwas im inneren Sinn von Unterlassung unterläßt, führt eine innere Handlung nicht aus, indem er keine der möglichen inneren Akte ausführt, durch die die jeweilige innere Handlung realisiert werden kann. Die Bedingung der willentlichen Steuerbarkeit ist hier im übrigen ebenso unabdingbar wie bei den äußeren Bewegungen, da innere Akte – etwa Zwangsgedanken, wie sie in Alpträumen oder depressiven Zuständen vorkommen – auch unfreiwillig und unkontrollierbar ablaufen können.

2.3 Die Möglichkeitsbedingung

Die Möglichkeitsbedingung (2) ist, wie wir gesehen haben, unentbehrlich. Aber was besagt sie genau? Wie ist »Möglichkeit« in diesem Kontext zu verstehen?

Damit für A die Möglichkeit besteht, h auszuführen, müssen sowohl gewisse *objektive* als auch gewisse *subjektive* Bedingungen erfüllt sein.

Zu den objektiven Bedingungen gehören zunächst alle situativen Bedingungen, die durch die Handlungsbeschreibung h vorgegeben sind. Ist h etwa die äußere Handlung »B vor dem Ertrinken retten«, können wir von A nur dann sagen, daß er h unterläßt, wenn von den objektiv bestehenden Bedingungen her für ihn die *Gelegenheit* besteht, B zu retten, d.h., wenn B tatsächlich zu ertrinken droht. Ist h die *innere Handlung* »B beobachten«, können wir von A nur dann sagen, daß er h unterläßt, wenn von den objektiv bestehenden Bedingungen her für ihn die *Gelegenheit* besteht, B zu beobachten. Welche situativen Bedingungen im einzelnen erfüllt sein müssen, hängt von der Semantik der Handlungsbeschreibung h ab. Je nach Allgemeinheitsgrad der Handlungsbeschreibung sind diese Bedingungen allgemeiner oder spezifischer, was nicht heißt, daß die ausgeprägt spezifischen Gelegenheiten deshalb notwendig auch seltener eintreten müssen. So bedarf es einer eng umschriebenen Gelegenheit, B zu retten (oder nicht zu retten) oder B zum Geburtstag einzuladen (oder nicht einzuladen), während nahezu immer die Gelegenheit besteht, B eine Freundlichkeit zu erweisen (oder nicht zu erweisen).

Die im folgenden zu nennenden weiteren objektiven Möglichkeitsbedingungen gelten nur für *äußere Handlungen*. Zunächst muß A *physisch* in der Lage sein, die Handlung h auszuführen. Wir können nur dann sagen, daß A es unterläßt, B zu retten, wenn es A in der gegebenen Situation physisch möglich ist, eine Rettungsaktion zu unternehmen.

Damit sind die objektiven Bedingungen für die Möglich-

keit zur Ausführung von h aber noch nicht erschöpft. Eine
dritte objektive Bedingung, die erfüllt sein muß, damit A die
Möglichkeit hat, h auszuführen, ist die, daß für A sowohl die
Situation als ganze als auch mindestens *ein* Weg, h auszuführen, *erkennbar* ist. Um von A sagen zu können, daß er es
unterläßt, B zu retten, muß ihm ein Rettungsversuch nicht
nur physisch möglich sein, es müssen auch Verhältnisse herrschen, die es A erlauben, die Rettungsbedürftigkeit von B und
einen möglichen Rettungsweg zu erkennen. Solange etwa der
Spaziergänger A den in der Mitte des Sees ertrinkenden B
wegen der großen Entfernung und wegen Dunstbildung über
dem See weder sieht noch hört, wird man von ihm nicht sagen
können, daß er einen Rettungsversuch unterläßt. Dasselbe ist
der Fall, wenn sich unmittelbar in der Nähe von A ein Rettungsring befindet, den er B zuwerfen könnte (so daß ein Weg
zur Rettung objektiv existiert), er diese Möglichkeit aber aus
situativen Ursachen – etwa einer Sichtbehinderung – nicht
bemerkt.

Zusätzlich müssen bestimmte *subjektive* Möglichkeitsbedingungen erfüllt sein. Die erste Bedingung, die wiederum für
äußeres und inneres Handeln gleichermaßen gilt, ist die, daß
sich der Akteur A in einem psychischen Zustand befindet, der
ihm ein entsprechendes Handeln erlaubt. Um von dem potentiellen Retter A sagen zu können, daß er es unterlassen hat, B
zu retten, muß ausgeschlossen sein, daß sich A in einem Zustand geistiger Verwirrung befunden hat, der ihn daran hinderte, in zweckdienlicher Weise einzugreifen. Um von C, der
bei Verlassen des Hauses nicht daran gedacht hat, daß sein
Herd nicht abgestellt war, zu sagen, daß er es unterlassen hat,
diesen zweckdienlichen Gedanken zu denken, muß ebenfalls
vorausgesetzt werden, daß er sich nicht in einem Zustand geistiger Verwirrung befunden hat.

Eine weitere subjektive Bedingung, auf die bei äußeren Unterlassungen nicht zu verzichten ist, besteht darin, daß die
gegebene Situation und eine Eingriffsmöglichkeit für A nicht
nur erkennbar ist, sondern daß er die Situation und die Ein-

griffsmöglichkeit auch *tatsächlich* erkennt oder erkannt hat. Man wird von A nur dann sagen können, daß er die Rettung des ertrinkenden B *unterlassen* hat, wenn er die Situation als eine solche, in der für B eine Gefahr besteht, erfaßt hat, und wenn er mindestens *einen* Weg zur Rettung von A gesehen hat.

Man kann darüber streiten, ob diese Bedingung nicht vielleicht zu stark ist. Ist die Kenntnis der Situation und die Kenntnis sinnvoller Eingriffsmöglichkeiten eine Bedingung dafür, daß A *fähig* ist, die Handlung h auszuführen? Reicht es nicht aus, daß A zum fraglichen Zeitpunkt über die entsprechenden physischen Fähigkeiten verfügt und sich in keinem psychischen Zustand befindet, der deren Ausübung verhindert?[5]

Diese Frage verkennt, daß Handeln-Können nicht nur physische Fähigkeiten und psychische Präsenz, sondern auch Wissen erfordert. Daß A zur Rettung von B von seinen physischen und psychischen Möglichkeiten her *fähig* ist, heißt nicht, daß ihm dies in einer konkreten Situation auch *möglich* ist, solange ihm die entsprechenden Informationen über die Rettungsbedürftigkeit fehlen. Mochte A zur Rettung von B auch bestens befähigt sein, so wird man von ihm doch – in dem hier einzig relevanten Sinne von »können« – nicht sagen können, daß er B retten *konnte*, solange er nicht wußte oder nicht wissen konnte, daß B in Not war, oder, sofern er es wußte, keinen Weg zur Rettung von B sah oder sehen konnte. Ebenso wird man von einem A, der entweder nicht wußte, daß B erreichbar war, oder keinen Weg sah, wie er B erreichen konnte, nicht sagen können, daß er es unterließ, B einzuladen,

---

5 Dieser Auffassung scheint Feinberg (1984, 172) zuzuneigen. Noch enger ist die Möglichkeitsdefinition bei dem Strafrechtler Schünemann (1971, 30), der darunter lediglich »die Möglichkeit des Täters, die fragliche Handlung nach seinen körperlichen und intelligenzmäßigen Voraussetzungen vorzunehmen« versteht. Diese Explikation ist schon deshalb unvollständig, weil sie die *psychische* Möglichkeit des Täters unberücksichtigt läßt, die Situation zu erkennen und entsprechend zu handeln.

auch dann nicht, wenn B objektiv erreichbar war und A von seinen physischen und psychischen Möglichkeiten her fähig gewesen war, B zu erreichen. Solange er nicht wußte, daß B erreichbar war und wie er ihn erreichen konnte, kann auch von einer Unterlassung, B einzuladen, keine Rede sein.

Vielleicht hätte sich A in diesen Fällen das erforderliche Wissen leicht verschaffen können, wenn er genauer oder beharrlicher nachgeforscht hätte. Diese Möglichkeit wird durch die genannten Bedingungen in der Tat nicht ausgeschlossen. Man wird A in diesen Fällen eventuell vorwerfen wollen, nicht hinreichend wachsam gewesen zu sein, oder sich nach Erfassen der Situation nicht intensiv genug um Rettungs- oder Einladungsmöglichkeiten bemüht zu haben. Ein derartiger Vorwurf ist jedoch sorgfältig zu unterscheiden von dem weitergehenden Vorwurf, B trotz Kenntnis der Situation und gegebener Eingriffsmöglichkeiten nicht gerettet zu haben. Es ist *eine* Sache, A mangelnde Aufmerksamkeit oder das Unterlassen gebotener Nachforschungen vorzuwerfen, eine andere, ihm das Unterlassen von Rettungsversuchen vorzuwerfen, *nachdem* seine Nachforschungen ergeben hatten, daß B in Not war und sich ein Weg zur Rettung von B anbot. Nur im zweiten Fall kann A ein Unterlassen im Sinn eines unterlassenen (äußeren) Handelns vorgeworfen werden. Im ersten Fall richtet sich der Vorwurf nicht auf ein *äußeres*, sondern ein *inneres* Unterlassen, das Versäumnis von A, sich der bestehenden Situation aufmerksamer zuzuwenden.

Bei einigen rechtswissenschaftlichen Autoren, am deutlichsten bei dem Strafrechtler Armin Kaufmann (1959, 318), wird diese wichtige Unterscheidung unterschlagen – in der offenkundigen Absicht, einem Akteur A das Unterlassen einer Handlung h auch dann vorwerfen zu können, wenn ein Weg zur Ausführung von h objektiv bestand und von den objektiven Bedingungen her auch erkennbar war (d. h., von einem durchschnittlichen Akteur hätte erkannt werden können), A diesen jedoch nicht erkannt hatte. Die Tatsache, daß A die Situation nicht angemessen wahrgenommen hat, wird dabei nicht als Entlastungsgrund gelten gelassen, sondern zum Anlaß eines verschärften Vorwurfs genommen: Obwohl A in gewisser Weise gar nicht in der Lage war, auf dem Hintergrund einer adäquaten Situationswahrnehmung einzugreifen, wird ihm diese – als vermeidbar gewertete – Unfähigkeit strafverschärfend zugerechnet. Motiviert scheint diese Strategie durch das pragmatische Erfordernis, einem Unterlassungstäter die Gelegenheit zu nehmen, sich durch die Berufung auf ein Nichterkennen der Situation oder bestehender Eingriffsmöglichkeiten zu entlasten. Auch in der moralischen Alltagspraxis geben wir uns ja gewöhnlich nicht damit zufrieden, daß jemand auf den Vorwurf, h unterlassen zu haben, mit der Behauptung reagiert, er habe nicht gewußt, wie er h habe ausführen sollen, solange dies für ihn, hätte er sich nur etwas bemüht, leicht in Erfahrung zu bringen gewesen wäre.

Von der Sache her ist diese Strategie nichtsdestoweniger zweifelhaft. Entweder sie konfundiert in unzulässiger Weise die Möglichkeitsbedingungen für die äußere Handlung h mit den Möglichkeitsbedingungen für die davon logisch unabhängige *innere Handlung* »Sich bemühen, die Situation und die Realisierungsmöglichkeiten für h zu erkennen«. Oder sie konstruiert das Nicht-Erkennen der Situation und der in ihr bestehenden Eingriffsmöglichkeiten als eine ihrerseits vorwerfbare handlungsartige Unterlassung, unterstellt also eine – an Descartes erinnernde – voluntaristische Urteils- und Wahrnehmungstheorie, nach der Erkennen und Wahrnehmen u. a. ein Moment willensmäßiger Zustimmung beinhalten. Niemand kann jedoch ernsthaft dafür verantwortlich gemacht werden, daß er bestimmte Dinge nicht *erkennt*. Vorwerfbar ist lediglich, daß er nicht genug Aufmerksamkeit walten läßt oder sich nicht hinreichend um Erkenntnis *bemüht*.

Zweifellos fällt es in krassen Fällen sträflichen Unterlassens nicht immer leicht, diese Unterscheidung konsequent durchzuhalten. Der der sträflichen Unterlassung zugrundeliegende

Affekt ist oftmals auch die beste Erklärung dafür, daß die Gelegenheit zum Eingreifen nicht in den Blick kam. Gerät ein verhaßter Rivale von A unter den Augen von A in eine Lage, in der er dringend der Hilfe bedarf, wird A dessen Lage eventuell von Anfang an so wahrnehmen, daß eine Hilfsbedürftigkeit nicht besteht und eine Hilfeleistung nicht erforderlich ist. Solange diese Fehlwahrnehmung sich jedoch weder bewußt vollzieht noch willentlich steuerbar ist, kann A allenfalls vorgeworfen werden, sich um ein angemessenes Bild der Lage nicht ernsthaft bemüht zu haben. Direkt verantwortlich sind wir stets nur für handlungsartige Verhaltensmomente, nicht aber für die bewußten und unbewußten Affekte und Motive, aus denen diese erwachsen.

Gegen die hier postulierte starke Möglichkeitsbedingung ist eingewandt worden, daß die Einbeziehung der Bedingung »Erkenntnis der Situation« jedes Unterlassen vorsätzlich machen würde und damit keinen Raum für ein nicht-vorsätzliches (äußeres) Unterlassen ließe (Schünemann, 1971, 30). Dagegen ist zu sagen, daß erstens nicht klar ist, warum das unerwünscht sein sollte, und daß zweitens nicht zu sehen ist, daß diese Konsequenz tatsächlich folgt. »Vorsatz« kann in einem schwächeren und einem stärkeren Sinne verstanden werden – einmal als *wissentliches*, ein andermal als *wissentliches und willentliches* handlungsartiges, d. h. willentlich steuerbares Verhalten. Wird »Vorsatz« im schwächeren Sinne verstanden, also dadurch bestimmt, daß der Akteur *weiß*, was er tut, liegt vorsätzliches Unterlassen immer dann vor, wenn der Akteur weiß, daß er etwas unterläßt. Dieses *reflexive* Wissen geht jedoch über die Kenntnis der Situation und der Eingriffsmöglichkeiten hinaus und setzt weitergehende Fähigkeiten voraus. Nicht jeder, der die Fähigkeit zur Erfassung der objektiven Situation besitzt, besitzt deshalb auch schon die Fähigkeit, sich seines eigenen Handelns und Nicht-Handelns in der jeweiligen Situation bewußt zu werden (etwa nicht jedes kleine Kind). Situationskenntnis und Vorsatz fallen begrifflich nicht zusammen. *Faktisch* führt die starke

Möglichkeitsbedingung allerdings tatsächlich dazu, daß die Mehrzahl aller (äußeren) Unterlassungen als im schwachen Sinne vorsätzlich gelten muß. Faktisch dürfte es sich in der Tat so verhalten, daß die meisten, die sich über die Situation und die darin verfügbaren Eingriffsmöglichkeiten im klaren sind, wissen, was sie tun und was sie nicht tun.

Ebensowenig wie aus den angegebenen kognitiven Bedingungen folgt, daß jedes Unterlassen *wissentlich* ist, folgt, daß jedes Unterlassen zusätzlich *willentlich* sein muß und insofern die Bedingungen für den Vorsatz im *starken* Sinne erfüllt. Schwacher und starker Vorsatz fallen auch im Fall des Unterlassens nicht zusammen.

Ich möchte das an einem in der strafrechtswissenschaftlichen Literatur diskutierten Fall zeigen:

A und B, Arbeiter in einer Großbäckerei, sind (wegen einer Strafanzeige gegen A) in Streit geraten. A versetzt dem B unerwartet einen Stoß, in dessen (von A unbeabsichtigter) Folge B in den mit Teig gefüllten Bottich der in Gang befindlichen Teigmaschine gerät, vom Teighebel erfaßt und in die Teigmasse hineingedrückt wird und nach einigen Minuten erstickt. A sieht diesem Vorgang, ohne etwas zu unternehmen, zu. Er erkennt, daß B in der Teigmasse ersticken muß. Es wäre ihm auch möglich, die Maschine abzustellen, und zwar zu einem Zeitpunkt, in dem die Stellung des Bottichs und des Hebels die Befreiung von B zuläßt. A könnte auch erkennen, daß dieser Weg zur Rettung des B besteht. Da er jedoch mit dem Geschehensablauf einverstanden ist, kommt ihm der Gedanke an eine Rettungshandlung nicht, geschweige denn, daß er über konkrete Rettungsmöglichkeiten nachdenkt. Ebensowenig macht sich A seine Pflicht, das Ersticken von B zu verhindern, bewußt. (Zit. nach: Kaufmann, 1959, 311.)

In diesem Fall liegt nach unserer obigen Definition *kein* Unterlassen vor, da die kognitive Bedingung der subjektiven Möglichkeit nicht erfüllt ist. Objektiv könnte A zwar den Tod von B verhindern, indem er sich eines Wegs zu B's Rettung bewußt wird. Faktisch kommt ihm ein solcher Weg jedoch nicht zu Bewußtsein.

Denken wir uns den Fall nun aber so abgeändert, daß A nicht nur das sichere Ergebnis seines Nicht-Handelns (das Ersticken von B), sondern auch eine konkrete Möglichkeit, B zu retten, erkennt, er sie aber dennoch nicht ergreift. Es sind dann nicht nur die objektiven, sondern auch die subjektiven Bedingungen des Unterlassens erfüllt. Indem A nicht eingreift, obwohl er von den objektiven und subjektiven Bedingungen her eingreifen könnte und die Folgen seines Unterlassens überblickt, unterläßt er einen möglichen Eingriff. Nehmen wir zusätzlich an, er weiß, daß er den möglichen Rettungsversuch unterläßt und insofern B's Tod *wissentlich* geschehen läßt. Läßt er B's Tod dann auch *willentlich* geschehen?

Dies wird durch die angegebenen Bedingungen offengelassen. Weder aus A's affektiver Situation noch aus der bloßen Tatsache, daß er nicht eingreift, folgt, daß A B's Tod billigt. A's unbewußte Motivation, B zu Schaden kommen zu lassen, die sich zuerst in dem Kampf mit B und schließlich in der Untätigkeit manifestiert, braucht sich nicht notwendig auch in einem bewußten Wunsch A's zu äußern, B in der Maschine ersticken zu lassen. Vielmehr könnte gerade der Konflikt zwischen *unbewußtem* Tötungswunsch und *unbewußter* Hemmung, sich über das soziale Tötungsverbot hinwegzusetzen, dazu führen, daß es zu keinerlei bewußter Stellungnahme kommt. Obwohl unbewußt durch einen Tötungswunsch motiviert, braucht A den Tod von B weder bewußt zu billigen noch zu beabsichtigen oder zu wollen. Das Unterlassen wäre in diesem Fall zwar *wissentlich,* aber nicht zugleich *willentlich.*

Im Unterschied zum äußeren Unterlassen ist *inneres* Unterlassen in der Regel nicht willentlich und zumeist auch nicht wissentlich. Strafrechtlich wird es deshalb allenfalls (sofern es bestimmte Sorgfaltsforderungen verletzt) als Fahrlässigkeit sanktioniert.[6] Allerdings ist der Fall denkbar, daß man weiß, daß man nicht (hinreichend) aufmerksam ist, und dennoch nicht aufmerksam ist, oder daß man weiß, daß man sich nicht genug Mühe gibt, und sich dennoch nicht mehr Mühe gibt, wenn auch in diesen Fällen der Weg vom Wissen zum Tun erheblich näher und leichter zu bewältigen scheint als beim äußeren Unterlassen. Auch ein vorsätzliches inneres Unterlassen im starken Sinn ist denkbar, z.B. wenn jemand – wie gelegentlich bei quälenden oder unangenehmen Themen – seine Gedanken von einem Gegenstand »abzieht«.

Die vorgeschlagene Explikation des Begriffs der Unterlassung erfüllt alle drei anfangs aufgestellten Desiderate: Sie knüpft die Unterscheidung zwischen Handeln und Unterlassen weitestmöglich an Sachkriterien statt an subjektive Interpretationen; sie konstruiert Handeln und Unterlassen als Kontrastbegriffe und führt zu einem einheitlichen und disziplinübergreifenden Begriff, der ethische oder juristische Bewertungen nicht präjudiziert. Um diese Desiderate zu erfüllen, war es notwendig, die Explikation des Unterlassens ein Stück weit von den alltagssprachlichen Beschreibungsweisen menschlichen Verhaltens abzukoppeln. Folgt man den vorgeschlagenen Kriterien, bleibt die Einordnung eines Verhaltens als Handeln und Unterlassen von dem Wechsel der sprachlichen Beschreibungen unberührt. A's Nicht-Unterschreiben des Vertrags wird dadurch, daß es seine Zukunft ruiniert,

---

6 Das deutsche Strafrecht unterscheidet dabei noch einmal zwischen *bewußt* und *unbewußt* fahrlässigem Unterlassen. Bewußt fahrlässiges Unterlassen liegt vor, wenn der abreisende A zwar an die Möglichkeit denkt, daß der Herd nicht abgestellt sein könnte, dieser Möglichkeit aber nicht weiter nachgeht (vgl. Cramer in: Schönke/Schröder, 1985, 229). Unbewußt fahrlässig wäre das Unterlassen dann, wenn A rechtlich verpflichtet war, den Zustand des Herds zu überprüfen, aber an die Möglichkeit, daß die Herdplatte nicht abgestellt sein könnte, bzw. die Notwendigkeit, sie abzustellen, gar nicht denkt. In gewisser Weise konstruiert das deutsche Strafrecht mit dem Begriff des fahrlässigen Unterlassens zumindest eine negative Art von »Gedankenverbrechen«: Man kann sich zwar nicht dadurch strafbar machen, daß man an bestimmte Dinge *denkt*, man kann sich aber dadurch strafbar machen, daß man an bestimmte Dinge *nicht* denkt.

ebensowenig zu einem Handeln wie B's Abstellen der Herdplatte dadurch, daß B damit ein eingefleischtes Versäumnis
nicht noch einmal wiederholt, zu einem Unterlassen. Der
Preis, der dafür zu zahlen ist, ist, daß sich den meisten »hö-
herstufigen« Verhaltensbeschreibungen kein schlüssiger Hinweis darauf entnehmen läßt, ob es sich bei ihnen um die Beschreibungen von Handlungen oder um die Beschreibungen
von Unterlassungen handelt. Daß A sich *weigert*, einer Aufforderung nachzukommen, kann darin bestehen, daß er verbal oder schriftlich Protest einlegt, aber auch in der unterlassenen Ausführung. Daß A seine Beziehung zu B *beendet*,
kann darin bestehen, daß er B *schreibt*, aber auch darin, daß er
B *nicht schreibt.*

2.4 Wie viele Dinge habe ich *nicht* getan?

Es liegt in der Konsequenz der eben angegebenen Möglichkeitsbedingung, daß sich Unterlassungen – mögen sie auch in
ontologischer Hinsicht zu den *negativen* Ereignissen (und
damit zum *Nicht-Seienden*) gehören – unter bestimmten Bedingungen zeitlich *datieren* und sogar *zählen* lassen.
Von einem Akteur A kann ein Unterlassen immer nur für
diejenigen Zeiträume ausgesagt werden, in denen sowohl die
objektiven als auch die subjektiven Möglichkeitsbedingungen
des Unterlassens erfüllt sind. Insofern ist es zweifelhaft, ob
man mit Bennett (1981, 87) sagen kann, daß meine Unterlassung, den Mount Everest zu besteigen, mein ganzes Leben
hindurch andauert. Genaugenommen währt dieses Unterlassen nicht länger als meine Fähigkeit dazu. Falls ich nur zwischen 20 und 35 zu einer derartigen Anstrengung physisch in
der Lage war und nur einmal in dieser Zeit die Gelegenheit
dazu hatte, habe ich die Besteigung auch nur einmal in meinem Leben unterlassen.
Unterlassungen lassen sich in zweierlei Weise zeitlich loka-
lisieren, einmal mit Bezug auf länger andauernde Zustände, in

denen die objektiven und subjektiven Bedingungen fortdauernd erfüllt sind, ein andermal mit Bezug auf Ereignisse oder zeitlich begrenzte Phasen, in denen diese Bedingungen punktuell erfüllt sind. Der erste Fall liegt vor, wenn ich es bedaure, es zur Zeit größerer physischer Leistungsfähigkeit unterlassen zu haben, den Mount Everest zu besteigen. Der zweite Fall liegt vor, wenn ich auf mehreren zeitlich unzusammenhängenden Himalaya-Exkursionen jedesmal einen leichter zu bewältigenden Gipfel vorgezogen habe, so daß ich es *mehrfach* unterlassen habe, den Mount Everest zu besteigen. In Fällen wie diesen, in denen die Gelegenheit oder Fähigkeit zur Ausführung von h nicht fortlaufend besteht, sondern zeitlich wiederkehrt, kann das Unterlassen von h dann sogar *gezählt* werden. In diesem Sinn läßt sich dann sogar dem zunächst schwer verständlichen Satz aus Virginia Woolfs »Orlando« ein Sinn abgewinnen.:

> »Surely Orlando must have done one of these things? Alas – a thousand times, alas, Orlando did none of them« (Woolf, 1963, 190).

Etwas tausendmal zu unterlassen, heißt nicht mehr und nicht weniger als tausendmal eine Gelegenheit zum Handeln verstreichen zu lassen. Die »Male« sind dabei jeweils durch das Kommen und Gehen sowohl der objektiven (Gelegenheit, Erkennbarkeit der Gelegenheit und physische Fähigkeit) als auch der subjektiven Möglichkeitsbedingungen (Erkennen der Gelegenheit, Erkennen einer Möglichkeit, sie zu nutzen, sowie der psychischen Fähigkeit, sie zu nutzen) bestimmt.

Die Möglichkeit, Unterlassungen zu zählen, hängt also wesentlich von der Möglichkeit ab, Möglichkeiten zu zählen. Auch wenn hier das komplexe Problem der Individuierung unrealisierter Möglichkeiten nicht weiter verfolgt werden soll, läßt sich doch unter Rückgriff auf ein mehr oder weniger intuitives Verständnis von »Möglichkeit« sagen, daß sich mit der Zahl der Möglichkeiten auch die Zahl der Unterlassungen erhöht – besonders dann, wenn diese Möglichkeiten nicht zugleich, sondern nur jeweils einzeln realisiert werden können. So wird man ohne weiteres verstanden, wenn man sagt, daß jemand in einer Zwangslage, in der er gefesselt und geknebelt nur den Kopf heben oder seitlich verdrehen kann, lediglich *zwei* Handlungsmöglichkeiten hat und er insofern auch nur zwei Dinge unterlassen kann. Mit der Zahl der »Freiheitsgrade« verringert sich auch die Zahl der Unterlassungen. Ebenso selbstverständlich sprechen wir davon, daß sich mit der rapiden Entwicklung von Wissenschaft und Technik in den letzten hundert Jahren auch die Zahl der Handlungsmöglichkeiten und der damit zu erreichenden Ziele erhöht hat. Damit hat sich auch die Zahl der *Unterlassungen* erhöht. Mit jeder Zunahme der Optionen bleiben zunehmend mehr Dinge ungetan, mit der u. a. ethisch wichtigen Konsequenz, daß der Rechtfertigungsdruck, der wegen Nichtnutzung der bestehenden Möglichkeiten besteht, zunimmt und die Hinnahme des ehemals Natürlichen und Schicksalhaften der moralischen Rechtfertigung nicht weniger bedarf als das aktive Eingreifen. Entsprechend wächst – um den moralischen Druck zu mindern – die Neigung, in der Beurteilung von Handeln und Unterlassen zu differenzieren: Während es verboten bleibt, ein Übel aktiv zuzufügen, muß nicht alles, was man kann, getan werden, um dasselbe Übel zu verhindern oder zu beseitigen.

2.5 Erweiterte Formen des Unterlassens

Wenn der bisher explizierte Begriff des Unterlassens als »Grundform« eingeführt wurde, dann um anzudeuten, daß diese in verschiedenen Hinsichten erweitert werden kann. In der Tat lassen sich die meisten im Alltag verwendeten logisch stärkeren Begriffe des Unterlassens dadurch rekonstruieren, daß der Grundform weitere Bedingungen hinzugefügt werden. Einige dieser Erweiterungen betreffen die Außenwelt, andere die Innenwelt des Akteurs.

Die für den Unterlassensbegriff der Alltagssprache wichtigste Erweiterung ist die Hinzufügung einer Bedingung des Erwartetseins oder Gesolltseins der unterlassenen Handlung h. Im ersten Fall wird die Grundform erweitert um die Bedingung

(3) Von A wird erwartet, daß er h ausführt.

Im zweiten Fall kann die zusätzliche Bedingung sowohl eine deskriptive Form

(4) A wird für verpflichtet gehalten, h auszuführen

als auch eine normative Form annehmen:

(5) A ist verpflichtet, h auszuführen.

Im Deutschen werden »unterlassen« und seine Ableitungen vorwiegend im Sinne einer dieser drei erweiterten Begriffe verwendet. Zu sagen, daß A es (diesmal) unterlassen hat, B zum Geburtstag einzuladen, impliziert oder legt nahe, daß A die Gewohnheit hatte, B zum Geburtstag einzuladen, daß er dies angekündigt oder versprochen hatte oder daß dies aus anderen Gründen zu *erwarten* war. Zu sagen, daß A es unterlassen hat, B zu retten, impliziert oder legt nahe, daß man dies nach Meinung des Sprechers von A hätte erwarten können oder daß A dies hätte tun *sollen*. Im Englischen werden die Ausdrücke »omit« und »omission« ausschließlich für diesen erweiterten Sinn gebraucht, wobei jedoch nur die Bedingung (3) der Erwartetheit streng impliziert ist. Obwohl »omission« im Englischen einen ausgeprägter normativen Klang hat als »Unterlassung« im Deutschen und eine kritische Beurteilung (wenn auch nicht notwendig von seiten des Sprechers selbst) nahelegt, impliziert die Aussage, daß jemand eine »omission« begeht, im strengen Sinne jedoch nur, daß von A ein bestimmtes Handeln erwartet wird, und nicht, daß er dazu für verpflichtet gehalten wird oder nach Auffassung des Sprechers dazu verpflichtet ist (vgl. Frey, 1975, 272).

Auch im Deutschen wird »Unterlassen« vielfach mit normativer Konnotation verwendet, ohne daß der Sprecher allerdings impliziert, daß er selbst den jeweiligen Akteur für verpflichtet hält, h auszuführen. Im Sinne der Zusatzbedingungen (3) und (4) kann sich der Sprecher vielmehr auf eine faktisch bestehende Erwartung oder Forderung beziehen, ohne diese selbst zu übernehmen. Es ist also durchaus möglich, diesen stärkeren Begriff von Unterlassen mit einer neutralen oder positiven Bewertung des beschriebenen Verhaltens zu verbinden. Der Bezug der Unterlassung auf eine Erwartung, Verpflichtung oder Forderung bleibt bestehen, aber die normative Kraft des Bezugs kann im Sinne der »Tilgbarkeit« eines nicht streng logischen Implikats (vgl. Grice, 1981, 149) neutralisiert werden, etwa indem sich der Sprecher ausdrücklich von ihr distanziert.

Deutlicher als bei »unterlassen« und seinen Ableitungen macht sich ein konventioneller, aber vom Sprecher wiederum neutralisierbarer Bezug auf normative Erwartungen, Verpflichtungen und Forderungen bei der Sprachform »zulassen« bemerkbar. Die Aussage, daß A *zuläßt*, daß p, besagt soviel wie die folgenden zwei Bedingungen zusammengenommen:

(6) A unterläßt eine Handlung h, die verhindern würde, daß p,

(7) A's Unterlassen wird für bedenklich gehalten.

Wie »unterlassen« in seiner normativen Bedeutung wird auch »zulassen« vorwiegend in kritischer Absicht und mit einem ausgeprägt negativen Akzent verwendet, d. h. so, daß auf die in (7) genannten Bedenken nicht nur Bezug genommen wird, sondern diese auch übernommen werden. Aber auch hier kann sich der Sprecher von diesen Bedenken distanzieren. Eine Mutter, die den Satz äußert: »Ich habe es zugelassen, daß mein Sechsjähriger Süßigkeiten ißt«, bezieht sich implizit zwar auf eine Norm, nach der Sechsjährige keine Süßigkeiten essen sollten. Die Äußerung muß aber nicht notwendig so verstanden werden, daß sie sich das Zuwiderhandeln gegen diese Norm vorwirft oder es sich vorwerfen zu müssen meint. Die Äußerung ist sowohl damit vereinbar, daß sie selbst diese Norm nicht vertritt, als auch damit, daß sie die Norm zwar vertritt, jedoch andere Erwägungen (wie die, daß man Kindern nicht allzuviel verbieten sollte) für vordringlicher hält.

Festzuhalten bleibt bei alledem, daß – im Gegensatz zum englischen »omission« – das deutsche »unterlassen« und seine sprachlichen Ableitungen auch für die Grundform des Unterlassens, d.h. ohne Bewertung oder Erwartungs- und Bewertungsbezug gebraucht werden kann. Die bei zahlreichen Ethikern, Rechtsphilosophen und Rechtswissenschaftlern (z.B. Spaemann, 1977, 178; Feinberg, 1984, 172; Stree in: Schönke/Schröder, 1985, 155) anzutreffende Behauptung, »Unterlassen« sei wesentlich und durchgängig an eine Normsetzung oder Bewertung geknüpft, entspricht schlicht nicht den sprachlichen Tatsachen. Richtig ist vielmehr, daß »Unterlassen« in seiner Grundform etwas bezeichnet, was allen Erwartungen, Forderungen und Verpflichtungen vorausliegt und »weder erst durch die Rechtsordnung, noch erst durch andere «Erwartungen» konstituiert wird« (Kaufmann, 1959, 314). Sprachlich ist die Grundform des Unterlassens etwa in der *Aufforderung* präsent, etwas zu unterlassen (»Bitte das Rauchen unterlassen!«) oder in dem juristischen Begriff der *Unterlassungsklage*, durch die jemand mit Rechtsmitteln gezwungen wird, eine bestimmte Handlung nicht auszuführen oder von einer bestimmten Handlungsweise abzulassen. Etwas zu unterlassen bedeutet hier jedesmal nicht mehr, als eine bestimmte Handlung (oder Handlungssequenz) nicht oder nicht weiter auszuführen. Dabei wechseln die normativen Konnotationen das Vorzeichen. Anders als bei den erweiterten Unterlassungsbegriffen ist nunmehr das Unterlassen und nicht das Handeln positiv konnotiert.

In *subjektiver* Hinsicht kann die Grundform des Unterlassens durch eine oder mehrere der folgenden Bedingungen erweitert werden:

(8) A weiß, daß er h nicht ausführt.

(9) A weiß, daß er h ausführen sollte.

Im Englischen lassen sich die Ausdrücke »to forbear to do h« und »to refrain from doing h« ausschließlich auf Unterlassungen anwenden, für die Bedingung (8) erfüllt ist. »Forbearing to do h« erfordert, daß der Akteur weiß, daß er h nicht ausführt, aber ausführen könnte (Green, 1980, 197; Bennett, 1981, 50). Dasselbe gilt von »refraining from doing h« (Frey, 1975, 274; Kuhse, 1987, 49). Beide Ausdrücke bezeichnen ein Unterlassen, bei dem der Akteur weiß, was er tut bzw. nicht tut. Für den deutschen Ausdruck »unterlassen« ist dagegen kennzeichnend, daß er auch da anwendbar ist, wo keine dieser zusätzlichen Bedingungen erfüllt ist. Eine Unterlassung, die Bedingung (8) *nicht* erfüllt, liegt dann vor, wenn A bei seiner Abreise vergißt, die Herdplatte abzustellen, und dadurch einen Brand verursacht. Hätte er vor dem Verlassen des Hauses oder kurz danach gewußt, was er unterläßt oder unterlassen hat, wären die Folgen vermieden worden. Dabei kann ein und dasselbe Verhalten unter der einen Beschreibung wissentlich, unter einer anderen nicht-wissentlich sein. (Analoges gilt für die Willentlichkeit.) Wer einem Hilfsbedürftigen wissentlich keine Hilfe leistet und dadurch dessen Tod verursacht, macht sich der Tötung durch Unterlassen nur dann schuldig, wenn er diesen voraussehen konnte. Indem A weiß, daß er h unterläßt (nämlich dem hilfsbedürftigen B nicht zu helfen), weiß er nicht notwendig auch, daß er damit k tut (B dem Tod preisgeben).

2.6 Der ontologische Status von Unterlassungen

Als *negative Ereignisse* haben Unterlassungen teil an der ontologischen und epistemischen Zwielichtigkeit negativer Tatsachen. Negative Tatsachen sind voller logischer Merkwürdigkeiten. Sie handeln von Gegenständen und Ereignissen, die sich bei einer Inspektion der beschriebenen Verhältnisse mit den fünf Sinnen beim besten Willen nicht ausmachen lassen und die sich doch zum Teil ziemlich direkt verifizieren lassen – z.B. daß sich jetzt kein Elefant in meinem Arbeitszimmer befindet. Auch was jemand *nicht tut*, läßt sich ihm weder ansehen noch einer hypothetischen vollständigen Durchmusterung seines inneren Zustands entnehmen, und dennoch läßt es sich ziemlich direkt erschließen, teils mittels logisch-semantischer, teils mittels physikalischer und psychologischer Gesetzmäßigkeiten. Wer an einer Sitzung teilnimmt, bleibt ihr nicht zugleich fern, und wer an ein mathematisches Problem denkt, denkt nicht zugleich an die immer noch nicht abgestellte Herdplatte.

Man ist immer wieder versucht, sich von der ontologischen Negativität der Unterlassung ein allzu einfaches Bild zu machen. Der Rechtswissenschaftler Schünemann (1971, 13) bemüht sich, den ontologischen Status von Unterlassungen in Anlehnung an die Ontologie Nicolai Hartmanns (1940, 358) als ein »unselbständiges So-Sein an der Realität des Unterlassers« zu fassen und auf diese Weise dem Eindruck entgegenzutreten, bei der Unterlassung handele es sich um ein »ontisches Nichts«. Aber diese Charakterisierung neigt allzu sehr dazu, den Unterschied zwischen Handeln und Unterlassen zu nivellieren und die Negativität der Unterlassung in etwas Positives umzumünzen. Auch Handlungen sind etwas »unselbständig Seiendes«, indem sie nicht isoliert, sondern jeweils nur *an* einem Handlungssubjekt existieren. Unterlassungen sind – läßt man sich einmal auf diese Terminologie ein – noch eine Stufe »unselbständiger«. Zwar setzt auch die Unterlassung die Existenz eines Handlungssubjekts voraus, *das* etwas unterläßt. Aber das reicht nicht aus, die Unterlassung zu einem positiven Etwas zu machen. Wenn die Handlung ein »unselbständiges« Moment ist, ist das Unterlassen als Nicht-Handeln ein *negativ* unselbständiges Moment.

Auch das Bild, das Bentham (1948, 72) von der Unterlassung gezeichnet hat, ist – bei aller vorausweisenden Bedeutung seiner Konzeption – noch zu einfach. Bentham nennt Unterlassungen »negative Akte« und charakterisiert sie als ein »keeping at rest«, wobei er dasselbe Kriterium verwendet, das hier (S. 34) zur terminologischen Abgrenzung von äußeren Handlungen und Unterlassungen verwendet worden ist, nämlich die Körperbewegung. Im Gegensatz zu den »negativen Akten« beinhalten nach Bentham alle »positiven Akte« Bewegung (»motion«) und Betätigung (»exertion«). Diese Charakterisierung trifft die Sache aber insofern nicht ganz, als nicht alle, die etwas unterlassen, untätig oder bewegungslos sind. Die ontologische Negativität der Unterlassung als Nicht-Handeln äußert sich nicht darin, daß der Unterlassende *nichts* tut, sondern darin, daß er etwas bestimmtes – ein bestimmtes h – nicht tut, das er tun könnte. Untätig oder bewegungslos ist er lediglich in der durch die jeweilige Handlungsbeschreibung h bezeichneten Hinsicht.

2.7 Wie trennscharf ist die Unterscheidung zwischen Handeln und Unterlassen?

An diesem Punkt stellt sich die Frage nach der Handhabbarkeit, vor allem aber nach der Trennschärfe des formulierten »ontologischen« Unterscheidungskriteriums. Reicht das angegebene Kriterium hin, um jedes gegebene handlungsartige Verhalten den Kategorien Handeln und Unterlassen eindeutig zuzuordnen?

Die Rechtswissenschaft sieht sich in dieser Hinsicht von der Praxis immer wieder vor knifflige Fragen gestellt. Ist das Verbleiben eines Hotelgasts im Hotel trotz eingetretener Zahlungsunfähigkeit ein Handeln oder ein Unterlassen? Ist die Annahme einer unberechtigten Zahlung ein aktives oder ein passives Geschehen? Wegen der in § 13 StGB vorgesehenen Strafbarkeitsbeschränkungen für das Begehen durch Unterlassen sind diese Fragen mehr als akademische Fingerübungen. Die Antwort, wie immer sie ausfällt, wirkt sich spürbar auf das Strafmaß aus. Zwar liegt in diesen Beispielen – auf einer »höheren Beschreibungsebene« – jedesmal *Betrug* vor. Aber Strafwürdigkeit und Strafmaß hängen wesentlich davon ab, ob dieser – auf der »Basisebene« – durch ein Handeln oder durch ein Unterlassen realisiert wird.

In der rechtswissenschaftlichen Debatte um die Zuordnung eines Verhaltens zu »Handeln« und »Unterlassen« stehen – wohl auch wegen ihres häufigen Vorkommens – *zwei* Falltypen im Vordergrund: die falsch erbrachte Leistung mit Schadensfolgen und das Fortsetzen einer Tätigkeit bzw. das Verbleiben in einem Zustand bei eintretender Pflicht zur Beendigung.

Ein vieldiskutiertes Beispiel des ersten Typs ist das des Ofensetzers, der einen defekten Ofen falsch repariert, mit der Folge, daß der Defekt durch die Reparatur nicht behoben wird und es durch ausströmende giftige Gase zu einem Unfall mit Todesfolge kommt. Ein anderes Beispiel ist der von Hart und Honoré (1985, 138 f.) erwähnte Fall des Arztes, der eine Fehldiagnose stellt und dadurch den Tod des Patienten verursacht. Hart und Honoré meinen, man könne in diesem Fall das Verhalten des Arztes *sowohl* als Handeln *als auch* als Unterlassen beschreiben. Man könne von dem Mediziner sowohl sagen, er habe eine *falsche* Diagnose gestellt, als auch, er habe es *versäumt*, die *richtige* Diagnose zu stellen.

Läßt sich für diese Fälle wirklich keine eindeutigere Antwort geben? Zunächst ist festzuhalten, daß auf der Basisebene in beiden Fällen eindeutig ein Handeln vorliegt. Der Ofensetzer verursacht den Schaden nicht dadurch, daß er einfach untätig bleibt. Der Arzt verschuldet den Tod des Patienten nicht dadurch, daß er einfach nichts tut. Andererseits ist die für die rechtliche (und moralische) Beurteilung primär relevante Beschreibung nicht auf der Basisebene angesiedelt, sondern auf einer höheren Ebene, auf der normative Gesichtspunkte in den Blick kommen: Der Arzt stellt eine *Fehl*diagnose, der Ofensetzer führt die *falsche* Reparatur aus. Hätte der Arzt die richtige Diagnose gestellt, wäre der Tod des Patienten, hätte der Ofensetzer die Reparatur ordnungsgemäß ausgeführt, wäre der Unfall verhindert worden. Auf dieser normativen Beschreibungsebene liegen negative Beschreibungen nahe: Der Arzt verursacht den Tod des Patienten, indem er die richtige Diagnose *nicht* stellt; der Ofensetzer verursacht den Unfall, indem er die richtige Reparatur *nicht* ausführt.

Wie das Verhalten des Akteurs im Zusammenhang einer normativen Fragestellung einzuordnen ist, hängt offensichtlich davon ab, welche Verhaltensaspekte für die jeweilige Fragestellung *relevant* sind. Wer h unterläßt, indem er keine der für h konstitutiven Körperbewegungen ausführt, tut vielleicht gleichzeitig etwas anderes, k, indem er die für k konstitutiven Körperbewegungen ausführt. Ob er etwas unterläßt oder etwas tut, hängt davon ab, ob nach h oder nach k gefragt wird. Die Tatsache, daß der Ofensetzer und der Arzt nicht ganz untätig sind, ist für die Frage nach der angemessenen Verhaltensbeschreibung also zunächst gar nicht relevant. Entscheidend ist vielmehr das für die Fragestellung relevante Verhalten, und dies sind, da es beide Male um die Schadensverursachung geht, die Verhaltensaspekte, die den Schaden verursachen.

Nur unter bestimmten Bedingungen ist in beiden Beispielen das Handeln für die Schadensverursachung konstitutiv, nämlich immer dann, wenn das Handeln bei anderen die Sicherheit erzeugt, daß das Nötige getan ist und deshalb auf anderweitige Hilfe verzichtet wird. Ist diese Bedingung nicht erfüllt, verursacht der Arzt den Todesfall nicht dadurch, daß er eine Fehldiagnose stellt, sondern dadurch, daß er die richtige Diagnose *nicht* stellt. Ob der Arzt gleichzeitig eine falsche Diagnose stellt oder gar nichts tut, ist dann für die höherstufige Beschreibung gleichgültig. Für den Tod des Patienten ist allein die Tatsache relevant, daß die richtige Diagnose *nicht* gestellt wurde. Deshalb ist in diesem Fall, in dem es um die Faktoren geht, die den Tod des Patienten herbeigeführt haben, allein die Beschreibung als Unterlassen angemessen. Analoges gilt für den Fall des Ofensetzers. Der Ofensetzer verursacht den Unfall nicht dadurch, daß er eine falsche Reparatur vornimmt, sondern dadurch, daß er es versäumt, die richtige vorzunehmen. Die Tatsache, daß die falsche Reparatur, da sie Körperbewegungen beinhaltet, ein Handeln ist, ist für die fragliche Verhaltensbeschreibung, die das Verhalten des Ofensetzers auf den eingetretenen Schaden bezieht, nicht relevant. Der Ofensetzer verursacht den Unfall nicht dadurch, daß er bestimmte Körperbewegungen ausführt, sondern dadurch, daß er bestimmte andere nicht ausführt. Der für den eingetretenen Schaden relevante Defekt wäre auch durch ein Verzicht auf jeden Reparaturversuch, ja durch die völlige Untätigkeit des Ofensetzers nicht beseitigt worden. Dies gilt – analog zur Fehldiagnose – nur dann nicht, wenn die falsche Reparatur den Ofenbesitzer veranlaßt, den weiterhin defekten Ofen in Betrieb zu nehmen. Tritt dieser Fall ein und zeitigt er die entsprechenden Schadensfolgen, ist der Schaden sowohl durch die unterlassene Behebung des Defekts (Unterlassen) als auch durch die falsche Reparatur (Handlung) bedingt.[7]

Als Kriterium dafür, ob ein bestimmtes »höherstufig« beschriebenes Verhalten durch ein Handeln oder ein Unterlassen realisiert ist, kann das folgende *Relevanzkriterium* dienen:

(10) Das in Frage stehende Verhalten ist immer dann als Unterlassen aufzufassen, wenn die (durch den jeweiligen Problemzusammenhang vorgegebene) höherstufige Beschreibung auch durch ein völliges Untätigbleiben des Akteurs erfüllt worden wäre. Andernfalls ist es als Handeln aufzufassen.

Soweit es um Verursachungsbeziehungen geht, muß sich die Zuordnung eines Verhaltens zu den Kategorien Handeln und Unterlassen deshalb danach richten, welchen Lauf die Ereignisse genommen hätten, hätte sich der jeweilige Akteur äußerlich völlig untätig verhalten. Kann im Fall des Ofensetzers angenommen werden, daß der Schaden auch dann einge-

---

7 Nach dem im folgenden postulierten Relevanzkriterium müssen wir in diesem Fall sagen, daß der Schaden *insgesamt* durch ein Handeln bedingt ist.

treten wäre, wenn er wortwörtlich *nichts* getan hätte, liegt Unterlassen vor, andernfalls Handeln. Im Fall der ärztlichen Fehldiagnose hängt die Zuordnung davon ab, ob der Patient auch dann gestorben wäre, wenn gar keine Diagnose gestellt worden wäre (Unterlassung), oder ob durch die Fehldiagnose mögliche Rettungsmaßnahmen verhindert worden sind (Handlung). Es ist klar, daß damit eine gehörige Portion Unsicherheit in die Zuordnung eingeht. Sie ist in beiden Fällen genau so sicher und genau so unsicher wie die kontrafaktischen Abschätzungen, von denen sie abhängt.

Zu den Zweifelsfällen, auf die sich das Relevanzkriterium anwenden läßt, gehören auch einige Fälle des zweiten Typs, bei denen eine Tätigkeit fortgesetzt bzw. ein Zustand aufrechterhalten wird, obwohl eine rechtliche oder moralische Pflicht besteht, Tätigkeit oder Zustand zu beenden. Auch hier geht es wesentlich darum, zu prüfen, ob jeweils die Handlungs- oder die Unterlassensaspekte des Verhaltens für die zu vermeidenden Folgen kausal relevant sind. Ein Gast bleibt in einem Hotel trotz eintretender Zahlungsunfähigkeit wohnen. Liegt – vorausgesetzt, die übrigen Tatbestandsmerkmale sind erfüllt – Betrug durch Handeln oder Betrug durch Unterlassen vor? Offensichtlich läßt sich das Verhalten *sprachlich* positiv wie negativ beschreiben. Die eine Beschreibung – »Er zieht nicht aus« – legt Unterlassen, die andere – »Er hält sich weiterhin im Hotel auf« – legt Handeln nahe. Wie ist der Fall zu entscheiden? Nach dem vorgeschlagenen Kriterium liegt eindeutig Unterlassen vor, denn der Tatbestand des Betrugs ist unabhängig davon erfüllt, ob der Gast überhaupt handelt. Er würde auch bei völliger Untätigkeit bestehen.[8]

Weitergehende Probleme wirft ein anderer vieldiskutierter (und in der Praxis häufig anzutreffender) Fall auf, das Weiterfahren bei bestehender Pflicht zum Anhalten, z.B. um dem

---

8 Kühne (1978, 99), der diesen Fall diskutiert, kommt ohne ausdrückliche Angabe der zugrunde gelegten Kriterien im Resultat zu derselben Einschätzung.

Opfer eines ohne eigene Beteiligung zustande gekommenen Unfalls Hilfe zu leisten. Handelt es sich beim Weiterfahren um ein Handeln oder um ein Unterlassen?

Riedel (1979, 29) meint, daß dieser Fall einen besonders sprechenden Beleg für die Perspektivenabhängigkeit und letztliche Beliebigkeit der Zuordnung eines Verhaltens zu den Kategorien Handeln und Unterlassen darstellt. In der Tat legen die besonderen Umstände dieses Falles eine solche Beurteilung nahe. Zum einen scheinen die positiven und negativen sprachlichen Beschreibungen (Er fährt weiter – Er hält nicht an) gleichwertig und austauschbar. Zum anderen hat das Rechtssystem – wohl aus dem pragmatischen Grund, sich damit umständliche Klärungen im Einzelfall zu ersparen – die Festlegung getroffen, Weiterfahren grundsätzlich als Handlung und nicht als Unterlassung zu werten (vgl. Brammsen, 1986, 248). Danach gilt das Fahren eines Autos immer als Handeln, wie im übrigen auch das Fahren mit dem Fahrrad und das Gehen eines Fußgängers. Fährt ein Autofahrer weiter, obwohl er zum Anhalten verpflichtet ist, etwa um einem Verunglückten Erste Hilfe zu leisten, gilt das immer als Unterlassen. Fährt er auf ein anderes Auto auf, gilt das immer als Handeln. Das (aktive) Weiterfahren und nicht das unterlassene Abbremsen wird als Ursache des Zusammenstoßes betrachtet.

Der Sache nach und unabhängig von pragmatischen Gesichtspunkten sind aber beide Überlegungen kaum relevant. Eine schematische Zuordnung mag sich für die Praxis des Rechtslebens anbieten, kann aber die Sachfrage nicht lösen. Auch die erste Überlegung führt nicht weiter, da, wie wir gesehen haben, zwischen der sprachlichen Form der Verhaltensbeschreibung und dem ontologischen Status des Verhaltens keine eindeutige Entsprechung besteht, eine beschreibungsunabhängige Differenzierung aber sehr wohl möglich und – schon aus Gründen der Rechtslage – unumgänglich ist.

Allerdings führt die – im Fall des Ofensetzers und des Arztes erfolgreiche – Strategie, die Zuordnung von der kausalen Relevanz des jeweiligen Verhaltens abhängig zu machen, in diesen Fällen nicht weiter. Denn anders als bei der falschen Ofenreparatur oder der Fehldiagnose unterscheiden sich das (aktive) Weiterfahren und das (passive) Nichtanhalten in ihrer kausalen Relevanz für das Zustandekommen des Schadens nicht. Während das (falsche) Reparieren des Ofens bzw. die Fehldiagnose den Schaden zwar nicht verhindern, aber auch nicht hervorrufen (es sei denn, der defekte Ofen würde als vermeintlich reparierter in Betrieb genommen oder man würde aufgrund der Fehldiagnose anderweitige Rettungsmöglichkeiten ungenutzt lassen), trifft in diesem Fall nicht zu, daß der Schaden auch dann eingetreten wäre, wenn der Akteur gar nichts getan hätte oder gar nicht beteiligt gewesen wäre.

Auch das von dem Strafrechtler Schmidhäuser vorgeschlagene Kriterium zur Unterscheidung von Handeln und Unterlassen in uneindeutigen Fällen ist zumindest für das Beispiel des Auffahrens infolge Nicht-Bremsens nicht trennscharf genug. Dieses Kriterium lautet:

> »Verlangt der Achtungsanspruch vom Täter, dem Objekt eine *Leistung* zukommen zu lassen, die eine das Objekt bedrohende Gefahr beseitigt, dann ist *rechtsgutverletzend das Nichteinbringen dieser Leistung* und also ein Unterlassen. Verlangt der Achtungsanspruch vom Täter, dem Objekt einen *Eingriff* zu ersparen, der für das Objekt gefährlich werden kann, dann ist *rechtsgutverletzend die Vornahme dieses Eingriffs* und also ein Begehen« (Schmidhäuser, 1970, 558).

Auch dieses Kriterium läßt die Zuordnung offen. Es ist nicht klar, ob das in diesem Fall erforderte Abbremsen als *Leistung* gewertet werden soll, die der Akteur zur Gefahrenbeseitigung erbringen muß, oder ob das Weiterfahren ohne Bremsen als *Eingriff* mit einem Gefahrenpotential für den anderen Autofahrer gelten muß. Offensichtlich läßt sich in diesem Fall beides und mit demselben Recht sagen.

Die Lösung kann hier m. E. nur so aussehen, daß die Zuordnung des Verhaltens davon abhängig gemacht wird, ob es sich bei dem Weiterfahren um ein Handeln oder um ein Unterlassen im oben festgelegten Sinn handelt, d. h. davon, ob eine *Körperbewegung* vorliegt oder nicht. Setzt das Auto an der Stelle, an der der Fahrer anhalten müßte, seine Bewegung fort, ohne daß der Fahrer seine Körperposition ändert – gleichgültig ob er mit Gas fährt oder nur rollt –, ist das Anhalten ein Handeln, da es ein Treten des Bremspedals oder zumindest ein Zurücknehmen des Gases erfordert. Setzt das Auto jedoch an der Stelle, an der der Fahrer anhalten müßte, seine Bewegung nicht fort, ohne daß der Fahrer seine Körperposition ändert, etwa deswegen, weil er bereits gebremst oder angehalten hat, ist das Weiterfahren ein Handeln. Insofern ist – im Gegensatz zur rechtlichen Schematisierung – die Situation des Autofahrers mit der des Radfahrers oder Fußgängers *nicht* vergleichbar. Während der Fußgänger (und zumeist auch der Radfahrer) eine Körperbewegung ausführen und – nach unseren Kriterien – *handeln* muß, um seine Bewegung fortzusetzen, muß der Autofahrer handeln, um seine Bewegung *nicht* fortzusetzen. Die Übernahme der Antriebsleistung durch den Automatismus der Maschine bedingt auch in diesem Fall eine kategoriale »Vorzeichenänderung« des steuernden Verhaltens.

Denken wir uns den Fall des auf ein anderes Auto auffahrenden Autofahrers allerdings so abgewandelt, daß der Fahrer u. a. infolge überhöhter Geschwindigkeit auf den Vordermann auffährt, kann sich die Zuordnung ändern. Denn nun ist die überhöhte Geschwindigkeit eventuell einer der für die Schädigung relevanten Faktoren, indem sie das rechtzeitige Bremsen verhindert oder zumindest erschwert. Da jedoch das Beschleunigen auf die überhöhte Geschwindigkeit eindeutig ein Handeln ist, würde auch das Gesamtverhalten des Fahrers dem Relevanzkriterium zufolge als Handeln gewertet werden müssen.

In dem letzten Fall haben wir es – im Gegensatz zu den bisher betrachteten Fällen, in denen es um die richtige Zuordnung ein und derselben Verhaltenseinheit ging – mit einer *Verhaltenssequenz* zu tun, in die sowohl Handlungen als auch Unterlassungen eingehen. In solchen Fällen ist eine eindeutige Zuordnung in besonderer Weise erschwert. So kann etwa

ein Betrug durch mehrere einzelne Verhaltensschritte realisiert sein, von denen einige als Handlungen, einige als Unterlassungen aufgefaßt werden müssen. Zwei Varianten lassen
sich dabei unterscheiden:

1. Der aktive Bestandteil ist gegenüber dem anderen in
einer eindeutig dominierenden Position. Dies ist etwa dann
der Fall, wenn A zunächst B aktiv in den Zustand versetzt,
den er dann nicht aufhebt, obwohl er ihn aufheben könnte.
Wenn A in B aktiv einen Irrtum erzeugt und ihn dann darüber
nicht aufklärt, liegt eindeutig Handeln vor. Ähnliches gilt,
wenn A B in einen Zustand der Krankheit oder Hilfsbedürftigkeit versetzt und ihm dann Hilfe vorenthält, ihn zunächst
einsperrt und dann unversorgt läßt, in eine Falle lockt und
dann darin umkommen läßt usw.[9]

Diese Konstellation findet sich in dem Fall des Pflichtver-
teidigers, der ohne Bezahlung tätig werden müßte, aber dennoch von einem darüber nicht informierten Mandanten Geld
annimmt, ohne ihn über die Unentgeltlichkeit seiner Leistungen aufzuklären (Kühne, 1978, 21). Das Verhalten des Anwalts
besteht teils aus einem Handeln (er steckt das ihm übergebene
Geld ein), teils aus einem Unterlassen (er schweigt sich über
die nicht bestehende Zahlungspflicht aus). Kühne argumentiert, es komme für die Zuordnung darauf an, in welchem Ver-

---

9 Ebenso argumentiert Kühne (1978, 98 f.) für den Fall des Betrugs. Erweckt
oder bekräftigt A in B aktiv einen Irrtum, den er dann durch Untätigbleiben
(z. B. Schweigen) ausnutzt, liegt Betrug durch Handeln vor. Von einem Betrug
durch Unterlassen kann nur dann gesprochen werden, wenn ein bereits vorgängig bestehender (bzw. nicht vorsätzlich hervorgerufener) Irrtum durch Nichtstun ausgenutzt wird. Mit dem letzteren ist allerdings schwer zu vereinbaren, daß
das Ausnutzen eines Irrtums, den man nicht selbst hervorgerufen hat, in der
Rechtspraxis auch dann nicht als Betrug gilt, wenn es durch Handeln erfolgt,
z. B. durch das aktive Ausnutzen einer Fehlbuchung durch Abbuchen von
fälschlicherweise überwiesenem Geld: »Wer schweigend Geld nimmt und dabei
weiß, daß es ihm eigentlich nicht zusteht, macht sich im allgemeinen nicht strafbar – er nutzt nur einen Irrtum aus« (R. G., 1994, 24). Zweifellos hat, wer wissentlich fälschlicherweise überwiesenes Geld abbucht, in der Regel die Absicht,
die Bank über die Fehlbuchung zu täuschen.

haltensbestandteil die für den Betrug konstitutive Täuschung
liege. Dieser liegt für ihn (wie im übrigen bereits zuvor für das
Reichsgericht) in dem Schweigen des Anwalts über das Nichtbestehen der Zahlungspflicht. Dieser Verhaltensbestandteil
dominiere insofern über den anderen und lasse die Verhaltenssequenz insgesamt als Unterlassen erscheinen. Das Einstecken
des Geldes sei dagegen als passives Entgegennehmen zu werten. Als ein aktives Erhalten wäre es erst dann zu werten, wenn
es in dem aktiven Abheben von einem Konto bestünde (vgl.
Kühne, 1978, 16).

Diese Lösung ist aber offenkundig unbefriedigend. Wenn
es, wie der Vergleich mit dem Abheben vom Konto zeigt, für
die Einordnung des Verhaltens nicht nur darauf ankommt,
daß der Anwalt das Nichtbestehen der Zahlungspflicht ver-
schweigt, sondern auch darauf, daß er das Geld entgegen-
nimmt, dann ist das Gesamtverhalten als aktiver Betrug, nicht
nur als Betrug durch Unterlassen zu werten. Das Einstecken
des Geldes ist ebensogut ein Handeln wie das Abheben einer
Summe vom Konto. Entscheidend ist, welcher Ablauf sich
ergeben hätte, wäre der Anwalt völlig untätig geblieben. Ein
Betrug durch Unterlassen würde nur dann vorliegen, wenn
die Bedingungen für eine Bereicherung durch Täuschung
auch dann, wenn der Betrüger in keiner Weise tätig würde,
erfüllt wären. Das ist aber hier nicht der Fall.[10]

2. Der passive Bestandteil ist gegenüber dem anderen in
einer eindeutig dominierenden Position. Dies ist etwa dann
der Fall, wenn A zunächst eine ihm verfügbare Information
nicht zur Kenntnis nimmt und in der Folge eine Fehlhand-
lung mit Schadensfolgen tätigt: Hätte A den Warnhinweis beachtet, hätte er den Schalter nicht betätigt. Trotz der Domi-
nanz des Unterlassensaspekts ist die Verhaltenssequenz als

10 Anders, wenn der Mandant dem Anwalt das Geld diskret in die Tasche
gesteckt hätte; ein aus anderen Zusammenhängen bekannter Usus, der sein Ziel
– den Empfänger von Verantwortung zu entlasten – allerdings nur soweit erreichen kann, als an der normativen Differenzierung zwischen Handeln und Unterlassen festgehalten wird.

ganze nach dem Relevanzkriterium als Handeln zu werten –
in Übereinstimmung mit der juristischen, aber sicher auch der
alltagsmoralischen Zuordnung, nach der hier von einem fahrlässig schädigenden Handeln zu sprechen ist. Daß die Verletzung der Sorgfaltspflicht in diesem Fall in einem Unterlassen
besteht (dem Nicht-Beachten der Warnung), ändert nichts
daran, daß die Verhaltenssequenz als ganze ein Handeln darstellt.

3. Kein Verhaltensbestandteil hat eine dominierende Stellung. Auch in diesem Fall bewirkt das Relevanzkriterium,
daß die relevante Verhaltenssequenz als ganze als Handeln
gewertet wird. Tragen allerdings mehrere Akteure gemein-
schaftlich zu einer Verhaltenssequenz bei, wobei einige durch
Handeln, andere durch Unterlassen beteiligt sind, erscheint
es nicht sinnvoll, von der Gesamtheit der Akteure zu sagen,
sie habe die Folgen durch Handeln bewirkt. In diesem Fall
scheint es angemessener, zu sagen, daß die Folgen *teilweise*
durch ein Handeln, *teilweise* durch ein Unterlassen bewirkt
worden sind. Dies könnte etwa dann die angemessene Antwort sein, wenn A einen Mechanismus zunächst aktiv in
Gang setzt, der zu einem späteren Zeitpunkt seine (positive
oder negative) Wirkung nur deshalb entfaltet, weil er von B
nicht angehalten wird, so daß sowohl das Handeln von A als
auch das Unterlassen von B für den Wirkungseintritt notwendig sind.

Ich will es bei diesen Andeutungen zur Komplexität der
Handeln-Unterlassen-Zuordnung bewenden lassen. Das
Hauptziel dieses Kapitels ist erreicht: die Mittel bereitzustellen, die die Einordnung eines Verhaltens als Handeln oder
Unterlassen so weit wie möglich von den Kontingenzen des
jeweiligen Sprachsystems unabhängig machen. Andere Ab-
hängigkeiten bestehen weiter und müssen weiterbestehen,
insbesondere die Abhängigkeit von der – meist normativ motivierten – Selektion der die Zuordnung leitenden Fragestellung. Insofern muß man Ladd ein Stück weit recht geben,
wenn er sagt:

»What is to be taken as central in describing acts is basically an ethical issue and one that can be decided only on ethical grounds« (Ladd, 1979, 179).

Nur darf diese Aussage nicht im Sinne eines globalen Perspektivismus der kategorialen Zuordnung verstanden werden. Auch wenn die *Fragen*, die wir an menschliches Verhalten richten, weitgehend von normativen Auffassungen bestimmt sind, gilt dies doch nicht ohne weiteres auch für die *Antworten*. Zwar setzt die Frage, ob es sich bei einem bestimmten Verhaltenslauf um aktiven Betrug oder Betrug durch Unterlassen, um Töten oder Sterbenlassen, Lügen oder Im-Irrtum-Lassen handelt, einen normativ bestimmten Begriff des Betrugs (der Tötung, der Unwahrhaftigkeit) voraus. Das heißt aber nicht, daß die Antworten in derselben Weise von normativen Gesichtspunkten bestimmt sind. Vielmehr eröffnen die vorgeschlagenen Unterscheidungskriterien – die Bedingung der Körperbewegung (bzw. bei inneren Handlungen die Bedingung des inneren Akts) und das Relevanzkriterium – eine (wenn auch begrenzte) Möglichkeit, auf die in normativer Absicht gestellte Frage eine rein deskriptive Antwort zu geben und damit die Frage nach Recht und Unrecht der moralischen Differenzierung zwischen vergleichbarem Handeln und Unterlassen vor der Gefahr der Trivialisierung zu bewahren.

3 Kommt Unterlassungen kausale Wirksamkeit zu?

Unterlassungen haben, wie wir gesehen haben, mit Handlungen gewisse Merkmale gemeinsam, unterscheiden sich von ihnen aber – zumindest soweit es sich um »äußere Unterlassungen« handelt – vor allem durch die Abwesenheit von Körperbewegungen. Handlungen wie Unterlassungen sind unserer Festlegung nach handlungsartige, d.h. willentlich steuerbare Verhaltensaspekte. Aber anders als Handlungen können Unterlassungen im Prinzip auch einem gänzlich untätigen (obgleich handlungsfähigen) Akteur zugeschrieben werden.

Erschöpft sich die deskriptive Asymmetrie zwischen Handlungen und Unterlassungen darin oder reicht sie weiter? Folgt aus der ontologischen Negativität von Unterlassungen etwa auch, daß diese keine kausale Rolle übernehmen können, d.h. nichts *verursachen* oder *bewirken* können? Die Wichtigkeit dieser Frage ist evident, denn von ihr hängt ab, ob für die Folgen und Nebenfolgen von Unterlassungen in gleicher Weise wie für die Folgen und Nebenfolgen von Handlungen Verantwortung übernommen werden muß. Wenn die Zuschreibung von Folgenverantwortung, wie üblicherweise vorausgesetzt, daran gebunden ist, daß zwischen Verhalten und zu verantwortenden Folgen eine wie immer geartete kausale Verknüpfung besteht, jeder also nur für das verantwortlich ist, zu dessen Eintreten er in irgendeiner Weise kausal beigetragen hat, ergibt sich ein offenkundiges Dilemma: Entweder werden Unterlassungen als kausal unwirksam aufgefaßt (»Unterlassen kann für nichts kausal sein«, Larenz, 1953, 686; Otto, 1976, 165), dann folgt – solange an der Koppelung von Verantwortung und Kausalität festgehalten wird –, daß niemand für die Folgen seines Unterlassens verantwortlich ist. Oder man schreibt auch dem Unterlassenden Folgenverantwortung zu; dann muß man auch dazu bereit sein, einem Nicht-Handeln Kausalität zuzuschreiben. In diesem Fall stellt sich jedoch die

Frage, wie ein Nicht-Handeln, also ein negatives Ereignis, kausale Wirksamkeit entfalten soll. Wäre die kausale Wirksamkeit eines Nicht-Handelns nicht gleichsam eine *creatio ex nihilo,* das Hervorgehen von etwas aus nichts?

3.1 Das Kausalitätsdilemma

Dieses Dilemma ist in der Rechtswissenschaft, wo es schon aus praktischen Erfordernissen der Verantwortungszuweisung in irgendeiner Weise aufgelöst werden muß, als Provokation empfunden worden. Kein Wunder, daß es in der Vergangenheit so verbissen traktiert worden ist, daß sich die gegenwärtige Generation von Rechtswissenschaftlern dafür nicht mehr besonders erwärmen zu können scheint. Aber das kann nicht darüber hinwegtäuschen, daß die von der rechtswissenschaftlichen Tradition angebotenen Lösungen alles andere als überzeugend sind. Denn diese Lösungen greifen auf höchst dubiose Hilfskonstruktionen zurück: auf der einen Seite auf Konstruktionen, die es fertigbringen sollen, Unterlassungen als eine besondere Art von *Handlungen* aufzufassen, die dieselben kausalen Rollen wie andere, vertraute Arten von Handlungen übernehmen können; andererseits auf die Konstruktion einer *hypothetischen Kausalität,* die als Kriterium der Zurechnung von Unterlassungsverantwortung eine eigenständige Unterlassungskausalität ersetzt. Beide Konstruktionen, so wird im folgenden argumentiert, sind nicht geeignet, das Dilemma der Unterlassungskausalität befriedigend aufzulösen.

Die erste Strategie zur Auflösung des Kausalitätsdilemmas, nämlich Unterlassungen als eine besondere Art von Handlungen zu konstruieren, nimmt mehrere verschiedene Formen an. Eine erste Variante besteht darin, Unterlassungen mit dem *Willensentschluß* gleichzusetzen, mit dem man sich entscheidet, etwas nicht zu tun, was man tun könnte. Dieser Weg ist in der Gegenwart etwa von Trapp eingeschlagen worden, der die Unterlassung als das »absichtliche Unterlassen des Innervierens gewisser Muskelpartien« definiert (Trapp, 1988, 417). Zweifellos erreicht eine solche Analyse das gesteckte Ziel, Unterlassen in gewisser Weise auf ein Handeln zurückzuführen, auch wenn das Handeln in diesem Fall nur ein »inneres Handeln« ist. Daß A es *unterläßt*, h auszuführen, wäre zurückgeführt auf den *Entschluß* von A, h nicht zu tun.

Eine solche Konstruktion scheint jedoch aus mehreren Gründen kaum akzeptabel. Erstens wird sie *nicht-willentlichen* Unterlassungen nicht gerecht. Wie wir gesehen haben, erfordert ein Unterlassen zwar, daß der Unterlassende die Situation so weit überblickt, daß er einen Weg erkennt, wie er eingreifen könnte. Es erfordert jedoch nicht, daß er, wenn er diesen Eingriff unterläßt, dies in einem Sinne *will*, der einen eigenständigen Entschluß oder Willensakt impliziert. Zwar haben wir festgelegt, daß Unterlassungen handlungsartig in dem Sinne sind, daß sie willentlich steuerbar sind. Das heißt aber nicht, daß sie in jedem einzelnen Fall durch einen Willensakt gesteuert sind. Wie das Handeln bedarf auch das Unterlassen keiner besonderen Willensakte. Entscheidend für die Handlungsartigkeit von Handlungen und Unterlassungen ist lediglich, daß sie *im Bedarfsfall* willentlich steuerbar sind, z.B. dann, wenn sich während eines Verhaltensablaufs Umstände ergeben, die eine sofortige Verhaltensmodifikation erforderlich machen.

Zweitens ist diese Analyse deshalb unbefriedigend, weil selbst dann, wenn A sich bewußt dazu entschließt, h nicht auszuführen, dieser Entschluß nicht schon das Ganze der Unterlassung, sondern allenfalls einen Teilaspekt ausmacht. Damit A es unterläßt, h zu tun, reicht es nicht, daß A sich dazu *entschließt*, h nicht auszuführen. Es muß vielmehr hinzukommen, daß A tatsächlich h nicht ausführt (vgl. Hart/Honoré, 1985, 448). Wäre die Unterlassung von h dasselbe wie der Willensentschluß, h zu unterlassen, wäre es denkbar, daß A es zunächst unterläßt, sich eine weitere Zigarette anzuzünden, indem er sich willensmäßig dazu entschließt, daß sich dieser

Entschluß aber als zu schwach erweist, sein Verhalten zu bestimmen, und er sich dennoch eine weitere Zigarette anzündet. Nach dieser Definition würde A dasselbe gleichzeitig tun und unterlassen.

Die Gleichsetzung von Unterlassung und Unterlassungsentschluß ist nicht die einzige Möglichkeit, Unterlassungen als (kausalitätsfähige) positive Ereignisse zu konstruieren. Eine zweite Möglichkeit besteht darin, sie als Quasi-Handlungen aufzufassen, nämlich als die quasi aktive Beseitigung eines Hindernisses (vgl. Hart/Honoré, 1985, 448). Die Unterlassung beseitigt danach ein Hindernis, das andernfalls eine Ereigniskette daran hindern würde, ein bestimmtes Folgeereignis zu bewirken. Angenommen, A unterläßt es, B daran zu hindern, C zu betrügen, so beseitigt A ein Hindernis, das andernfalls B bei der Realisierung seiner Absichten im Wege stände. Vielleicht ist diese Konstruktion von vornherein zu artifiziell, um viel Überzeugungskraft zu entfalten. Aber was spricht gegen sie? Hart und Honoré haben eingewandt, daß sie allenfalls Fällen gerecht werden kann, in denen neben dem unterlassenden Akteur A ein weiterer personaler Akteur B an der Hervorbringung des Schadensereignisses beteiligt ist, nicht aber dem weit häufigeren Fall, bei dem neben dem Unterlassenden A und dem Geschädigten C kein weiterer personaler Akteur beteiligt ist. Wird in einer Fabrik etwa ein Arbeiter Opfer eines Unfalls, der sich nicht ereignet hätte, hätte der Arbeitgeber für geeignete Sicherheitsvorkehrungen gesorgt, könne man nicht sagen, daß die Unterlassung des Arbeitgebers ein Hindernis für die Erreichung irgendeines Ziels beseitigt hätte (Hart/Honoré, 1985, 449).

Diese Kritik scheint allerdings nicht besonders überzeugend. Warum soll das Hindernis, das die Unterlassung beseitigt, nicht statt in einem Handeln von B auch in einem unpersönlichen Prozeß oder bestimmten Sachstrukturen (wie bestimmten Sicherheitsvorkehrungen) bestehen können? Angenommen A unterläßt es, die Herdplatte abzustellen, so bestünde das Hindernis, das – dem fraglichen Analysevor-

schlag gemäß – daran gehindert wird, die Hitze auf ein bestimmtes Maß zu begrenzen, schlicht in dem Abstellmecha-
nismus selbst.

Angreifbar ist die Konstruktion in zwei anderen Punkten:
Erstens wird sie dem Fall nicht gerecht, daß A's Unterlassen
mit dem Schaden von C nicht durch ein Handeln, sondern
durch ein Unterlassen von B vermittelt ist. Dieser Fall liegt
etwa dann vor, wenn der Psychiatriepatient C Suizid begeht,
weil es der Stationsarzt A versäumt hat, das Pflegepersonal B
zu entsprechender Aufsicht anzuhalten. Das Unterlassen
wirkt sich hier zunächst in einem weiteren Unterlassen und
dann erst in einem positiven Handeln aus. In diesem Fall wäre
es jedoch abwegig zu sagen, daß das Unterlassen von A ein
Hindernis für den Schaden *beseitigt*. Das Unterlassen von A
besteht im Gegenteil darin, daß A es versäumt, ein Hindernis
für das Zustandekommen des Schadens zu *schaffen*. Damit
aber ergibt sich als Resultat der Überlegung wiederum eine
negative und nicht die gesuchte *positive* Beschreibung.

Zweitens ist die Konstruktion unakzeptabel wegen der in
ihr enthaltenen impliziten Hypostasierung. Sie konstruiert
das Hindernis, das die Unterlassung beseitigt, irreführenderweise als ein reales Hindernis, während dieses Hindernis ja
real gerade nicht besteht. Nur wegen dieser Hypostasierung
kann die »Beseitigung« des Hindernisses als eine Handlung
erscheinen, während real nichts anderes geschieht, als daß den
Dingen ihr Lauf gelassen wird.

Ein dritter Versuch zur Auflösung des Kausalitätsdilemmas durch die Reduktion von Unterlassungen auf Handlungen ist von dem amerikanischen Rechtsphilosophen Gross
vorgeschlagen worden. Gross' Lösungsidee besteht darin, A's
Unterlassen von h mit den Handlungen zu identifizieren, die
A ausführt, *während* er h unterläßt. Eine Unterlassung, so
Gross, könne im Prinzip immer als ein positives Tun beschrieben werden, wenn auch nur unter Inkaufnahme »von
Umständlichkeit und mit der falschen Betonung«: Wenn A
für eine Unterlassung bestraft oder zu Schadensersatz ver-

pflichtet wird, dann nicht dafür, bestimmte Dinge *nicht* getan zu haben, sondern dafür, bestimmte Dinge getan zu haben, *ohne* bestimmte andere Dinge zu tun bzw. bestimmte Dinge *statt* anderer getan zu haben: »Liability is for doing certain things without doing certain other things« (Gross, 1979, 64). Auch dieser Versuch dürfte der Kritik nicht standhalten. Erstens ist nicht in jedem Fall eines Unterlassens ein alternatives Handeln gegeben. Die Tatsache, daß A h unterläßt, impliziert nicht, daß A etwas anderes, k, tut, während er h unterläßt. Zwar ist Unterlassen nicht denkbar ohne ein handlungsfähiges Subjekt. Aber dieses Subjekt braucht nicht zu handeln, während es etwas unterläßt. In demselben Augenblick, in dem A es unterläßt, ein abgegebenes Versprechen zu halten, kann er in Mallorca in der Sonne liegen und an nichts Bestimmtes denken. Die in unserer obigen Definition von Handlungsfähigkeit vorausgesetzte *Kenntnis* der Situation braucht sich nicht in einem irgendwie gearteten Denkakt zu manifestieren, sondern läßt sich wie andere kognitive Zustände auch als *dispositionaler* Zustand auffassen. Wie Gross selbst an anderer Stelle sagt: »Some crimes of omission may be committed when all is quiet on the mental front« (Gross, 1979, 62).

Zweitens verschiebt sich mit Gross' Neuformulierung nicht nur die Betonung, sondern auch die Pointe der Verantwortungszuweisung für Unterlassungen, und zwar in eine falsche Richtung: Auch dann, wenn der Unterlassende handelt, während er unterläßt, kann doch dieses Handeln für die Verantwortungszuweisung nicht relevant sein, da sein Fehlen an der Verantwortungszuweisung nichts ändern würde. Indirekt relevant kann es allenfalls dann sein, wenn h und k logisch oder nomologisch inkompatibel sind und die Ausführung der Handlung k die Nichtausführung der Handlung h logisch oder nomologisch impliziert. Wenn etwa A B nicht grüßt, indem er den Blick bewußt abwendet, wird man ihn – da sich Grüßen und Wegblicken ausschließen – indirekt für das Nichtgrüßen auch so verantwortlich machen können, daß man ihm das bewußte Wegblicken vorwirft. Diese Bedingung ist jedoch keineswegs immer erfüllt, zum Beispiel nicht, wenn A statt B C zu seinem Geburtstag einlädt. Wenn B A deswegen böse ist, weil er ihn, B, nicht eingeladen hat, dann in der Regel nicht deshalb, weil er C eingeladen hat, sondern weil er C *statt seiner* eingeladen hat.

Die erste Strategie zur Auflösung des Dilemmas ist also insgesamt wenig erfolgreich: Unterlassungen lassen sich nicht ohne prohibitive theoretische »Kosten« in Handlungen umdeuten. Ist die zweite Lösungsstrategie, die ohne diese verkrampfte Umdeutung auszukommen versucht, erfolgreicher?

Die zweite Strategie geht davon aus, daß Unterlassungen als negative Ereignisse selbst nicht kausal wirksam sein können, daß damit eine Folgenverantwortung jedoch nicht ausgeschlossen ist. Diese beruhe in diesem Fall nicht auf einer realen Kausalbeziehung, sondern auf einem Akt der *Zuschreibung*, der sich seinerseits an der hypothetischen Kausalität oder »Quasi-Kausalität« (Stree in: Schönke/Schröder, 1985, 174) der Unterlassung orientiert. Besteht zwischen Unterlassung und Folgeereignissen die Beziehung der hypothetischen Kausalität, werden die Folgeereignisse der Unterlassung zugerechnet, andernfalls nicht. Hypothetische Kausalität ist dabei immer dann gegeben, wenn die Ausführung der unterlassenen Handlung die fraglichen Folgeereignisse verhindert *hätte*.

Die Aporie dieses Lösungsansatzes besteht darin, daß er mit der Ersetzung der realen durch eine kontrafaktische Kausalität die normative Verantwortung von der kausalen Verantwortung abkoppelt: Dem Unterlassenden wird angesonnen, für etwas Verantwortung im *normativen* (moralischen oder rechtlichen) Sinne zu übernehmen, für das er zugleich in keiner Weise *kausal* verantwortlich sein soll. Als bloßes Kriterium der Verantwortungszuschreibung impliziert die »Quasi-Kausalität« schließlich keine reale Kausalbeziehung. Anders als der Ausdruck »Quasi-Kausalität« nahelegen könnte, handelt es sich nicht um einen irgendwie gearteten realen Prozeß, sondern um ein Konstrukt, ein Produkt der Imagination.

Die Lösungsversuche noch der scharfsinnigsten Rechts-wissenschaftler geben in diesem Punkt mehr Rätsel auf als das Dilemma, das sie auflösen sollen. So stellt etwa Hruschka (1983, 419) die berechtigte Frage, wie man, wenn man dem Unterlassen jede Kausalität abspricht, gleichzeitig – wie in der Rechtswissenschaft üblich – sinnvoll von den »Folgen« (juristisch: dem »Erfolg«) einer Unterlassung sprechen könne. Statt jedoch den konsequenten Schritt zu tun, entweder die Folgenverantwortung bei Unterlassungen zu leugnen oder aber die Kausalität der Unterlassung anzuerkennen, bekennt auch er sich zu der zu nichts führenden Strategie, die »hypothetische Kausalität« an die Stelle der realen treten zu lassen (ebd., 420). Ein ähnliches Bild bietet einer der führenden Strafrechtskommentare, der Kommentar Schönke/Schröder. Hier wird einerseits festgestellt, daß die Kausalität eine zwar nicht hinreichende, aber doch notwendige Bedingung für die Erfolgszurechnung ist (Lenckner in: Schönke/Schröder, 1985, 133), andererseits (ebd., 132) jedoch gleichzeitig behauptet, daß es bei Unterlassungen an der realen Herbeiführung eines Erfolgs fehle und die Kausalitätsfrage deshalb nur hypothetisch gestellt werden könne. Worin aber, wenn nicht in einer realen Kausalität, soll die – nicht weiter in Frage gestellte – Folgenzurechnung bei Unterlassungen fundiert sein? Eine »hypothetische« Kausalität reicht dazu nicht aus.

Diese Schwierigkeiten ergeben sich wohlgemerkt in der Strafrechtsdogmatik, keineswegs aber in der Rechtspraxis. Im juristischen Alltag wird ebenso wie im Alltagsdenken ohne weiteres davon ausgegangen, daß nicht nur negative Ereignisse im Bereich natürlicher Vorkommnisse, sondern auch negative Ereignisse im Bereich menschlichen Handelns die Rolle von Ursachen bzw. Kausalfaktoren übernehmen können. Nicht nur das Ausbleiben des Monsuns wird üblicherweise – und ohne jeden theoretischen Vorbehalt – als die (oder eine) Ursache einer Dürrekatastrophe benannt, sondern auch das unterlassene Streuen bei Glatteis oder die mangelnde Aufsicht des Sportlehrers als die (oder eine) Ursache der sich daraus ergebenden Unfälle. Als noch weniger problematisch dürften Redeweisen empfunden werden, die statt von den »Wirkungen« von den »Folgen« und »Auswirkungen«, »Gefahren« und »Risiken« usw. von Unterlassungen sprechen – allesamt Redeweisen, die eine Kausalität von Unterlassungen voraussetzen. Man ist versucht zu fragen: Existiert hier überhaupt ein Problem? Ist die Sache selbst so rätsel- und konflikthaft, wie sie denjenigen, die sie theoretisch reflektieren, erscheint? Oder ist dieser Eindruck lediglich das Produkt eines falschen Vorurteils – des Vorurteils, daß nur positive Ereignisse Wirkungen haben können?

Um einer systematischen Klärung dieser Frage näherzukommen, empfiehlt es sich, zwischen drei Teilfragen zu unterscheiden:

1. Lassen sich Unterlassungen als *Kausalfaktoren* auffassen?
2. Lassen sich Unterlassungen als *Ursachen* auffassen?
3. Kann man von Unterlassungen sagen, daß sie etwas *bewirken*?

Ein Großteil der in der Diskussion vorherrschenden Verwirrung läßt sich darauf zurückführen, daß zwischen diesen Teilfragen nicht konsequent genug unterschieden und eine bejahende oder verneinende Antwort auf die eine ohne weitere Prüfung auf die übrigen übertragen wird.

3.2 Lassen sich Unterlassungen als Kausalfaktoren auffassen?

Um die erste Teilfrage zu beantworten, sollte man zunächst unterscheiden zwischen der *Gesamtursache* g für ein Wirkungsereignis w und den in g eingehenden Teilursachen u, die einzeln oder in bestimmten Kombinationen im allgemeinen Sprachgebrauch als »die Ursache« oder »die Ursachen« von w bezeichnet werden. Die Gesamtursache von w ist derjenige Komplex von Ereignissen, Zuständen und Bedingungen, der

für den Eintritt von w kausal hinreichend ist, d. h. bei dessen
Vorliegen w ausnahmslos eintritt. Das in der Kausalitätstheorie John Stuart Mills aufgestellte Postulat der *Unabhängigkeit*
des Zusammenhangs zwischen Gesamtursache und Wirkung
ist nur ein anderer Name für dieselbe Sache: Nur wenn die
Gesamtursache g kausal hinreichend ist für w, ist das Eintreten von w bei gegebenem g unabhängig von allen weiteren
Ereignissen, Bedingungen oder Umständen, die gleichzeitig,
früher oder später eintreten.

Selbstverständlich impliziert die Tatsache, daß eine bestimmte Gesamtursache g für w *kausal hinreichend* ist, nicht,
daß sie für w auch *kausal notwendig* ist. Es ist nicht auszuschließen, daß eine Wirkung w, die de facto durch g verursacht
ist, auch durch eine von g verschiedene Gesamtursache herbeigeführt werden kann. Ebensowenig ist auszuschließen,
daß mehrere Gesamtursachen für dasselbe Wirkungsereignis
w gleichzeitig vorliegen. Die Straße kann naß sein, weil es
geregnet hat oder weil der Sprengwagen vorbeigefahren ist,
aber auch, weil beide Ursachen zufällig zusammengekommen
sind.

Die Gesamtursache besteht gewöhnlich nicht nur aus den
Ereignissen und Zuständen, von denen gewöhnlich als den
»Ursachen« für w gesprochen wird, sondern sie enthält darüber hinaus zumeist eine Reihe relativ unbestimmter und
nicht notwendig vollständig aufzählbarer *Randbedingungen*,
für die kennzeichnend ist, daß sie bei kausalen Erklärungen
im Alltagsleben, aber auch in den Wissenschaften, nicht eigens thematisiert, sondern als mehr oder weniger selbstverständlich erfüllt vorausgesetzt werden. Obwohl sie meist
nicht thematisch werden, sind sie dennoch nicht eliminier-
bar. Sollten sie ausnahmsweise nicht erfüllt sein, zeigt sich,
daß die gewöhnlich als »Ursachen« bezeichneten Bedingungen zur Herbeiführung von w keineswegs hinreichend sind.
Angenommen, w bestehe in dem Zu-Boden-Fallen eines
Stücks Kreide infolge des Zu-Boden-fallen-Lassens der Kreide, so sind mit den gewöhnlich als »Ursachen« bezeichneten

Teilursachen »Öffnen der Hand« und »Existenz des Schwerefelds der Erde« die kausalen Bedingungen von w nicht vollständig erfaßt. Beide »Ursachen« (besser: Teilursachen) sind deshalb zusammen nicht kausal hinreichend für das Zu-Boden-Fallen der Kreide, weil das Fallen der Kreide durch die Aufhebung bestimmter Randbedingungen, z. B. durch die Erzeugung eines künstlichen Schwerefelds oberhalb des Bodens oder durch die Erzeugung einer starken Luftströmung verhindert werden könnte. Die für das Zu-Boden-Fallen der Kreide angegebenen »Ursachen« stellen lediglich einen Teil der Kausalfaktoren dar, die insgesamt die Gesamtursache g ausmachen.

Das angegebene Beispiel dürfte insofern für Kausalaussagen typisch sein, als die angeführten Randbedingungen *negativer* Art sind, d. h. im Nicht-Eintreten bestimmter möglicher positiver Ereignisse oder in dem Nicht-Vorliegen bestimmter positiver Zustände bestehen. Negativ sind die Randbedingungen insbesondere dann, wenn sie den Charakter von *Normalitätsbedingungen* haben, die die Abwesenheit möglicher *Störfaktoren* signalisieren.

Zu den Randbedingungen, die erfüllt sein müssen, damit sich bei Vorliegen der Teilursachen »Öffnen der Hand« und »Existenz des Schwerefelds der Erde« das Wirkungsereignis »Zu-Boden-Fallen der Kreide« einstellt, gehört auch, daß kein menschlicher Akteur in den Geschehensablauf eingreift, d. h. daß menschliche Akteure, soweit ihnen ein Eingreifen möglich ist, dieses *unterlassen*. Das unterlassene Eingreifen ist in diesem Fall eine negative Randbedingung unter anderen. Es ist gegenüber anderen negativen Bedingungen in keiner Weise ausgezeichnet und übernimmt dieselbe kausale Rolle, die auch nicht-handlungsartige negative Ereignisse und Zustände übernehmen.

Um ein Beispiel von Feinberg (1984, 173) aufzugreifen, das an die ethischen und rechtsethischen Zielfragen näher heranführt: Wenn B ertrinkt und A, der sich zufällig in der Nähe befindet, tatenlos zusieht, obwohl er B retten könnte, ist das

Nicht-Eingreifen von A eine der Komponenten der Gesamtursache des Ertrinkens von B und insofern einer der Kausalfaktoren dieses Ereignisses. Daß A einen Rettungsversuch
nicht ausführt, ist eine Komponente in dem Gesamtkomplex
der Kausalfaktoren, die w herbeiführen. Ohne die Randbedingung, daß A nichts tut, um B zu retten, wären die übrigen
Komponenten zusammen nicht kausal hinreichend für w. Lägen nur diese anderen Komponenten vor, wäre das Eintreten
von w zu verhindern gewesen, z. B. durch einen erfolgreichen
Rettungsversuch von A.

An dieser Stelle wird gewöhnlich ein naheliegender Einwand erhoben: Hätten die übrigen in der Situation vorhande-
nen Bedingungen nicht sehr wohl ausgereicht, B ertrinken zu
lassen? Schließlich wäre B auch dann ertrunken, wenn A nicht
in der Nähe gewesen wäre. Kann das Unterlassen von A der
kausalen Situation Wesentliches hinzufügen?

Dem ist entgegenzuhalten, daß – ob wesentlich oder nicht –
das Nichteingreifen von A in jedem Fall einen *Kausalfaktor*
von w ausmachte. Die anderen Kausalfaktoren waren *nicht*
kausal hinreichend. Vielmehr mußte das Unterlassen von A
zu den »positiven« Bedingungen hinzukommen, um den Gesamtkomplex der Bedingungen für w kausal hinreichend werden zu lassen. Ohne die Realisierung dieser zusätzlichen Bedingung ist das Eintreten von w bei Vorliegen der »positiven«
Bedingungen nicht gesichert. Wäre diese zusätzliche Bedingung nicht realisiert, hieße das, daß etwas einträte, was trotz
des Bestehens der »positiven« Bedingungen w verhindern
würde. Das Nicht-Eingreifen von A ist eine Bedingung dafür,
daß w eintritt, insofern sie eine Bedingung dafür ist, daß w
nicht verhindert wird.

Auf dasselbe Ergebnis führt die Überlegung, ob die Konstellation der positiven Teilursachen, die kausal hinreichend
für das Ertrinken von B scheinen, die von Mill für die Gesamtursache postulierte Bedingung der *Unabhängigkeit* erfüllen. Besteht der Zusammenhang zwischen den positiven
Teilursachen und w *unabhängig* von allen weiteren mög-

lichen Bedingungen? Offensichtlich nicht. Der Zusammenhang besteht nur dann, wenn zusätzlich bestimmte negative Randbedingungen – einschließlich der handlungsartigen negativen Randbedingung, daß A ein Eingreifen unterläßt – erfüllt sind.

Die Aussage, daß die Untätigkeit von A eine negative Randbedingung – und insofern ein Kausalfaktor – für das Ertrinken von B ist, gilt nur dann nicht, wenn w auch durch ein Eingreifen von A nicht zu verhindern wäre. Kausal relevant für w können nur diejenigen Ereignisse sein, deren Eintreten oder Nicht-Eintreten für w einen Unterschied macht, von denen w in irgendeiner Weise *abhängt*. Ist die Situation des ertrinkenden B so verzweifelt, daß sein Tod auch durch einen äußersten Rettungsversuch von A nicht zu verhindern ist, ist diese Bedingung nicht erfüllt. Für die Zuschreibung moralischer und rechtlicher Verantwortung ist diese Überlegung von unmittelbarer praktischer Bedeutung. Bestimmte Sicherungseinrichtungen, die in einer Fabrik *nicht* installiert worden sind, können nur dann als mit einem bestimmten Brandschaden ursächlich verknüpft gelten, wenn sie wirksam gewesen wären, den Brand zu bekämpfen. Hätte sich der Brand bei installierten Sicherungseinrichtungen in derselben Weise ausgebreitet, ist das Versäumnis, sie einzubauen, für den eingetretenen Brandschaden kausal nicht relevant (vgl. Hart/Honoré, 1985, 127). »Hypothetische Kausalität« ist also – auch wenn sie, wie oben gezeigt, als *hinreichende* Bedingung moralischer und rechtlicher Verantwortung nicht in Frage kommt – zumindest eine *notwendige* Bedingung für das Bestehen einer solchen Verantwortung.

Es ist kein Grund ersichtlich, warum der unterlassene Rettungsversuch von A nicht durchaus als einer der *Kausalfaktoren* des Ertrinkens von B aufgefaßt werden sollte. Kausalfaktoren sind Komponenten von kausal hinreichenden Gesamtursachen, die für sich genommen für das Wirkungsereignis w nicht kausal hinreichend sind, aber in dem Sinne *nicht-redundant* sind, als sie aus der Gesamtursache nicht herausgekürzt werden können, ohne ihr den kausal hinreichenden Charakter zu nehmen.[11]

Diese letzte Aussage muß allerdings mit einem Vorbehalt versehen werden, und zwar für den Fall, daß mehrere Gesamtursachen für ein Ereignis w gleichzeitig realisiert sind. In diesem Sonderfall ist ein positiver oder negativer Kausalfaktor nicht-redundant stets nur in Bezug auf eine *bestimmte* Gesamtursache, nicht aber notwendig auch in Bezug auf alle anderen gleichzeitig realisierten Gesamtursachen. Hart und Honoré (1985, xliii) geben u. a. das folgende Beispiel: A und B drücken gleichzeitig auf je einen Knopf und lösen damit eine Explosion aus. Würde A nicht drücken, würde B allein die Explosion auslösen und umgekehrt.[12] Das Wirkungsereignis w, hier die Explosion, ist kausal überdeterminiert. Das Knopfdrücken von A ist nicht-redundant nur in Bezug auf die von A beigesteuerte Gesamtursache, nicht aber in Bezug auf die Gesamtheit der gleichzeitig realisierten Gesamtursachen und deshalb auch nicht in Bezug auf w. Der einzelne Kausalfaktor läßt sich wegdenken, ohne daß das Zustandekommen der Wirkung gefährdet wird, da andere, gleichzeitig realisierte kausal hinreichende Bedingungen bereitstehen, die an die Stelle der weggefallenen treten und das Wirkungsereignis herbeiführen.

Es ist wichtig, darauf hinzuweisen, daß allein damit, daß

11 Von Mackies »*inus*-conditions« – insufficient but non-redundant part of an unnecessary but sufficient condition (vgl. Mackie, 1974, 62) – unterscheiden sich die so aufgefaßten Kausalfaktoren nur in der einen Hinsicht, daß die Gesamtursachen, in die sie eingehen, nicht unbedingt kausal nicht-notwendig (»unnecessary«) sind, die Frage, ob sie nicht nur hinreichend, sondern auch notwendig sind, hier also offengelassen wird. Darüber hinaus schließt diese Explikation nicht aus, daß auch dann, wenn für eine Wirkung w mehrere Gesamtursachen existieren, ein einzelner Kausalfaktor für eine Wirkung w dennoch in dem Sinne kausal notwendig ist, daß er als nicht-redundante Komponente in sämtlichen Gesamtursachen vorkommt.

12 Ein bekanntes literarisches Beispiel ist etwa der Mord im Orient-Expreß bei Agatha Christie. Unter den gegebenen Randbedingungen ist hier jede Einzelursache für sich hinreichend, die Wirkung – den Tod des Opfers – herbeizuführen.

ein Unterlassen von A als Kausalfaktor für das Ertrinken von B gelten kann, über eine etwaige Zuweisung *moralischer Verantwortung* nichts ausgesagt ist. Die kausale Rolle von A's Unterlassen für w ist nicht schwächer, aber auch nicht stärker als die kausale Rolle aller anderen an der Situation beteiligten Randbedingungen, etwa der Abwesenheit von C und D an der Unfallstelle. Wenn A's Nicht-Eingreifen für B's Ertrinken von größerer Bedeutung ist als die Abwesenheit von C und D, dann nicht wegen der besonderen *kausalen* Rolle, die A's Nicht-Eingreifen im Gegensatz zu C's und D's Abwesenheit zukommt, sondern aus anderweitigen, *normativen* Gründen – etwa aus dem Grund, daß von A ein Eingreifen *erwartet* werden konnte oder daß A ein Rettungsversuch eher *zuzumuten* war als C und D die Anwesenheit an der Unfallstelle.

3.3 Sind Unterlassungen Ursachen?

Wenden wir uns nun der zweiten Teilfrage zu: Können Unterlassungen auch zu den Ursachen oder Teilursachen einer Gesamtursache gehören, also zu den – im Gegensatz zu den Randbedingungen – zentralen Kausalfaktoren? Wenn Unterlassungen (und andere negative Bedingungen) die Rolle von Randbedingungen spielen können, können sie auch die von Ursachen spielen?

Offensichtlich kommen den zentralen Kausalfaktoren, die hier Ursachen genannt werden – wie immer sie im einzelnen von den Randbedingungen abgegrenzt werden – dieselben formalen Charakteristika zu. Auch sie sind einzeln keine kausal hinreichenden Bedingungen ihrer Wirkungen. In der Regel sind sie für ihre Wirkungen auch nicht kausal notwendig. Und sie sind in dem Sinne nicht-redundant, daß sie aus der Gesamtursache, der sie angehören, nicht »herausgekürzt« werden können, ohne dieser ihren kausal hinreichenden Charakter zu nehmen.

Wenn w das Zu-Boden-Fallen der Kreide ist, ist das Öffnen der Hand als eine der Ursachen von w *nicht kausal hinreichend* für w insofern, als zusätzliche Bedingungen hinzukommen müssen, um w herbeizuführen, z.B. das Bestehen eines Schwerefelds. Sie ist *nicht kausal notwendig für w* insofern, als im Prinzip auch andere Bedingungen die kausale Rolle des Öffnens der Hand spielen könnten. So könnte etwa jemand die Kreide aus meiner Hand stoßen, ohne daß ich die Hand öffnete und damit dieselbe Wirkung herbeiführen. Und sie ist *nicht-redundant* in dem Sinn, daß ohne das Öffnen der Hand unter den konkret gegebenen Bedingungen die Kreide nicht zu Boden fallen würde. Wenn das Öffnen der Hand unter den konkreten Umständen »notwendig« ist, um w herbeizuführen, dann nur im Sinne der *Nicht-Redundanz unter den konkret gegebenen Bedingungen*, nicht aber im Sinne der prinzipiellen Alternativenlosigkeit.

Dasselbe müßte gegebenenfalls – falls wir negative Ursachen zulassen – auch für *negative* Ursachen gelten. Würde A's unterlassene Rettung von B als eine der Ursachen (und nicht nur als eine der Randbedingungen) von B's Ertrinken aufgefaßt, wäre A's Untätigkeit eine nicht-redundante, aber nicht notwendig auch alternativenlose Bedingung von B's Ertrinken. Einerseits dürfte A's Untätigkeit nicht kausal gänzlich irrelevant sein. Andererseits wäre nicht auszuschließen, daß statt durch *diese* negative Bedingung w möglicherweise auch infolge einer anderen negativen Bedingung hätte eintreten können, etwa der Abwesenheit von C an der Unfallstelle.

Gegen die Anerkennung von negativen Ursachen bestehen weitaus stärkere Vorbehalte als gegen die Anerkennung von negativen Randbedingungen – zumindest dann, wenn das Wirkungsereignis nicht seinerseits negativer Art ist. Negative Wirkungen und negative Ursachen für negative Wirkungen scheinen viel weniger problematisch als negative Ursachen für positive Wirkungen. Der Grund dürfte darin liegen, daß den Ursachen positiver Ereignisse eine *aktive* Rolle zugeschrieben wird, die mit der Negativität negativer Bedingungen schwer zu vereinbaren ist. Es scheint abwegig anzunehmen, daß etwas Nicht-Seiendes etwas bewirken könne. Schließlich gilt: »facere sequitur esse«. Nur das kann etwas *bewirken*, was auch *ist*.

Aber hier sollte man sich von einem allzu wörtlich verstandenen »facere« nicht täuschen lassen. Das Modell des »Bewirkens« im Sinne einer Energie übertragenden Tätigkeit wird der Vielfalt der Gestalten, die Ursachen annehmen können, in keiner Weise gerecht. Von Ursachen wird längst nicht in allen Zusammenhängen gefordert, daß sie etwas »bewirken«. Vielmehr hat die Klassifizierung bestimmter Kausalfaktoren als »Ursachen« in vielen Kontexten keine andere Funktion, als diese als in besonderer Weise relevant herauszuheben und gegen die Randbedingungen abzugrenzen. Dabei besteht diese besondere Relevanz nicht notwendig darin, daß die »Ursachen« etwas *bewirken*, während die Randbedingungen dieses Bewirken lediglich *ermöglichen*. Dementsprechend werden keineswegs nur ereignishaft-dynamische, sondern auch zuständlich-statische Bedingungen als »Ursachen« herausgehoben. So kann im Fall des ertrinkenden B die zuständliche Bedingung, daß der Wasserspiegel des Sees infolge starker Regenfälle höher als gewöhnlich ist, ebensogut als Ursache des Unfalls herausgegriffen werden wie die ereignishaft-dynamische Bedingung, daß B ins Wasser geht, ohne schwimmen zu können. Es gibt also durchaus auch positive Bedingungen, bei denen man bezweifeln kann, ob sie als Subjekt eines »facere« in Frage kommen. Wenn aber andererseits bereits diese Bedingungen unproblematisch sind, ist nicht zu sehen, warum nicht auch negative Bedingungen wie A's unterlassener Rettungsversuch als Ursache von B's Ertrinken herausgegriffen werden können. Insgesamt hängt ja, ob ein Kausalfaktor als Randbedingung oder als Ursache aufgefaßt wird, weniger davon ab, ob er ereignishaft oder zuständlich, positiv oder negativ ist, sondern davon, welche Kausalfaktoren jeweils im Vordergrund der Aufmerksamkeit stehen.

Sieht man genauer hin, zeigt sich, daß wir bei der Einordnung von Kausalfaktoren als Ursachen nicht nur ein, sondern zwei ineinandergestaffelte Sets von Kriterien verwenden. Wir verwenden einen ersten Kriterien-Set, um unter den Kausalfaktoren eines w Ursachen und Randbedingungen voneinander abzugrenzen. Und wir verwenden einen zweiten Kriterien-Set, um unter den so abgegrenzten (Teil-)Ursachen noch einmal »die« Ursache – die entscheidende, ausschlaggebende oder zentrale Ursache – herauszustellen.

Bei der Abgrenzung zwischen Ursachen und Randbedingungen scheinen zwei Kriterien die Hauptrolle zu spielen: das Ausmaß, in dem das Eintreten einer Bedingung *unerwartet* ist, und das Ausmaß, in dem das Eintreten einer Bedingung *unerwünscht* ist oder als *Störung* empfunden wird. Je selbstverständlicher mit einem Kausalfaktor gerechnet wird (je mehr er als Teil der Normalität empfunden wird) und je mehr er unseren Wünschen und normativen Ansprüchen entgegenkommt, desto größer ist die Neigung, ihn den Randbedingungen statt den Ursachen zuzurechnen. Je unerwarteter und überraschender und je störender und widerständiger ein Kausalfaktor ist, desto größer ist die Neigung, ihn den Ursachen statt den Randbedingungen zuzurechnen. Ein Streichholz flammt auf, weil es angestrichen wird, aber auch, weil der nötige Sauerstoff in der Umgebung vorhanden ist. Die erste Bedingung wird eher den Ursachen, die zweite eher den Randbedingungen zugerechnet. Die Existenz von Sauerstoff in der Umgebung eines Streichholzes ist selbstverständlicher und unter den meisten Bedingungen wahrscheinlicher als das Ereignis des Anreibens. Sie gehört zu dem kausalen »Feld« (vgl. Mackie, 1974, 35), innerhalb dessen die für w spezifischen Ursachen auftreten. Ein schwerer Verkehrsunfall entsteht durch das zu schnelle Befahren einer nicht durch Leitplanken gesicherten Straße. Beide Faktoren – das zu schnelle Fahren und das Fehlen von Leitplanken – sind kausal relevante Bedingungen, aber nur der erstere wird gewöhnlich den Ursachen des Unfalls zugerechnet. In diesem Fall nicht, weil er besonders unwahrscheinlich ist, sondern weil er unerwünscht oder aus moralischen oder prudentiellen Gründen unakzeptabel ist. Erwartungs- und Erwünschtheitskriterium fungieren dabei unabhängig voneinander. Wer sich *wünscht*, daß die Autofahrer auf der besagten Strecke langsamer fahren, wird ihr Schnellfahren auch dann als Ursache der sich dort ereignenden Unfälle auffassen, wenn er nicht *erwartet*, daß sie bremsen. Und wer *nicht erwartet*, daß sie langsamer fahren, wird auch dann das Langsamerfahren als Teilursache eines eventuellen Rückgangs der Unfallhäufigkeit bezeichnen, wenn dies genau ist, was er sich *wünscht*.

Es leuchtet ein, daß die Anwendung dieses ersten Kriterien-Sets die Auszeichnung negativer Kausalfaktoren als Ursachen nicht nur ermöglicht, sondern geradewegs erzwingt. Wer erwartet oder wünscht, daß A B rettet, wird A's unterlassenen Rettungsversuch ganz ebenso als Ursache (statt als bloße Randbedingung) von B's Ertrinken auffassen wie andere das Ausbleiben erwarteter oder erwünschter Regenfälle als Ursache für Dürre und Mißernte. Unterlassungen spielen auch hier wieder keine grundsätzlich andere Rolle als beliebige andere negative Ereignisse oder Zustände. Wer erwartet oder möchte, daß ein Streichholz angeht, wird ein unterlassenes Trockenhalten des Streichholzes ganz ebenso als Ursache seines Nicht-Angehens betrachten wie in einem anderen Fall das Fehlen von Sauerstoff.

Mit der Abgrenzung von Ursachen und Randbedingungen mit Hilfe des ersten Kriterien-Sets kommen *perspektivische* und somit *subjektive* Faktoren ins Spiel. Während die Frage, ob ein Ereignis ein Kausalfaktor für eine bestimmte Wirkung ist, im Prinzip objektiv entschieden werden kann, ist die Frage, welche der Kausalfaktoren als (Teil-)Ursache, aufgefaßt werden soll, letztlich nur mit Bezug auf bestimmte perspektivische Erwartungen, Wünsche und Forderungen zu entscheiden. Welche Zuordnung zu treffen ist, steht nicht unabhängig von menschlichen Überzeugungen, Zielen und Zwecken fest. Ursachen und Randbedingungen unterscheiden sich nicht in irgendeiner ontologischen, objektiv vorgegebenen Qualität. Wenn es eine »objektive« oder »objektiv richtige« Zuordnung geben sollte, dann nur in dem Sinne und nur insoweit, als bestimmte Erwartungen, Zielsetzungen und Forderungen intersubjektiv als rational, begründet oder angemessen gelten, die diese Qualität auf die von ihnen abgeleiteten Abgrenzungen übertragen.

Noch ausgeprägter ist diese Perspektivität und Relativität bei der zweiten Ursachenselektion, der Auszeichnung einer aus der – im Regelfall – Vielzahl von (Teil-)Ursachen als »der« Ursache eines Ereignisses oder Zustands. Außerdem scheinen die Kriterien dieser Selektion noch um eine Größenordnung vielfältiger und unübersichtlicher zu sein.

Die Kriterien der Ursachenselektion sind auf dieser Stufe teils theoretischer, teils praktischer Art, mit einigen Überschneidungen zwischen beiden.

Ein erstes theoretisches Kriterium ist die *kausale Bedeutung* der Teilursache, verstanden als die Wahrscheinlichkeit, mit der w nicht eintreten würde, würde die fragliche (Teil-)Ursache fehlen. Je unwahrscheinlicher das Eintreten von w bei Fehlen des fraglichen u, desto stärker dürfte die Neigung sein, u als »die« oder die entscheidende Ursache von w auszuzeichnen – vorausgesetzt, es läßt sich zwischen den verschiedenen u eines w in dieser Hinsicht ein Unterschied machen. Im Fall des ertrinkenden B besteht ein solcher Unterschied, wenn die Ursachen des Ertrinkens einerseits in einem über das Normalmaß erhöhten Wasserstand, andererseits in dem Nicht-Schwimmen-Können von B gesehen werden. Hier könnte man argumentieren, daß ein B, der schwimmen kann, auch bei erhöhtem Wasserstand mit größerer Sicherheit vor dem Ertrinken geschützt ist als der Nichtschwimmer B bei weniger hohem Wasserstand. Insofern liegt es nahe, in diesem Fall das Nicht-Schwimmen-Können von B als die entscheidende Ursache von B's Ertrinken aufzufassen. Anders im Fall des Zu-Boden-Fallens der Kreide, in dem die Nicht-Öffnen der Hand und die Nicht-Existenz des Schwerefelds ein Zu-Boden-Fallen der Kreide gleich unwahrscheinlich machen würden.

Ein zweites theoretisches Kriterium scheint auch hier wieder die *Unerwartetheit* (oder negative Normalität) des jewei-

ligen Kausalfaktors zu sein. Wenn es regnet und A spannt einen Schirm auf, so dürfte die Tatsache, daß es regnet, eher als
»die« Ursache für das Aufspannen des Schirms genannt werden als die Tatsache, daß A trocken bleiben will. Zwar würde
der Wunsch, trocken zu bleiben, als *Ursache* (und nicht nur als
Randbedingung) des betreffenden Verhaltens aufgefaßt, aber
diese Ursache hat weit schlechtere Chancen, als »die« Ursache
fokussiert und herausgehoben zu werden. Es ist – so wie der
Mensch beschaffen ist – normal, trocken bleiben zu wollen; es
ist weniger normal, daß es regnet. Umgekehrt hätte in einer
Klimazone, in der es fortwährend nieselt und man überlegen
kann, ob man den Schirm aufspannt oder nicht, das Trocken-
bleiben-Wollen die besseren Chancen, als »die« Ursache des
Schirm-Aufspannens zitiert zu werden.

Bestätigt werden diese phänomenologischen Befunde
durch Ergebnisse der Sozialpsychologie. Eine der Grundaus-
sagen der psychologischen Attributionstheorie, die die Kausalitätszuweisung bei multikausal bedingten Ereignissen untersucht, lautet, daß durchschnittliche – und insofern »nor-
male« – Reaktionen auf äußere Umstände eher den äußeren
Bedingungen, eigentümliche und individuelle Reaktionen
eher den beteiligten Personen zugeschrieben werden (vgl.
Heider, 1977, 199). Bekommt nahezu jeder einen Schnup-
fen, ist das Wetter schuld. Bekommen nur wenige einen Schnup-
fen, ist deren Überempfindlichkeit schuld. Spannt jemand bei
starkem Regen seinen Schirm auf, wird als »die« Ursache seines Verhaltens mit großer Selbstverständlichkeit der Regen
identifiziert; spannt jemand trotz starken Regens seinen
Schirm *nicht* auf, wird die Ursache dafür mit ebensolcher
Selbstverständlichkeit in einer Idiosynkrasie der betreffenden
Person gesehen. Analoges gilt für Unterlassungen: Verhindern alle ein bestimmtes Ereignis nicht, wird das Zustandekommen des Ereignisses der Natur, Gott oder dem Schicksal
zugeschrieben. Gibt es aber sehr viele, die es verhindern, und
nur A verhindert es nicht, wird sein Zustandekommen eher
dem Umstand zugeschrieben, daß A es nicht verhindert.

»Die« Ursache ist in der Regel diejenige Teilursache, die für einen Betrachter den relativ größten Informationswert hat. Dieser ist seinerseits eine Funktion sowohl der theoretisch-kognitiven als auch der praktisch-handlungsbezogenen Interessen des Beurteilers (und deren relativen Gewichts). Die Ursachenselektion eines medizinischen Forschers, dessen Aufmerksamkeit von theoretischen Interessen dominiert und auf einen bestimmten eingegrenzten Bereich von Kausalfaktoren somatischer Störungen fokussiert ist, ist eine andere als die von praktischen Interessen dominierte Aufmerksamkeit des Klinikers, dem primär an Ansatzpunkten für therapeutische Eingriffe gelegen ist. Unterschiedliche theoretische Interessen führen dabei ebenso zu unterschiedlichen Ursachenselektionen wie unterschiedliche praktische Zuständigkeiten und Verantwortlichkeiten. So neigen der Tendenz nach Psychologen eher zu einer individualpsychologischen, Soziologen eher zu einer sozialpsychologischen oder soziologischen Ursachenselektion. Die Frau eines Mannes mit Magengeschwüren führt die Verdauungsstörungen ihres Mannes darauf zurück, daß sie ihm weiße Rüben zu essen gegeben hat (da die Gestaltung des Speiseplans in ihren Zuständigkeitsbereich fällt). Der Arzt dagegen sieht die Ursache der Störungen primär in dem Vorliegen des Magengeschwürs selbst. Das Essen von weißen Rüben ist in seinen Augen lediglich eine Gelegenheit, bei der sich das Magengeschwür bemerkbar macht. Für ihn ist die zu beseitigende Störung der Normalität primär das Magengeschwür und nur sekundär die falsche Diät (Hart/Honoré, 1985, 35 ff.).

Die Kriterien der Ursachenselektion wechseln dabei nicht nur intersubjektiv, sondern auch intrasubjektiv, z. B. wenn – wie im Fall des Arztes – dasselbe Subjekt je nach Kontext zwischen einer eher theoretischen und einer eher praktischen Perspektive hin- und herwechselt. So kann etwa der Arzt die entscheidende Ursache der Beschwerden des Patienten *als Diagnostiker* in der Existenz des Magengeschwürs sehen, gleichzeitig aber – in *therapeutischer* Hinsicht – in der falschen Diät, etwa dann, wenn eine Besserung des Zustands eher durch eine Umstellung der Diät als durch eine Beseitigung der zugrundeliegenden Störung zu erreichen ist. Während in der diagnostischen Perspektive das theoretische Erklärungsinteresse überwiegt und sich primär an der (wahrgenommenen) Normalität orientiert, steht für die therapeutische Perspektive das praktische Änderungsinteresse und die (wahrgenommenen) praktischen Änderungsmöglichkeiten im Zentrum und lassen als »die« Ursache denjenigen Kausalfaktor erscheinen, der den geeignetsten Angriffspunkt für Veränderungsbemühungen bietet.

Das Interessante an diesen Zusammenhängen ist, daß sie erklären, inwiefern Ursachenzuweisungen gelegentlich zugleich als Verantwortungs- und Schuldzuweisungen fungieren. Indem sie in einem multifaktoriell bedingten Geschehen Ansatzpunkte für mögliche Änderungs- und Vermeidungsstrategien benennen, nehmen sie zugleich Verteilungen von Zuständigkeiten und Verantwortlichkeiten vor. Wenn der »Intrapunitive« dazu neigt, sich selbst als »die« Ursache eines negativ bewerteten Geschehens zu sehen, das er selbst mit-, aber keinesfalls allein bedingt hat, gibt er sich damit zugleich die – bzw. die alleinige – Schuld daran. Wenn der »Extrapunitive« dazu neigt, andere oder die Umstände als »die« Ursachen eines negativ bewerteten Geschehens zu sehen, das er zum Teil selbst verursacht hat, entlastet er sich damit zugleich von Schuld und Verantwortung. Eben deshalb werden Mißerfolge vielfach auch dann, wenn sie ersichtlich primär durch eigene Unzulänglichkeiten bedingt sind, eher äußeren Faktoren zugeschrieben. Auf diese Weise wird das Selbstwertgefühl geschont und eine Überstrapazierung von Pflichtbewußtsein und Selbstdizilpin verhindert (vgl. Heider, 1977, 201).

All dies gilt ohne Abstriche auch für negative Ursachen einschließlich Unterlassungen. Je sicherer die Wirkung ohne die Unterlassung – also durch ein Eingreifen – A's verhindert worden wäre (und je eindeutiger die Zuständigkeit A's), desto mehr Grund haben wir, A's unterlassenes Eingreifen als *die* Ursache der Wirkung zu bezeichnen. Haben wir Grund zu

der Annahme, daß ein Rettungsversuch von A B's Ertrinken
verhindert hätte (und daß A für B zuständig war), haben wir
damit ebenfalls einen Grund, A's Untätigkeit als *die* oder die
entscheidende Ursache von B's Ertrinken zu kennzeichnen. Je
ungünstiger die Umstände oder A's begrenzte Schwimmkün-
ste für eine erfolgreiche Rettungsaktion sind, desto weniger
Grund haben wir, *die* Ursache von B's Tod in A's unterlassenem Rettungsversuch zu sehen. Diese Möglichkeit fällt
schließlich ganz weg, wenn die Wirkung auch ohne die negative Ursache mit Sicherheit eintritt, wie es etwa bei bestimmten *Mehrfachunterlassungen* der Fall ist: Wenn sowohl A es
unterläßt, termingerecht Steine zu liefern, als auch B es unterläßt, termingerecht Mörtel zu liefern, wird das Haus aus zwei
gleichzeitig eintretenden negativen Ursachen nicht termingerecht fertiggestellt (vgl. Hart/Honoré, 1985, 128). Da jede
einzelne Unterlassung genügt, um den Bau zu verzögern,
trägt das Nicht-Eintreten einer einzelnen negativen Ursache
nichts dazu bei, die Wahrscheinlichkeit einer termingerechten
Fertigstellung des Baus zu erhöhen.

Die fokussierende Zuschreibung von Unterlassungskausalität ist eines der beliebtesten, zugleich aber auch eines der ver-
fänglichsten Mittel politischer Rhetorik. Wer dem politischen
Gegner Verantwortung und Schuld an einer multifaktoriell
bedingten unerwünschten Entwicklung zuschreiben möchte,
wirft diesem schlicht Untätigkeit auf dem betreffenden Gebiet
vor und fokussiert damit die Aufmerksamkeit auf die negativen Ursachen im Bereich politischen Handelns. Die angegrif-
fenen Politiker werden sich in der Regel damit verteidigen,
daß sie diese Fokussierung rückgängig machen und statt dessen positive oder negative Ursachen im Bereich der handlungsunabhängigen Faktoren namhaft machen, etwa demo-
graphische, globalwirtschaftliche oder strukturelle Faktoren
im Fall der Arbeitslosigkeit oder natürliche Rhythmen im Fall
des Waldsterbens. Während Angriff und Verteidigung hierbei
vielfach den Eindruck erwecken, als schrieben sie den jeweiligen Kausalfaktoren unterschiedliches kausales Gewicht zu

(und unterschieden sich insofern in der theoretischen Diagnose des jeweiligen Problems), liegen sie tatsächlich theoretisch auf ein und derselben Linie und lenken lediglich die Aufmerksamkeit jeweils dahin, wo sie sie haben wollen. Nicht die objektive kausale, sondern die praktisch-politische Bedeutung der beteiligten Kausalfaktoren wird auf- oder abgewertet.

Anders als in der hier angenommen *Gleichberechtigung* von deskriptiven Normalitätskriterien und praktischen Kriterien der Verhaltenssteuerung sehen Hart und Honoré (1985, 38) den *grundlegenden* Standard der Kausalitätszuweisung bei negativen Ursachen in der Abweichung von der statistischen Normalität. Bei genauem Hinsehen zeigen die von ihnen angegebenen Beispiele allerdings, daß das praktische Interesse an Verantwortungszuweisung keine geringere Rolle als das theoretische Kriterium spielt und in seiner Funktionsweise von diesem weitgehend unabhängig ist. Wenn, wie in einem von Hart und Honoré angegebenen Beispiel, der Gärtner versäumt, den Blumen eines bestimmten Gartens Wasser zu geben und wir *die* Ursache ihres Verwelkens daraufhin in dem Versäumnis des Gärtners sehen und nicht in einem Versäumnis zufälliger Passanten, die im Prinzip ebenfalls fähig gewesen wären, den Blumen Wasser zu geben, beruht dies nicht auf der theoretischen Überzeugung, daß der Gärtner *normalerweise* die Blumen versorgt (was gar nicht der Fall zu sein braucht), sondern auf der praktischen, daß dies zu seinen *Pflichten* gehörte. Wäre statt des Gärtners die Nachbarin mit dem Gießen der Blumen beauftragt worden, wäre es *ihr* Unterlassen, das als »die« Ursache ihres Vertrocknens benannt würde und nicht das des Gärtners, der dies normalerweise tut und dem es möglich gewesen wäre, diese Arbeit ohne besonderen Auftrag zu übernehmen.

Ähnliches gilt bei Mehrfachunterlassungen, bei denen einer der Unterlassenden zum Geschädigten in einer besonderen Verantwortungsbeziehung steht. Nehmen wir an, B ertrinkt u. a. deshalb, weil nicht nur A, sondern neun weitere Personen auf der Brücke stehen und ihm untätig zusehen, obwohl sie je

einen Rettungsring werfen könnten (vgl. Feinberg, 1984, 175).
A stehe jedoch als Vater oder als derjenige, der verschuldet
hat, daß Nichtschwimmer B im Wasser ist, in einer besonderen Verantwortungsbeziehung zu B. In diesem Fall wird man
zwar jede einzelne unterlassene Rettung für sich als (Teil-)Ur-
sache des Ertrinkens von B bezeichnen können. Aber die besonderen Anforderungen an A würden hier dennoch nahelegen, die Untätigkeit von A – und nicht die Untätigkeit der
anderen – als »die« Ursache des Ertrinkens von B besonders
hervorzuheben.

Auch diese Fälle zeigen, daß die Tatsache, daß ein Kausalfaktor als »Ursache« (statt als Randbedingung) aufgefaßt
wird, keineswegs schon im Sinne einer Zuschreibung *normativer* Verantwortung verstanden werden darf. Die Passanten,
die das Verwelken der Blumen hätten verhindern können,
sind in demselben Sinn und in demselben Maße Ursachen ihres Verwelkens wie der mit der Pflege des Gartens besonders
beauftragte Gärtner. Daß sie dafür in demselben Sinne und
demselben Maße *kausal* verantwortlich sind, heißt nicht, daß
sie dafür auch in demselben Maße *normativ* (moralisch oder
rechtlich) verantwortlich sind. Normative Verantwortung
setzt kausale Verantwortung voraus, läßt sich mit ihr aber
nicht zur Deckung bringen.

3.4 Kausale und normative Verantwortung:
der Geburtshelfer-Fall

Diese Unterscheidung wird gelegentlich übersehen, wenn es
darum geht, einen an einem Geschehen durch Unterlassen
kausal beteiligten Akteur von der *normativen* Verantwortung
dadurch zu entlasten, daß man ihm auch schon die *kausale*
Verantwortung an dem betreffenden Geschehen abspricht.
Veranschaulichen läßt sich das an einem »klassischen« moraltheologischen Beispielfall, dem Fall des Geburtshelfers, der
vor dem Dilemma steht, bei einer schwierigen Geburt entwe-

der das Leben der Mutter auf die einzige mögliche Weise zu retten, nämlich indem er das noch nicht – genauer: das noch nicht vollständig – geborene Kind durch die Zertrümmerung des kindlichen Schädels tötet, oder auf den Eingriff zu verzichten und die Mutter sterben zu lassen. Die noch im 19. Jahrhundert bekräftigte vatikanische Lehrmeinung zu diesem Fall lautete, daß der Arzt die Tötung des Kindes nicht nur dann nicht vornehmen darf, wenn dies das einzige Mittel ist, die Mutter zu retten, sondern selbst dann nicht, wenn andernfalls sowohl die Mutter als auch das Kind sterben (vgl. Frey, 1975, 268).

Der Geburtshelfer-Fall wird gemeinhin dazu verwendet, die Struktur von Doppeleffekt-Argumenten zu verdeutlichen, die die moralische Verantwortung für die erwarteten Folgen eines Verhaltens nach dem intrinsischen moralischen Wert oder Unwert dieses Verhaltens differenzieren. In dem gegenwärtigen Zusammenhang soll es aber noch nicht um die Frage der moralischen Unterlassungs-Verantwortung gehen, sondern zunächst nur um die Frage der Unterlassungs-Kausalität: Angenommen, der Geburtshelfer tötet das Kind und nimmt den Tod der Mutter in Kauf, kann man dann sagen, daß sein Unterlassen für den Tod der Mutter kausal verantwortlich ist?

Einige Autoren antworten auf diese Frage mit »Je nachdem«, andere mit einem entschiedenen »Nein«. John Casey möchte die Antwort davon abhängig machen, wie der jeweilige Sprecher den Sachverhalt, daß der Arzt das Kind nicht tötet, bewertet. Wer es für richtig hält, daß der Arzt das Kind unter den gegebenen Umständen tötet, wird die unterlassene Tötung des Kindes in den Kreis der Ursachen des Todes der Mutter aufnehmen. Wer es für falsch hält, etwa weil er die Tötung des Kindes als mit einem bestimmten ärztlichen Rollenverständnis unvereinbar ansieht, wird eine kausale Verantwortung leugnen:

> »The correctness of our ascribing causal responsibility in the present case will depend upon the acceptability of some particular conception of the doctor's role« (Casey, 1971, 183).

Aber hier liegt klarerweise ein Mißverständnis vor. Die unterlassene Tötung des Kindes wäre in *jedem* Fall und unabhängig von der Bewertung dieses Unterlassens ein Kausalfaktor des Todes der Mutter und insofern für diesen Tod kausal zumindest mitverantwortlich. Die Beschreibung: »Der Tod der Mutter war *u. a. dadurch bedingt,* daß der Arzt das Kind nicht tötete«, kann auch derjenige nicht ablehnen, der an einem strikten Tötungsverbot – als allgemeiner oder als Rollennorm – festhalten möchte und den Arzt für verpflichtet hält, die Mutter unter den gegebenen Umständen eher sterben zu lassen als das Kind zu töten.

Einen noch radikaleren Standpunkt als Casey vertritt Mack (1979/80, 1988), indem er für Fälle wie den Geburtshelfer-Fall, in denen der aus dem Nicht-Eingreifen resultierende Schaden nicht intendiert, sondern allenfalls in Kauf genommen wird, für Unterlassungen eine kausale Verantwortung – und deshalb auch eine moralische Verantwortung – generell und unabhängig davon, wie das Unterlassen bewertet wird, leugnet. Während Casey das Zusprechen kausaler Verantwortung als *Ausdruck* einer bestimmten Zuweisung moralischer Verantwortung auffaßt, hat nach Mack die Zuweisung moralischer Unterlassensverantwortung von vornherein keine Chance. So soll eine moralische Verantwortung für die unterlassene Hilfeleistung schon deshalb nicht bestehen können, weil bereits von einer *kausalen* Verantwortung keine Rede sein kann:

> »To possess the unexercised capacity to prevent untoward events is not to be causally responsible for those untoward events« (Mack, 1988, 64).

In seinem älteren Beitrag (Mack, 1979/80) begründet Mack diese Position mit den in seiner Sicht absurden Konsequenzen der Annahme einer Unterlassungskausalität. Danach wären für die Wahl Jimmy Carters zum Präsidenten der USA (und deren Folgen) u. a. kausal verantwortlich: (1) Browns unterlassene Ermordung Carters, (2) Carters unterlassener Selbstmord, (3) das Ausbleiben einer Explosion des Sonnensystems im Jahr 1936. Aber ist es wirklich absurd, die negativen Bedingungen auf Macks Liste als *kausale Bedingungen* der Wahl Jimmy Carters aufzufassen – der Tatsache eingedenk, daß negative kausale Bedingungen überwiegend in die große und heterogene Gruppe der *Randbedingungen* fallen? Auch wenn es sich in Beispiel 3 um kein Unterlassen, sondern um ein negatives Ereignis handelt, sehe ich nicht, warum man es nicht als eine unter vielen negativen Randbedingungen der Gesamtursache g auffassen kann, die die Wahl Jimmy Carters ermöglichte. Das Nicht-Eintreten eines erfolgreichen Attentats auf einen Präsidentschaftskandidaten (1) oder dessen Überlebenswille angesichts zahlreicher Demütigungen und Enttäuschungen (2) könnten eventuell sogar nicht nur als Randbedingungen, sondern als Teilursachen seines schließlichen Wahlerfolgs gewertet werden.

Man sollte sich allerdings klar darüber sein, wie wenig damit gesagt ist, daß das Unterlassen von h kausal (mit)verantwortlich für das Eintreten von w ist. Das zeigt etwa der Fall des Herzkranken A, der u.a. deswegen stirbt, weil er nicht das Herz des gesunden B transplantiert bekommt, der dafür allerdings eigens getötet werden müßte. Auch in diesem Fall gehört die unterlassene Tötung von B zu den negativen Kausalfaktoren von A's Tod. Die unterlassene Tötung von B ist hier eine der kausalen Bedingungen von A's Tod, auch wenn es irreführend wäre – und niemandem bei Verstand einfallen würde –, diesen Sachverhalt so auszudrücken, daß die unterlassene Tötung von B eine der *Ursachen* von A's Tod ist, geschweige denn, daß sie A's Tod »bewirkt« oder »verursacht« (vgl. Wolff, 1965, 35).

3.5 Können Unterlassungen etwas *bewirken*?

Damit sind wir bei der dritten Teilfrage angelangt, der Frage: Können Unterlassungen etwas *bewirken*?

Was würde aus einer negativen Antwort folgen? Wäre die Unmöglichkeit, von Unterlassungen (und anderen negativen

Ereignissen und Zuständen) zu sagen, sie könnten irgend etwas *bewirken*, ein hinreichender Grund, Unterlassungen jede Kausalität abzusprechen? Falls Unterlassungen nichts bewirken können, würde daraus – wie zahlreiche Autoren behaupten – folgen, daß ihnen keinerlei Kausalität zukäme?

Eine so weitgehende Konsequenz läßt sich auf keinen Fall ziehen. Zweifellos wird man nicht von jeder negativen Ursache, die als Teilursache an einer Wirkung w beteiligt ist, sagen wollen, daß sie w *bewirkt*. Es scheint z. B. abwegig, von dem Ausbleiben des Monsuns zu sagen, daß es die Dürrekatastrophe *bewirkt*. Schwächere kausale Redeweisen stoßen aber längst nicht auf dieselben Bedenken, z. B. daß das Ausbleiben des Monsuns zu einer Dürrekatastrophe *führt* oder sie *zur Folge hat* (vgl. Feinberg, 1984, 173). Dasselbe gilt a fortiori von Unterlassungen. Auch wenn die Ausdrucksweise, daß A's Unterlassen eines Rettungsversuchs (als eine oder »die« Ursache) den Tod von B *bewirkt*, auf Bedenken stößt, bestehen diese Bedenken doch nicht gegen die Redeweise, daß A's Untätigbleiben B's Tod *zur Folge hat* oder B's Tod aus A's unterlassenem Rettungsversuch *folgt*.

Darüber hinaus ist zu berücksichtigen, daß Unterlassungen in der Regel Teilursachen einer Gesamtursache sind, zu der daneben weitere positive und negative Ursachen sowie positive und negative Randbedingungen gehören. Nicht in jedem Fall, in dem man von der Gesamtursache oder der Summe der Teilursachen sagen möchte, daß sie w *bewirkt*, wird man dies auch von jeder einzelnen Teilursache sagen wollen, vor allem dann nicht, wenn diese negativer Art ist. Aber mag die Unterlassung in diesem Fall auch nichts *bewirken*, ist sie dennoch eine Teilursache und übernimmt im Rahmen der Gesamtkonstellation eine bestimmte kausale Rolle.

Auch wenn Unterlassungen nichts bewirken könnten, ließe sich daraus nicht schließen, daß sie deswegen keinerlei kausale Rolle übernehmen können. Die Vorstellung einer physischen Aktion, die die Redeweise des *Bewirkens* nahelegt, täuscht leicht darüber hinweg, daß kausale Rollen durchaus auch von nicht-physischen Bedingungen und insbesondere auch von negativen Ereignissen übernommen werden können. »Wirken« wird vielleicht zu sehr mit »Wirklichkeit« assoziiert, um auch nicht verwirklichten Monsunen und Rettungsaktionen Wirksamkeit zuzuschreiben. Dennoch lassen sich Fälle denken, in denen es nicht nur unproblematisch, sondern auch angemessen ist, einem Unterlassen Wirkungen – und nicht nur Folgen – zuzuschreiben. Diese Fälle sind dadurch charakterisiert, daß das Unterlassen von A für B die Funktion eines *Signals* übernimmt, das von B empfangen wird und dadurch dessen Verhalten bestimmt. A's Unterlassen *bewirkt* etwas, indem es kraft seines Informationswerts als »Schalter« für B's Verhalten fungiert.

Hart und Honoré (1985, 370) geben das folgende Beispiel für eine negative »Schalter«-Wirkung:

> »C droht damit, D zu erschießen, falls nicht A oder B ein bestimmtes Geheimnis preisgibt. A schweigt. Daraufhin gibt B das Geheimnis preis.«

In diesem Fall liegt es nahe zu sagen, daß das Schweigen von A das Reden von B *bewirkt*. A's Nicht-Handeln übt unter den obwaltenden Umständen Druck auf C aus, in einer bestimmten Weise zu handeln. Das Unterlassen von A »sagt« B gewissermaßen: Du mußt reden.

Noch geringer dürften die Bedenken sein, von einem Bewirken durch Unterlassen zu sprechen, wenn der Informationscharakter der Unterlassung auf eine explizite oder implizite Vereinbarung zurückgeht. Ein unterlassenes h dient dann als konventionelles *Zeichen*, das bestimmte Verhaltenssequenzen auslöst. In Wagners »Tristan und Isolde« und in Grillparzers »Des Meeres und der Liebe Wellen« dient das Löschen eines Lichts als Signal für den Geliebten, sich der Geliebten zu nähern. Denken wir uns die Situation so abgewandelt, daß das Licht immer wieder von selbst ausginge und neu angezündet werden müßte, das vereinbarte Signal also darin bestände, daß das Licht nicht wieder angezündet wird, hätten wir sicher keine Bedenken, von dem unterlassenen Wiederanzünden dasselbe zu sagen, was wir von dem aktiven Löschen des Lichts sagen würden, nämlich daß es die Annäherung des Geliebten *bewirkt*.

Die Vorbehalte dagegen, Unterlassungen und anderen negativen Ursachen *Wirksamkeit* zuzuschreiben, dürften u. a. mit einer impliziten Konzeption von Kausalität zusammenhängen, die erst in jüngster Zeit zu einer eigenständigen Kausalitätskonzeption weiterentwickelt worden ist: die Vorstellung, daß in Kausalprozessen ein *Übertrag von Energie* von der Ursache auf die Wirkung stattfindet, so daß mit dem Ursachenereignis ein Verlust, mit dem Wirkungsereignis ein Zuwachs an Energie verbunden ist (Vollmer, 1986, 45; vgl. auch schon Quine, 1976, 20). Diese Vorstellung findet jedoch bei Unterlassungen (und negativen Ursachen allgemein) keinen Angriffspunkt. Von einem Nicht-Handeln (und anderen negativen Ereignissen) kann kein Übertrag an physischer Energie ausgehen.

Die Tatsache, daß Unterlassungen das Kriterium des Energieübertrags nicht erfüllen, ist allerdings kein hinreichender Grund, ihnen kausale Wirksamkeit abzusprechen. Wie wir gesehen haben, ist es unter bestimmten Bedingungen durchaus sinnvoll, ihnen eine Wirksamkeit zuzuschreiben, und zwar aufgrund ihrer reinen *Informationsfunktion*. Im übrigen ist die Unterlassungskausalität nur eine von vielen Formen von Kausalität, die mit der »energetischen« Kausalitätstheorie nicht in Übereinstimmung zu bringen sind.[13]

Sogar auf einige Formen des aktiven Bewirkens durch

---

13 Die begrenzte Anwendbarkeit der »energetischen« Kausalitätstheorie wird von ihren Vertretern allerdings freimütig zugegeben. In Vollmers Version der »Übertragungs«-Konzeption ist Kausalität an die Übertragung einer physikalischen Größe gebunden, in der Regel die physikalische Energie. Diese Regel ist, wie Vollmer zugesteht, überall da durchbrochen, wo Energie zwischen Ursache und Wirkung lediglich ausgetauscht wird oder lediglich eine Impulsübertragung stattfindet (Vollmer, 1986, 49). Vollmer vermutet allerdings, daß in den Fällen, in denen keine Energie übertragen wird, zumindest irgendeine andere physikalische Erhaltungsgröße übertragen wird.

Handeln läßt sich die Konzeption des Energieübertrags nur schwer anwenden. So findet etwa keine Übertragung von Energie oder einer anderen Größe von der Ursache auf die Wirkung statt, wenn A bei der Rettung des ertrinkenden B zunächst ins Wasser springt und B's Kopf über Wasser hält, schließlich aber willentlich – und nicht, weil seine Kräfte erlahmen – den Arm unter B's Kopf wegzieht und B ertrinken läßt. Hier muß A zwar Energie aufwenden, um den Arm wegzuziehen, aber ein Übertrag von Energie auf die Folgen – das Ertrinken von B – findet nicht statt. Dennoch ist B's Ertrinken zweifelsohne eine kausale Folge des Handelns von A.

Überdies hat die Konzeption des Energieübertrags Schwierigkeiten mit allen Formen von Kausalität, an denen nicht-physische Ereignisse beteiligt sind, etwa der psychophysischen Kausalität, gleichgültig, ob diese in beiden Richtungen (Interaktionismus) oder nur in der Richtung vom Physischen zum Bewußtsein (Epiphänomenalismus) verläuft. Da man Bewußtseinsereignissen keine physikalischen Maßgrößen zuschreiben kann, muß nicht nur die Theorie des Energieübertrags, sondern jede Theorie, die Kausalität mit dem Übertrag einer physikalischen Größe verknüpft, diese Art von Kausalität verfehlen – es sei denn, sie leugne den in der Redeweise von psychophysischer Kausalität vorausgesetzten Körper-Bewußtseins-Dualismus.

Was die »Übertragungs«-Theorie der Kausalität für diejenigen, die sie vertreten, attraktiv macht, ist u. a., daß sie ein Kriterium bereitstellt, das zwischen echter Kausalität und universaler Korrelation zu unterscheiden erlaubt und damit die Achillesferse einer reinen Regelmäßigkeitsanalyse der Kausalität (wie der Analyse Humes) beseitigt. Das Hauptproblem besteht für diese Theorie dann jedoch darin, eine Größe zu spezifizieren, von der angenommen werden kann, daß sie in allen Kausalprozessen »übertragen« wird. Während Vollmer von Kausalprozessen den Übertrag einer *physikalischen* Größe fordert und in Kauf nimmt, daß sich diese Konzeption lediglich auf *physische* Prozesse anwenden läßt,

möchte Castañeda (1980, 95) – u. a. mit Blick auf das Problem
der psychophysischen Kausalität – die Art der übertragenen
Größe (bis auf die Bedingung, daß sie meßbar sein muß) of-
fenlassen: »Causation is a transfer of something from cause to
effect« (ebd., 90). Aber auch diese Konzeption wird der Unterlassungskausalität (bzw. der Kausalität negativer Ereignisse) kaum gerecht. Zwar soll die (nicht weiter spezifizierte)
übertragene Größe (»causity«) mit Rücksicht auf den Epiphänomenalismus auch den Betrag Null haben können (ebd.,
99), was die Möglichkeit zu eröffnen scheint, auch Unterlassungen eine »causity« mit dem Betrag Null zuzuordnen. Aber
mit diesem Zugeständnis geht Castañedas Großzügigkeit einen Schritt zu weit. Die Übertragung einer Größe vom Betrag
Null ist ebensowenig die Übertragung von irgend etwas, wie
ein Körper von der Ausdehnung Null ein Körper ist.

Unter den Vertretern einer »Übertragungs«-Lösung hat,
soweit ich sehe, allein Fair (1979) die mit einer Anwendung
dieses Ansatzes auf negative Ereignisse verbundenen Probleme gesehen und zu lösen versucht. Fairs Konstruktion weist
Ähnlichkeiten mit der in den Rechtswissenschaften verbreiteten Rekonstruktion der Unterlassungskausalität mit Hilfe
einer »hypothetischen Kausalität« auf. Er verwendet einen erweiterten Kausalitätsbegriff, nach dem ein negatives Ereignis
nicht-p immer dann die Ursache (im erweiterten Sinn) von
nicht-q ist, wenn das positive Ereignis p das positive Ereignis
q in einer (in Bezug auf eine bestimmte Annahmenstruktur)
plausiblen möglichen Welt durch Energieübertrag hervorrufen *würde*. Noch eindeutiger als die Konzeption der »hypothetischen Kausalität« fordert diese Analyse allerdings den
Einwand des Etikettenschwindels heraus. Während die Konzeption der »hypothetischen Kausalität« zumindest in ihrer
Nomenklatur klarstellt, daß das negative Ereignis, dem die
Wirkung zugeschrieben wird, nicht real als Ursache fungiert,
legt Fairs Analyse irreführenderweise nahe, eine negative Ursache im Sinne der »erweiterten« Kausalität sei eine bestimmte Subspezies von Ursachen. Dies kann sie jedoch der Theorie

nach gerade nicht sein, da nicht *sie* Energie überträgt, sondern ihr kontrafaktisches Pendant. Wenn aber, wie die bisherigen Ausführungen gezeigt haben, nichts dagegen spricht, auch negative Ereignisse als Ursachen – und nicht nur als Ursachen in einem »erweiterten Sinn« – anzuerkennen, ist das ein weiterer Grund, den Geltungsanspruch der »Übertragungs«-Theorie nicht nur auf den Bereich der *physischen*, sondern auch den der *positiven* physischen Kausalität zu beschränken.

Damit löst sich das Dilemma, das am Ausgangspunkt unserer Überlegungen stand, auf: Da es keinen tragfähigen Grund gibt, eine Kausalität von Unterlassungen in Frage zu stellen, gibt es auch keinen kausalitätstheoretischen Grund, dem Unterlassenden nicht dieselbe moralische Folgenverantwortung zuzuschreiben wie dem Handelnden. Der Hinweis darauf, daß Unterlassungen nicht (oder nur in engen Grenzen) kausal *wirken*, hat unter diesem Gesichtspunkt eher die Funktion, eine bequeme moralische Selbsttäuschung aufrechtzuerhalten (vgl. auch Gruzalski, 1988, 82). Falls es Argumente dafür gibt, die moralische Folgenverantwortung für Unterlassungen zu begrenzen, sind diese *praktischer* Art und eher bei den *praktischen* Unzuträglichkeiten einer ins Universale erweiterten negativen Verantwortung zu suchen als bei den vermeintlichen theoretischen Ungereimtheiten einer negativen Kausalität.

4 Unterlassen und Geschehenlassen

Unterlassungen lassen sich, wie wir gesehen haben, in vielfältiger Weise beschreiben, wobei die grammatische Form dieser Beschreibungen bestimmte Merkmale (wie ihre ontologische Negativität) gelegentlich eher verschleiern als offenlegen. Aus ethischer Perspektive sind unter den Beschreibungsweisen von Unterlassungen besonders diejenigen von Interesse, die ihre *kausale* Rolle hervortreten lassen und sie mit Bezug auf die sich aus ihnen ergebenden *Folgen* beschreiben, etwa als Bestehenlassen eines Irrtums, als Zulassen eines verhinderbaren Verbrechens oder als Sterbenlassen. In das Blickfeld des Ethikers gelangen Unterlassungen besonders da, wo sie die Rolle von Ursachen oder Teilursachen ethisch relevanter Güter oder Übel spielen, wo sie schaden oder nutzen, vernichten oder retten. In diesen Zusammenhängen lassen sich Unterlassungen zumeist als *Geschehenlassen* beschreiben. Nicht daß A nicht ins Wasser springt, ist ethisch von Interesse, sondern daß er dadurch etwas unterläßt, wodurch B hätte gerettet werden können. Nicht daß C darauf verzichtet, bei D die Zahlung einer fälligen Schuld einzuklagen, ist ethisch von Interesse, sondern daß er dadurch D vor dem andernfalls drohenden Ruin bewahrt. Ethiker, die von der Notwendigkeit einer moralischen Differenzierung zwischen Handeln und Unterlassen überzeugt sind, beziehen sich denn zumeist auch eher auf den Gegensatz zwischen aktivem Bewirken und passivem Geschehenlassen als auf den zwischen Handeln und Unterlassen als solchen. Die Frage, die sich in diesem Zusammenhang stellt, ist die nach den logisch-semantischen Beziehungen zwischen Unterlassen und Geschehenlassen: Ist jedes Unterlassen ein Geschehenlassen? Ist jedes Geschehenlassen ein Unterlassen? Oder gibt es Bedingungen, unter denen diese Symmetrie durchbrochen ist?

Wir sollten uns bei der Klärung dieser Frage nicht dadurch irritieren lassen, daß der Alltagssprachgebrauch dazu tendiert, ein Geschehenlassen immer dann wie ein positives Tun auszudrücken, wenn es mit besonderer moralischer Emphase abgelehnt oder (weniger häufig) als moralisch in besonderer Weise verdienstvoll herausgehoben wird. Von der Mutter, die ihr kleines Kind verhungern läßt, wird um so eher gesagt, daß sie es *tötet* (statt daß sie es *verhungern läßt*), je niedriger die ihr zugeschriebenen Motive sind und je eindeutiger sie als »Garantin« für das Leben ihres Kindes verantwortlich ist. Das Versäumnis der Chirurgen, eine während der Operation auftretende lebensbedrohliche Blutung zu stillen, wodurch der Tod des Patienten verursacht wird, wird um so eher als ein *Töten* bezeichnet, je stärker der Aspekt des Kunstfehlers und der Pflichtverletzung betont werden soll (vgl. Reichenbach, 1990, 324). Andererseits wird von einem Gläubiger, der eine Schuld *nicht* einfordert und den Schuldner dadurch vor der Zahlungsunfähigkeit bewahrt, um so eher gesagt, daß er seinen Schuldner vor dem Ruin *rettet*, je nachdrücklicher dieses Verhalten als positiv und modellhaft hingestellt werden soll. Zumindest im Deutschen haben die Ausdrücke des Geschehenlassens wie »Sterbenlassen«, »Im-Irrtum-Lassen« usw. eine eindeutig positivere Konnotation als »Töten«, »Täuschen« usw. Jemanden »sterben zu lassen«, legt nahe, daß jemandem das Sterben durch Aktionismus nicht unnötig erschwert wird; jemanden »im Irrtum zu lassen«, etwa bei unterlassener Patientenaufklärung, wird leichter mit positiven Begriffen wie Schonung, Fürsorge und Barmherzigkeit assoziiert als Beschreibungen desselben Sachverhalts als »Täuschung« oder »Lüge«.[14]

Es ist insofern nicht weiter überraschend, daß sich aktivische und passivische Beschreibungen ein und desselben Verhaltens gewöhnlich nicht ausschließen, sondern nebeneinan-

---

14 Für den englischen Ausdruck »letting die« kann dasselbe nicht mit derselben Eindeutigkeit gesagt werden. Zumindest einige angelsächsische Autoren meinen, daß auch »letting die« ausgeprägt negativ konnotiert sei (Hanink, 1976, 223) oder sogar »doing wrong« impliziere (Frey, 1975, 273).

der verwendet werden können, wobei die Beschreibung als Geschehenlassen eher die deskriptiven, die aktivische Beschreibung eher die werthaften Aspekte des beschriebenen Verhaltens heraushebt. So kann man etwa das Abstellen des Beatmungsgeräts bei einem Moribunden, das gewöhnlich als *Sterbenlassen* beschrieben wird, in einem Einzelfall zugleich als *Töten* beschreiben wollen, wenn das Motiv dafür eigene wirtschaftliche Interessen des Arztes oder solche der Erben sind. Sich bei der Beschreibung des Falls ausschließlich an den deskriptiven Aspekten zu orientieren und von einem »Sterbenlassen« zu sprechen, würde in diesem besonderen Fall den falschen Eindruck erwecken, man hielte das Verhalten für weniger moralisch verwerflich als ein entsprechendes aktives Töten.[15]

Zweifellos ist die Tatsache, daß moralische Verurteilung und moralische Belobigung durch eine »aktivische« Beschreibung mit zusätzlicher Emphase versehen werden können, ein Beleg für den Einfluß, den die gängige moralische Differenzierung zwischen aktivem Bewirken und Geschehenlassen im Alltagsdenken gewonnen hat. Gleichzeitig

---

15 Selbst noch die Beschreibung eines Verhaltens, das der Sache nach ein Geschehenlassen darstellt, *als* ein Geschehenlassen kann durch seine Konnotationen den Hörer über die Bewertungsmaßstäbe des Sprechers täuschen. Auf diese Möglichkeit hat Casey hingewiesen: Wer es im klassischen Geburtshelfer-Fall für kategorisch ausgeschlossen hält, daß der Arzt das Kind der Mutter zuliebe tötet, wird eventuell nicht einmal bereit sein, das Verhalten des Arztes als »Sterbenlassen« zu beschreiben, da dies impliziert, daß der Geburtshelfer wenn auch nicht über die moralische, so doch immerhin über die physische Möglichkeit verfügt, das Leben der Mutter durch die Tötung des Kindes zu retten. Aus ähnlichen Gründen könnte die Formulierung »Der Priester läßt den Verbrecher ohne Strafe entkommen« (weil er sich an das Beichtgeheimnis hält) für jemanden, der eine absolute Pflicht zur Wahrung von Beichtgeheimnissen vertritt, unakzeptabel sein, da sie die Möglichkeit einer Verletzung des Beichtgeheimnisses überhaupt nur ins Auge faßt (vgl. Casey, 1971, 194). In diesen Fällen lassen sich die konnotierten Wertungen, ohne daß von dem semantischen Gehalt der Aussagen etwas zurückgenommen werden müßte, allerdings durch explizite Distanzierung rückgängig machen, etwa mit den Worten: »Der Priester ließ den Verbrecher entkommen, ohne ihn der Justiz zu überstellen, aber dazu war er aufgrund des Beichtgeheimnisses auch verpflichtet.«

muß dieser Umstand aber auch eine Warnung sein, die Frage nach der Berechtigung der moralischen Differenzierung nicht ihrerseits mit dem Verweis auf sprachliche Konnotationen zu präjudizieren. Jeder Rückverweis von der Sache auf die Sprache verstrickt sich in Zirkularitäten. Die ethische Frage nach der Legitimität der moralischen Differenzierung muß sich zunächst einmal an neutrale Beschreibungsformen halten.

4.1 Geschehenlassen: eine besondere Form des Unterlassens

Ich gehe im folgenden von der Arbeitshypothese aus, daß an allen Fällen von *Geschehenlassen* ein *Unterlassen* beteiligt ist. Eine Minimalbedingung dafür, daß sich ein Unterlassen als ein *Geschehenlassen* beschreiben läßt, ist dann zunächst die, daß das Unterlassen von A in einer Situation stattfindet, in der ein von A's Verhalten unabhängiger Prozeß abläuft, der zu einem Ereignis e führt, das A verhindern könnte, aber nicht verhindert:

(11) A befindet sich in einer Situation S, in der e wahrscheinlich ist.

(12) A unterläßt es, eine Handlung h auszuführen, die das Eintreten von e verhindern (oder die Wahrscheinlichkeit von e verringern) würde.

Hinzukommen muß die weitere Bedingung (13):

(13) e tritt ein.

Ist e kein Ereignis im engeren Sinne einer *Veränderung*, sondern ein *Zustand*, ist (13) im Sinne des Fortdauerns des betreffenden Zustands zu verstehen. Jemanden durch Schweigen in einem Irrtum zu lassen, den man aufklären könnte, heißt, den Zustand des Irrtums fortdauern zu lassen, obwohl man ihn durch entsprechende Aufklärung beenden könnte.[16]

Damit ist die Analyse allerdings immer noch unvollständig. Es fehlen mindestens noch zwei wichtige, wenn auch vielfach übersehene Momente. Das erste ist die Tatsache, daß ein Geschehenlassen – anders als ein Unterlassen – *nicht unwissentlich* erfolgen kann:

(14) A glaubt, daß e eintritt (bzw. wahrscheinlicher wird), falls er h nicht ausführt.

Wenn wir davon sprechen, daß A B durch sein Untätigbleiben »ertrinken läßt«, implizieren wir, daß A weiß oder zumindest glaubt, daß B infolge des unterlassenen Rettungsversuchs ertrinken wird bzw. daß sich dessen Wahrscheinlichkeit durch sein Unterlassen erhöht. Während ein Unterlassen (wie ein Handeln) auch *unwissentlich* erfolgen kann (obwohl nicht, wie wir gesehen haben, ohne ein Wissen um die Situation, in der es erfolgt), kann ein Geschehenlassen immer nur *wissentlich* sein. A kann es unwissentlich unterlassen, B vor dem Ertrinken zu retten, aber er kann B nicht unwissentlich ertrinken lassen. A kann B unwissentlich töten (etwa weil er ihn bei der Jagd für einen Zwölfender hält), aber er kann B nicht unwissentlich sterben lassen.

Wenn ein Geschehenlassen von e stets ein *wissentliches* Geschehenlassen ist, ist es stets auch ein *willentliches*? Wird die mit Sicherheit oder Wahrscheinlichkeit erwartete Folge des Unterlassens beim Geschehenlassen auch beabsichtigt, gewollt oder zumindest bedingt gewollt – im Sinne der juristischen Formel für den »bedingten Vorsatz«: »billigend in Kauf

16 Selbstverständlich muß dann davon gesprochen werden, daß das Andauern des Irrtums u. a. durch das Schweigen *verursacht* ist. Der von einigen Strafrechtswissenschaftlern vertretenen Auffassung, daß ein Betrug durch Unterlassen nur dann vorliegt, wenn durch das Unterlassen die Entstehung oder die Verfestigung eines Irrtums nicht verhindert wird, nicht aber auch dann, wenn ein bereits bestehender Irrtum nur nicht beseitigt wird (vgl. Maaß, 1982, 11), kann auf dem Hintergrund der bisherigen Überlegungen nicht gefolgt werden.

genommen«? Diese Frage ist nicht leicht zu beantworten –
und entsprechend kontrovers[17] –, denn die von vielen Ethikern für eminent wichtig gehaltene Unterscheidung zwischen
einer mit Sicherheit oder Wahrscheinlichkeit *erwarteten un-
beabsichtigten Nebenfolge* und einer unbedingt oder bedingt
beabsichtigten Folge ist im Falle des Geschehenlassens ebenso
schwer zu operationalisieren wie beim aktiven Bewirken.

Konzentrieren wir uns der Einfachheit halber zunächst
auf den Fall, daß A e als Folge eines Unterlassens mit Sicherheit erwartet: Muß er, indem er weiß, daß e infolge seines
Nicht-Ausführens von h eintritt, e wollen oder beabsichtigen?

Das scheint nicht notwendig der Fall zu sein. Zunächst
impliziert die Tatsache, daß A die Unterlassungsfolge e vor-
aussieht, nicht, daß er e in irgendeiner Weise willensmäßig
bewertet. Zwar gelangt e, indem es vorausgesehen wird, in
den Umkreis von A's kognitiver Aufmerksamkeit. Damit
liegt es aber nicht notwendig auch im Horizont seiner voliti-
ven oder affektiven Aufmerksamkeit. A kann kognitiv se-
hend, aber volitiv blind sein, etwa in der Weise, daß er sich in
einer rein kognitiven Stimmungslage – etwa als Wissenschaft-
ler – befindet, in der er zwar die Folgen seines Verhaltens
überblickt, der Zugang zu seinen nicht-kognitiven psychischen Fähigkeiten und Bereitschaften jedoch verstellt oder
erschwert ist. Würde man ihn fragen, ob ihm die Folgen willkommen oder unwillkommen sind, ob er sie billigt oder mißbilligt, wüßte er vielleicht auf Anhieb nichts zu antworten.
Etwas ähnliches kann eintreten, wenn A eine ausgeprägt am-
bivalente Einstellung zu e hat, etwa wenn er e aus seiner Af-
fektlage heraus intensiv wünscht, zugleich aber aufgrund
einer internalisierten Norm ebenso intensiv verurteilt. Der
innere Konflikt kann sich dann u. a. in Gestalt einer »emotio-

17 Vgl. z. B. Green (1980, 197), der bezweifelt, daß man jemanden unbeab-
sichtigt sterben lassen kann, mit Reichenbach (1990, 327), der keine Schwierigkeit darin sieht, jemanden sterben zu lassen, ohne seinen Tod zu beabsichtigen.

nalen Ratlosigkeit« äußern, in der A wortwörtlich nicht weiß, wie er das vorausgesehene e bewerten soll. In dieser Weise könnte etwa der in Kapitel 2 zitierte Fall des Arbeiters einer Großbäckerei gedeutet werden, der seinen Widersacher im Zuge einer tätlichen Auseinandersetzung ersticken läßt.[18] Das Geschehenlassen ist in diesem Fall *wissentlich*, aber nicht offenkundig auch *willentlich.*

Auf der anderen Seite wird man immer dann annehmen müssen, daß die Unterlassungsfolge e nicht nur erwartet, sondern auch gewollt und beabsichtigt ist, wenn das Geschehenlassen um eines weitergehenden Zwecks z willen erfolgt, der durch e realisiert oder befördert wird. Es scheint unmöglich, einen bestimmten Zweck mittels einer erwarteten, aber nicht beabsichtigten Nebenfolge des eigenen Unterlassens erreichen zu wollen. Denn das hieße, die erwartete Folge e einerseits in einen Zweck-Mittel-Bezug zu bringen, andererseits e aber nicht zugleich als Mittel zu wollen oder zu beabsichtigen. Wer eine medizinische Behandlung abbricht oder nicht aufnimmt, obwohl er sie weiterführen oder aufnehmen könnte, und weiß, daß der Patient infolgedessen früher sterben wird, als er andernfalls sterben würde, kann sich nicht in der beruhigenden Überzeugung wiegen, er *erwarte* den früheren Tod des Patienten zwar, *beabsichtige* ihn aber nicht, sofern der Zweck des Abbruchs oder der Nicht-Aufnahme der Behandlung, wie es in der Regel der Fall ist, nicht der Tod des Patienten selbst, sondern ein darüber hinausgehender Zweck ist, der durch den früheren Tod des Patienten erreicht wird, sei es die Leidensminderung oder die Erfüllung eines entsprechenden Patientenverlangens, sei es die Verfügbarmachung der andernfalls benötigten medizinischen Ressourcen für dringlichere oder aussichtsreichere Fälle.

Daß wer die Zwecke will, auch die zu deren Erreichung eingesetzten Mittel will, gilt nicht nur dann, wenn diese Mittel durch ein Handeln, sondern auch dann, wenn diese durch

18 Vgl. S. 42.

ein Geschehenlassen realisiert werden. In dieser Hinsicht besteht zwischen Handeln und Geschehenlassen Symmetrie. Es ist ein verbreiteter Irrtum, zu meinen, die »passive« Sterbehilfe als ein bloßes Geschehenlassen unterscheide sich in ihrer intentionalen Struktur von der »aktiven« Sterbehilfe durch aktive Tötung.[19] Vielmehr wird beide Male, im passiven wie im aktiven Fall, mit dem Tod des Patienten ein weitergehender Zweck (wie die Leidenslinderung bzw. die Erfüllung eines Patientenverlangens) verfolgt. Dadurch, daß der Tod des Patienten – als Folge eines Handelns oder eines Unterlassens – in den Zusammenhang einer weitergehenden Absicht »eingebaut« wird, wird dieser Tod selbst beabsichtigt – nicht freilich als letzter, motivierender Zweck, aber doch als Mittel zur Erreichung eines darüber hinausgehenden Zwecks.[20]

Die weitere Bedingung, die erfüllt sein muß, damit ein Unterlassen als Geschehenlassen beschrieben werden kann, ist, daß das Geschehen, in das der Unterlassende nicht eingreift, aber eingreifen könnte, nicht seinerseits auf ein Handeln des Unterlassenden zurückgeht:

(15) A ist nicht durch eigenes Handeln an den positiven Ursachen von e beteiligt.

Wäre diese Bedingung nicht erfüllt, wäre das Unterlassen nicht das Gewährenlassen einer unabhängig vom Akteur ablaufenden Ereigniskette, sondern das Gewährenlassen einer Ereigniskette, die er selbst durch Handeln in Gang gesetzt hat. Vielleicht könnte man streng semantisch auch in diesem

---

19 Typisch z. B. Ramsey (1970) 151: »In omission no human agent causes the patient's death, directly or indirectly.«

20 Umgekehrt ist argumentiert worden, bei der »passiven Sterbehilfe« falle es leichter, sich über die Intendiertheit des Todes des Patienten zu *täuschen* als bei der aktiven Sterbehilfe. Aktives Töten sei aus diesem Grunde Ausdruck einer größeren Verachtung für menschliches Leben als passives Sterbenlassen (Anscombe, 1990, 366). Aber ist es nicht noch gleichgültiger und verachtender, sich illusorische Konstruktionen zurechtzulegen und sich mit der wirklichen Sachlage gar nicht erst auseinanderzusetzen?

Fall noch von einem »Geschehenlassen« sprechen, man würde aber damit die Einordnung und Beurteilung in falsche
Bahnen lenken. Wenn A B »aushungert«, d. h. ihm durch
eigenes Handeln den Zugang zu Nahrungsmitteln abschneidet und ihn dann verhungern läßt, obwohl er ihn ernähren
könnte, wäre es vielleicht nicht strenggenommen falsch, aber
doch ausgesprochen irreführend, dies mit den Worten »A
läßt B sterben« zu beschreiben und ihn auf diese Weise mit
anderen Fällen, in denen B aus von A's Handeln unabhängigen Ursachen stirbt, auf eine Ebene zu stellen. Dies gilt besonders dann, wenn das vorgängige Handeln A's u. a. von der
Absicht geleitet war, B in eine Lage zu bringen, in der dieser
von A abhängig sein würde. Eine mögliche angemessenere
Beschreibung wäre die, von einem »Töten durch Sterbenlassen« zu sprechen (Kuhse, 1987, 46), wobei diese Beschreibung keine dritte Kategorie neben Töten und Sterbenlassen
darstellt, sondern lediglich den Ausführungsmodus einer aktiven Tötung spezifiziert (vgl. Kuhse, 1987, 47). Die sprachliche Beschreibung »Sterbenlassen« stünde in diesen Fällen
nicht im Gegensatz oder in Konkurrenz zu der Beschreibung »Töten«, sondern beschriebe einen Aspekt des Ge-
samtzusammenhangs, in dem das aktive Moment, da es die
Bedingungen für das spätere Geschehenlassen setzt, eindeutig dominiert. Gegen diese Beschreibung spricht allerdings,
daß sie das aktive Moment unterrepräsentiert und es so erscheinen läßt, als reiche das Geschehenlassen für sich genommen aus, von einem aktiven Bewirken zu sprechen. Damit
aber wird der am Anfang postulierte begriffliche Kontrast
zwischen aktivem Bewirken und passivem Geschehenlassen
in Frage gestellt.

Entsprechendes gilt für andere Formen des Geschehenlassens wie das Bestehenlassen eines Irrtums. Wenn A in B einen
Irrtum bestehen läßt, den er selbst früher wissentlich erzeugt
hat, wäre es irreführend, das Bestehenlassen des Irrtums als
ein bloßes Geschehenlassen zu beschreiben und damit von
dem früheren Verhalten abzutrennen, statt es als Teil eines

übergreifenden Prozesses der aktiven Täuschung aufzufassen.[21]

Während Fälle, in denen A einen B aktiv in eine Lage der
Hilf- oder Ahnungslosigkeit versetzt, in der er ihn wissentlich und trotz möglicher Abhilfe durch Untätigkeit beläßt,
verhältnismäßig eindeutig unter das Handeln subsumiert
werden können, scheint die Einordnung einer anderen Art
von Fällen erhebliche Schwierigkeiten zu machen: Fälle, in
denen A nicht einen Zustand von B, sondern B selbst aktiv
hervorbringt und dann in einem Zustand der Abhängigkeit
durch Unterlassen zu Schaden kommen läßt. Auch hier setzt
A zunächst durch ein Handeln wesentliche Bedingungen des
späteren Zustands von B, nämlich seine Existenz, wobei die
Erzeugung von B vielleicht sogar in dem Wissen geschieht,
daß B zeitweilig oder auf Dauer zu seiner Weiterexistenz
von den Leistungen anderer abhängig sein wird, etwa als
kleines Kind, als Haustier oder als ein auf hochspezialisierte
Lebensbedingungen angewiesenes Nutztier. Liegt vielleicht
hierin der Grund dafür, daß wir bei der Mutter, die ihr kleines Kind wissentlich verhungern läßt, zu der Beschreibung
neigen, daß sie das kleine Kind *tötet* und nicht nur *sterben
läßt*?

Sicher nicht. Für die Beschreibung des Verhaltens der
Mutter macht es keinen Unterschied, ob das Kind von ihr
selbst geboren oder etwa adoptiert ist. Entscheidend ist allein, daß ihr eine besondere Fürsorgpflicht für das Kind zugeschrieben wird. Die Handlung, die dem Geschehenlassen
vorausgehen muß, um das Geschehenlassen als Teilmoment
eines Handelns zu beschreiben, muß den Gegenstand des
Handelns *affizieren* und nicht bloß *produzieren*. Die Exi-

---

21 Die hier vertretene Auffassung scheint insgesamt auch die der Rechtswissenschaft zu sein. Nach Schönke/Schröder (1985, 159) sollen in Fällen, in
denen das Sterbenlassen nicht nur in einem Untätigbleiben, sondern in einem positiven
Tun besteht – indem etwa Rettungsmöglichkeiten aktiv beseitigt oder verhindert
werden – auch strafrechtlich nicht die Vorschriften für Unterlassungsdelikte,
sondern die (strengeren) Vorschriften für die aktive Begehensform gelten.

stenz des Geschädigten ist dabei vorausgesetzt. Wenn A eine
Nutztierrasse züchtet, die konstitutionell unter Krankheits-
symptomen leidet, es sei denn, sie erhalte fortwährend bestimmte Medikamente, und ihr diese dann vorenthält, wird
man dieses Verhalten zweifellos nicht als aktives Quälen
(Handeln), sondern als Leiden-Lassen (Geschehenlassen) beschreiben müssen. Anders, wenn A als Tierexperimentator
dasselbe Tier nicht nur erzeugt, sondern durch einen zusätzlichen Eingriff krank macht und es dann, ohne die mögliche
Abhilfe zu leisten, leiden läßt, um die Krankheitssymptome
zu studieren.

4.2 Geschehenlassen durch Handeln

Bisher sind wir von der Voraussetzung ausgegangen, daß ein
Geschehenlassen ein Unterlassen beinhaltet und daß die Beschreibung eines Verhaltens als »Geschehenlassen« eine von
mehreren Weisen ist, Unterlassungen mit Bezug auf bestimmte ihrer kausalen Folgen zu beschreiben. Bei näherem Hinsehn läßt sich diese Voraussetzung nicht uneingeschränkt aufrechterhalten. Wie es ein »Handeln durch Geschehenlassen«
(etwa ein Töten durch Sterbenlassen) gibt, kann es auch ein
»Geschehenlassen durch Handeln« geben, wobei sich die
zeitliche Abfolge von Handeln und Unterlassen umkehrt.
Beim »Handeln durch Geschehenlassen« versetzt A B handelnd in einen Zustand, den er dann durch Unterlassen auf-
rechterhält. Beim »Geschehenlassen durch Handeln« befindet sich B unabhängig von A's Handeln in einem Zustand oder
Prozeß, den A durch einen aktiven Eingriff aufzuheben oder
aufzuhalten versucht. Indem A daraufhin den Eingriff aktiv
beendet, überläßt er B dem Zustand oder Prozeß, in dem sich
B auch ohne sein Eingreifen befunden hätte.

Die entscheidende Differenz zum Standardfall des Geschehenlassens liegt hier darin, daß das Abbrechen der akti-

ven Einwirkung auf B von A ein Handeln erfordert und nicht nur ein Unterlassen oder die Nicht-Weiterführung einer Handlungssequenz. Wenn A zu reden aufhört (und dadurch seinen Gesprächspartner B einem extrem belastenden, durch das Gespräch gelinderten psychischen Zustand überläßt), ist das ein Unterlassen, da das Aufhören selbst kein Handeln – allenfalls ein »inneres Handeln« – erfordert. Mit dem Reden aufzuhören, heißt mit dem Schweigen zu beginnen, und Schweigen ist ein Fall von Unterlassen. Wenn A dagegen mitten im Gespräch – mit denselben Folgen – den Hörer auflegt, besteht die Beendigung des Gesprächs in einem Handeln, läßt damit mit B aber dasselbe geschehen, was er durch das bloß unterlassende Beenden des Gesprächs geschehen lassen würde. Ob sich das Abbrechen der Handlung durch ein Unterlassen (Nicht-Weitersprechen) oder durch ein Handeln (Auflegen des Hörers) vollzieht, ist für den Charakter des gesamten Prozesses gleichgültig. Solange der Prozeß, in dem sich B befindet und in den A auf die eine oder andere Weise einwirkt, nicht seinerseits durch A verursacht ist, hat der Vorgang insgesamt den Charakter eines Geschehenlassens.

Ähnlich im vielzitierten Fall, in dem der Arzt durch ein aktives Abstellen des Beatmungsgeräts den Tod des Patienten herbeiführt (während er ihn durch ein Aufhören mit der Mund-zu-Mund-Beatmung durch ein Unterlassen herbeiführen würde[22]). Auch hier kann die Tatsache, daß das Abbrechen des Eingriffs durch ein aktives Handeln realisiert wird, nichts daran ändern, daß es sich insgesamt um ein Geschehenlassen handelt. Denn auch hier wird durch den Abbruch lediglich die Lage wiederhergestellt, die ohne den aufhebenden, aufhaltenden oder verhindernden Eingriff bestanden hätte. Auch wenn das Abstellen des Geräts eine Handlung darstellt,

---

22 Dies ist allerdings ein Grenzfall des Unterlassens, da es zwar nicht logisch, aber doch realiter an ein Handeln, das Zurückziehen des Kopfes, gebunden ist.

ist es offensichtlich angemessen, das gesamte Verhalten des Arztes als einen Akt des Sterbenlassens und nicht als einen Akt der Tötung zu beschreiben.[23]

Die Fälle, in denen man von einem »Geschehenlassen durch Handeln« sprechen kann, sind im übrigen nicht alle von der Art, daß menschliches Handeln durch ein technisches Gerät – als den »verlängerten Arm« des Menschen – substituiert wird, mit der Folge, daß ein aktiver Abbruch des Geräteeinsatzes an die Stelle des passiven Abbruchs körperlicher Bewegungen tritt. Ein »Geschehenlassen durch Handeln« liegt vielmehr auch dann vor, wenn A den rettenden Arm unter dem ertrinkenden B wegzieht und ihn dadurch ertrinken läßt. Auch hier wird ein Eingriff durch ein Handeln abgebrochen, der einen laufenden Prozeß (das Ertrinken von B) bis zu dem Zeitpunkt, zu dem er abgebrochen wird, aufhält. Obwohl der Abbruch durch ein Handeln (eine willentliche Körperbewegung) und nicht durch ein Unterlassen erfolgt, liegt hier (unter der Bedingung, daß die positiven Ursachen des Ertrinkens von B nicht auf ein Handeln von A zurückgehen) klarerweise ein Geschehenlassen vor. Durch den Abbruch des Rettungsversuchs wird B in der Lage belassen, in der er sich befände, hätte A von vornherein auf einen Rettungsversuch verzichtet.

Daß das Abstellen eines Beatmungsgeräts mit der Folge, daß der Patient stirbt, angemessener als Geschehenlassen und

---

23 Im *strafrechtlichen* Sinn bleibt das aktive Abstellen des Geräts dennoch eine Tötung in der aktiven Begehungsform, da es für die strafrechtliche Subsumtion nicht darauf ankommt, ob A's Verhalten ein *Geschehenlassen* (im Gegensatz zum aktiven Bewirken), sondern lediglich, ob es ein *Handeln* (im Gegensatz zum Unterlassen) darstellt. Ein aktives Tun kann kein Unterlassen verwirklichen (so auch Otto, 1986, 46). In diesem Punkt sind allerdings nur ganz wenige Strafrechtler konsequent (eine Ausnahme ist Seelmann im Alternativkommentar zum Strafgesetzbuch, vgl. Strafgesetzbuch, 1990, 390). Anstatt den Widerspruch zwischen der gesetzlichen Beurteilung des aktiven Behandlungsabbruchs und dem Rechtsempfinden durch den Rekurs auf eine so unsichere Kategorie wie den »sozialen Sinngehalt« aufzulösen, nach dem auch das aktive Abbrechen als Unterlassen zu werten sei, und dadurch zusätzliche Rechtsunsicherheit in Kauf zu nehmen, wäre eine gesetzliche Klarstellung sicher die bessere Strategie.

nicht als aktives Bewirken des Todes beschrieben wird, darf allerdings nicht über die zwischen der Nicht-Aufnahme einer Behandlung und dem aktiven Abbruch einer Behandlung bestehenden *psychologischen* Unterschiede hinwegtäuschen. Das aktive Beenden eines unterstützenden Eingriffs, in dessen Folge der Patient stirbt, kann von den Beteiligten durchaus als moralisch problematischer und seelisch belastender erlebt werden als ein folgengleicher Behandlungsverzicht, vor allem dann, wenn die einmal aufgenommene Behandlung den Patienten auf deren Fortführung vertrauen läßt. Der Arzt seinerseits kann, ist der Patient einmal an das Gerät angeschlossen, dem Dilemma nicht entgehen, entweder die Beatmung bis zum Tod des Patienten aufrechtzuerhalten oder aktiv an den Ursachen des Todes des Patienten beteiligt zu sein. Auch die Strategie, den Patienten von vornherein an ein Gerät anzuschließen, das sich nach einer gewissen Zeit selbst abschaltet, oder den Patienten routinemäßig von Zeit zu Zeit vom Gerät abzukoppeln, mit der Konsequenz, daß in beiden Fällen stets wieder erneut über die weitere Beatmung entschieden werden muß, bietet hier keinen Ausweg (vgl. Harris, 1985, 46f.). Da sowohl das Ankoppeln an ein Gerät, von dem man weiß, daß es sich selbst ausschaltet, als auch das routinemäßige Abkoppeln vom Gerät ihrerseits Handlungen sind, ist der aktive Eingriff, der zum Tode des Patienten führt, bei beiden Strategien nur zeitlich vorverlegt. Es wäre reine Selbsttäuschung, anzunehmen, der Behandlungsabbruch erschöpfe sich jedesmal in dem unterlassenen Wiederankoppeln. Betrachtet man den Vorgang in seiner Gesamtheit, wird vielmehr klar, daß bereits die anfängliche Entscheidung, den Patienten nicht kontinuierlich, sondern zeitlich intermittierend zu beatmen, Teilmoment eines anfangs noch nicht feststehenden, sondern nur möglichen, aber insgesamt *aktiven* Behandlungsabbruchs ist.

Zusammenfassend können wir die letzte Bedingung folgendermaßen den bereits formulierten Bedingungen hinzufügen:

(16) Ein Handeln von A ist ein Geschehenlassen immer dann,
wenn das Handeln eine von A oder anderen initiierte
Handlungskette beendet, die ein andernfalls wahrschein-
liches Ereignis e verhindert, das nicht seinerseits durch ein
Handeln von A verursacht ist, und e daraufhin eintritt.

4.3 Bennett über »killing« and »letting die«

Wie verhält sich die hier erarbeitete Analyse zu dem Analyseansatz, den Jonathan Bennett (Bennett, 1966) in seiner bekannten Kritik an G. E. M. Anscombes Antikonsequentialis-
mus (vgl. Anscombe, 1958) zum Problem von Töten und
Sterbenlassen versucht hat (allerdings ohne ihn zu einer allgemeinen Konzeption des Unterschieds zwischen aktivem Bewirken und Geschehenlassen weiterzuentwickeln)?[24]
   Die Originalität von Bennetts Analyseansatz besteht darin,
daß er die Unterscheidung zwischen Töten und Sterbenlassen
(bzw. von aktivem Bewirken und passivem Geschehenlassen
allgemein) von der zwischen Handeln und Unterlassen ablöst
und auf eine unabhängige Basis stellt, nämlich die *Anzahl der
folgengleichen Alternativen*. Nach Bennett sagen wir immer
dann, daß A B *tötet*, wenn unter den Bewegungen, die A alternativ ausführen könnte, relativ wenige zur Folge haben,
daß B stirbt. Daß A B *sterben läßt*, sagen wir dagegen dann,
wenn unter den Bewegungen, die A alternativ ausführen
könnte, fast alle zur Folge haben, daß B stirbt (Bennett 1980,
122). Während danach beim Töten die Verhaltensalternativen,
bei denen B überlebt, immer sehr zahlreich sind, gibt es beim
Sterbenlassen immer nur wenige Alternativen, unter denen B

---

24 Eine Weiterentwicklung und Verallgemeinerung hat Bennett in einer späteren Vorlesung (Bennett, 1981) unternommen, wobei er allerdings zum Gegenstand der Analyse weder die Unterscheidung zwischen aktivem Bewirken und
Geschehenlassen noch die zwischen Handeln und Unterlassen macht, sondern
die relativ künstliche zwischen positiven und negativen »instrumentalities« (vgl.
Bennett, 1981, 47), die sich mit den beiden hier betrachteten – und in der Alltagssprache verankerten – Unterscheidungen nur teilweise deckt.

überlebt, nämlich genau diejenigen Alternativen, durch die B *gerettet* werden könnte.

Unbestreitbar hat Bennett mit dem Kriterium der folgengleichen Alternativen einen wichtigen Unterschied zwischen den häufigsten und charakteristischsten Fällen von Töten und Sterbenlassen dingfest gemacht. Man hat Mühe, sich auf Anhieb realistische Situationen vorzustellen, in denen es für A zu einem Töten von B keine oder nur wenige Verhaltensalternativen gibt, bei denen B am Leben bleibt. Ebenso schwer fällt es, sich real mögliche Situationen zu denken, in denen es zu einem Sterbenlassen von B mehr als nur jeweils wenige spezifische Eingriffsmöglichkeiten gibt, bei denen B nicht stirbt. Ähnliches gilt für die Unterscheidung zwischen aktiver Täuschung und passivem Im-Irrtum-Lassen. Wenn A B aktiv täuscht, verfügt A gewöhnlich über eine Fülle von Verhaltensalternativen, durch die B nicht getäuscht wird. Beläßt A B dagegen in einem Irrtum, den er aufklären könnte, steht ihm dazu nur eine relativ kleine Zahl von Alternativen zur Verfügung.

Bennetts Analyseansatz vermag allerdings diejenigen Fälle nicht zu erfassen, die hier unter das »Geschehenlassen durch Handeln« subsumiert worden sind. Der Arzt, der einen beatmeten Patienten durch den aktiven Abbruch einer lebensverlängernden Behandlung »sterben läßt«, verfügt unter den herrschenden Umständen über keine oder nur wenige hochspezifische Verhaltensalternativen, in deren Folge B zum selben Zeitpunkt stirbt. Ferner ist fraglich, ob diese Analyse über realistische Fälle hinaus auch auf mehr oder weniger unrealistische, aber denkbare Fälle angewendet werden kann und insofern den Inhalt der Unterscheidung nicht nur in extensionaler, sondern auch in intensionaler Hinsicht trifft. So hat etwa Dinello (1980, 129) einen Fall konstruiert, in dem die Anwendung von Bennetts Kriterium zur falschen Antwort führt: A und B sind so miteinander verbunden, daß jede Bewegung des einen für den anderen den Tod bedeutet. A bewegt sich und tötet B. Nach Bennetts Kriterium wäre dies ein

Fall von Sterbenlassen, da A relativ wenig Alternativen hat, sich zu bewegen, ohne daß B stirbt. Solange jedoch A im Prinzip auch völlig bewegungslos bleiben könnte, wäre die Beschreibung, daß A B tötet, eindeutig angemessener.

Auch wenn dieses Beispiel gegen die strenge Adäquatheit von Bennetts Analyseansatz spricht, zeigt doch seine Künstlichkeit, welch gute Näherung diese Analyse darstellt. Ein Teil der Erklärung für diese Konvergenz dürfte schlicht in dem Faktum der Freiheit liegen – der Möglichkeit, in derselben Situation durch eine Vielzahl verschiedener Handlungen eine Vielzahl ablaufender Prozesse zu beeinflussen. Solange wir frei sind, sind wir, wenn wir die Handlung h ausführen, frei, statt h eine aus einer Vielzahl anderer möglicher Handlungen auszuführen. Die Alternativen zur Ausführung einer bestimmten Handlung h umfassen nicht nur die völlige Untätigkeit, sondern auch die Ausführung anderer Handlungen. Im Gegensatz dazu besteht die Alternative zu einem Unterlassen von h jeweils nur in der Ausführung der unterlassenen Handlung h (bzw. in der Ausführung einer Handlung k, die die Ausführung von h impliziert). Gäbe es für einen Akteur in einer Situation nur genau zwei Verhaltensmöglichkeiten, nämlich h zu tun oder h zu unterlassen, wären die Alternativen für Handeln und Unterlassen gleich zahlreich. Wer nur die Möglichkeit hat, ja zu sagen oder nicht ja zu sagen, hat beim Jasagen ebenso viele Alternativen wie beim Nicht-Jasagen. Kommt auch nur eine weitere Verhaltensmöglichkeit hinzu, ist diese Symmetrie durchbrochen: Wer außer ja auch nein sagen kann, hat als Jasager bereits zwei Alternativen (Schweigen und Neinsagen), während er als Nicht-Jasager nach wie vor nur eine hat (Jasagen).[25]

25 Vorausgesetzt ist dabei ein Handlungsvokabular, das reichhaltig genug ist, um die gegebenen Freiheitsspielräume zu benennen. In einer Primitivsprache mit nur einem Handlungsbegriff wäre die Symmetrie in der Zahl der Alternativen wiederhergestellt: Wer h täte (sich bewegte), unterließe k (unbeweglich zu bleiben) und umgekehrt.

5 Ist die Unterscheidung zwischen Handeln und Unterlassen als solche moralisch bedeutsam?

Aufgrund der vorangegangenen Überlegungen zur kausalen Rolle von Unterlassungen läßt sich zumindest *eines* der Standardargumente für die eigenständige moralische Relevanz der Unterscheidung von Handeln und Unterlassen nicht mehr aufrechterhalten: das Argument, der Unterlassende bzw. Geschehenlassende sei für den Ereignisablauf, in den er verhindernd eingreifen könnte, deshalb in geringerem Maße – oder gar nicht – *moralisch* verantwortlich, weil er für ihn auch *kausal* weniger – oder gar nicht – verantwortlich sei. Wie wir gesehen haben, ist das Unterlassen in keinem anderen und keinem geringeren Sinn Kausalfaktor, Ursache oder »entscheidende« Ursache einer Ereigniskette, in die man handelnd eingreifen könnte, als die jeweiligen positiven Kausalfaktoren und Ursachen. Ein Ereignis, das aus »natürlichen« oder anderen handlungsunabhängigen Ursachen eintritt, ist, sobald der Akteur seinen Eintritt verhindern kann, nicht mehr allein durch die objektiven Gegebenheiten bedingt, sondern auch dadurch, daß der Akteur es nicht verhindert. Der Verzicht auf mögliche lebensverlängernde Maßnahmen ist in demselben Sinn eine kausale Bedingung des früheren Todes des Patienten, wie es eine aktive Herbeiführung des Todes wäre, die Nichtaufklärung eines bestehenden Irrtums in demselben Sinne eine kausale Bedingung des Fortbestehens des Irrtums wie die Bekräftigung des Irrtums durch einen aktiven Akt der Täuschung. Damit ist einer moralischen Differenzierung zwischen Handeln und Unterlassen noch nicht jeder Boden entzogen. Es ist aber immerhin gezeigt, daß, falls es gute Gründe gibt, in ihren Folgen und Begleitumständen ununterscheidbare Handlungen und Unterlassungen moralisch unterschiedlich zu bewerten, sich diese nicht auf irgendwelche Unterschiede in ihrer kausalen Struktur berufen können.

5.1 Begründungsdefizite

Wie sonst aber läßt sich eine folgenunabhängige moralische Relevanz der Handeln-Unterlassen-Unterscheidung begründen? Überraschenderweise scheint ein Großteil der Vertreter einer folgenunabhängigen moralischen Relevanz der Unterscheidung eine Begründung entweder nicht für möglich oder nicht für nötig zu halten. Anders, scheint es, ist der Dogmatismus nicht zu erklären, mit der die eigenständige moralische Relevanz der Unterscheidung in der Regel behauptet wird. So etwa, wenn der prominente katholische Moraltheologe Gründel in zwei neueren Beiträgen zum Problem der Sterbehilfe die ethische Relevanz des Unterschieds zwischen aktiver Tötung und dem Unterlassen lebenserhaltender Maßnahmen postuliert, ohne auch nur die Spur eines Grundes dafür anzugeben (Gründel, 1987, 1991). Statt Gründen finden wir nur die Wiederholung dogmatischer Setzungen (»Eine Tötung auf Wunsch kann sittlich nicht bejaht werden«, Gründel, 1991, 251) – sowohl in einem gewissen Widerspruch zu den von diesem Autor vertretenen weitreichenden Einschränkungen der Lebenserhaltungspflicht (u.a. aus pflegeökonomischen Gründen, vgl. Gründel, 1991, 253) als auch im Widerspruch zu seinem *teleologischen,* d.h. folgenorientierten ethischen Ansatz. Der Leser wird im unklaren darüber gelassen, ob der Autor über *folgenorientierte* Gründe für das Festhalten an der ethischen Relevanzthese verfügt – die er dann aber nicht nennt –, oder ob es sich bei dieser These um einen für unverzichtbar gehaltenen »deontologischen Rest« innerhalb einer ansonsten teleologischen Normierungstheorie handelt.

Ein weitgehendes Begründungsdefizit ist auch für die rechtswissenschaftliche Tradition zu konstatieren. Der Konsens über die prinzipielle moralische Bedeutung der Unterscheidung innerhalb der Rechtstradition, auf den sich u.a. auch die Strafrechtsreformkommission bei der Neufassung des § 13 StGB berief, ist, soweit ich sehe, niemals explizit begründet worden.

Strafbewehrte Handlungsgebote sind aus der gesamten Rechtstradition bekannt. Bestimmte Formen der Unterlassung waren bereits in den Hochkulturen des alten Orients strafbar. So wird bereits im Alten Testament der Halter eines stößigen Ochsen verpflichtet, den Ochsen sicher einzusperren. Tötet der Ochse einen anderen, droht dem Halter die Todesstrafe (vgl. Brammsen, 1986, 236). Im römischen Recht werden Unterlassungsdelikte sowohl unter den Amtsdelikten (Vernachlässigung von Amtspflichten) als auch im Militärstrafrecht aufgeführt, so z. B. das Nicht-Erscheinen zum Dienstantritt (vgl. Honig, 1979, 7). Die isolierten negativen Straftatbestände scheinen jedoch noch nicht in irgendeiner Weise theoretisch reflektiert worden zu sein. Eine begriffliche und rechtsdogmatische Abgrenzung des strafbaren Unterlassens gegen das strafbare Handeln findet sich erst sehr viel später, zuerst bei dem italienischen Rechtslehrer Accursius (1182–1221), einem der Glossatoren des Corpus juris. Auf ihn soll der Kernsatz »maius delictum est in faciendo quam in omittendo« zurückgehen, wobei allerdings unklar ist, ob er von Accursius selbst als allgemeingültiges Prinzip aufgefaßt worden ist. Accursius selbst verwendet ihn nämlich ausschließlich im Zusammenhang mit einem Fall, bei dem es um den Gegensatz zwischen aktivem Töten und Nichthinderung einer Tötung (also um die Beihilfe zur Tötung durch Unterlassen) geht und nicht, wie in der modernen Debatte um die Sterbehilfe, um den Gegensatz zwischen aktivem Töten und passivem Sterbenlassen: Einige der Sklaven töten den Herrn, andere unterlassen es, das Verbrechen zu verhindern (vgl. Honig, 1979, 25 ff.). Spätere Rechtslehrer haben von diesem spezifischen Kontext abgesehen und den Satz »maius delictum est in faciendo quam in omittendo« in den Rang eines quasi allgemeingültigen Rechtsprinzips erhoben, so daß er Jahrhunderte später z. B. von Julius Clarus (1525–75) als eine »communis regula« zitiert werden konnte (vgl. Honig, 1979, 31).

Nach Auffassung des Rechtshistorikers Honig ist es die

»überragende Autorität des Accursius und seines Zeitgenossen Thomas von Aquin, der der Grundsatz seine Geltung verdankt« (Honig, 1979, 25). In der Tat ist die »Summa theologica« – Honig zufolge eine der wesentlichen Quellen des Grundsatzes – offenbar die einzige Quelle, in der ein ernsthafter Begründungsversuch unternommen wird. Thomas von Aquin erläutert die These der minderen Schwere und Strafwürdigkeit des Unterlassens gegenüber dem Handeln am Beispiel des Verhältnisses zwischen *contumelia* (»Schmähung«) und mangelnder *reverentia* (»Ehrerbietung«): Wer es versäumt, den Eltern die schuldige Ehrerbietung zu erweisen, sündigt weniger, als wer die Eltern schmäht oder beleidigt. Die aktive Schmähung sei dem moralisch Richtigen *entgegengesetzt*, während die Unterlassung es nur *verneine*. Weshalb aber ist das so? Thomas von Aquins Begründung lautet, es sei *leichter*, sich einer Übertretung zu enthalten als etwas Gutes zu tun. Wer das Gute unterlasse, sei deshalb weniger zu tadeln als wer sich einer Übertretung nicht enthält:

> »Facilius est abstinere a malo faciendo, quam implere bonum. Ergo gravius peccat qui non abstinet a malo faciendo, quod est transgredi, quam qui non implet bonum, quod est omittere« (Thomas von Aquin, 1979, 396).

Diese Begründung für die moralische Differenzierung zwischen Handeln und Unterlassen soll nach Thomas von Aquin jedoch keineswegs universal gelten, sondern nur im Grundsatz, »simpliciter et absolute«. Im Einzelfall kann eine Unterlassung durchaus auch schwerer wiegen als die aktive Übertretung:

> »Unde manifestum est quod simpliciter et absolute loquendo, transgressio est gravius peccatum quam omissio: licet aliqua omissio possit gravior aliqua transgressione« (ebd. 397).

Diese Einschränkung zeigt, daß Thomas von Aquin keineswegs als Gewährsmann für die Auffassung dienen kann, die Unterscheidung zwischen Handeln und Unterlassen sei *als solche* moralisch relevant. Wenn die moralische Differenzierung wesentlich davon abhängt, wie schwer oder leicht das jeweils moralisch geforderte Verhalten zu erbringen ist, scheint die moralische Relevanz eher in *diesem* Umstand als im kategorialen Status des jeweiligen Verhaltens zu liegen. Außerdem fragt sich, ob Thomas von Aquin mit den Vergleichsfällen *contumelia* und mangelnde *reverentia* geeignete Beispiele für folgen- und umstandsgleiche Versündigungen gewählt hat, wie sie der deontologische Ethiker braucht, um eine *kategoriale* moralische Differenz aufzuweisen. Erstens dürfte eine aktive Schmähung die Ehre der Eltern gravierender verletzen als mangelnde Ehrerbietung (was vielleicht auch darin zum Ausdruck kommt, daß die Schmähung als ein *malum*, die Ehrerbietung dagegen als ein bloßes *Nicht-bonum* bezeichnet wird). Zweitens ist eine Schmähung in der Regel intendiert, während mangelnde Ehrerbietung auch nicht-wissentlich und nicht-willentlich erfolgen kann. Die moralische Ungleichwertigkeit beider Verhaltensweisen könnte also zumindest zum Teil auch auf nicht-kategoriale Faktoren zurückgeführt werden. Das wäre eine zusätzliche Bestätigung für die Vermutung, daß Thomas von Aquins fragmentarische Erklärungen zwar eine pragmatische oder normative Heuristik plausibel zu machen versuchen, keineswegs aber die gesuchte Begründung für eine intrinsische moralische Differenzierung zwischen Handeln und Unterlassen liefern.

Selbstverständlich braucht ein dezidiert deontologischer Ethiker den Mangel einer universal anwendbaren Begründung für die moralische Relevanz der Handeln-Unterlassen-Unterscheidung nicht als schlagenden Gegeneinwand gelten zu lassen. Er kann das Verlangen nach einer weitergehenden Begründung im Prinzip auch zurückweisen und die moralische Bedeutsamkeit der Unterscheidung *axiomatisch* einführen, entweder als aus sich heraus evidente moralische Wahrheit oder aber als theoretisches Konstrukt zur Erklärung und Fundierung moralischer Einzelfallintuitionen. Freilich wäre

eine solche Strategie mit gravierenden Schwierigkeiten konfrontiert: Weder kann man davon ausgehen, daß die moralische Relevanz der Unterscheidung für jeden verständigen Beurteiler aus sich heraus evident ist, noch kann man zeigen, daß
sie ein wirklich universales Moment der vorherrschenden
moralischen Einzelfallintuitionen ist. Die moralische Gleichwertigkeit, die weithin zwischen der aktiven Tötung und der
unterlassenen Versorgung Abhängiger mit dem Lebensnot-
wendigsten angenommen wird, zeigt, daß die Unterscheidung zwischen Handeln und Unterlassen auch nach vorherrschender Beurteilung nicht durchgängig, sondern nur unter
bestimmten Bedingungen moralisch relevant ist. Diese Be-
dingtheit kann durch einen universalen, von den Umständen
und Folgen der jeweiligen Fallgruppen absehenden Begründungsansatz nicht adäquat erfaßt werden. Ein deontologischer Begründungsansatz, der den intuitiven Beurteilungen
auch nur im Ansatz gerecht werden will, muß die moralische
Bedeutung der Unterscheidung in einem gewissen Umfang
von Kontextvariablen abhängig machen. Auch das geltende
Strafrecht stellt in Einzelfällen positives Tun und Unterlassen
ausdrücklich gleich. So bei der Mißhandlung von Schutzbe-
fohlenen (§ 223b StGB), die auch durch »böswillige Vernachlässigung« der Sorgepflicht, d. h. durch Unterlassen begangen
werden kann, bei der Untreue (§ 266 StGB) durch Nicht-
Wahrnehmung fremder Vermögensinteressen und bei der
Verleitung eines Untergebenen zu einer Straftat (§ 357 StGB),
bei der der Gesetzestext klarstellt, daß sie auch dadurch begangen werden kann, daß der Vorgesetzte Amtsdelikte seiner
Untergebenen passiv geschehen läßt.
  Wer an der eigenständigen moralischen Bedeutung der
Unterscheidung zwischen Tun und Unterlassen festhält, muß
sich darüber hinaus fragen lassen, ob er die sehr weitgehende
Privilegierung des Unterlassens und Geschehenlassens gegenüber dem aktiven Eingreifen in Kauf nehmen will, die zumindest dann folgt, wenn die kategoriale Relevanzthese mit
weiteren charakteristisch deontologischen Normierungsan-

sätzen kombiniert wird. Ich denke hier insbesondere an die charakteristisch deontologische Position, nach der die moralische Verhaltensbeurteilung statt von den vorausgesehenen oder vorauszusehenden Folgen allein vom – folgenunabhängig beschriebenen – *Verhaltenstyp* bzw. den *Intentionen* des Akteurs abhängt, so daß etwa ein aktives Töten grundsätzlich und unabhängig von den erwarteten oder zu erwartenden Folgen verwerflicher ist als ein Sterbenlassen. Der Vertreter einer solchen Position muß in dem berühmtem Geburtshelfer-Fall einen Verzicht auf die mögliche Tötung des Kindes konsequenterweise auch dann bevorzugen, wenn mit Sicherheit zu erwarten ist, daß beide – die Mutter wie das Kind – infolge des unterlassenen Eingriffs sterben. Ein moderner Vertreter der Doppelwirkungslehre in der katholischen Moraltheologie würde dieser Konsequenz dadurch entgehen, daß er eine Berücksichtigung der nicht-intendierten Folgen zumindest dann erlaubt, wenn diese »unproportional« schwerwiegend scheinen. Der Vertreter dieser – gemäßigt deontologischen – Position könnte also die Tötung des Kindes im »katastrophalen« Geburtshelfer-Fall erlauben, müßte aber für die schwächere Version, in der entweder nur das Kind oder nur die Mutter stirbt, weiterhin für das Nicht-Töten des Kindes und das Sterbenlassen der Mutter plädieren – es sei denn, er wertete auch den Tod der Mutter als »unproportional« schwerwiegender als den Tod des Kindes. Ein solcher Schritt wäre zwar inhaltlich plausibel, würde aber dem Prinzip der »Proportionalität« viel von seiner inhaltlichen Bestimmtheit nehmen und es zum Einfallstor subjektiver Willkür machen.

5.2 Natürlichkeit als Prinzip

Eine naheliegende alternative Begründung für eine eigenständige moralische Signifikanz von Handeln und Unterlassen innerhalb des deontologischen Ansatzes ist das Postulat eines

Eigenwerts der *Natürlichkeit*: Während das Handeln in den natürlichen Ablauf eingreift, läßt ihn das Unterlassen bloß gewähren. Das Handeln maßt sich an, »Schicksal« oder »Gott« zu spielen, während sich das Unterlassen in frommer Schicksalsergebenheit übt. Die Gelassenheit des Geschehenlassens natürlich bedingter Prozesse gilt vielen als Zeichen weiser Abgeklärtheit, wohingegen das aktive Eingreifen – insbesondere da, wo es um Entscheidungen um Leben und Tod geht – leicht in den Verdacht der Hybris und Eigenmächtigkeit gerät.

Psychologisch hat die Plausibilität der kategorialen moralischen Differenzierung zwischen Handeln und Unterlassen in der expliziten oder impliziten positiven Bewertung der Natürlichkeit ihre stärkste Stütze. Trotz aller – von den meisten wortwörtlich am eigenen Leib erfahrenen – moralischen Gleichgültigkeit und Mitleidlosigkeit der Natur weisen die durchweg positive gefühlsmäßige Besetzung des Begriffs »Natur« und die verbreitete Skepsis gegenüber technischen und medizinischen Innovationen auf eine scheinbar unausrottbare Neigung hin, die Natur für letztlich und trotz allem gerecht und wohltätig zu halten und aktiven Eingriffen in das natürliche Geschehen mit a priori größerem Mißtrauen zu begegnen als passivem Geschehenlassen. Selbst John Stuart Mill, der in seinem Essay »Natur« die Schrecken der Natur in den schwärzesten und die Wohltaten technischer, insbesondere medizinischer Naturbeherrschung in den leuchtendsten Farben malt, war Psychologe genug, um zumindest in einem Nebensatz die Widerstände zu benennen, die gegen eine Ausdehnung auch noch der unzweifelhaft wohltätigsten menschlichen Macht über die Natur bestehen:

> »Niemand, sei er religiös oder areligiös, glaubt, daß die verderblichen Kräfte der Natur, als Ganzes betrachtet, in irgendeiner anderen Weise guten Zwecken dienen, als indem sie vernünftige menschliche Geschöpfe dazu anreizen, sich dagegen zu wehren. Glaubten wir, daß jene Kräfte von

einer gütigen Vorsehung als ein Mittel zu weisen Zwecken ausersehen wären, die ohne jene Mittel nicht erreicht werden könnten, müßte alles, was die Menschheit tut, um diese Naturkräfte zu bändigen, bzw. ihre schädlichen Wirkungen in Grenzen zu halten – vom Austrocknen eines pestilenzialische Dünste verbreitenden Sumpfes bis zum Kurieren des Zahnwehs oder dem Aufspannen eines Regenschirms –, als gottlos gelten, wofür es doch sicherlich niemand hält, *auch wenn eine dahin neigende Empfindung gelegentlich unterschwellig spürbar wird*« (Mill, 1984, 33 f.; Hervorhebung D. B.).

Man kann darüber spekulieren, auf welche letztlich archaischen Wurzeln diese Denk- und Empfindungsweise zurückgeht. In Zeiten, in denen die meisten natürlichen Übel nicht nur als unabänderlich galten, sondern auch tatsächlich unabänderlich waren, während menschlich verursachte Übel durch moralische und rechtliche Sanktionen wenn nicht abgewendet, so doch immerhin gemildert werden konnten, war eine Haltung gläubiger Schicksalsergebenheit zweifellos funktional. Das »Natürliche« auch da, wo es eigene Lebensplanungen und -erwartungen durchkreuzt, zu akzeptieren, vielleicht sogar – im Sinne einer »Identifikation mit dem Angreifer« – als Vorsehung, unerforschlichen Ratschluß Gottes oder gerechte Strafe für begangene Sünden mythisch-religiös zu überhöhen, diente der Aufrechterhaltung des seelischen Gleichgewichts sicher besser als Verzweiflung oder ohnmächtige Auflehnung. Bis heute – zu einer Zeit, in der das »Natürliche« infolge technischer und medizinischer Eingriffsmöglichkeiten viel von seiner Unabwendbarkeit verloren hat – hat diese positiv-akzeptierende Sichtweise des »Natürlichen« ihre Kraft nicht eingebüßt. Eher haben die »ökologische Krise« und die auf sie reagierenden Bewegungen sowohl zu zunehmender Skepsis gegen weitere Eskalationen im Niveau technischer Naturbeherrschung als auch zu einer bemerkenswerten Renaissance idealisierender Naturbilder geführt. Obwohl auch auf dem gegenwärtigen Stand medizinischer Kunst insgesamt nur eine relativ kleine Zahl von »naturgegebenen« Erkrankungen und Behinderungen therapierbar ist, findet weithin die von Hans Jonas (1979, 63) vertretene »Heuristik der Furcht« Zustimmung, nach der die für Technik und Medizin etwa noch verbliebenen Aufgaben insgesamt zu gering ins Gewicht fallen, um dafür zusätzliche Risiken in Kauf zu nehmen.

Der Sache nach ist der Eigenwert der Natürlichkeit – ob man ihn akzeptiert oder nicht[26] – wenig dazu geeignet, eine kategoriale moralische Differenzierung zwischen Handeln und Unterlassen abzusichern. Versteht man »Natur« im Sinne eines umfassenden, den Menschen und seine Werke einschließenden Ganzen, ist das Handeln ebensosehr Teil der Natur wie das Unterlassen. Falls die Gesamtheit des Seienden gottgewollt ist, ist nicht nur das dem Menschen von außen Vorgegebene, sondern auch sein eigenes Verhalten und die es steuernden Antriebe gottgewollt. Ob sich dieses Verhalten als Handeln oder als Unterlassen darstellt, kann dann keinen Unterschied machen: Ein in die äußere Natur eingreifendes Handeln ist nicht mehr und nicht weniger in Übereinstimmung mit der Natur als ein die Natur sein-lassendes Unterlassen.

Versteht man unter »Natur« andererseits ausschließlich das *außermenschlich* Seiende, reicht ein Eigenwert der Natur nicht aus, das Unterlassen durchgängig zu privilegieren. Zum einen gehören zu den Prozessen, denen durch Unterlassen ihr Lauf gelassen wird, nicht nur »naturwüchsige« Abläufe, sondern auch solche, die durch das Handeln anderer menschlicher Akteure bedingt sind. Das »Schicksal«, dem das Opfer einer menschlichen Untat durch unterlassene Hilfe überlassen wird, ist kein Naturprozeß, sondern eine von Menschen initiierte Ereigniskette. Zum andern ist auch da, wo kein direkter menschlicher Einfluß vorliegt und ein Geschehen übli-

---

26　*Gegen* einen Eigenwert der Natürlichkeit argumentiere ich in Birnbacher (1991).

cherweise natürlichen Agenten zugeschrieben wird, das
»Natürliche« vielfach nur scheinbar von menschlichen Agentien unabhängig. Selbst wenn das heutige Risiko, an einer
Krebsart zu erkranken, insofern »natürlich« wäre, daß es
nicht direkt oder indirekt durch zivilisatorische Faktoren wie
die Umweltverschmutzung bedingt ist, wäre es nicht unabhängig davon, daß wir heute eine sehr viel höhere Chance als
unsere Vorfahren haben, Infektionskrankheiten zu überleben.
Auch bei einem Moribunden ist der Entschluß, nicht alle
möglichen Maßnahmen gegen einen möglichen früheren Todeseintritt zu treffen, nicht dasselbe wie das Waltenlassen
»der Natur«, insofern das, was sich spontan und ohne weiteres menschliches Zutun ereignet, partiell auch durch die Vor-
geschichte des Patienten und die vielfältigen »künstlichen«
Einflüsse, die auf ihn eingewirkt haben, bedingt ist. Wenn in
diesen Fällen zwischen aktivem Eingreifen und passivem Geschehenlassen moralisch differenziert wird, mag das psychologisch durchaus damit etwas zu tun haben, daß das eine als
ein Waltenlassen der Natur, das andere als eine »künstliche«
Intervention in die von der Natur gesteuerten Abläufe gesehen wird. Den tatsächlichen Verhältnissen entspricht diese
Sichtweise jedoch nicht.

Die bisherigen Überlegungen haben keinen Anhaltspunkt
dafür erbracht, daß die Unterscheidung zwischen Handeln
und Unterlassen *als solche* moralisch signifikant ist. Wenn es
eine Berechtigung dafür gibt, Handeln und Unterlassen unterschiedlich zu beurteilen, kann diese nicht in der inneren
Struktur von Handeln und Unterlassen selbst liegen. Damit
steht der Position einer durchgängigen moralischen Differenzierung aber nur noch *ein* Begründungsweg offen: die These,
daß bestimmte unabhängig moralisch relevante Beurteilungs-
merkmale mit der Unterscheidung zwischen Handeln und
Unterlassen so eindeutig korrelieren, daß zwar Handeln nicht
als solches anders zu beurteilen ist als ein entsprechendes Unterlassen, daß es aber dennoch *de facto* regelmäßig anders zu
beurteilen ist, insofern es mit ihrerseits moralisch gewichtigen

Verhaltensmerkmalen zusammengeht. Auf diesen Argumentationsweg verweist bereits Thomas von Aquin, wenn er sich zur Begründung der moralischen Differenzierung auf die größere *Leichtigkeit* der Befolgung von Unterlassungs- und die größere *Schwierigkeit* der Befolgung von Handlungsgeboten beruft. Nicht der Handlungs- oder Unterlassungscharakter des zu beurteilenden Verhaltens selbst gibt den Ausschlag, sondern die moralisch relevanten Unterschiede in den externen Faktoren, von denen angenommen wird, daß sie mit der Handeln-Unterlassen-Unterscheidung kovariieren.

Die Frage an diesem Punkt der Untersuchung lautet also: Gibt es Merkmale, die – gewissermaßen als »verborgene Parameter« – ihre eigene moralische Relevanz auf die Handeln-Unterlassen-Unterscheidung übertragen und dieser dadurch den Anschein einer eigenständigen moralischen Relevanz geben?

6 »Verborgene Parameter«?

Die Frage nach etwaigen hinter der Unterscheidung zwischen Tun und Unterlassen verborgenen moralisch signifikanten Parametern läßt sich in zweifacher Weise stellen, einmal als eine Frage auf der Ebene *idealer Normen*, ein andermal auf der Ebene von *Praxisnormen*, die ideale Normen in lebbare, lehrbare und handhabbare soziale Regeln »übersetzen«.[27] Für einen hypothetischen idealen Akteur, der hinsichtlich seiner Rationalität, Lernfähigkeit und Willenskraft keinerlei Beschränkungen unterliegt, ließe sich eine durchgängige moralische Differenzierung zwischen Handeln und Unterlassen nur dann rechtfertigen, wenn es einen oder mehrere moralisch relevante und bewertungsdifferenzierende Verhaltensmerkmale gibt, die mit der Handeln-Unterlassen-Unterscheidung lückenlos korrelieren. Für einen durchschnittlichen, durch Rationalitätsbeschränkungen, begrenzte Lernfähigkeit und Willensschwäche gekennzeichneten Akteur dagegen könnte es Gründe geben, an einer derartigen Differenzierung auch dann festzuhalten, wenn sich keine lückenlose Korrelation, aber doch ein ausgeprägter *probabilistischer* Zusammenhang aufweisen ließe: Moralpragmatische Überlegungen könnten dafür sprechen, eher die aufgrund der unvollständigen Korrelation gelegentlich auftretenden »Fehler« in Kauf zu nehmen als eine grosso modo angemessene Praxisnorm zu schwächen, die sich durch große Einfachheit, leichte Lernbarkeit und unproblematische Anwendbarkeit empfiehlt und es erübrigt, sich auf die Komplexitäten des Einzelfalls einzulassen. Eine solche Praxisnorm wäre aus idealer Perspektive zwar nur die zweitbeste, angesichts der Begrenzungen, denen das moralische Entscheiden, Handeln und Beurteilen in der Praxis unterliegt, aber vielleicht dennoch die insgesamt bestmögliche Option.

Für das Gegensatzpaar »Töten« und »Sterbenlassen« hat

---

27 Vgl. zu dieser Terminologie Birnbacher (1988) 16–23.

insbesondere Richard Hare einen derartigen pragmatisch-probabilistischen Zusammenhang angenommen:

> »Wenn die Menschen das Prinzip verinnerlicht haben, daß
> es falsch ist, unschuldige Menschen zu töten, aber nicht
> immer falsch, sie nicht länger am Leben zu erhalten, wer-
> den sie in der Praxis eher das Richtige tun, als wenn ihre
> verinnerlichten Prinzipien keine solche Unterscheidung
> umfassen. Das liegt daran, daß die meisten Fälle des Tötens
> sich von den meisten Fällen des unterlassenen Am-Leben-
> Erhaltens in einer wichtigen anderen Weise unterscheiden,
> so daß die ersteren mit größerer Wahrscheinlichkeit falsch
> sind als die letzteren« (Hare, 1990, 148).

Ein möglicher weiterer Grund, einen probabilistischen Zusammenhang zwischen moralisch differenzierenden Zusatz-
merkmalen und kategorialer Unterscheidung auf der Praxisebene zum Anlaß einer schematischen Differenzierung zu
nehmen, wäre die dadurch möglicherweise erreichbare *Vermeidung moralischer Überforderung*. Wer sich für alles, was
er durch Handeln zum Besseren wenden könnte, moralisch
verantwortlich fühlen müßte, würde von dieser Verantwortung bis zur Handlungsunfähigkeit erdrückt. Verantwortung,
so die Auffassung von Picht, muß *begrenzt* werden, wenn sie
wahrgenommen werden soll:

> »Verantwortung verflüchtigt sich ins Unbestimmte, wenn
> sie nicht faktisch wahrgenommen werden kann. Sie bedarf
> der Träger der Verantwortung, und als Träger der Verant-
> wortung weist man sich dadurch aus, daß man für einen
> bestimmten Verantwortungsbereich zuständig ist« (Picht,
> 1969, 335).

Eine volle ethische Parität von Handlungs- und Unterlassungspflichten wäre nur für eine utopische Gesellschaft idealer Akteure lebbar, nicht aber für reale Menschen, die unter der
Last der von ihnen geforderten Eingriffspflichten zusammen-
brechen würden. Würden die normalerweise geltenden Begrenzungen der moralischen Zuständigkeit wegfallen, müßte

das zu einer Erosion von Spontaneität und Lebenslust führen, mit der auch die Bereitschaft zu moralkonformem Handeln geschwächt würde. Ein Übermaß negativer Verantwortung wäre insofern auch in ethischer Hinsicht kontraproduktiv.

Welche moralisch relevanten Merkmale und Faktoren kommen als Korrelate bzw. als Beinahe-Korrelate der Unterscheidung zwischen Handeln und Unterlassen in Frage? Die folgende Liste möglicher »verborgener Parameter«, die die diversen von Glover (1977), Singer (1984) und Feinberg (1984) angeführten Merkmalskategorien kombiniert, ist auf (äußere) Handlungen und Unterlassungen mit *in der Regel negativ bewerteten* Folgen zugeschnitten, die im folgenden im Vordergrund stehen werden:

	Handeln	Unterlassen
	Akteur	
1	hoher Aufwand	geringer Aufwand
2	absichtlich	unabsichtlich
3	erhebliche psychische Auswirkungen	geringe psychische Auswirkungen
4	individuelle Verantwortung	geteilte Verantwortung

	Handeln	Unterlassen
	Betroffene	
5	Schädigung	unterlassene Wohltaten
6	sicherer Schadenseintritt	unsicherer Schadenseintritt
7	direkter Schadenseintritt	verzögerter Schadenseintritt
8	Betroffene bekannt	Betroffene unbekannt

	Handeln	Unterlassen
	Dritte	
9	als bedrohlich wahrgenommen	als weniger bedrohlich wahrgenommen

In dieser Liste werden zuerst die primär den Akteur betreffenden Merkmale aufgeführt (1–4), dann Merkmale, die den Geschädigten betreffen (5–8), und schließlich die möglicherweise unterschiedlichen Auswirkungen auf Dritte (9). Inhaltlich kann die Liste als eine Art »Polaritätsprofil« gelesen werden, das die unterschiedlichen Konnotationen von Handlungen und Unterlassungen repräsentiert, die zumindest insofern vergleichbar sind, als sie in ihren jeweiligen *Hauptfolgen* übereinstimmen. Die angegebenen Merkmale bezeichnen dabei keine festen Merkmalsausprägungen, sondern kontinuierliche Skalen: Von je zwei in ihren Hauptfolgen übereinstimmenden Verhaltensweisen ist die aktive mit einem höheren Aufwand, einem höheren Grad an Absichtlichkeit, einem sichereren Schadenseintritt usw., die passive mit einem geringerem Aufwand, einem geringeren Grad an Absichtlichkeit, einem weniger sicheren Schadenseintritt usw. verknüpft.

Psychologisch scheinen Handeln und Unterlassen jeweils mit den auf der linken und rechten Seite stehenden Extremwerten assoziiert. Bei einer *aktiven* Tötung denken wir zuallererst an die »idealtypische« Ausprägung Mord, bei der *passiven* eher an die unbewußt fahrlässige Tötung durch Unterlassen, bei der *aktiven* Täuschung an eine ausgewachsene Lüge, bei der *passiven* eher an Dezenz und diplomatische Zurückhaltung. Typische aktive Tötungen scheinen mit verschärfenden Merkmalen derart assoziiert zu sein, daß sie als die *schlimmsten* Verbrechen erscheinen, typische Akte von Sterbenlassen mit entlastenden Merkmalen derart, daß sie als die *läßlichsten* Sünden erscheinen. Die *typischen* Merkmale brauchen dabei weder mit den regelmäßigen noch mit den statistisch besonders häufigen Merkmalen zusammenzufallen, noch brauchen die jeweiligen Beurteiler (zumindest nach genauerer Prüfung) ernsthaft anzunehmen, daß ein solcher Zusammenhang besteht. Diese Merkmale übernehmen vielmehr die Rolle von *Stereotypen*: Daß in den Augen einiger Engländer der *typische* Deutsche gern Sauerkraut ißt, heißt weder, daß der Anteil der gern Sauerkraut essenden Deutschen besonders hoch ist, noch,

daß der betreffende Engländer ernsthaft glaubt, daß er besonders hoch ist. Es heißt nur, daß es sich dabei um ein Merkmal
handelt, von dem der Beurteiler glaubt, daß es seinen Träger am
besten von anderen unterscheidet. Wäre es aber in der Tat
so, daß typische Handlungen mit Extremausprägungen der
Merkmale auf der linken Seite, Unterlassungen mit Extremausprägungen der Merkmale auf der rechten Seite assoziiert
werden – das zu klären wäre eine Aufgabe für entsprechende
psychologische und psycholinguistische Untersuchungen –,
wäre das, wie Glover[28] zu Recht bemerkt, zumindest eine Teil-
erklärung für die spontane Neigung, schädigende Handlungen
bereits als solche und ungeachtet ihrer weiteren realen Merkmale stärker moralisch zu verurteilen als schädigende Unterlassungen.

Im folgenden ist jedes der neun Merkmalspaare daraufhin
zu prüfen,

1. ob es moralisch relevant ist,
2. ob es mit der Unterscheidung zwischen Handeln und Unterlassen der Sache nach zusammenhängt, und
3. ob dieser Zusammenhang gegebenenfalls eng genug ist, um
   auf diese – auf der idealen oder auf der Praxisebene – eine
   indirekte moralische Bedeutung zu übertragen.

6.1 Aufwand für den Akteur

Zweifellos ist der Aufwand, den ein bestimmtes Verhalten einem Akteur abverlangt, ein moralisch bedeutsamer Aspekt.
Bereits die Frage, ob man einen Akteur überhaupt zu einem

---

28 Glover schreibt: »It seems possible that some of the acts and omissions
doctrine derives from tacitly thinking of omisson in terms of examples drawn
from the non-culpable end of the spectrum« (Glover, 1977, 95). Vgl. auch Gru-
zalskis (1988, 78) Vermutung hinsichtlich der Unterscheidung zwischen Töten
und Sterbenlassen, daß Töten als *typischerweise* böse, gewaltsam, unerwartet
und ungewollt, Sterbenlassen dagegen als *typischerweise* wohlwollend, sanft, erwartet und vom Betroffenen gewollt gesehen wird.

bestimmten Handeln für moralisch verpflichtet halten kann, hängt – in einem umfassenden Sinn von »Kosten« – von den »Kosten« ab, die dem Akteur durch die Befolgung der Handlungspflicht entstehen. Übersteigen die Kosten das Maß des Zumutbaren, wird der Akteur von der Handlungspflicht entbunden, diese in geeigneter Weise abgemildert oder – unter Aufrechterhaltung der Verpflichtung – der Akteur für deren Nichtbefolgung entschuldigt. Niemand kann zu etwas verpflichtet sein, was ihm übermenschliche Anstrengungen abverlangt. Die Moral ist nicht um ihrer selbst willen da, sondern um jeweils konkreter Menschen willen. Aber selbst *wenn* sie um ihrer selbst willen da wäre, dürfte sie nicht zu einem Moloch werden, dem das Glück der ihr Unterworfenen beliebig geopfert werden darf – ganz abgesehen davon, daß es meistens im Interesse der Moral selbst ist, die »Kosten« der Befolgung ihrer Normen so weit in Grenzen zu halten, daß mit ihrer Befolgung mit einiger Sicherheit gerechnet werden kann.

Die moralische Bedeutung des Aufwandsaspekts zeigt sich vor allem darin, daß es weitgehend von ihm abhängt, ob ein *moralisch wertvolles* Verhalten zugleich als *moralisch geboten* betrachtet und mit moralischen Sanktionen versehen wird oder andernfalls als supererogatorisches, über das Geforderte hinausgehendes Verhalten von Sanktionen ausgenommen wird, und ob ein *moralisch gebotenes* Verhalten zugleich auch als *rechtlich geboten* betrachtet und mit rechtlichen Sanktionen versehen wird. Niemand wird A, der den ertrinkenden B retten könnte (und dazu nicht aufgrund einer besonderen Rollennorm verpflichtet ist), für das Unterlassen eines Rettungsversuchs einen Vorwurf machen, wenn dieser damit ein hohes Todesrisiko eingehen würde. Eine eventuelle *Rechtspflicht* für A, B auch unter hoher Lebensgefahr zu retten, würde die Zumutung einer entsprechenden *moralischen* Verpflichtung noch einmal überbieten.

Weiterhin ist der innere und äußere Aufwand, den ein Akteur treibt, um h zu tun oder zu unterlassen, insofern *indirekt* für die moralische Beurteilung seines Verhaltens relevant, als er vielfach Rückschlüsse auf die Festigkeit seines Willens und die Stärke seiner Motive erlaubt. Je stärker die inneren und äußeren Hemmnisse, die jemand überwindet, um sein Ziel zu erreichen, und je größer die anderweitigen Verzichte und Belastungen, die er dafür in Kauf nimmt, desto größer sein Interesse daran, eine bestimmte Handlung h auszuführen oder nicht auszuführen. Bei positiv bewertetem Verhalten kann der geleistete Aufwand insofern als Maßstab des moralischen Verdiensts, bei negativ bewerteten als Maßstab der moralischen Verderbtheit dienen. Wenn Handeln, wie bereits Thomas von Aquin meint, in der Regel einen höheren Aufwand an Willensenergie und äußerer Anstrengung bedeutet als Unterlassen, dann ist das *aktive* Tun des Guten ein sehr viel eindeutigerer Beweis für gute Motive – bzw. ein Beweis für sehr viel stärker ausgeprägte gute Motive – als das bloße Geschehenlassen des Guten, und das aktive Tun des Schlechten ein sehr viel eindeutigerer Beweis für schlechte Motive – bzw. ein Beweis für sehr viel schlechtere Motive – als das bloße Geschehenlassen des Schlechten. Wer aktiv schädigt, stellt damit seine »kriminelle Energie«, wie es im Strafrecht heißt, sehr viel eindeutiger unter Beweis – bzw. zeigt, daß er über eine sehr viel *größere* »kriminelle Energie« verfügt –, als wer nur passiv schädigt.

Die innere Heuristik, von der wir uns in unserer spontanen Überzeugung, daß Handeln einen größeren Aufwand erfordert als Unterlassen, leiten lassen, hat zwei Aspekte, von denen sich der eine auf die realen Abläufe, der andere auf die hypothetischen Alternativen bezieht.

Der erste Aspekt besteht darin, daß der Handelnde mehr Energie aufwendet, um zu handeln, als der Unterlassende, um zu unterlassen. Er überwindet mehr Widerstände, setzt sich in höherem Maße über Hemmungen hinweg und manifestiert damit einen intensiveren Willen und eine größere Entschlossenheit, seine Ziele zu erreichen.

Vielleicht ist Handeln auch deshalb mit einem höheren

Energieaufwand konnotiert, weil wir bei »Handeln« primär an ein bewußtes und ausdrücklich beabsichtigtes Handeln denken, während Unterlassen stärker in die Nähe von Lässigkeit, Nachlässigkeit und Vergeßlichkeit gerückt und mit Vorstellungen von Passivität und Unbeteiligtheit verknüpft wird. An einem Handeln – so das der »inneren Heuristik« zugrundeliegende Modell – sind innere und äußere Kräfte beteiligt, die beim Unterlassen gar nicht ins Spiel kommen. Der Handelnde, so könnte man sagen, ist im Handeln mit seinen persönlichen Energien umfassend *präsent*, der Unterlassende im Unterlassen nur eingeschränkt oder gar nicht.

Ähnlich ist das Bild, das wir uns von Handeln und Unterlassen in Fällen machen, in denen die Hauptfolgen des aktiven oder passiven Verhaltens positiv bewertet werden: A erreicht sein Ziel, B ein positives Selbstbewußtsein zu vermitteln, indem er B des öfteren lobt. C erreicht dasselbe bei D, indem er es unterläßt, an D herumzunörgeln. Auch hier liegt es nahe, A's Verhalten mit einem höheren Aufwand zu assoziieren als C's, da A schließlich für B aktiv etwas *tut*, während C lediglich auf seine Gewohnheit, D zu kritisieren, *verzichtet*.

Schließlich kann sich die innere Heuristik auch schlicht an der Tatsache orientieren, daß (äußeres) Handeln im definierten Sinne eine Körperbewegung beinhaltet und schon deshalb physisch einen wie immer minimalen Kraftaufwand verlangt, während das Unterlassen als bloße Untätigkeit keine vergleichbare Anstrengung fordert. A erschießt B, und C unterläßt es, den ertrinkenden D zu retten, obwohl er ihn retten könnte. Beide Male stirbt ein Mensch infolge des Verhaltens eines anderen. Indem A handelnd in die Welt eingreift (und sei es auch nur, um den Abzug zu betätigen), wendet er ein gewisses, wie immer kleines Maß von Energie auf, während C, indem er D nicht rettet, völlig untätig bleiben kann.

Der zweite, hypothetische Aspekt besteht darin, daß es für den Handelnden ein leichtes zu sein scheint, die zum Handeln erforderliche Energie *nicht* aufzuwenden, während es für den Unterlassenden mühsam, eventuell sogar eine Zumutung wäre, die Energie aufzuwenden, die nötig ist, um die unterlassene Handlung auszuführen. Für denjenigen, der ein Unterlassungsgebot verletzt, scheint die Alternative, das Unterlassungsgebot zu befolgen, sehr viel leichter und zumutbarer als für denjenigen, der ein Handlungsgebot verletzt, die Alternative, das Handlungsgebot zu befolgen. Der Aufwand, den A treiben müßte, um B *nicht* zu töten, scheint geringfügig, während der Aufwand, den C treiben müßte, um D zu retten, erheblich sein kann. Nichts ist leichter für A, so scheint es, als *nicht abzudrücken*. Dagegen würde ein Versuch, D zu retten, von C nicht nur Geistesgegenwart, Entschlußfreudigkeit und Mut verlangen, sondern auch die Bereitschaft, etwaige anderweitige Vorhaben und Pläne hintanzustellen und gegebenenfalls erhebliche Risiken auf sich zu nehmen.

Wohlbekannte Phänomene, die zwingend nahezulegen scheinen, daß für das Handeln eine besondere Kraftanstrengung notwendig ist, sind die Phänomene der *Willensschwäche* und ihrer punktuellen Form, der bei einer Eingriffsnotwendigkeit plötzlich einsetzenden *psychischen Lähmung*. In Joseph Conrads »Lord Jim« tritt diese Lähmung gerade in dem Augenblick ein, in dem es darauf ankäme, die Initiative zu ergreifen und die schlafenden malaiischen Matrosen vor dem drohenden Untergang des mit Pilgern überfüllten Schiffes zu warnen:

> »He was tempted to grip and shake the shoulder of the nearest lascar, but he didn't. Something held his arms down along his sides. He was not afraid – oh no! he just couldn't – that's all« (Conrad, 1949, 71).

Der schwedische Philosoph Egonsson (1990, 67) gibt einen autobiographischen Bericht von der Lähmung, die einen im Augenblick, in dem man die Gefahrensituation erkennt, überfallen kann: Man wacht in einem Zimmer auf, bemerkt, daß Feuer ausgebrochen ist, fühlt sich paradoxerweise aber nicht motiviert, schnellstmöglich zu fliehen, sondern bleibt wie angewurzelt da, wo man ist – aus Motiven (Schock, Fas-

zination, archaische Lust am Untergang?), die einem in der
Situation selbst – und meist auch im nachhinein – unklar bleiben. Alles, was einem selbst bewußt ist, ist daß man sich über-
mannt fühlt von einer unüberwindlichen Trägheit – wie sonst
nur in Alpträumen, wenn einem der Zug davonfährt, weil jede
Bewegung übermenschliche Kräfte kostet. Es ist zweifelhaft,
ob man in diesen Fällen von einer psychischen *Unfähigkeit*
zum Handeln sprechen kann. Die Unfähigkeit bezieht sich
nicht darauf, dem eigenen Willen gegen übermächtige
Hemmnisse Geltung zu verschaffen, sondern eher auf das
Wollen selbst. Man weiß, man *sollte* fliehen, aber diese Überlegung erreicht den Willen nicht, man »will eigentlich nicht«,
wie groß auch die Gefahren sind, die man damit heraufbeschwört. Man will nicht mehr *wollen*, sondern sich wider-
standslos *ergeben*.[29]

Wenn wir aber zu Recht fürchten müssen, daß unser Wille
zum handelnden Eingreifen in einer Situation, in der ein Eingreifen erforderlich ist, stärker gehemmt ist als unser Wille zum
Nicht-Handeln in einer Situation, in der ein Nicht-Handeln
erforderlich ist, liegt es nahe, die Verletzung von Handlungspflichten läßlicher zu behandeln als die Verletzung von Unterlassenspflichten. Die Überlegung scheint nicht abwegig,
daß die Angst vor einer Lähmung des Willens zumindest *eines*
der Motive ist, Unterlassungen nicht mit derselben Strenge
wie Handlungen moralisch zu sanktionieren.

Inwieweit entsprechen die Konnotationen den Denotatio-
nen, die mit Handeln und Unterlassen assoziierten Vorstellungen den tatsächlichen Verhältnissen? Sind Handlungen
durchgängig oder weit überwiegend aufwendiger als in anderen Hinsichten vergleichbare Unterlassungen? Ist dem Unterlassenden ein alternatives Handeln durchgängig oder in der
weit überwiegenden Mehrzahl der Fälle weniger zuzumuten
als dem Handelnden ein alternatives Unterlassen – so daß es

---

29 Vgl. zur Analyse des »Nicht mehr Wollen-Wollens« und des scheinbar
paradoxen Phänomens der »Selbstverneinung des Willens« Waismann (1983) 27.

für die Praxis naheliegt, (schädigende) Unterlassungen mit einem pauschalen moralischen Bonus, (schädigende) Handlungen mit einem pauschalen moralischen Malus zu versehen?

Davon kann keine Rede sein. Handeln fällt keineswegs durchweg schwerer als Unterlassen. Der zu leistende Aufwand variiert vielmehr mit den konkret vorliegenden Bedingungen. Bestimmend für den Aufwand, der dem Akteur abverlangt wird, sind dabei einerseits der situative Kontext, andererseits bestimmte Charaktereigenschaften, Interessen und Verhaltenshabitualisierungen.

Auch wenn die für ein (äußeres) Handeln unserer Definition gemäß aufzubringende physische Anstrengung *niemals* Null, die für ein (äußeres) Unterlassen aufzubringende physische Anstrengung *immer* Null ist, kann man doch weder sagen, daß der für ein Handeln zu erbringende physische Aufwand durchweg erheblich ist, noch daß er gegenüber dem von einem Handeln oder Unterlassen geforderten *psychischen* Aufwand besonders ins Gewicht fällt. Den ertrinkenden B zu retten, *kann* für A einen extremen Aufwand bedeuten – etwa wenn er selbst kein guter Schwimmer ist und sich erheblicher Lebensgefahr aussetzen müßte. Aber es kann auch bedeuten, daß er nichts anderes zu tun hat, als B einen bereitliegenden Rettungsring zuzuwerfen. D zu erschießen, *kann* den Attentäter C nicht mehr kosten, als den Hahn einer bereitliegenden Pistole zu betätigen. Aber es kann auch bedeuten, daß er dafür aufwendige Vorbereitungen treffen – etwa geeignete Gelegenheiten ausspähen und Fluchtmöglichkeiten schaffen – muß.

Aber auch wenn der physische Aufwand des Handelns durchweg erheblich wäre, wäre damit nichts entschieden, da der physische Aspekt meist nur einen Teil, und oft einen vernachlässigbaren Teil, des gesamten für ein Handeln oder Unterlassen zu erbringenden Aufwands ausmacht. Die *innere* Dimension der Verhaltenssteuerung darf nicht vergessen werden. Die Angst davor, für eine unterlassene Hilfeleistung belangt zu werden, richtet sich ja nicht auf ein physisches, sondern auf ein psychisches Versagen. Die Lähmung, die den

Schiffsoffizier Jim bei Joseph Conrad überfällt, ist keine Lähmung der Gliedmaßen, sondern eine Lähmung des Willens. Die Hemmungen, die einen vor der Mitteilung einer unangenehmen Wahrheit zurückscheuen lassen, sind keine äußeren, sondern innere Hemmungen.

Aber ist das Phänomen der Willenslähmung überhaupt spezifisch für das Unterlassen? Das ist zu bezweifeln, auch wenn es beim Handeln weniger in der Gestalt lähmender Untätigkeit als in der Gestalt eines automatisierten Gewohnheitshandelns, eines Verlusts der Selbstbeherrschung oder eines Sich-Hineinsteigerns in einen Affekt auftritt. Dem Nicht-anfangen-Können steht das Nicht-aufhören-Können gegenüber: Es gibt Situationen, in denen man sich in Aggressionen so hineinsteigert, daß eine willentliche Kontrolle zunehmend schwerer wird, oder in denen ein »Redefluß« zu einer Macht anschwillt, der es chancenlos erscheinen läßt, sich ihm entgegenzustemmen. Während Conrads Jim von einer geheimnisvollen Macht zurückgehalten wird, seine Mannschaft vor dem Untergang zu warnen, hält ihn eine andere geheimnisvolle Macht davon ab, die einmal aufgenommene Beichte der Vorfälle abzubrechen:

> »He could no more stop telling now than he could have stopped living by the mere exertion of his will« (ebd., 80).

Auch Untätigkeit kann anstrengend sein. Wer sich als Kind beim Versteckenspielen mucksmäuschenstill verhalten wollte oder schon einmal versucht hat, als Schauspieler eine Leiche zu spielen, weiß, daß es sehr viel schwerer sein kann, sich *nicht* zu bewegen, als seinem natürlichen Bewegungsdrang nachzugeben. Ist das ein Extremfall, untypisch für die in ethischer Hinsicht zentralen Fälle von Handlungen und Unterlassungen? Keineswegs. Ob ein krankmachendes, verletzendes, freiheitsberaubendes oder in anderer Weise schädigendes Verhalten einen höheren psychischen Aufwand erfordert, hängt insgesamt weniger davon ab, ob es sich bei diesem Verhalten um ein Handeln oder ein Unterlassen handelt, als von der In-

tensität der von der Situation ausgehenden Verhaltensanreize
(»Verführung«), von der Intensität der entgegenstehenden Interessen (»Hemmungen«) und der Stärke der internalisierten
Normen und Maximen (»Bedenken«). Es ist keineswegs so,
wie Kaufmann (1959, 301) meint, daß eine Aktivität grundsätzlich »Entschluß- und Tatkraft« erfordert, während Passivität auf ihrem Fehlen beruht. Abgesehen davon, daß hier Un-
vergleichliches, nämlich ein *absichtliches* Handeln mit einem
unabsichtlichen Unterlassen verglichen wird, ist das Maß der
zu einem Handeln erforderten »Entschluß- und Tatkraft« abhängig von der vorgängig bestehenden Motivlage. Die einem
Unterlassen entgegenstehenden Motive brauchen nicht weniger intensiv zu sein als die einem Handeln entgegenstehenden.
Das zeigt schon der Mythos von Orpheus, den die Sehnsucht
treibt, sich dem göttlichen Verbot zum Trotz zu Eurydike um-
zuwenden. Handeln erfordert die Überwindung von Trägheit
und Gleichgültigkeit, Vergeßlichkeit und Egoismus. Unterlassen erfordert vielfach Selbstdisziplin, die Überwindung
habitualisierter Handlungsimpulse, die Fähigkeit und Bereitschaft, Suggestionen und Nötigungen zu widerstehen und sich
nicht zu übereilten Schritten provozieren zu lassen. Nichts
garantiert, daß das Unterlassen in allen oder auch nur in der
überwiegenden Mehrheit der Fälle leichter fällt. Dem Verlieb-
ten fällt es schwer, seine Verliebtheit nicht »hinauszuposau-
nen«, dem Wütenden, seinen Ärger »hinunterzuschlucken«.
Dem rachedurstigen A fällt es schwerer, B, den Mörder seiner
Frau, nicht zu töten (C. F. Meyer, »Die Füße im Feuer«: »Heute ward / Sein Dienst mir schwer«) als C, seinen Sohn D nicht
ertrinken zu lassen. Während es C keine große innere Anstrengung kostet, D *zu retten*, kostet es A nahezu übermenschliche Selbstbeherrschung, B *nicht umzubringen*. Besonders dann kann das Nichtstun schwerer zu ertragen sein als
das aktive Eingreifen, wenn dieses einen als quälend erlebten
Prozeß beendet. So kann etwa eine passive Sterbehilfe auf Verlangen (durch Behandlungsabbruch) gerade deshalb, weil man
passiv bleiben muß, sehr viel mühsamer sein als ein alternati-

ves aktives Töten: Das Miterleben eines sich mit quälender Langsamkeit hinziehenden Sterbeprozesses kann mehr Nerven kosten als eine ein für allemal »erlösende« Tat.

Je größer der »Aufforderungscharakter« einer Situation, desto schwerer fällt es, deren Sog standzuhalten, gleichgültig, ob dieser Sog in Richtung Handeln oder in Richtung Unterlassen zieht. In einer Unfallsituation, in der eine Reihe von Passanten untätig um das Opfer herumstehen und dem Hinzukommenden unbewußt signalisieren, daß Passivität die situationsadäquate Verhaltensweise ist, erfordert helfendes Eingreifen Geistesgegenwart, Autonomie und Zivilcourage. Aber dasselbe ist erfordert, wenn der Gruppendruck in Richtung Mitmachen geht und es nicht weniger mühsam ist, durch ein Ausscheren aus der geschlossenen Front den andern den Spaß zu verderben. Der Nonkonformist nimmt anderen nicht nur die Lust am Mitmachen, sondern zieht leicht auch den Zorn der anderen darüber auf sich, daß mit jedem, der sich verweigert, die von der Gruppe gewährte Geborgenheit gemindert und die Sicherheit in Frage gestellt wird, daß das, was die Gruppe tut, gut und richtig ist. Je größer der auf den Akteur einwirkende situative Handlungsdruck, desto größer die Anstrengung, die ein Unterlassen kostet. Das gilt nicht nur für Extremsituationen der Provokation, der Nötigung oder der Erpressung (vgl. dazu Harris, 1985, 42), sondern bereits für den ganz alltäglichen – und in formell »offenen« Gesellschaften oft unterschätzten – sozialen Erwartungsdruck, der ja keineswegs nur darauf zielt, bestimmte Dinge *nicht* zu tun, sondern auch darauf, bestimmte Dinge zu tun, z.B. Nachbarn zu grüßen, Partys zu geben oder in die Gewerkschaft einzutreten.

Weitere wichtige Faktoren in diesem Zusammenhang sind Gewohnheitsbildung und charakterliche Dispositionen. Das Durchbrechen habitualisierter Verhaltenssequenzen erfordert mehr Energie als die Modifikation nicht-gewohnheitsmäßigen Verhaltens, gleichgültig ob dieses in einem Handeln oder in einem Unterlassen besteht. Einen Ehemann kann es mehr Energie kosten, ein gewohnheitsmäßiges Herumnör-

geln an seiner Ehefrau zu unterlassen, als diese von Zeit zu
Zeit zu loben oder zu verwöhnen. Für den Redseligen ist der
Preis des Unterlassens höher als der des Handelns: Reden ist
Silber, Schweigen ist Gold. Die Wahrung eines Geheimnisses
fällt ihm schwerer als dem Verschlossenen die Preisgabe eines
Geheimnisses. Dem Verführertyp fällt es schwerer, eine Gelegenheit zu verpassen als sie wahrzunehmen, und manche
Menschen finden es schwer, sich in die Gesellschaft anderer
zu begeben, ohne aus Angst vor übergroßer Nähe andere
durch Pieksig- und Scharfzüngigkeit immerfort auf Distanz
zu halten (Johannes Brahms: »Gibt es jemanden, den ich noch
nicht beleidigt habe?«). Den geborenen Samariter kostet das
Unterlassen einer guten Tat mehr Selbstüberwindung als ihre
Ausführung, während es dem pathologischen Narzißten unerträglich ist, auch nur einen Moment lang nicht an sich selbst
zu denken.

Diese Beispiele deuten bereits auf die nicht zu vernachlässigende Rolle *internalisierter Normen* hin. Das Ausmaß der
für ein handelndes Eingreifen zu überwindenden inneren
Widerstände hängt auch von dem Rang ab, der *Handlungsgeboten* innerhalb des vom Akteur internalisierten Normengefüges zukommt. Dieser entscheidet darüber, wie groß die
inneren Skrupel und Hemmungen sind, die der Nicht-Ausführung einer gebotenen Handlung entgegenstehen. Objektiv
gleiche Aufwendungen werden subjektiv als weniger aufwen-
dig empfunden, wenn sie aufgrund gut internalisierter moralischer Normen als selbstverständlich oder moralisch erfordert wahrgenommen werden (vgl. Egonsson, 1990, 158).[30]

Eine gut internalisierte Norm in Ausnahmefällen nicht zu
befolgen, erfordert vielfach mehr Entschlußkraft als gewohn-
heitsmäßige Konformität. Eindrücklich hat etwa Callahan
(1987, 187ff.) darauf hingewiesen, wie schwer es Ärzten und

---

30 Psychologisch wirkt hierbei ein Mechanismus der Dissonanzreduktion:
Wenn ich weiß, daß ich h aus moralischen Gründen tun muß, fällt es mir leichter,
als wenn ich es unter bloßem Zwang tun muß. Moralität erweitert den Spielraum
der Freiwilligkeit und damit der Toleranz gegenüber Zumutungen.

dem medizinischen Pflegepersonal gewöhnlich fällt, einen schwer leidenden Patienten, der medizinisch »aufgegeben« ist, nicht weiter künstlich zu ernähren, auch wenn man sich einig ist, daß es für den betreffenden Patienten besser ist, möglichst bald zu sterben. Bekannt sind auch die Vorbehalte, die viele Ärzte dagegen haben, einen Patienten in einem Fall, in dem dies erkennbar in dessen bestem Interesse ist, Suizid verüben zu lassen. In solchen Fällen ist der für das Nicht-Eingreifen zu leistende subjektive Aufwand nicht geringer, sondern größer als der für das Handeln zu leistende.

Dabei ist zu beachten, daß dieser Aufwand, soweit er durch *moralische* Normen bedingt ist, nicht seinerseits dazu dienen kann, eine moralische Differenzierung zwischen Handeln und Unterlassen zu begründen. Man würde sich in einen Begründungszirkel begeben, wollte man die moralische Differenzierung zwischen Handeln und Unterlassen mit den Folgewirkungen eines Systems moralischer Normen begründen, das diese Differenzierung bereits enthält.

Schließlich läßt sich auch aus der Tatsache, daß Handlungen im Gegensatz zu Unterlassungen *Zeit* benötigen, kein Argument für den generell höheren subjektiven Aufwand von Handlungen machen. Man könnte ja versucht sein zu argumentieren: Während man Handlung h ausführt, unterläßt man die Vielzahl von Handlungen k, l usw., die man innerhalb derselben Zeitspanne ausführen könnte. Nur die zum Handeln, nicht aber die für Unterlassungen zur Verfügung stehende Zeit ist begrenzt; nur Handlungen, nicht aber Unterlassungen können aus Zeitknappheit unrealisiert bleiben.

Daran ist so viel richtig, daß Unterlassungen, da sie nicht äußerlich »vollzogen« werden, anderen äußeren Verhaltensweisen in der Tat keine Zeit wegnehmen. Aber darüber dürfen die zeitlichen Aspekte von Unterlassungen nicht übersehen werden. Auch wenn Unterlassungen im Gegensatz zu Handlungen selbst nichts Prozeßhaftes haben, sind sie doch oft mit Prozessen *innerer* Auseinandersetzung und Selbstüberwindung verknüpft, die ihrerseits prozeßhaft strukturiert sind und Zeit benötigen. Eine Zigarette zu rauchen, braucht Zeit. Eine Zigarette *nicht* zu rauchen, kann einen Raucher jedoch ebenfalls Zeit kosten – die Zeit, die die innere Anstrengung kostet, auf die Zigarette zu verzichten. Dagegen können routinemäßige *Handlungen*, etwa die routinemäßig gegebene Unterschrift des »Schreibtischtäters«, der die Ausführung seines Vorhabens anderen überläßt, punktuell und wenig zeitaufwendig sein – so wie überhaupt die Ausübung einer einmal eingespielten Praxis sehr viel weniger Zeit beanspruchen kann als die Aufgabe dieser Praxis.

Als Resultat können wir festhalten: Mögen auch die *typischen* Fälle von Handeln für den Akteur einen höheren inneren und äußeren Aufwand erfordern als die *typischen* Fälle von Unterlassen, so besteht dieser Zusammenhang doch alles andere als durchgängig. Es erscheint fraglich, ob der Zusammenhang stark genug ist, um den Unterlassungscharakter eines Verhaltens zu einem verläßlichen Indikator dafür zu machen, daß sie dem Akteur leichter fällt als ein in anderen Hinsichten vergleichbares Handeln. Jeder Fall ist vielmehr im einzelnen daraufhin zu prüfen, welche Rückschlüsse der vom Akteur getriebene Aufwand auf seine Motive erlaubt und inwieweit ihm der Aufwand zumutbar ist, eine unterlassene Handlung auszuführen bzw. eine ausgeführte Handlung zu unterlassen. *Absolut* gleichwertig sind Ausführen und Nicht-Ausführen nur im Falle Gottes, dem Handeln und Unterlassen gleichermaßen wenig Mühe abverlangen – mit der für jede Theodizee vernichtenden Konsequenz, daß er für die *zugelassenen* Übel in keinem geringerem Maße verantwortlich ist als für die aktiv zugefügten.

6.2 Absichtlichkeit und Unabsichtlichkeit

Zweifellos ist der Unterschied zwischen Absichtlich und Unabsichtlich für die moralische Verhaltensbeurteilung relevant, und dieser Tatsache wird von allen normativ-ethischen

Grundorientierungen in der einen oder anderen Weise Rechnung getragen. Unterscheidet man – unter Vernachlässigung der reinen Gesinnungsethik, die sich bei der Bewertung eines Verhaltens *ausschließlich* an den Motiven orientiert – zwischen *intentionalistischen*, *deontologischen* und *konsequentialistischen* Ansätzen der moralischen Verhaltensbewertung, so räumt jede dieser Konzeptionen den Verhaltensintentionen eine gewisse Bedeutung ein, wenn auch mit unterschiedlichem Gewicht. Versteht man unter *Intentionalismus* eine Konzeption, nach der die moralische Bewertung eines Verhaltens *ausschließlich* von den Absichten abhängt, ist Absichtlichkeit für den Intentionalisten sogar eine Bedingung dafür, daß ein Verhalten überhaupt moralisch beurteilt werden kann. *Fahrlässiges* Verhalten ist in diesem Rahmen, da es an einer entsprechenden Intention fehlt, gar nicht moralisch beurteilbar.[31] Versteht man »*deontologisch*« in einem weiten Sinne und läßt jede Konzeption als deontologisch gelten, die sich von Intentionalismus und Konsequentialismus darin unterscheidet, daß sie die Verhaltensbeurteilung *nicht ausschließlich* von den Verhaltensintentionen und *nicht ausschließlich* von den voraussichtlichen oder vorausgesehenen Verhaltensfolgen abhängig macht, sondern auch vom Typ des Verhaltens selbst, so ist klar, daß auch für deontologische Konzeptionen die Intentionen beurteilungsrelevant sein können. Faktisch sind sie in allen deontologischen Ethiken beurteilungsrelevant. Eine mit Absicht ausgeführte an sich gute Handlung gilt in diesen Ethiken stets als besser als eine ohne Absicht ausgeführte und eine ohne Absicht ausgeführte an sich schlechte Handlung stets als besser als eine mit Absicht ausgeführte. Viele deontologische Ansätze, etwa die moraltheologische Tradition der Lehre vom Doppeleffekt, unterscheiden strikt zwischen der moralischen Verantwortung für

---

31 Das ist nicht das einzige Bedenken gegen diesen Ansatz. Ein anderes ist das Bedenken, daß eine intentionalistische Konzeption eventuell mit den Untaten von Gesinnungstätern, die aus besten Absichten handeln, allzu großzügig verfährt.

beabsichtigte und der für lediglich *vorausgesehene* Folgen.
Die große Bedeutung, die der Absichtlichkeit bzw. der inhaltlichen Ausrichtung der Absichten bereits vom moralischen
Alltagsverstand zugemessen wird, zeigt sich u. a. in der Tatsache, daß sie sich vielfältig in der Sprache niedergeschlagen hat:
Man kann niemanden unabsichtlich *belügen*, *betrügen* oder
ermorden.

Auch im Rahmen einer *konsequentialistischen* Verhaltensbeurteilung, für die ausschließlich die erwarteten oder erwartbaren Verhaltensfolgen zählen, sind Absichten und Absichtlichkeit moralisch nicht gleichgültig, wenn auch nur indirekt,
als Symptome unterschiedlicher Gesinnungen, Motive und
Verhaltensbereitschaften und als unterschiedlich geeignete
Ansatzpunkte für moralische Sanktionen wie Billigung und
Mißbilligung, Lob und Tadel, Belohnung und Bestrafung. Bereits für den von einem schädigenden Verhalten primär Betroffenen macht es vielfach einen Unterschied, ob er das Opfer einer absichtlichen oder unabsichtlichen Schädigung wird,
da u. a. davon abhängt, wie bedrohlich der Akteur für den
Betroffenen ist. Auch für die Gesellschaft ist absichtliches
Verhalten in der Regel bedrohlicher als unabsichtliches. Ein
Autofahrer A, der B (z. B. aus Wut darüber, daß B ihn nicht
überholen läßt) absichtlich anfährt, ist für B (und andere) in
der Regel bedrohlicher als ein anderer, der B aus Leichtfertig-
keit oder Unachtsamkeit anfährt. Außerdem ist die moralische Verurteilung eines absichtlichen Verhaltens aus konse-
quentialistischer Perspektive wirksamer als die moralische
Verurteilung unabsichtlichen Verhaltens. Moralische Mißbilligung und Strafsanktionen haben bei dem absichtlich schädigenden Akteur, da sie unmittelbar auf seine Verhaltensziele
einwirken, eine höhere Wahrscheinlichkeit, das Verhalten
zum Besseren zu beeinflussen, als beim fahrlässig schädigenden Akteur.

Die psychologischen Konnotationen der Unterscheidung
zwischen Handeln und Unterlassen legen nahe, daß Handeln eher absichtlich, Unterlassen eher unabsichtlich ist und

daß die vorausgesehenen Folgen eines Verhaltens dem Akteur um so eher zugerechnet werden können, je stärker dieses Handlungs- und nicht nur Unterlassensmomente enthält. So wird etwa »Töten« – in Analogie zum »Ermorden« – einseitig mit einem willentlichen Tun assoziiert, während de facto die große Mehrzahl der Fremdtötungen – zumindest in unserer Gesellschaft – unabsichtlich (im Straßenverkehr) erfolgen und die Täter überwiegend nicht zu den sozialen Randexistenzen oder moralischen Monstern, sondern zu den Normalbürgern gehören. Andererseits wird Unterlassen mit Fahrlässigkeit assoziiert, wozu vielleicht nicht zuletzt auch die sprachliche Ähnlichkeit zwischen »Unterlassen« und »fahrlässig« beiträgt. Hinzu kommt, daß die sprachlichen Ausdrücke »Fahrlässigkeit« bzw. »Nachlässigkeit« ihrerseits ein Unterlassen beinhalten, nämlich das Unterlassen der in der jeweiligen Situation erforderlichen Sorgfalt. So wird von dem Juristen Mezger gelegentlich der Satz zitiert:

> »Wie die Unterlassung ist auch die Fahrlässigkeit ein ›etwas (d.h. Gebotenes) nicht tun‹ – nämlich das Nichterfüllen einer Sorgfaltspflicht, deren Erfüllung den Täter die Tat und ihre Folgen hätten vermeiden lassen« (zit. nach: Künschner, 1992, 208 f.).

Aber die sprachlichen Tatsachen entsprechen den realen Verhältnissen nur sehr unvollkommen. Fehlende Sorgfalt, abgetrennt gedacht vom äußeren Verhalten, ist in der Regel lediglich ein »inneres« Unterlassen, etwa ein Unterlassen der erforderten Aufmerksamkeit und Willensanstrengung. Es kann keine Rede davon sein, daß Fahrlässigkeit auch mit dem hier in Frage stehenden äußeren Unterlassen korreliert. Fahrlässig oder nachlässig im Sinne mangelnder Sorgfalt kann auch ein Handeln sein (etwa das Lenken eines Autos). Ebensowenig impliziert die Tatsache, daß eine mögliche Handlung unterlassen wird, daß dieses Unterlassen aus Nachlässigkeit begangen wird. Es wäre irreführend, von einem, der einen anderen aus niederen Motiven wissentlich und willentlich in eine Falle tappen läßt, obwohl er ihn warnen könnte, zu sagen, er verhalte sich »nachlässig«. Denn dieser hat es ja vielleicht geradezu darauf abgesehen, sich am Schaden des anderen gütlich zu tun.[32]

Aber wenn Unterlassen auch nicht durchgehend unabsichtlich und Handeln nicht durchgehend absichtlich ist – gelten diese Entsprechungen nicht zumindest für die weit überwiegende Mehrzahl der Fälle?

Um diese Frage zu beantworten, sollten wir sie in zwei Teilfragen aufspalten:
1. Ist die Wahrscheinlichkeit, daß wir uns einer Handlung als solcher bewußt werden, größer oder sehr viel größer als die Wahrscheinlichkeit, daß wir uns eines Unterlassens als solchen bewußt werden? Ist ein Handeln in der Regel wissentlich, ein Unterlassen in der Regel unwissentlich?
2. Ist die Wahrscheinlichkeit, daß eine Handlung, derer wir uns bewußt sind, mit Absicht ausgeführt wird, größer oder sehr viel größer als die Wahrscheinlichkeit, daß ein Unterlassen, dessen wir uns bewußt sind, mit Absicht erfolgt? Ist ein wissentliches Handeln in der Regel absichtlich, ein wissentliches Unterlassen in der Regel unabsichtlich?

Vieles spricht dafür, daß die erste Frage zu bejahen ist. Es ist plausibel anzunehmen, daß das, was wir *tun*, uns stärker zu Bewußtsein kommt als das, was wir *nicht tun*. Erstens wird dies durch einen rein quantitativen Gesichtspunkt nahegelegt: Die Zahl der Handlungen, die wir nicht ausführen, aber ausführen könnten, ist in der Regel sehr viel größer als die Zahl der ausgeführten Handlungen. Wür-

---

32 Am weitesten in der fälschlichen Gleichsetzung des Unterlassens mit einer unterlassenen »inneren Handlung« geht der Strafrechtler Kaufmann, der an einer Stelle (1959, 314) sogar so weit geht, die Möglichkeit eines vorsätzlichen Unterlassens in Frage zu stellen. Aber wenn es für das Unterlassen ausschließlich auf das Unterlassen im Denken ankommen sollte, wäre die Unterscheidung zwischen Handeln und Unterlassen für den Bereich der Fahrlässigkeit gar nicht mehr aufrechtzuerhalten: Auch fahrlässiges Handeln wäre Unterlassen, nämlich das Unterlassen der erforderlichen inneren Aufmerksamkeitsleistungen.

den wir das nicht in demselben Umfang in unser Bewußtsein aufnehmen wie das Getane, wäre unsere mentale Kapazität sehr schnell überlastet. Zweitens ist zu bedenken, daß das, was wir tun, unserer Beobachtung direkter zugänglich ist als das, was wir nicht tun. Selbst der Tagträumer, dessen Gedanken bei dem sind, was er *nicht* tut, nimmt gewöhnlich Notiz von den gleichzeitig ausgeführten Handlungen. Selbst also wenn der Anteil der mit Absicht ausgeführten Handlungen an allen wissentlichen Handlungen ebenso groß wäre wie der Anteil der mit Absicht begangenen Unterlassungen an allen wissentlichen Unterlassungen, wäre der Anteil der mit Absicht ausgeführten Handlungen an allen Handlungen sehr viel größer als der entsprechende Anteil bei den Unterlassungen.

Bei der zweiten Frage sehe ich weniger Anhaltspunkte für eine bejahende Antwort. Der Anteil der Handlungen, die von einer Absicht im Sinne einer bewußten Hinordnung des Verhaltens auf ein Ziel begleitet ist (oder denen eine solche vorausgeht), an den wissentlichen Handlungen scheint, wenn überhaupt, dann nur unwesentlich größer als der Anteil der absichtlichen Unterlassungen an den wissentlichen Unterlassungen. Die große Mehrzahl der Handlungen, derer wir uns bewußt sind, ist nicht vorbedacht und vollzieht sich ohne ein bewußtes Wollen. Wenn wir wissen, was wir tun, dann überwiegend aus der Beobachtung und Deutung unseres spontanen Verhaltens und nicht aus der Introspektion eines bewußten Willensimpulses. Wenn wir unsere tagtäglichen Handlungen – wie etwa das routinierte Sprechen oder Schreiben von Sätzen in der Muttersprache – betrachten, sehen wir unseren Körper in sinnvoller Weise agieren, ohne daß wir eines inneren Impulses oder eines spezifischen Akts der Konzentration bewußt wären, der diesen Prozeß steuert. Wenn das Sprechen und Schreiben dennoch in der Regel ein Handeln und kein bloßes – nicht handlungsartiges – Verhalten ist, dann deswegen, weil wir es (im Gegensatz etwa zum »Schreibzwang«) durch einen entsprechenden Willensimpuls unterlassen können.

Bei zahlreichen schädigenden Unterlassungen, die mit Absicht begangen werden, werden die Schäden, auch wenn sie erwartet werden, nicht als solche beabsichtigt, sondern lediglich in Kauf genommen. Nicht jedem, der etwas in dem Wissen unterläßt, daß sein Unterlassen bestimmte negativ bewertete Ereignisse und Zustände zur Folge hat, kann man die Absicht unterstellen, diese Folgen herbeiführen zu wollen. Man wird von ihm lediglich sagen können, daß er die erwarteten Folgen in Verfolgung anderer Zwecke als Nebenfolgen *in Kauf nimmt*. Ihm in diesen Fällen die *Absicht* zuzuschreiben, die erwarteten Folgen herbeizuführen, würde fälschlicherweise nahelegen, daß er diese Folgen in dem Sinne will, daß er ihre Realisierung – entweder um ihrer selbst willen oder als Mittel zu anderen Zwecken – *wünscht*. Das braucht jedoch offenkundig nicht der Fall zu sein. Wenn sich jemand dazu entscheidet, einen Hundertmarkschein für ein gutes Essen auszugeben, statt ihn für die Katastrophenhilfe zu spenden, und sich darüber im klaren ist, daß sein Verhalten zur Folge hat, daß ein oder mehrere Menschen sterben müssen, die andernfalls hätten gerettet werden können, so wird man ihm deshalb in der Regel nicht die *Absicht* zuschreiben können, einen zusätzlichen Menschen durch sein Verhalten sterben zu lassen. Ihm eine entsprechende Absicht zuzuschreiben, würde fälschlicherweise nahelegen, daß er den Tod eines zusätzlichen Menschen *wünscht* – in einem Sinn, in dem er den Tod des infolge seines Unterlassens sterbenden Menschen auch dann wünschen würde, falls ihm die Realisierung dieses Wunsches weniger Verzichte abfordern würde. Ebensowenig wird man von ihm allerdings sagen können, daß er durch sein Unterlassen den Tod eines zusätzlichen Menschen *unabsichtlich* bewirkt. Das würde fälschlicherweise nahelegen, daß er die unerwünschten Folgen seines Unterlassens entweder nicht kennt oder zumindest keinen Gedanken auf sie verschwendet. Was er tut, ist, daß er den Tod des infolge seines Unterlassens nicht geretteten Katastrophenopfers *in Kauf nimmt*: Er will zwar nicht den Tod des nicht geretteten Menschen als solchen – weder um seiner selbst willen noch als

Mittel zum Zweck –, aber er will doch die *Gesamtkonstellation* von Verhalten und Verhaltensfolgen, zu dessen Komponenten sowohl sein eigener Luxuskonsum als auch der Tod des dadurch nicht geretteten Menschen gehört – wiederum entweder um ihrer selbst willen oder als Mittel zu anderen Zwecken. Wenn A es unterläßt, B zu retten, obwohl er weiß, daß B der sichere Tod droht, wird man von ihm nur in seltenen Fällen sagen können, daß er B *mit Absicht* sterben läßt. In der Regel wird es so sein, daß A keinerlei *Interesse* daran hat, daß B zu Tode kommt, daß er aber ein Interesse daran hat, sich die möglicherweise riskante Rettungsaktion zu ersparen. Nicht der Tod von B, sondern die Vermeidung des aufzubringenden Aufwands zur Rettung von B stehen im Mittelpunkt von A's Wünschen.

Damit ergibt sich jedoch kein grundlegender Unterschied zum wissentlichen Handeln. Auch beim wissentlichen schädigenden Handeln wird der erwartete Schaden vielfach nicht direkt – um seiner selbst willen oder als Mittel zu einem weiteren Zweck – beabsichtigt, sondern als Nebenfolge in Kauf genommen. Man kann einen Menschen, der gerettet werden könnte, dadurch sterben lassen, daß man hundert Mark für andere Zwecke als die Katastrophenhilfe ausgibt, aber man kann ihn auch dadurch sterben lassen, daß man etwas tut, das sein Nicht-Gerettetwerden zur Folge hat, etwa indem man als Gläubigerstaat die Rückzahlung säumiger Schulden anmahnt und den Schuldnerstaat dadurch der Mittel beraubt, den Tod des andernfalls Geretteten zu verhindern. Und auch hier hängt die moralische Beurteilung wesentlich nicht davon ab, ob es sich bei dem zu beurteilenden Verhalten um ein Handeln oder um ein Unterlassen handelt, sondern davon, ob die *beabsichtigten* Verhaltensfolgen die Inkaufnahme der erwarteten Verhaltensfolgen rechtfertigen, d.h., ob der Akteur berechtigt (oder vielleicht sogar verpflichtet) ist, die nicht gewollten Folgen seines Verhaltens für die gewollten Folgen in Kauf zu nehmen.

Man könnte an dieser Stelle fragen, ob zwischen der In-kaufnahme einer als solcher nicht gewünschten, aber erwar-teten Nebenfolge eines Handelns oder Unterlassens und dem Beabsichtigen derselben Folge als Mittel für weitere Zwecke überhaupt ein derart tiefgreifender moralischer Un-terschied besteht, wie er herkömmlich – und in extremer Form in bestimmten Ausprägungen der moraltheologischen Lehre von der Doppelwirkung – angenommen wird. Da-nach ist eine Handlung mit einer guten und einer schlechten Wirkung u. a. dann moralisch *verboten*, wenn der Handeln-de die schlechte Wirkung oder die an sich schlechte Hand-lung als *Mittel* zur Erreichung der guten Wirkung beabsich-tigt. Sie ist dagegen moralisch *erlaubt*, wenn sich die schlechte Wirkung als eine nicht-beabsichtigte Nebenfolge aus der beabsichtigten guten Wirkung oder einer an sich gu-ten Handlung ergibt. Diese Lehre liegt implizit der geläufi-gen Unterscheidung zwischen *aktiver* und *indirekter* Sterbe-hilfe zugrunde: Bei der *aktiven* Sterbehilfe wird der Tod des Patienten (eine schlechte Wirkung) als Mittel zur Leidens-minderung – und eventuell zur Erfüllung seines Sterbewun-sches (zwei gute Wirkungen) – beabsichtigt. Bei der *indirek-ten* Sterbehilfe dagegen wird der Tod lediglich als die mit Wahrscheinlichkeit oder Sicherheit erwartete, aber nicht di-rekt beabsichtigte Nebenfolge der Leidensminderung in Kauf genommen. In bemerkenswert genauer Übereinstim-mung mit der Lehre von der Doppelwirkung wird die *akti-ve* Sterbehilfe (also die gezielte Tötung als Mittel der Lei-densminderung) weithin abgelehnt, die *indirekte* Sterbehilfe (die Inkaufnahme einer wahrscheinlichen oder sogar siche-ren Lebensverkürzung als Nebenfolge einer Maßnahme der Leidensminderung) jedoch weithin gebilligt. Was die indi-rekte von der aktiven Sterbehilfe unterscheidet, ist jedoch lediglich, daß bei der aktiven Sterbehilfe der Tod als Mittel *beabsichtigt* ist, während bei der indirekten Sterbehilfe der Tod als (mögliche, wahrscheinliche oder sichere) Folge nicht beabsichtigt, sondern *in Kauf genommen* wird. Kann die Absicht für die ethische Beurteilung einen so radikalen Unterschied machen?

Für sich genommen und außerhalb konkreter Anwendungskontexte ist diese Konsequenz der Lehre von der Doppelwirkung alles andere als plausibel. Im allgemeinen macht es für die moralische Beurteilung einer Handlung oder Unterlassung keinen erheblichen Unterschied, ob eine schlechte Folge nur erwartet oder auch beabsichtigt ist. Daß eine bestimmte Wirkung sich als mit Sicherheit zu erwartende Nebenfolge aus einer Handlung ergibt, die primär auf etwas Gutes zielt, entlastet den Handelnden nicht von der Verantwortung für die erwartete Nebenfolge. Auch das geltende Strafrecht legt der Absicht – außer in besonderen Fällen wie beim Betrug oder Mord – keine besondere Bedeutung bei. Solange eine Nebenfolge erwartet ist, gelten die Regeln für das unbedingt oder bedingt vorsätzliche Handeln. Im strafrechtlichen Sinn liegt also auch bei der indirekten Sterbehilfe *Vorsatz* (wenn der Tod mit Sicherheit erwartet wird) oder *bedingter Vorsatz* (wenn er möglich oder wahrscheinlich ist) vor, gleichgültig, welche Absichten der Handelnde mit seinem Tun verbindet.

Die Berechtigung dafür, daß wir ein Handeln oder Unterlassen mit beabsichtigten schlechten Folgen gelegentlich stärker verurteilen als ein Handeln oder Unterlassen mit lediglich in Kauf genommenen schlechten Folgen, scheint mir – anders als es deontologische Theorien postulieren – weniger in der inneren Beschaffenheit dieser Handlungen oder Unterlassungen zu liegen als in den bedenklichen Folgen, die sich für die Gesamtheit der moralischen Akteure ergeben würden, falls diese Unterscheidung eingeebnet würde, also in pragmatisch-folgenorientierten Überlegungen. Aus einer konsequentialistischen Perspektive besteht zwischen dem Beabsichtigen einer Folge und ihrer Inkaufnahme nicht eo ipso ein moralischer Unterschied, sondern nur dann, wenn durch sie zusätzliche Faktoren ins Spiel kommen. Zu diesen gehören u. a. die *moralische Überforderung*, die sich ergeben würde, würde ein Verhalten mit in Kauf genommenen schädlichen Folgen ebenso streng sanktioniert wie ein Verhalten mit beabsichtigten schädlichen Folgen, sowie die unterschiedliche *Bedrohlichkeit* der Motive und Verhaltensbereitschaften, die ersteres und letzteres erkennen lassen.

Berechtigt erscheint eine moralische Differenzierung zwischen Beabsichtigen und In-Kauf-Nehmen einer Verhaltensfolge etwa in dem von Gilbert Harman präsentierten »Transplantationsfall«:

»Sie haben fünf Patienten im Krankenhaus, die im Sterben liegen, und jeder von ihnen braucht ein bestimmtes Organ. Der eine benötigt eine Niere, der andere eine Lunge, ein dritter ein Herz usw. Sie können alle fünf Personen retten, wenn Sie eine einzige gesunde Person nehmen, ihr Herz, Lunge usw. entfernen und diese Organe an die fünf Patienten verteilen. Eine solche gesunde Person befindet sich zufällig gerade in Zimmer 306. Sie hält sich wegen einer Routineuntersuchung im Krankenhaus auf. Sie haben ihre Untersuchungsergebnisse gesehen und wissen daher, daß sie vollkommen gesund ist und die richtige Gewebeverträglichkeit aufweist. Wenn Sie nichts tun, wird sie ohne Zwischenfall überleben: die anderen Patienten werden jedoch sterben. Die anderen fünf Patienten lassen sich nur retten, wenn der Person in Zimmer 306 die Organe entfernt und verteilt werden. In diesem Fall hätte man einen Toten, aber fünf Gerettete« (Harman, 1981, 13f.).

Man ist auf den ersten Blick versucht, in Harmans »Transplantationsfall« eine Bestätigung der These zu sehen, nach der ein schädigendes Handeln stets strenger zu verurteilen ist als ein in anderen Hinsichten vergleichbares Unterlassen – und zwar mindestens soviel strenger, daß die Differenz in den erwarteten (und tatsächlichen) Folgen dadurch mehr als aufgewogen wird. Denn das Handeln (die Tötung des Patienten auf Zimmer 306) hat – zumindest auf den ersten Blick – in diesem

Fall sehr viel bessere Folgen (ein Toter, fünf Gerettete) als das entsprechende Nicht-Handeln (fünf Tote). Aber damit ist der entscheidende ethische Unterschied zwischen den Optionen nicht getroffen. Die Optionen wären auch noch dann deutlich ungleichgewichtig, wenn der Patient in Zimmer 306 nicht (durch Handeln) *getötet*, sondern (durch Unterlassen) *sterben gelassen* würde. Man stelle sich vor, der ansonsten gesunde Patient in Zimmer 306 sei zu seinem Überleben auf eine hohe Dosis eines knappen Präparats angewiesen, mit der fünf Schwerkranke gerettet werden könnten, die jeweils lediglich ein Fünftel der Dosis zum Überleben brauchen. Denkt man sich den Fall in dieser Weise variiert, erscheint das moralische *skandalon* der »Opferung« des einen Gesunden für fünf Kranke zwar gemildert, aber längst nicht aufgehoben. Eine mögliche ethische Differenz zwischen Handeln und Unterlassen könnte die Anstößigkeit der »Opferungs«-Option allenfalls teilweise erklären.

Was Harmans »Transplantationsfall« für den gegenwärtigen Zusammenhang interessant macht, ist ein anderer Unterschied: Die Optionen »Töten des Gesunden / Retten der Kranken« und »Nicht-Töten des Gesunden / Sterbenlassen der Kranken« unterscheiden sich, wie Hanink (1976, 224) gesehen hat, in der unterschiedlichen *Absichtlichkeit* der Herbeiführung des Todes. Bei der Wahl der ersten Option kann der Arzt dem Gesunden aus Zimmer 306 nicht die Organe herausnehmen wollen, ohne ihn töten zu wollen, während er bei der Wahl der zweiten Option die Kranken sterben lassen kann, ohne ihren Tod zu beabsichtigen. Während er bei der ersten Option nicht umhin kommt, den Tod des Gesunden *beabsichtigen* zu müssen, kann die zweite Option nur so beschrieben werden, daß er mit der unterlassenen Tötung und Transplantation den Tod der fünf Kranken nicht *beabsichtigt*, sondern *in Kauf nimmt*. Dasselbe gilt für den variierten Fall, in dem der Tod des Patienten in Zimmer 306 aus einem Unterlassen folgt. Auch in diesem Fall wird bei Wahl der ersten Option der Tod des Patienten – als Mittel zur Explantation –

beabsichtigt, während andernfalls der Tod der potentiell Geretteten lediglich in Kauf genommen wird.

Bei genauerem Hinsehen zeigt sich freilich, daß damit die
Frage nach der ethischen Differenzierung zwischen den Optionen weiterhin offen ist. Denn auch wenn bei der ersten
Option der Tod des Gesunden beabsichtigt ist und dies ein
moralisches Unrecht ist, so ist nicht von vornherein klar, daß
die Inkaufnahme des Todes der fünf Kranken nicht auch und
in demselben Maße ein Unrecht ist. Da der Tod des Gesunden
bei der Wahl der ersten Option nicht als Zweck, sondern als
Mittel zur Rettung der fünf Kranken beabsichtigt würde,
wäre sowohl bei der Wahl der ersten wie auch bei der Wahl
der zweiten Option zumindest das leitende *Motiv* jedesmal
dasselbe, nämlich Leben zu erhalten. Eine ethische Differenzierung könnte sich also nicht auf relevante Unterschiede in
den Motiven berufen.

Wenn unter den Bedingungen des von Harman geschilderten Falls die erste Option eindeutig abgelehnt werden muß,
dann nicht deswegen, weil hier eine Absicht im Spiel ist, die
bei der zweiten Option nicht im Spiel ist, sondern wegen der
radikal unterschiedlichen *Nebenfolgen* der Option angesichts
der Asymmetrie in den faktischen Erwartungsstrukturen:
Von der Wahl der ersten Option wäre ein tiefgreifender Vertrauensverlust in das Krankenhaus bzw. das Medizinsystem
zu erwarten, während der Tod der fünf Kranken als mehr
oder weniger unvermeidlich hingenommen würde. Das Mißtrauen gegen menschliche Eingriffe ist ausgeprägter und sitzt
tiefer als das gegenüber der außermenschlichen Natur. Die
Natur ist blind und willkürlich, aber nicht gezielt böswillig
wie der Mensch. Niemand würde mehr ins Krankenhaus gehen wollen, müßte er befürchten, für andere – aus welchen
gutwilligen Motiven auch immer – *geopfert* zu werden. Auf
der anderen Seite erwartet niemand, daß *andere* um des eigenen Überlebens willen getötet werden.

Die moralische Asymmetrie zwischen den beiden Optionen
liegt in diesem Fall in Faktoren, die sowohl von der Handlungs-

Unterlassungs- als auch von der Unterscheidung zwischen beabsichtigten und in Kauf genommenen Folgen unabhängig sind. Es kann deshalb nicht so sein, daß die letztere Unterscheidung als solche und unabhängig von allen weiteren situativen Faktoren einen moralischen Unterschied macht.

Man kann sich das klarmachen, indem man sich Harmans »Transplantationsfall« so abgeändert denkt, daß die Bedrohlichkeit einer »Opferung« durch eine Freiwilligkeits-Bedingung abgemildert ist und die Entscheidung über die »Opferung« von dem »geopferten« Patienten selbst abhängt. Es wird dann deutlich, daß der ausschlaggebende Faktor in der Beurteilung der Situation weder eine vermeintliche ethische Differenz zwischen Handeln und Unterlassen noch eine vermeintliche ethische Differenz zwischen Absichtlichkeit und bloßer Inkaufnahme ist, sondern die zwischen Freiwilligkeit und Unfreiwilligkeit:

> Sie haben fünf Patienten im Krankenhaus, die im Sterben liegen, und jeder von ihnen braucht einen bestimmten Wirkstoff, den nur einige wenige Menschen in ihrer Leber produzieren. Sie können alle fünf Personen retten, wenn Sie eine gesunde Person mit dem seltenen Wirkstoff finden und ihr den Wirkstoff entnehmen. Die Entnahme des Stoffes hat allerdings zur Folge, daß der Spender eine schwere, aber nicht tödliche Infektionskrankheit durchmacht, die ihn für einige Wochen ans Bett fesselt. Eine solche gesunde Person befindet sich zufällig gerade in Zimmer 306. Sie erklärt sich bereit, sich den Wirkstoff entnehmen zu lassen und die nachfolgende Krankheitsphase in Kauf zu nehmen. Die fünf Patienten werden gerettet. Man hat einen Kranken und fünf Gerettete.

Welcher Faktor bewirkt, daß die intuitive Beurteilung in diesem Fall ihr Vorzeichen ändert? Offensichtlich nicht der Faktor Absichtlichkeit versus Inkaufnahme der schlechten Folgen. Denn auch hier bedeutet die Wahl der ersten Option (dem Gesunden den Körperstoff zu entnehmen) eine absichtliche Schadenszufügung (als Mittel), während die zweite Option (Nichtstun) lediglich bedeutete, den Tod der fünf Kranken zuzulassen oder in Kauf zu nehmen. Entscheidend für die Beurteilung ist vielmehr die Freiwilligkeit der für den »Retter« mit einem nicht unbeträchtlichen Aufwand verknüpften Rettung. Die Beurteilung schlüge sofort um, würde der potentielle Spender zur »Spende« *gezwungen*.

Wir können festhalten, daß sich die assoziative Korrelation von Handeln mit Absicht und Unterlassen mit Unabsichtlichkeit von der Sache her nicht bestätigen läßt. Auch wenn Handlungen *typischerweise* mit Absicht ausgeführt werden, so ist doch selbst unter den bewußt ausgeführten Handlungen der Anteil der Handlungen, die von einer bewußten Zielvorstellung begleitet sind, gering. Es haben sich darüber hinaus Zweifel daran ergeben, ob sich die für einige deontologische Konzeptionen charakteristische ethische Differenzierung zwischen der *Beabsichtigung* bestimmter Verhaltensfolgen als Mittel für weitergehende Zwecke und der *Inkaufnahme* bestimmter Verhaltensfolgen als Nebenfolgen aufrechterhalten läßt. In beiden Fällen wird eine bestimmte *Gesamtkonstellation* von Verhalten und Verhaltensfolgen angestrebt, wobei nur ein Teil der Folgen um ihrer selbst willen erwünscht ist.

6.3 Psychische Auswirkungen auf den Akteur

Eine weitere Asymmetrie zwischen ansonsten folgengleichen Handlungen und Unterlassungen liegt möglicherweise in ihren unterschiedlichen Auswirkungen auf den Akteur, wobei vor allem an zwei Aspekte zu denken ist: an das ausgeprägtere Schuldbewußtsein, das die Herbeiführung eines Übels durch Handeln als eine entsprechende Herbeiführung durch Unterlassen mit sich bringt, und die größere Bedeutung des Handelns für die Ausbildung einer eigenständigen moralischen Persönlichkeit.

Macht man sich nur durch Handeln »die Hände schmutzig«, durch Unterlassen aber nicht? Behält, wer untätig zuschaut, eine »reine Weste«, auch wenn er durch Eingreifen großes Unheil verhindern könnte? Einiges spricht dafür, daß hinter diesen Redensarten eine handfeste psychologische Realität steht. Ein Verhalten mit negativen Folgen für andere verzeiht man sich eher, wenn es passiv und nicht aktiv, durch Unterlassen statt durch Handeln herbeigeführt worden ist. Viele empfinden es als moralisch schwerwiegender, einen Nahestehenden zu belügen oder anderweitig aktiv zu täuschen, als ihn gezielt im falschen Glauben zu lassen. Aktiver Betrug wird im Geschäftsleben als moralisch bedenklicher empfunden als die Wahrnehmung einer willkommenen Gelegenheit, den irrigen Glauben des anderen zum eigenen Vorteil zu nutzen.

Sollte es tatsächlich so sein, daß ein Handeln dem Handelnden ceteris paribus mehr Schuldgefühle (und im positiven Fall mehr Stolz und Genugtuung) einbringt als ein entsprechendes Unterlassen dem Unterlassenden, wäre das für die Frage nach der moralischen Differenzierung nicht bedeutungslos. Denn zweifellos ist die Art und Weise, wie der Akteur selbst sein Verhalten sieht und gefühlsmäßig bewertet, eine für die moralische Beurteilung nicht zu vernachlässigende Folgendimension. In gewisser Weise sind die Schuldgefühle, die jemandem ein bestimmtes Verhalten einträgt, ein Teil des *Aufwands*, den er für die erreichten Zwecke erbringt, und damit indirekt ein Indiz für die Stärke der seinem Verhalten zugrundeliegenden Motive. Wer aktiv lügt, statt sich das Unwissen des anderen passiv zunutze zu machen, nimmt eventuell nicht nur das Risiko der Entdeckung der Lüge auf sich, sondern obendrein noch das schlechte Gewissen, das ihm die Lüge, nicht aber ein bloßes Verschweigen der Wahrheit einbringt, und stellt damit unter Beweis, wie sehr ihm an der Täuschung des anderen (als Zweck oder als Mittel) gelegen ist. »Weh dem, der lügt« ist eine geläufige Redensart, nicht aber ein entsprechendes »Weh dem, der sich durch Schweigen elegant aus der Affäre zieht«.

Sind die Intensität von Schuldgefühlen und die Intensität des Schädigungswillens, der sich in der Inkaufnahme von negativen Verhaltensfolgen manifestiert, mit der Unterscheidung zwischen Handeln und Unterlassen so eindeutig korreliert, daß sie eine allgemeine normative Differenzierung – auf der idealen oder auf der Praxisebene – begründet? Das ist zweifellos nicht der Fall. Auch wenn sich der Unterlassende über ein Unterlassen mit Schadensfolgen vielfach bedeutend leichter hinwegsetzt als der aktiv Handelnde über die Folgen eines Handelns, ist das nicht durchweg so. Die Devise »Ich habe ja nichts Böses getan« gilt vor allem überall da nicht, wo für einen Akteur besondere Rollenpflichten zur aktiven Schadensvermeidung und Schadensverhinderung und besondere Verantwortungs- und Zuständigkeitsbereiche definiert sind. Ob eine Mutter ihr Kind durch eine »aktive« Unvorsichtigkeit, etwa den unvorsichtigen Umgang mit einem Küchengerät, zu Schaden kommen läßt oder durch bloß »passive« Unaufmerksamkeit, braucht, was ihre Schuldgefühle betrifft, auch dann keinen Unterschied zu machen, wenn die situativen Faktoren im übrigen gleich sind. Ebenso wird sich ein Arzt dafür, daß er einen Patienten im Verlauf der Operation sterben gelassen hat, nicht deswegen weniger Vorwürfe machen, weil er in einer Krisensituation *nicht* interveniert hat. Nicht nur die falsche, auch die unterlassene Intervention kann einen vorwerfbaren Kunstfehler darstellen.

Dennoch scheint unbestreitbar, daß zwischen der Intensität der Schuldgefühle und der Handeln-Unterlassen-Unterscheidung wenn nicht eine vollkommene, so doch eine *signifikante* Korrelation besteht. Genau dieses Faktum war ja Anlaß und Ausgangspunkt unserer Untersuchung. Wo, wenn nicht in der unterschiedlichen Intensität der gefühlsmäßigen Reaktionen, sollte sich die faktische Asymmetrie in der moralischen Beurteilung von Handeln und Unterlassen und in der Zuweisung von Handlungs- und Unterlassensverantwortung auch geltend machen?

Daß passive Schädigungen schwächere Schuldreaktionen im Gefolge haben, läßt sich darauf zurückführen, daß der Akteur sich von den Folgen eigener Unterlassungen im allgemeinen leichter *psychisch distanzieren* kann als von den Folgen eigener Handlungen. Zum Teil werden dabei *strukturelle* Faktoren, zum Teil aber auch – auf bestimmte Fallgruppen begrenzte – *spezifische* Faktoren wirksam.

Ein struktureller Faktor ist die beim Unterlassen geschwächte Selbstzuschreibung kausaler Verantwortlichkeit. Wer ein unerwünschtes Ereignis durch Unterlassen herbeiführt, fühlt sich dafür *kausal* weniger verantwortlich, als wer ein unerwünschtes Ereignis durch Handeln herbeiführt. Der Unterlassende kann sich von etwaiger Schuld für den hervorgerufenen Zustand durch eine entsprechende Kausalitätszurechnung leichter entlasten. Läßt A durch unterlassene Aufklärung in B eine falsche Meinung weiterbestehen, kann sich A sagen: »Solange ich nicht aktiv dazu beitrage (oder früher dazu beigetragen habe), die falsche Meinung in B zu erzeugen, trifft mich keine Schuld. B hätte dieselbe falsche Meinung auch ohne mein Zutun gehabt«.

Ein zweiter struktureller Faktor ist die für Unterlassungen geminderte Gefahr der Entdeckung. Unterlassungen bleiben leichter unentdeckt, da sie nicht mit äußeren Bewegungen und durch Bewegungen hervorgerufenen Veränderungen der physischen Welt einhergehen. Wer einen anderen passiv täuscht, betrügt, leiden oder sterben läßt, hinterläßt im allgemeinen weniger Spuren, als wer aktiv täuscht, betrügt, quält oder tötet. In dem (begrenzten) Maße, in dem sich Schuldgefühle u. a. auch als Angst vor möglichen äußeren moralischen Sanktionen interpretieren lassen, werden sie auch aus diesem Grund bei Unterlassungen weniger stark ausgeprägt sein.

Hinzu kommen spezifische Faktoren, die jeweils unter bestimmten einschränkenden Bedingungen wirksam werden. Ein solcher Faktor ist die reduzierte Selbstzuschreibung moralischer Verantwortlichkeit für die Folgen von Unterlassungen, die außerhalb des durch Rollenpflichten und ande-

re besondere Pflichtbeziehungen definierten Zuständigkeits-
bereichs fallen. Moralisch rechnet sich der Unterlassende gewöhnlich nur diejenigen Unterlassungsfolgen in voller Stärke
zu, die in seinen durch besondere Pflichtbeziehungen definierten Zuständigkeitsbereich fallen. Die von A für ein Unterlassen empfundenen Schuldgefühle spiegeln insofern die
gegenüber den Geschädigten empfundene *moralische Distanz*. Für die gefühlsmäßigen Reaktionen auf eine Unterlassung macht es einen gravierenden Unterschied, ob die
dadurch Geschädigten oder Benachteiligten zu den Nahestehenden oder zu den Fremden, zu den eigenen oder zu den
fremden Patienten, Klienten oder Kunden gehören.

Ein zweiter spezifischer Faktor ist die wie immer minimale
Kontaktaufnahme, die ein Handeln mit *direkter* Schädigungswirkung – im Gegensatz zum Unterlassen mit direkter
Schädigungswirkung – mit sich bringt. Durch die direkte und
»aktive« Kausalität zwischen dem schädigenden A und dem
geschädigten B stellt sich für A leichter eine Beziehung der
unmittelbaren Verantwortlichkeit her als durch ein bloß »passives« Geschehenlassen. Das kann so weit gehen, daß Autofahrer A, der den Fußgänger B ohne Verschulden anfährt und
leicht verletzt, sich deshalb eher Vorwürfe macht, als wenn er
an einer einsamen Unfallstelle einen schwerverletzten und
sehr viel stärker hilfebedürftigen B antrifft und ohne anzuhalten weiterfährt. Nur im ersten Fall fühlt sich A in den Schaden
für B *verstrickt*.

Ein dritter Faktor wird in Situationen wirksam, in denen
neben dem Unterlassenden A weitere Akteure B, C usw.
durch Unterlassen an der Hervorbringung des Schadens beteiligt sind. Bei derartigen *Mehrfachunterlassungen* scheint
die Verantwortlichkeit, die sich jeder Unterlassende individuell zuschreibt, noch stärker gemindert als bei entsprechenden
aktiven Mehrfachbewirkungen.

Dazu einige Erläuterungen. Analog zu den aktiven Mehrfachhandlungen lassen sich auch bei den Mehrfachunterlassungen ein *alternativer* und ein *kumulativer* Idealtyp unter-

scheiden. Bei der alternativen Mehrfachhandlung werden mehrere Handlungen h_1, h_2, h_3, ... h_n ausgeführt, von denen jede für sich e bewirkt. e tritt bereits dann ein, wenn *eine* der Handlungen h_1, h_2, h_3, ... h_n ausgeführt wird. Bei der kumulativen Mehrfachhandlung werden mehrere Handlungen h_1, h_2, h_3, ... h_n ausgeführt, die alle gleichermaßen notwendig sind, e zu bewirken. e tritt nur dann ein, wenn *alle* Handlungen h_1, h_2, h_3, ... h_n ausgeführt werden. Analog dazu kann man immer dann von einer *alternativen Mehrfachunterlassung* sprechen, wenn mehrere Handlungen h_1, h_2, h_3, ... h_n unterlassen werden, von denen jede für sich hinreichend ist, e zu verhindern, e also nur dann eintritt, wenn *keine* der Handlungen h_1, h_2, h_3, ... h_n ausgeführt wird, von einer *kumulativen Mehrfachunterlassung* dann, wenn mehrere Handlungen h_1, h_2, h_3, ... h_n unterlassen werden, die alle gleichermaßen notwendig sind, e zu verhindern, e also bereits dann eintritt, wenn *eine* der Handlungen h_1, h_2, h_3, ... h_n nicht ausgeführt wird. Der Typ der alternativen Mehrfachunterlassung liegt vor, wenn D ertrinkt, während die drei Passanten A, B, C dabeistehen und nicht eingreifen, obwohl sie eingreifen könnten, und das Eingreifen eines Beliebigen von ihnen ausreichen würde, D zu retten. D ertrinkt nur dann, wenn keiner der Passanten eingreift. Eine kumulative Mehrfachunterlassung liegt dann vor, wenn sich – wie in Harts und Honorés Beispiel[33] – die Fertigstellung eines Neubaus verzögert, weil A und B es versäumen, verschiedene Baumaterialien termingerecht zu liefern, obwohl sie sie liefern könnten. Der Neubau ließe sich nur dann fertigstellen, wenn beide Lieferungen rechtzeitig erfolgten, so daß bereits das Versäumnis eines der Lieferanten die fristgerechte Fertigstellung verhindert.

Zu vermuten ist, daß der an einer alternativen Mehrfach*unterlassung* beteiligte Unterlassende A von den Folgen seines Unterlassens im allgemeinen subjektiv weniger betroffen

33 Vgl. S. 88.

ist als der an einer folgengleichen alternativen Mehrfach*handlung* beteiligte Akteur A'. Im Fall des ertrinkenden D wird A wegen seines unterlassenen Rettungsversuchs um so weniger Schuldgefühle empfinden, je größer die Zahl der weiteren Passanten ist, die ebenfalls hätten eingreifen können, und je mehr er sich von der Annahme leiten läßt, daß einer oder mehrere von ihnen für die Rettung von D besser geeignet oder in höherem Maße zuständig sind. A kann sich sagen: Warum sollte gerade *ich* etwas riskieren? Dagegen ist das entsprechende aktive Herbeiführen des Todes von D durch eine Mehrzahl von Handlungen, von denen jede einzelne hinreichend ist, den Tod von D herbeizuführen, zwar weniger belastend als eine einzeln vorgenommen Handlung mit demselben Resultat, aber doch nicht in demselben Ausmaß weniger belastend wie die einzelne Unterlassung. Auch wenn jeder einzelne Soldat eines Erschießungskommandos, bei dem mehrere gleichzeitig auf den zu Erschießenden feuern (vorausgesetzt, sie wissen, daß ihre Gewehre mit scharfer Munition geladen sind), sich individuell in geringerem Maße für das Resultat verantwortlich fühlen mag als in dem hypothetischen Fall eines einzelnen Todesschützen, so ist es doch nicht unplausibel anzunehmen, daß die empfundene Minderung der Verantwortung geringer ist als im Unterlassungsfall.

Analoges scheint für den kumulativen Fall zu gelten. A wird sich von seiner Unterlassung subjektiv um so leichter entlasten können, je größer die Zahl der Akteure ist, die ebenfalls ihren Beitrag nicht leisten. A kann sich sagen: Warum soll gerade ich mich pflichtbewußter verhalten als die anderen? Bei einem entsprechenden aktiven Herbeiführen der Verzögerung wäre dieser Entlastungseffekt geringer. Ist A etwa als Angehöriger einer Untergrundbewegung an einer Sabotageaktion beteiligt, deren Gelingen die aktive Mitwirkung aller Beteiligten erfordert, wird sich A nicht bereits deswegen von der Verantwortung für die Aktion entlastet fühlen, weil sein Handlungsbeitrag nur einer von vielen ist, die zur Erreichung des Zieles notwendig sind.

Zweifelhaft ist allerdings, ob es sich bei der Schwächung der subjektiven Verantwortungszuweisung bei Mehrfachunterlassungen um einen *eigenständigen* Faktor handelt. Möglicherweise läßt er sich auch als das Produkt zweier sich überlagernder psychischer Distanzierungseffekte auffassen: der »Verdünnung« der wahrgenommenen *moralischen* Verantwortung bei Mehrfachverursachungen und der Schwächung der wahrgenommenen *kausalen* Verantwortung aus dem Unterlassenscharakter des betreffenden Verhaltens.

Was besagt die Tatsache, daß Unterlassungen mit signifikanter Häufigkeit – und vor allem außerhalb definierter Rollenbeziehungen – weniger Schuldgefühle nach sich ziehen als ansonsten folgen- und umstandsgleiche Handlungen, für die Legitimität der moralischen Differenzierung zwischen Handeln und Unterlassen? Offensichtlich wenig. Die Diskrepanz in den Schuldgefühlen könnte nur dann als Beurteilungsdimension relevant sein, wenn sie von der in Frage stehenden moralischen Differenzierung kausal unabhängig wäre. Das ist sie aber zum allergrößten Teil nicht. Einen Grund zu ihrer Berücksichtigung gäbe es allenfalls, wenn sie so tief in der menschlichen Psychologie verankert wären, daß sie auch dann – gewissermaßen als irrationales Residuum – fortbestehen würden, wenn sie als unberechtigt durchschaut wären. Darüber läßt sich jedoch nur spekulieren. Solange nicht ersichtlich ist, daß die Neigung zu Schuldgefühlen gegen eine mögliche Umorientierung in den moralischen Bewertungshaltungen immun ist, begeht jede Berufung auf unterschiedliche gefühlsmäßige moralische Bewertungen einen methodischen Zirkel.

Eine andere Hinsicht, in der sich Handeln und Unterlassen in ihren Auswirkungen auf die Psyche des Akteurs möglicherweise unterscheiden, ist ihre Bedeutung für die Ausbildung einer individuellen moralischen Persönlichkeit. Auf die Schlüsselrolle des Handelns für die zunehmende Konkretion und Individuation einer zunächst amorphen Persönlichkeit hat u. a. Waismann hingewiesen:

»Wollen, Handeln ist ein Weg vom Gestaltlosen ins Gestal-
tete. Wir vollbringen eine Tat und – vollbringen nicht nur
sie, sondern zugleich uns selbst, oder einen Teil von uns,
daher das tiefe Gefühl für die Wichtigkeit einer Handlung:
es kommt nicht nur darauf an, was durch das Tun in der
äußeren Welt verändert wird, sondern auch darauf, daß in
dem Tun etwas von *uns fest* wird« (Waismann, 1983, 75).

Dadurch, daß ein Akteur von den ihm offenstehenden
Möglichkeiten, in die Welt einzugreifen, gerade *diese* wählt,
bahnt er sich einen Weg, den er später leichter und sicherer
erneut gehen kann. Mit der erstmaligen Wahl von h wird sein
späteres Verhalten in entscheidenden Hinsichten vorgeprägt,
sowohl dadurch, daß h ihm später vertrauter sein wird als die
nicht erprobten Optionen, als auch dadurch, daß die einmal
getroffene Wahl zur Habitualisierung und einer entsprechenden Entlastung von Entscheidungsaufwand führt. Dabei
kann es sein, daß die anfängliche – mehr oder weniger dezi-
sionäre – Entscheidung in der Rückschau rationalisiert und
mit Motiven und Gründen ausgestattet wird, die an der ursprünglichen Wahl gar nicht beteiligt waren.

Es ist allerdings nicht offensichtlich, daß es zu dieser Art
Persönlichkeitsfixierung ausschließlich durch Handeln und
nicht auch durch Unterlassen kommen kann. Wichtig für die
Ausbildung der eigenen Persönlichkeit sind ja nicht die äußeren, sondern die *inneren* Aspekte von Handlungen (das innere Sich-Entscheiden für eine bestimmte Lebensweise, einen
Partner, einen Beruf usw.), und hinsichtlich dieser Aspekte
besteht zwischen (äußeren) Handlungen und (äußeren) Unterlassungen keine grundlegende Differenz. Die Entscheidung, sich um bestimmte Dinge *nicht* zu kümmern, kann für
die spätere Lebensorientierung ebenso bestimmend werden
wie die Entscheidung, sich für bestimmte Ziele aktiv zu enga-
gieren. Insbesondere dann, wenn Unterlassungen von inneren
Auseinandersetzungen begleitet sind, etwa weil Zweifel oder
Hemmungen zu überwinden oder soziale Erwartungen zu

enttäuschen sind, können ihre Auswirkungen auf die Psyche des Akteurs schwerer wiegen als die positiver Handlungen. Die Leistungen der Triebsublimierung, die guterzogenen Kindern abverlangt werden und die das gesamte spätere Leben prägen, zielen ebensosehr, wenn nicht sogar noch mehr, auf Unterlassungen als auf Handlungen. Die Tugenden der Mäßigung, der Schamhaftigkeit, Bescheidenheit und Friedfertigkeit werden eher dadurch geübt, daß man Dinge, die man tun möchte, *nicht* tut, als dadurch, daß man bestimmte Dinge *tut*, zu denen man wenig Neigung verspürt. Noch ehe wir lernen, der verhaßten Kusine artig die Hand zu geben, müssen wir lernen, sie nicht zu beschimpfen und zu bespucken.

6.4 Individuelle und geteilte Verantwortung

Beruht die Ungleichbehandlung von Tun und Unterlassen darauf, daß Tun regelmäßig oder weit überwiegend mit *individueller*, Unterlassen regelmäßig oder weit überwiegend mit *geteilter* Verantwortung zusammengehen? Der gezielte Mord als »typischer« Fall einer Schädigung durch positives Tun und der tödliche Sturz einer Passantin infolge vernachlässigter Streupflicht bei Glatteis als »typischer« Fall einer schädigenden Unterlassung legen diesen Gedanken nahe. Beim gezielten Mord konvergiert sowohl die kausale als auch die moralische Verantwortung beim individuellen Täter. Bei der Vernachlässigung der Streupflicht scheinen beide zu divergieren: Hätte nicht die alte Frau etwas besser aufpassen können? Hätte nicht der Nachbar angesichts der Gefährlichkeit der Lage einspringen können? Zumal bei Schädigungen an Leib und Leben scheinen die »typischen« Beispielfälle für Aktiv und Passiv extrem polarisiert: Wenn A durch aktives Tun einen Schaden an Leib und Leben erleidet, dann typischerweise durch eine Person B, die ihm einen Schaden aktiv zufügt. Wenn C durch Unterlassen zu Schaden kommt, dann typischerweise deshalb, weil niemand von mehreren möglichen Akteuren D, E, F usw. Vorsorge dagegen getroffen hat oder nach eingetretenem Schaden C zu Hilfe kommt.

Wäre das, was typischerweise der Fall ist, auch das, was regelmäßig oder weit überwiegend der Fall ist, läge darin sowohl eine partielle Erklärung als auch eine mögliche partielle Rechtfertigung der Ungleichgewichtung von Handeln und Unterlassen im Rahmen einer auf Praktikabilität angelegten Sozialmoral. Es läge dann nahe zu argumentieren: Da bei einem Unterlassen in der Regel mehrere potentielle Akteure beteiligt sind, die zu einem Handeln verpflichtet sind, wiegt die Handlungspflicht für jeden einzelnen weniger schwer als die entsprechende Unterlassungspflicht für den Alleinhandelnden. Die Tatsache, daß sich bei der Mehrfachunterlassung die *kausale* Verantwortung auf mehrere Akteure verteilt, kann auch die *moralische* Verantwortung für jeden einzelnen nicht unberührt lassen.

Ich bezweifle nicht, daß individuelle Unterlassungen sehr viel häufiger in Mehrfachunterlassungen eingebettet sind als individuelle Handlungen in Mehrfachhandlungen. Aber ich bezweifle, daß dieser Unterschied so durchgängig besteht, daß man sagen kann, an Unterlassungen seien *regelmäßig* mehrere Akteure beteiligt, u.a. auf dem Hintergrund der oben formulierten Möglichkeitsbedingung für Unterlassungen, nach der von einem Unterlassen nur dann gesprochen werden kann, wenn ein Akteur die Gelegenheit zum Handeln erkennt oder erkannt hat. Aber selbst *wenn* es so wäre, daß Unterlassungen regelmäßig die Struktur der Mehrfachunterlassung haben, wäre zweifelhaft, ob sich bereits daraus eine durchgängige Minderung der Verantwortung ergäbe.

Betrachten wir dazu drei typisierte Konstellationen mit mehreren beteiligten Akteuren, in denen es infolge eines Unterlassens zu einem Schadensereignis e kommt, wobei zu den oben unterschiedenen Konstellationen der *alternativen* und der *kumulativen* Mehrfachunterlassung noch eine dritte, die *teilkumulative* Mehrfachunterlassung hinzukommt. Bei der *alternativen* Mehrfachunterlassung kommt es zu e dadurch, daß *alle* Akteure eine Handlung h, die e verhindern würde, nicht ausführen. Bei der *kumulativen* Mehrfachunterlassung kommt es zu e dadurch, daß mindestens ein Akteur eine Handlung h, die zur Verhinderung von e notwendig ist, nicht ausführt. Bei der *teilkumulativen* Mehrfachunterlassung kommt es zu e dadurch, daß nicht *genügend viele* Akteure eine Handlung h ausführen. In diesem Fall wird nicht dadurch verhindert, daß *einer* etwas tut (zur Rettung des Ertrinkenden ins Wasser springt), auch nicht dadurch, daß *alle* etwas tun (rechtzeitig Material liefern, so daß der Bau fertiggestellt werden kann), sondern daß eine bestimmte *Anzahl* etwas tut (z.B. durch Subskription das Erscheinen eines Buchs ermöglicht).

Inwieweit ist die moralische Verantwortung von A in den verschiedenen Konstellationen gegenüber einer Situation, in der er allein den Schaden e nicht verhindert, ceteris paribus (bei gleicher Fähigkeit, Aufwendigkeit und Zuständigkeit) gemindert?

In der *alternativen* Konstellation ist die Handlungsverantwortung offensichtlich nicht durchgängig gemindert. Für diese Konstellation gilt kein generelles *normatives* Pendant zum psychologischen Mechanismus der »Verdünnung« der Verantwortung. *Psychologisch* hängt die individuelle Bereitschaft, einen Schaden zu verhindern, den andere ebenso verhindern könnten, aber de facto nicht verhindern, u.a. von der Zahl der zu einem Eingriff fähigen Beteiligten ab. Die *tatsächlich bestehende* Verantwortung ist jedoch von der Zahl der weiteren untätig Beteiligten unabhängig. A's Verantwortung bemißt sich ausschließlich danach, inwieweit es unter den gegebenen Umständen von ihm abhängt, ob e verhindert wird oder nicht. Die Tatsache, daß B, C usw. ihre jeweilige Verantwortung zur Verhinderung von e *nicht* wahrnehmen, ist für A kein Grund, sich für die Verhinderung von e in geringerem Maße verantwortlich zu halten, als wenn er allein wäre.

Dagegen wird vielleicht eingewandt, daß es unter den gegebenen Bedingungen leicht dahin kommen könne, daß A die gesamte Last der Verantwortung trägt – etwa wenn sich ähnliche Situationen häufen und die übrigen sich nach und nach darauf verlassen, daß er für sie in die Bresche springt –, A aber kaum verpflichtet sein könne, den anderen ihren Teil der Verantwortung abzunehmen. Dieser Einwand trifft jedoch nicht. Insofern sich mit einer *wiederholten* Verantwortungsübernahme der von A zu erbringende Aufwand bei jeder einzelnen Verantwortungsübernahme erhöht, ändern sich auch die Voraussetzungen des Falles. Die Ceteris-paribus-Bedingung gleichen Aufwands ist nicht mehr erfüllt. Nachdem der pflichtbewußte A einige Male den Schritt getan hat, den die übrigen nicht getan haben, hat er einen guten Grund, diesen das nächste Mal von jemand anders zu erwarten.

Aber auch in der kumulativen und der teilkumulativen Konstellation ist A's Verantwortung nur unter besonderen Bedingungen gemindert. Haben im kumulativen Fall alle außer ihm und im teilkumulativen Fall (wenn n das erforderliche Quorum ist) n – 1 andere ihren Beitrag geleistet, ist er nicht mehr und nicht weniger verpflichtet, den letzten Schritt zu tun, als er im alternativen Fall dazu verpflichtet ist, den ersten Schritt zu tun, falls keiner der übrigen den ersten Schritt tut. Wenn A weiß, welche Konstellation vorliegt und welche kausalen Beiträge die jeweils anderen leisten, weiß er auch, wie entscheidend sein eigener potentieller Beitrag für die Verhinderung von e ist. Hängt die Verhinderung von e entscheidend von seinem eigenen Beitrag ab, ist er dazu jedesmal in derselben Weise verpflichtet, gleichgültig, welche Konstellation im einzelnen vorliegt. A's Verantwortung ist lediglich dann gemindert, wenn er weiß, daß die übrigen an einer (teil)kumulativen Mehrfachunterlassung Beteiligten ihren Beitrag zur Verhinderung von e nicht erbringen und er darauf, ob sie ihn erbringen, keinen Einfluß hat. Dies nicht wegen eines besonderen, speziell für die kumulative Mehrfachunterlassung geltenden Entlastungsprinzips, sondern wegen der schlichten *Unmöglichkeit*, ohne die Mithilfe anderer e zu verhindern.

Auf die Vielzahl schwieriger Fragen im Zusammenhang mit der Verteilung von Verantwortung kann und braucht an dieser Stelle nicht näher eingegangen zu werden. Entscheidend für die gegenwärtige Fragestellung ist allein, daß auch dann, wenn Unterlassenspflichten regelmäßig mit individueller, Handlungspflichten regelmäßig mit geteilter Verantwortung einhergehen sollten, sich daraus keine normative Asymmetrie zwischen Handeln und Unterlassen ableiten ließe. Eine *Verteilung* von Verantwortung auf mehrere Akteure bedeutet keine *Teilung* in dem Sinne, daß auf jeden einzelnen eine geringere oder nur ein Bruchteil der Gesamtverantwortung entfällt. Die jeweils bestehende Verantwortung hängt vielmehr von der Gesamtsituation ab, zu der auch das Ausmaß gehört, in dem die übrigen Beteiligten ihrer Verantwortung gerecht werden.

6.5 Schädigung versus unterlassenes Wohltun

Der negativ getönte Begriff des *Schadens*, den jemand erleidet, ist im Alltagsdenken ebenso sehr mit der Vorstellung einer Handlung, die diesen Schaden zufügt, verknüpft, wie der positiv getönte Begriff einer *Wohltat* mit der Vorstellung einer Handlung, die diese Wohltat erweist. Die Möglichkeit, einen anderen durch *Unterlassen* zu schädigen oder ihm durch *Unterlassen* wohlzutun, kommt nicht leicht in den Blick. Unterlassen wird statt dessen entweder mit einem Nicht-Schädigen oder einem Nicht-Wohltun assoziiert, wobei es im ersten Fall positiv, im zweiten negativ konnotiert ist. Da wir uns bisher auf Verhalten mit primär negativ bewerteten Folgen konzentriert haben, ist vor allem der zweite Umstand wichtig – der Umstand, daß eine Unterlassung mit negativen Folgen primär als Nicht-Wohltun (als unterlassenes Wohltun) gedeutet wird und damit als systematisch weniger verwerflich erscheint als eine aktive Schädigung. Wenn A die Situation von B aktiv verschlechtert (so denken wir), fügt A B einen *Schaden* zu.

Unterläßt es A jedoch, die Situation von B aktiv zu verbessern, schädigt er B nicht, sondern unterläßt es lediglich, ihm eine Wohltat zu erweisen. Wenn A dadurch, daß er B nicht hilft, eine gegenüber B bestehende Pflicht verletzt, dann allenfalls eine Pflicht zur Wohltätigkeit gegenüber B, nicht aber eine Pflicht, sich gegenüber B einer Schädigung zu enthalten.

Träfe dieses Bild zu, stände die moralische Differenzierung in der Beurteilung von Handeln und Unterlassen auf den denkbar sichersten Füßen. Wäre es so, daß das aktive Herbeiführen negativer Wirkungen als *Schadenszufügung*, das passive Zulassen von negativen Wirkungen jedoch lediglich als *versäumtes Wohltun* gelten müßte, wäre das erstere systematisch kritikwürdiger als das letztere. Denn die Pflicht, andere nicht zu schädigen, wiegt schon aus begrifflichen Gründen schwerer als die Pflicht, anderen Wohltaten zu erweisen. Zwar besagt sowohl der Begriff der Schädigung als auch der Begriff der nicht erwiesenen Wohltat, daß jemand schlechter gestellt wird, als er andernfalls gestellt wäre. Aber von einer Schädigung zu sprechen impliziert zusätzlich, daß diese Schlechterstellung moralisch beachtlicher ist und schwerer wiegt als die nicht erwiesene Wohltat. Es ist insofern nicht zufällig, daß Wohltätigkeitspflichten den Musterfall »unvollkommener Pflichten« darstellen, d. h. von Pflichten, denen auf der Seite des Begünstigten kein entsprechendes Recht gegenübersteht. Während wir keine Bedenken haben, anderen ein moralisches *Recht* zuzugestehen, von anderen nicht *geschädigt* zu werden, erkennen wir ihnen kein vergleichbares moralisches Recht zu, Wohltaten erwiesen zu bekommen.

Die Leichtigkeit, mit der sich in diesem Schema Handlungen mit negativen Folgen als moralisch kritikwürdiger erweisen lassen als Unterlassungen mit negativen Folgen, muß freilich Anlaß zur Skepsis geben. Denn offensichtlich besteht die Verknüpfung zwischen Schädigung und höherer Kritikwürdigkeit, zwischen versäumtem Wohltun und geringerer Kritikwürdigkeit *per definitionem*. Schädigung und Wohltun sind so *definiert*, daß Schädigungen wenn nicht universal, so doch in der Regel moralisch bedenklicher sind als unterlassene Wohltaten. Die Frage aber, ob diese Definitionen auch *adäquat* sind, wenn sie mit der Unterscheidung zwischen Handeln und Unterlassung verknüpft werden, ist damit noch nicht beantwortet.

Skepsis an der geläufigen Assoziation von Schädigen und Handeln, Nicht-Wohltun und Unterlassen ist auch angesichts der möglicherweise irreführenden Rolle der sprachlichen Beschreibungsweisen angezeigt. Daß die Zufügung eines Schadens in einem Handeln, Nicht-Wohltun dagegen in einem Unterlassen besteht, wird durch die *positive* sprachliche Formulierung »Zufügung«, »Schädigung« usw., und die *negative* Formulierung »Nicht-Wohltun« so unmißverständlich nahegelegt, daß sich der Verdacht einer möglicherweise rein sprachlich induzierten Heuristik aufdrängt.

Trotz dieser Bedenken erfreut sich die Auffassung, daß Unterlassungsgebote (oder Handlungsverbote) insgesamt strenger verpflichtend sind als Handlungsgebote (oder Unterlassungsverbote) und Zuwiderhandlungen gegen die ersteren grundsätzlich schwerer wiegen als Zuwiderhandlungen gegen letztere, in Ethik und Rechtsphilosophie breiter Zustimmung. Die Begründung liegt auf der Linie der eben angestellten intuitiv-heuristischen Vorüberlegungen: Pflichten zur Unterlassung wiegen schwerer, weil sie dazu verpflichten, anderen bestimmte Schäden *nicht zuzufügen*. Handlungspflichten wiegen weniger schwer, da sie lediglich dazu verpflichten, Wohltaten zu erweisen oder von dritter Seite zugefügte Schäden zu verhindern oder zu lindern. Nicht zufällig ist die ausdrücklichste Argumentation in diesem Sinne in denjenigen »konventionalistischen« bzw. »rekonstruktiven« Ansätzen der normativen Ethik zu finden, die es sich zum hauptsächlichen oder alleinigen Ziel machen, die Grundlinien faktisch verbreiteter moralischer Denk- und Argumentationsweisen nachzuzeichnen.

Ein bekanntes Beispiel ist Bernard *Gerts* Minimalethik der »moralischen Regeln«. Zentral für diese Konzeption ist die Unterscheidung zwischen drei Kategorien moralischer Normen:

1. moralischen Regeln,
2. moralischen Idealen und
3. utilitaristischen Idealen.

Die Pointe dieser Kategorisierung liegt für Gert in der abnehmenden Verbindlichkeit der unter sie subsumierten Normen: Nur *moralische Pflichten* im Sinne der ersten Kategorie haben verpflichtende Kraft, während *moralische Ideale* ein bestimmtes Verhalten lediglich »anraten«. *Utilitaristische Ideale* schließlich haben noch geringere normative Kraft als moralische Ideale und sollen ausschließlich dem Verhalten kollektiver Akteure (wie Regierungen und übernationalen Organisationen), nicht aber individuellen Akteuren zur Orientierung dienen.

Wie sind Gerts Kategorien inhaltlich bestimmt? Die moralischen Regeln sind bei ihm so definiert, daß sie es *verbieten*, bestimmte Übel *zuzufügen*, während die moralischen Ideale so definiert sind, daß sie es *gebieten*, bestimmte Übel zu *verhindern*. Entsprechend Gerts Grundüberzeugung, daß die vorrangige Aufgabe der Moral darin besteht, die Verursachung von Übeln zu vermeiden, haben die moralischen Regeln dabei normativ Vorrang vor den moralischen Idealen. Ob eine Norm zu den moralischen Regeln und Idealen gehört, hängt bei Gert davon ab, ob jeder rationale Mensch von ihnen öffentlich befürworten würde, daß jeder ihnen folgen sollte. Nun würde zwar nach Gert jeder rationale Mensch nicht nur von den moralischen Regeln, sondern auch von den moralischen Idealen öffentlich befürworten, daß jeder ihnen folgen sollte. Der Unterschied liegt aber darin, daß nach Gert zwar jeder rationale Mensch befürworten würde, daß jeder den moralischen Regeln *jederzeit* folgt, nicht aber, daß jeder den moralischen Idealen *jederzeit* folgt (Gert, 1983, 179). Außerdem soll der moralische Druck auf die Erfüllung von moralischen Idealen geringer sein dürfen als der Druck auf die Erfüllung von moralischen Regeln. Das Sollen, mit dem die Befolgung moralischer Regeln gesollt ist, habe eine stärkere Bedeutung als das Sollen, mit dem die Befolgung moralischer Ideale gesollt ist (ebd., 256).

Die einzige Ausnahme, die Gert von der Regel der Priorität der moralischen Regeln vor den moralischen Idealen gelten läßt, ist die, daß es erlaubt – und sogar geboten – ist, einen Schaden zu verhindern, der durch die Verletzung einer moralischen Regel bewirkt wird. Während es in Gerts System niemals erlaubt ist, die moralischen Regeln zur Verhinderung eines *natürliches* Übels zu verletzen, ist es erlaubt und sogar geboten, die moralischen Regeln zur Verhinderung eines aus der Verletzung moralischer Regeln resultierenden Übels zu verletzen (ebd., 180). So ist etwa die *Bestrafung* von Verletzungen der moralischen Regeln nach Gert auch dann zulässig, wenn sie ihrerseits eine moralische Regel verletzt.

Entsprechend der von Gert behaupteten Priorität der Unterlassungsgebote vor den Handlungsgeboten findet sich unter den von Gert postulierten zehn moralischen Regeln keine, die ausdrücklich zu einem Handeln verpflichtet. Handlungspflichten werden von den zehn Regeln nur insoweit erfaßt, als sie sich unter die beiden Regeln subsumieren lassen, seine Versprechen zu halten und seinen (Rollen-)Pflichten zu genügen. Handlungspflichten außerhalb von Rollenkonzepten und vorgängig eingegangenen Verpflichtungen (wie Solidaritätspflichten) werden durchweg auf den nachgeordneten Status von »moralischen Idealen« verwiesen.

Für den systematischen Vorrang der moralischen Regeln (und damit der Unterlassungsgebote) vor den moralischen Idealen (und damit den Handlungsgeboten) gibt Gert im wesentlichen zwei Gründe an: daß es *jederzeit möglich* ist, die moralischen Regeln zu befolgen, während es nicht jederzeit möglich ist, den moralischen Idealen zu folgen, und daß es *leichter* ist, die moralischen Regeln zu befolgen, während es weniger leicht ist, den moralischen Idealen zu folgen.

Was heißt es, daß ein Unterlassen »jederzeit möglich« ist? Strenggenommen kann das nicht richtig sein, denn die situativen Bedingungen von Unterlassungen sind nicht universal erfüllt. Um einen Diebstahl zu unterlassen, muß sich zunächst einmal eine fremde Sache in meiner Umgebung befinden, die ich stehlen könnte. Eine Körperverletzung kann ich nur dann unterlassen, wenn es jemanden in meiner Umgebung gibt, den ich verletzen könnte. Aber sieht man einmal von dieser Ungenauigkeit ab, scheint Gert in der Tat einen wichtigen Punkt zu treffen: daß die situativen Bedingungen für Unterlassungen, soweit diese *moralisch zu mißbilligen sind*, in der Regel *weniger häufig erfüllt* sind als die situativen Bedingungen für entsprechende Handlungen. Ein moralisch zu mißbilligendes Unterlassen scheint in weitaus stärkerem Maße von der Erfüllung bestimmter Situationsbedingungen abhängig als ein positives Tun. Daß A eine Körperverletzung begeht, ist situativ davon abhängig, daß es einen B in A's Umgebung gibt, den A verletzen könnte. Diese Bedingung ist keineswegs immer und überall erfüllt. Aber sie ist weitaus häufiger erfüllt als die Bedingung, daß sich ein B, der für A erreichbar ist, in einer Notlage befindet, in der sich A's unterlassene Hilfe für B in ähnlicher Weise auswirkt. Damit A B schädigen kann, braucht B für A nur da zu sein: A könnte ihn angreifen, bestehlen, beleidigen usw. Damit A B durch Unterlassen zu Schaden kommen läßt, muß sich B zusätzlich in einer Lage befinden, in der es des Eingreifens von B bedarf, um Schaden von A abzuwenden. B muß nicht nur da sein, ihm muß es auch an etwas *fehlen*, was A ihm durch ein Eingreifen verschaffen könnte. Er muß sich physisch oder psychisch in einer Gefahren-, Not- oder Zwangslage befinden, die ihn der Hilfe von A in irgendeiner Weise bedürftig macht. Oder er muß Erwartungen an A haben, die A durch Untätigkeit enttäuschen kann, so wie Ehepartner, Freunde, Eltern usw. zu ihrem Wohlbefinden darauf angewiesen sind, daß der andere von sich aus die Initiative ergreift und Beziehungsangebote macht oder erkennbar auf den anderen bezogene Handlungen unternimmt.

Damit ist allerdings nur eine Art quantitative, nicht aber die von Gert behauptete qualitative Priorität von Handlungsverboten plausibel gemacht. Was der Hinweis auf die Ubiquität der Anwendungsbedingungen von Handlungsverboten zeigt, ist, daß diesen in der moralischen Praxis, möglicherweise auch in der moralischen Erziehung, eine insgesamt wichtigere Rolle zufällt. Es ist für ein Kind wichtiger, sich Handlungs*verbote* zu eigen zu machen als Handlungs*gebote*, da es sich in seiner Lebenszeit weitaus häufiger in Situationen befinden wird, in denen die ersteren zu beachten sind. Das reicht jedoch nicht hin, um für Handlungsverbote auch eine *qualitative* und normative Priorität zu begründen. Es wäre gezeigt, daß es wichtiger ist, sich Handlungsverbote anzueignen als Handlungsgebote. Es wäre jedoch nicht gezeigt, daß Handlungsverbote für sich genommen und unabhängig von praktisch-pädagogischen Erwägungen vordringlich sind.

Gert argumentiert, daß Handlungsverbote *leichter* zu befolgen sind als Handlungsgebote und daß die moralischen Regeln ausschließlich Anforderungen stellen, die zu erfüllen »für gewöhnliche menschliche Wesen nicht zu schwierig« ist (Gert, 1983, 195 f.). Das könnte, falls es zutrifft, nur erklären, warum Handlungsverbote in der moralischen Erziehung in der Regel im Vordergrund stehen, nicht aber, warum Handlungsverbote generell und auch in denjenigen Fällen Vorrang genießen sollen, in denen sie *schwerer* zu erfüllen sind als die mit ihnen konfligierenden Handlungsgebote. Im übrigen geht aber schon das erste Zugeständnis zu weit. Gerade wenn es um die Moralerziehung geht, könnte man argumentieren, daß eine pädagogische Verstärkung von Handlungspflichten vordringlicher ist als eine von Unterlassungspflichten, insofern in den relativ selteneren Situationen, für die moralische Handlungspflichten gelten, die Versuchung zur Zuwiderhandlung bedeutend größer ist als in Situationen, in denen etwas zu unterlassen ist. Gerade weil die Alltagsmoral, so könnte man sagen, Handlungsgebote nur sehr unzureichend positiv sanktioniert, muß eine kritische Ethik und Pädagogik an diesem Punkt auf Korrekturen insistieren und die Handlungspflichten stärken.

Wenn die Konzeption von Gert etwas lehrt, dann etwas, was seinen allzu schematischen Zuordnungen genau konträr ist: daß man nicht zugleich an der assoziativ naheliegenden Zuordnung von Schädigung und Handeln, Nicht-Wohltun und Unterlassen und an der normativen Priorität der Pflichten zur Nicht-Schädigung gegenüber den Pflichten zu Wohltaten festhalten kann. Wenn A zusieht, wie B ertrinkt, und nichts zu seiner Rettung unternimmt, obwohl es für ihn ein leichtes wäre, B zu retten, oder wenn A wissentlich B in einem nachweislich falschen Glauben läßt, der B in den Selbstmord treibt, so ist die moralische Kritikwürdigkeit von A's Verhalten nicht zureichend erfaßt, wollte man lediglich von versäumten Wohltaten sprechen. Offenkundig wiegt das Fehlverhalten von A in diesen Fällen moralisch schwerer, als wenn A B aktiv an seiner Freiheit oder seinem Vermögen schädigt.

Um das Dilemma aufzulösen, bieten sich zwei Alternativen an: Entweder man gibt die These der durchgängigen normativen Priorität der Pflicht zur Nicht-Schädigung gegenüber der Pflicht zum Wohltun auf und behält die herkömmliche Zuordnung bei, nach der Schädigungen nur handelnd realisiert werden können. Oder man hält an der These der durchgängigen normativen Priorität der Pflicht zur Nicht-Schädigung gegenüber der Pflicht zum Wohltun fest und revidiert die herkömmliche Zuordnung so, daß unter bestimmten Bedingungen auch Unterlassungen als Schädigungen gelten können. Die erste Alternative besteht darin, an einer *starren* terminologischen Identifikation von Schädigung und Wohltun mit einem positiven Handeln festzuhalten, die zweite darin, Möglichkeiten zu einer *flexiblen* Anpassung der Terminologie an die jeweiligen Umstände des Falles zu eröffnen.

Um den Überblick über die sprachlichen Kategorisierungen zu erleichtern, soll das folgende Schema zunächst die *starre* Zuordnung von Schädigung und Wohltun systematisieren:

Schema 1: Starre Terminologie			
Verhalten von A gegenüber B	Zustand von B de facto	alternativ	Status
Handeln			
1. A stellt B schlechter	–	=	Schädigung
2. A stellt B besser	+	=	Wohltun
3. A verhindert, daß B schlechtergestellt wird	=		Wohltun
4. A verhindert, daß B bessergestellt wird		+	Schädigung
Unterlassen			
5. A unterläßt es, B schlechterzustellen	=		Nicht-Schädigung
6. A unterläßt es, B besserzustellen	=	+	Nicht-Wohltun
7. A unterläßt es, eine Schlechterstellung von B zu verhindern (A läßt eine Schlechterstellung von B zu)	–	=	Nicht-Wohltun
8. A unterläßt es, eine Besserstellung von B zu verhindern (A läßt eine Besserstellung von B zu)	+	=	Nicht-Schädigung

Die Zuordnung von Verhaltensbeschreibungen zur Terminologie von Schädigung und Wohltun (»Status«) hängt in diesem Schema von drei Faktoren ab:

1. davon, ob sich der Zustand von B relativ zum Zustand vor A's Verhalten verbessert oder verschlechtert;
2. davon, in welchem Zustand sich B ceteris paribus befände, würde A die ausgeführte Handlung unterlassen bzw. die unterlassene Handlung ausführen;
3. davon, ob der Zustand von B Folge eines Handelns oder eines Unterlassens von A ist.

Die terminologische Zuordnung hängt nach diesem Schema *nicht* davon ab,

1. ob sich A's Zustand durch das Verhalten verbessert, verschlechtert oder gleichbleibt,
2. von dem *Ausmaß* der Schlechter- oder Besserstellung von B, und nicht
3. von der (positiven oder negativen) moralischen *Bewertung* des Verhaltens von A.

In diesem letzten Punkt weicht das Schema deutlich vom Alltagssprachgebrauch ab. Während der Begriff »Schädigung« dem Schema zufolge in einem moralisch neutralen Sinn verwendet wird, der die moralische Bewertung des Verhaltens von A offenläßt, hat »Schädigung« im Alltagssprachgebrauch eine negativ wertende Konnotation. Man wird nicht leicht verstanden, sagt man ohne weitere Erläuterungen: »A schädigt B, und das ist moralisch in Ordnung.« Auf eine weitere Abweichung zwischen Schema und Alltagssprachgebrauch ist bereits oben hingewiesen worden: Bei moralisch schwerwiegenden Fällen wie dem gezielten Verhungernlassen eines kleinen Kindes werden auch Alltagssprecher Bedenken haben, die vorsätzliche Untätigkeit der Mutter als bloßes Nicht-Wohltun (Zeile 7) zu beschreiben. Im großen und ganzen dürfte die in Schema 1 dargestellte Terminologie dennoch dem allgemeinen Sprachgebrauch am besten entsprechen.

Eine ethische Konzeption, die auf der »starren« terminologischen Zuordnung aufbaut, ist das bekannte Vier-Prinzipien-Modell der biomedizinischen Ethik von Beauchamp und Childress (1983). Diese Konzeption postuliert vier auf mittlerer Abstraktionsebene angesiedelte »Prinzipien«: *Nichtschädigung* (nonmaleficence), *Selbstbestimmung* (autonomy), *Wohltun* (beneficence) und *Gerechtigkeit* (justice). Das Prinzip der Nichtschädigung wird dabei als *Unterlassungsgebot*, das Prinzip des Wohltuns als *Handlungsgebot* aufgefaßt, d.h. Schädigung und Wohltun sind implizit so definiert, daß sie jeweils nur durch ein Handeln realisiert werden können. Das Prinzip der Nichtschädigung verbietet, anderen Schaden an Leib, Leben oder Eigentum zuzufügen, wobei dieses »Zufügen« eine wie immer geartete Aktivität des Adressaten voraussetzt, während das Prinzip des Wohltuns dazu auffordert, Schaden von anderen abzuwenden, eingetretene Schäden zu beheben und zu lindern und die Lage anderer zu verbessern, wobei auch diese Beschreibungen auf ein positives Handeln zielen:

> »All three modes of beneficence involve positive acts [...] while nonmaleficence requires noninfliction of harm« (Beauchamp/Childress, 1983, 108).[34]

Während die begriffliche Zuordnung von Schädigung und Wohltun in diesem Modell starr ist, sieht es – anders als bei Gert – jedoch keine vergleichbar starre Zuordnung der vier Prinzipien zu unterschiedlichen Stufen normativer Verbindlichkeit vor. Dem Prinzip zur Nichtschädigung wird weder gegenüber dem Prinzip des Wohltuns noch gegenüber dem Prinzip der Autonomie durchgängige Priorität zugesprochen. Vielmehr wird die Gewichtung der Prinzipien gänzlich der jeweiligen Einzelfallbeurteilung überlassen.

---

34 Vgl. auch Childress (1982) 29: »A major reason for the distinction between the duties of nonmaleficence and beneficence is that the former involves not doing, while the latter involves doing. Beneficence involves positive, affirmative actions.«

Das folgende alternative Schema 2 entspricht der zweiten Alternative. Es behält die herkömmliche Priorisierung des Schädigungsverbots gegenüber der Pflicht zur Wohltätigkeit bei, modifiziert jedoch die herkömmliche terminologische Zuordnung so, daß auch Unterlassungen als Schädigungen aufgefaßt werden können:

Schema 2: Flexible Terminologie			
Verhalten von A gegenüber B	Zustand von B de facto	alternativ	Status
Handeln			
1. A stellt B schlechter	–	=	Schädigung
2. A stellt B besser	+	=	Wohltun
3. A verhindert, daß B schlechtergestellt wird	=	–	Wohltun oder Nicht-Schädigung
4. A verhindert, daß B bessergestellt wird	=	+	Schädigung oder Nicht-Wohltun
Unterlassen			
5. A unterläßt es, B schlechterzustellen	=	–	Nicht-Schädigung
6. A unterläßt es, B besserzustellen	=	+	Nicht-Wohltun
7. A unterläßt es, eine Schlechterstellung von B zu verhindern (A läßt eine Schlechterstellung von B zu)	–	=	Nicht-Wohltun oder Schädigung
8. A unterläßt es, eine Besserstellung von B zu verhindern (A läßt eine Besserstellung von B zu)	+	=	Nicht-Schädigung oder Wohltun

Schema 2 unterscheidet sich von Schema 1 darin, daß der Status des Verhaltens von A gegenüber B nunmehr unabhängig davon ist, ob das Verhalten von A in einem Handeln oder einem Unterlassen besteht. Der Status hängt aber auch nicht ausschließlich davon ab, ob sich B's Lage durch das Verhalten von A verbessert oder verschlechtert. Verschlechtert sich B's Lage, kann sowohl eine Schädigung als auch eine versäumte Wohltat vorliegen, verbessert sie sich, kann eine Wohltat vorliegen, aber auch eine unterlassene Schädigung. Welche Beschreibung angemessen ist, hängt von jeweils anderen Faktoren ab.

Die in Schema 2 dargestellte offene Zuordnung verdient gegenüber der starren Zuordnung von Schema 1 eindeutig den Vorzug. Ein wesentlicher Vorteil ist darin zu sehen, daß sie es erlaubt, die ausgesprochen plausible normative Priorität der Pflichten der Nicht-Schädigung gegenüber den Pflichten der Wohltätigkeit aufrechtzuerhalten. Ein weiterer Vorteil ist ihre Offenheit: Ob in einem Fall, in dem ein Unterlassen von A eine Schlechterstellung von B verursacht, von einem Akt der Schädigung oder lediglich von einer unterlassenen Wohltat gesprochen werden kann oder muß, hängt nicht mehr nur von der formalen Struktur, sondern auch von den Inhalten der jeweiligen Interaktion ab.

Daß der entscheidende Vorteil der zweiten Zuordnung in seiner Flexibilität liegt, sieht man leicht, wenn man Schema 2 mit Schema 3 vergleicht: Hier erscheint die Zuordnung gegenüber Schema 1 umgepolt, aber ansonsten ebenso starr (s. S. 185).

Daß diese Zuordnung ebenso wenig angemessen wäre wie die Terminologie in Schema 1, sieht man u. a. daran, daß man nach Zeile 7 selbst dann noch von einer »Schädigung« sprechen müßte, wenn sich B's Lage dadurch verschlechtert, daß A eine begonnene supererogatorische Hilfeleistung für B abbricht. Das ist jedoch allenfalls für solche Fälle plausibel, in denen A durch sein Eingreifen eine Erwartung begründet hat, die er durch den Abbruch der Hilfeleistung enttäuscht, oder

Schema 3: Inverse starre Terminologie			
Verhalten von A gegenüber B	Zustand von B de facto	alternativ	Status

Handeln

1. A stellt B schlechter	–	=	Schädigung
2. A stellt B besser	+	=	Wohltun
3. A verhindert, daß B schlechtergestellt wird	=	–	Nicht-Schädigung
4. A verhindert, daß B bessergestellt wird	=	+	Nicht-Wohltun

Unterlassen

5. A unterläßt es, B schlechterzustellen	=	–	Nicht-Schädigung
6. A unterläßt es, B besserzustellen	=	+	Nicht-Wohltun
7. A unterläßt es, eine Schlechterstellung von B zu verhindern (A läßt eine Schlechterstellung von B zu)	–	=	Schädigung
8. A unterläßt es, eine Besserstellung von B zu verhindern (A läßt eine Besserstellung von B zu)	+	=	Wohltun

in denen A's Eingreifen B daran hindert, eine alternative Hilfeleistung von einem Dritten anzunehmen, bei dem mit einem Rücktritt weniger zu rechnen ist (vgl. Kagan, 1989, 107 f., und Leist, 1990a, 42).

Die in Schema 2 angedeutete Flexibilisierung der Terminologie ist eines der Hauptanliegen von Joel Feinbergs Plädoyer für eine stärkere Berücksichtigung von Solidaritätspflichten im Kontext individualistisch ausgerichteter Strafrechtssysteme wie der der angelsächsischen Länder (Feinberg, 1984). Wie Feinberg an zahlreichen Beispielen demonstriert, kommen im Bereich des Strafrechts eine große Fülle Unterlassungen vor, die angemessener als Schädigungen denn als unterlassene Wohlfahrtsverbesserungen beschrieben werden. Die Beschreibung als Schädigung legt sich insbesondere dann nahe, wenn B aus einem Unterlassen von A ein massiver Schaden erwächst, der leicht hätte abgewendet werden können, etwa dann, wenn der geschäftsunerfahrene B dadurch ruiniert wird, daß A es unterläßt, B auf das »Kleingedruckte« eines Vertrags aufmerksam zu machen. Es wäre absurd, von A in einem solchen Fall zu sagen, daß er es lediglich unterläßt, B eine Wohltat zu erweisen. Ebenso irreführend wäre es, von einem A, der den unerfahrenen B auf das »Kleingedruckte« hinweist und dadurch erheblichen Schaden von ihm abwendet, zu sagen, er erweise B lediglich eine Wohltat. »Wohltat« legt nahe, daß A's Handeln B in irgendeiner Weise besserstellt, während es hier darum geht, B vor einer Gefahr zu bewahren, die ihn ohne A's Eingreifen massiv schlechter stellen würde.

Auf der anderen Seite können Wohltätigkeitspflichten durchaus auch ein Unterlassen erfordern, etwa die *Verschonung* des anderen oder den *Verzicht* auf die Einforderung einer Schuld zum Fälligkeitstermin. Ein solcher Akt der Wohltätigkeit kann ein supererogatorischer Akt der moralischen Großzügigkeit jenseits der Grenzen der Pflicht sein. Er kann aber auch moralisch gefordert sein, etwa wenn die Einforderung der Schuld dem Schuldner die Mittel zum Überleben oder zur Versorgung seiner Familie nehmen würde.

Die Einsicht, daß die strengeren Pflichten der Nicht-Schädigung gelegentlich auch ein Handeln und die weniger strengen Pflichten der Wohltätigkeit gelegentlich auch ein Unterlassen fordern, ist implizit bereits in der Moralphilosophie

Kants enthalten. Setzt man die Pflichten der Nicht-Schädigung mit Kants »strengen« oder »vollkommenen« Pflichten, die Pflichten der Wohltätigkeit mit Kants »nachlaßlichen« oder »unvollkommenen« Pflichten gleich, zeigt sich, daß auch für Kant die Korrelation zwischen »vollkommenen« und Unterlassungspflichten, zwischen »unvollkommenen« und Handlungspflichten keineswegs lückenlos ist.[35]

Zunächst tendiert auch Kant dazu, vollkommene (im Konfliktfall den unvollkommenen Pflichten vorgeordnete) Pflichten mit Unterlassungspflichten, unvollkommene Pflichten mit Handlungspflichten gleichzusetzen. So sind die Pflichten, sein Leben zu erhalten und keine lügenhaften Versprechen abzugeben (die in der *Grundlegung* die vollkommenen Pflichten repräsentieren) beides Unterlassungspflichten, die Pflichten zur Entwicklung der Talente und zum Beistand in der Not (die die unvollkommenen Pflichten repräsentieren) beide Handlungspflichten. Auch formuliert Kant die (vollkommene) Pflicht zur Wahrhaftigkeit, die nach ihm als Teilaspekt zur Pflicht zur Achtung der eigenen Würde gehört, soweit ich sehe, stets als Unterlassungsgebot – als Verbot der Lüge – und nicht als Handlungsgebot:

»Wahrhaftigkeit in Aussagen, die man nicht umgehen kann, ist formale Pflicht des Menschen gegen jeden, es mag ihm oder einem andern daraus auch noch so großer Nachteil erwachsen« (Kant, Bd. 8, 426).

35 Die durch Kant und Mill klassisch gewordene Terminologie der »vollkommenen« und »unvollkommenen« Pflichten ist notorisch mehrdeutig. Während die Schulphilosophie des 18. Jahrhunderts solche Pflichten »unvollkommen« nennt, deren Erfüllung nicht durch äußere Gesetze erzwungen wird oder werden soll, versteht Kant – zumindest in der *Grundlegung zur Metaphysik der Sitten* – in bewußter Abweichung von diesem Sprachgebrauch unter »unvollkommenen Pflichten« solche, die eine »Ausnahme zum Vorteil der Neigung verstatten« (Kant, Bd. 4, 412, Anm.), d.h. bei denen die Auswahl sowohl der Begünstigten als auch des Modus und der Gelegenheit der Pflichterfüllung nach individueller Neigung wählbar ist. Anders als bei den vollkommenen Pflichten gibt es deshalb bei den unvollkommenen Pflichten in diesem Sinn keinen, der ein moralisches *Recht* auf die geforderte Leistung hat.

Während sich eine »Pflicht zur Wahrhaftigkeit« im Prinzip auch so verstehen läßt, daß sie dazu verpflichtet, auf Fragen wahrheitsgemäß Auskunft zu geben (gleichgültig ob man zu einer Auskunft gezwungen ist), und dann als Handlungspflicht verstanden werden muß, stellt Kant klar, daß es ihm bei der Wahrhaftigkeitspflicht lediglich um eine Unterlassungspflicht, die Pflicht zur Unterlassung von Lügen geht. In der *Metaphysik der Sitten* dagegen wird die strenge Verknüpfung zwischen vollkommenen und Unterlassungs- und unvollkommenen und Handlungspflichten gelockert. Zwar wird etwa bei den Pflichten gegen sich selbst weiterhin – wie in der *Grundlegung* – die Pflicht zur Selbsterhaltung als vollkommene, die Pflicht zur Selbstvervollkommnung als unvollkommene Pflicht aufgefaßt und die eine mit Unterlassungs-, die andere mit Handlungspflichten verknüpft:

>»Es wird daher nur eine *objektive* Einteilung der Pflichten gegen sich selbst in das *Formale* und *Materiale* derselben statt finden; wovon die eine einschränkend (negative Pflichten), die andere *erweiternd* (positive Pflichten gegen sich selbst) sind: jene, welche dem Menschen in Ansehung des *Zwecks* seiner Natur *verbieten*, demselben zuwider zu handeln, mithin bloß auf die moralische *Selbsterhaltung*, diese, welche *gebieten*, sich einen gewissen Gegenstand der Willkür zum Zweck zu machen, und auf die *Vervollkommnung* seiner selbst gehen: von welchen beide zur Tugend entweder als Unterlassungspflichten (sustine et abstine) oder als Begehungspflichten (viribus concessis utere), beide aber als Tugendpflichten gehören« (Kant, Bd. 6, 419).

In der konkreten Durchführung dieser Einteilung erweist sich aber, daß die vollkommene Pflicht zur Selbsterhaltung auch Handlungspflichten umfaßt. Der Pflicht zur Selbsterhaltung nachzukommen, bedeutet für Kant nicht nur, sich nicht durch Selbstmord die physische oder durch Lügen oder Kriecherei die moralische Existenz zu zerstören, sondern auch, sich nicht die Mittel zum eigenen Genuß vorzuenthalten. Die der »Verengung seines eigenen Genusses der Mittel zum Wohlleben unter das Maß des wahren eigenen Bedürfnisses« aus »kargem Geiz« (Kant, Bd. 6, 432) wehrende Pflicht ist jedoch allenfalls grammatisch (»sich nicht vorenthalten«) eine Unterlassungspflicht; der Sache nach ist sie eine Handlungspflicht. Gewiß würde Kant noch weitere Handlungspflichten unter die vollkommenen Pflichten subsumiert haben, hätte er etwa ausdrücklich Leistungspflichten aus Versprechen und Verträgen oder die staatliche Pflicht zur gerechten Bestrafung von Unrecht diskutiert.

Auf der anderen Seite kann die unvollkommene Pflicht zur Wohltätigkeit nach Kant durchaus auch ein Unterlassen erfordern. So besteht für Kant eine Wohltätigkeitspflicht von »weiter Verbindlichkeit« (eine unvollkommene Pflicht), niemanden zu etwas zu verleiten, »worüber ihn sein Gewissen nachher peinigen kann« (Kant, Bd. 6, 394). Wohltätigkeit besteht auch darin, gegenüber dem Bedürftigen jeden Anschein zu vermeiden, man wolle ihn durch die erwiesenen Wohltaten verpflichten, »weil es sonst nicht wahre Wohltat wäre, die er diesem erzeigte, indem er ihm eine Verbindlichkeit (die den letzteren in seinen eigenen Augen immer erniedrigt) auferlegen zu wollen äußerte« (Kant, Bd. 6, 453). Auch bei Kant zeigt sich, wie eine anfänglich schematische Zuordnung durch die Konfrontation mit konkreten Sachgegebenheiten aufgebrochen und der Ehrgeiz der Ethik, ebenso allgemeine wie adäquate Orientierungen bereitzustellen, enttäuscht wird.

6.6 Sicherer versus unsicherer Schadenseintritt

Zu den moralisch relevanten Umständen eines Handelns oder Unterlassens gehören nicht nur Art und Reichweite der erwarteten oder zu erwartenden Folgen, sondern auch der Grad an Sicherheit, mit denen ihr Eintritt erwartet wird oder zu erwarten ist. Je größer die Sicherheit, mit der eine negative

Verhaltensfolge erwartet wird, desto größer die Begründungslast für den Akteur, sein Verhalten durch kompensierende positive Folgenerwartungen zu legitimieren. Sind die Folgen eines Handelns zum Zeitpunkt der Handlung durchweg oder in der weit überwiegenden Zahl der Fälle sicherer als die Folgen des Unterlassens zum Zeitpunkt des Unterlassens?

Man ist auch hier wieder versucht, sich an dramatischen Beispielen wie dem der aktiven und der passiven Sterbehilfe zu orientieren und zu sagen: Wer einen anderen gezielt tötet, führt den Tod des anderen mit höherer Sicherheit herbei, als wer einen anderen lediglich sterben läßt. Wer einem todkranken Patienten den Sterbeprozeß durch eine todbringende Injektion abkürzt, weiß mit Sicherheit, daß er sterben wird, während derjenige, der einen Patienten sterben läßt, indem er eine Behandlung abbricht, diese Sicherheit nicht hat.

Für die größere Folgensicherheit des (schädigenden) Handelns könnte man auch so argumentieren: Beim Handeln nimmt der Akteur den Verlauf der Ereignisse selbst in die Hand und steuert ihn auf das gewünschte Ergebnis zu, während er sich beim Unterlassen zwangsläufig auf anderweitige Agentien verlassen muß. Wenn A B unter Wasser stößt, damit er ertrinkt, scheint das gewünschte Resultat, der Tod von B, zum Zeitpunkt der Handlung sicherer, als wenn A B vorsätzlich ertrinken läßt, indem er es unterläßt, ihm die Hand zur Rettung zu reichen. Wenn A B über einen Sachverhalt täuschen will, scheint er unter Sicherheitsaspekten besser beraten, B aktiv zu belügen, als sich darauf zu verlassen, daß B seinen falschen Glauben beibehält.

Wenn diese Beispiele etwas zeigen können, dann allenfalls eine Asymmetrie hinsichtlich der Folgensicherheit bei *intendierten* und *direkten* Schädigungen, nicht aber bei Schädigungen insgesamt. Nur bei *intendierten* aktiven Schädigungen ist der Akteur in der Lage, den durch seine Handlung ausgelösten Prozeß – soweit dies die objektiven Bedingungen zulassen – zielsicher zu steuern. Bei unwissentlichem und/oder unwillentlichem Verhalten (etwa bei fahrlässiger Körperverletzung im Straßenverkehr) besteht zum Zeitpunkt des Verhaltens gewöhnlich keine Sicherheit über die Folgen. Außerdem muß sich die angestrebte Wirkung *direkt* erreichen lassen. Bei vielen intendierten Schädigungen, z.B. wenn A einen Schuß auf B in weiter Entfernung abgibt, besteht zum Zeitpunkt der Handlung erheblich weniger Sicherheit über den Tatausgang als bei einem gezieltem Nicht-Eingreifen, etwa wenn B zu ertrinken droht und A als einziger eingreifen könnte, aber nicht eingreift (vgl. Kuhse, 1987, 77). Auch eine *typischerweise* tödliche aktive Einwirkung von A auf B wie »Attentäter A sticht B ins Herz« (Gruzalski, 1988, 81) braucht im Einzelfall nicht den sicheren Tod für B zu bedeuten, vorausgesetzt, es steht untypischerweise ein medizinisches Team bereit, das B retten kann.

Daß zwischen Handeln und Unterlassen auch in puncto Sicherheit des Folgeneintritts keine durchgängige Asymmetrie besteht, wird deutlich, wenn man die »einseitige Diät« der drastischen Beispiele durch alltäglichere Fälle anreichert. Eine aktive Lüge gewährt dem Lügner A nicht immer eine größere Sicherheit, daß der belogene B etwas Falsches glaubt, als eine unterlassene Aufklärung bei angenommener Fehlinformation, da gerade die ausdrückliche Lüge einen Verdacht wecken kann, den das bloße Im-Irrtum-Lassen vermeidet. Der Pflichtverteidiger, der seinen Klienten in einer Situation, in der dieser ihm Geld anbietet, nicht darüber aufklärt, daß seine Leistungen für ihn kostenlos sind, kann mit derselben Sicherheit annehmen, daß der Klient glaubt, seine Leistungen müßten honoriert werden, als wenn er ihn aktiv darüber belogen hätte. Auch in anderen Hinsichten braucht sich der NichtAufklärer hinsichtlich seines Erfolgs nicht unsicherer zu sein als der Lügner. Die *Nachhaltigkeit* der Täuschung können beide ohnehin nicht erzwingen. Das Risiko, daß B von anderer Seite ins Licht gesetzt wird, ist für beide gleich groß. Hat A bei B sein Vertrauenskapital bereits verspielt, wird B seinem

Schweigen ebenso wenig Glauben schenken wie seinen Worten. Genießt A bei B Vertrauen, wird B sowohl das von A Geäußerte für bare Münze nehmen als auch die Tatsache als Bestätigung auffassen, daß A eine ihm zur Kenntnis gebrachte Fehlinformation nicht korrigiert.

Mithin ist auch für die Merkmalsdimension der Folgensicherheit die Unterscheidung zwischen Tun und Unterlassen kein zuverlässiger Indikator.

6.7 Direkter versus indirekter Schadenseintritt

Auch wenn die Unterscheidung zwischen direktem und indirektem Schadenseintritt in der moraltheologischen Tradition der Lehre von der Doppelwirkung eine gewichtige Rolle spielt, ist fraglich, ob ihr eigenständige moralische Bedeutung zugeschrieben werden kann.

Die traditionelle Lehre von der Doppelwirkung postuliert, daß für die Beurteilung von Handlungen mit schlechten Hauptfolgen und guten Nebenfolgen grundsätzlich andere Maßstäbe gelten als für die Beurteilung von Handlungen mit guten Hauptfolgen und schlechten Nebenfolgen. Eine Handlung mit schlechten Hauptfolgen muß danach auch dann moralisch verurteilt werden, wenn der Wert ihrer absehbaren Nebenfolgen den Unwert ihrer absehbaren Hauptfolgen mehr als aufwiegt. Andererseits ist eine Handlung mit guten Hauptfolgen auch dann moralisch erlaubt, wenn der Wert ihrer absehbaren Hauptfolgen den Unwert ihrer absehbaren Nebenfolgen *nicht* aufwiegt. Haupt- und Nebenfolgen werden dabei von verschiedenen Varianten der Doppelwirkungslehre unterschiedlich bestimmt. Variante A identifiziert die Hauptfolgen mit den vom Akteur – als Zweck oder als Mittel – *intendierten* Folgen. Als »Nebenfolgen« gelten für sie dann sowohl die vom Akteur nicht vorausgesehenen als auch die vom Akteur vorausgesehenen, aber nicht intendierten (sondern allenfalls in Kauf genommenen) Handlungsfolgen.

Für diese Variante ist es gleichgültig, ob die intendierten Hauptfolgen sofort oder mit zeitlicher Verzögerung, direkt oder indirekt eintreten. Für Variante B müssen die Hauptfolgen nicht nur intendiert sein, sondern auch *direkt* eintreten, wobei sich »direkt« sowohl auf die zeitliche als auch auf die kausale Unmittelbarkeit (oder auf beides) beziehen kann. Für diese Variante gelten nicht nur die nicht-intendierten, aber erwarteten Folgen als Nebenfolgen, sondern auch einige von den intendierten Handlungsfolgen, nämlich diejenigen, die mit zeitlicher Verzögerung oder nach Durchlaufen mehrerer kausaler Zwischenschritte eintreten.

Motiviert scheint diese letztere Konzeption durch den Wunsch nach einer möglichst bruchlosen Anpassung an Alltagssprache und Alltagsdenken. Alltagssprache und Alltagsdenken tendieren dazu, zeitlich und kausal entfernte Folgen eines Verhaltens auch dann nicht in die Verhaltensbeschreibung aufzunehmen, wenn die entfernten Folgen intendiert, in Kauf genommen oder vorausgesehen sind. Wer einen anderen wissentlich mit einer langfristig todbringenden Krankheit infiziert oder zu einer mit einiger Wahrscheinlichkeit todbringenden Gewohnheit (wie dem Kettenrauchen) verleitet, wird gewöhnlich nicht als jemand beschrieben, der diesen anderen *tötet*. Das hängt sicherlich auch damit zusammen, daß vorsätzliche oder bedingt vorsätzliche Schädigungen mit verzögertem Schadenseintritt zumeist als weniger grausam und gewaltsam wahrgenommen werden als Schädigungen mit sofortigem Wirkungseintritt. Auch wenn der spätere Schaden von Anfang an vorausgesehen wird, liegt es dem Alltagsdenken näher, das schädigende Handeln so zu beschreiben, daß sich der Eintritt des Schadens als *Folge* und nicht als *Komponente* der Handlung darstellt. Da deontologische Ethiken (wie die der Lehre von der Doppelwirkung zugrundeliegende) ihre Verhaltensgebote und -verbote nicht nur an den erwarteten oder zu erwartenden Verhaltens*folgen*, sondern stets auch an bestimmten Verhaltens*beschreibungen* orientieren, wirkt sich die Wahl der Verhaltensbeschreibung maßgeblich auf die ethische Beurteilung aus. Wird diese Wahl so getroffen, daß sie sich der für alltagsmoralische Beschreibungen charakteristischen Vernachlässigung zeitlich und kausal entfernter Folgen anpaßt, werden diese Folgen in der deontologischen Beurteilung nicht oder nur unzureichend berücksichtigt.

In dem vieldiskutierten Geburtshelfer-Fall, in dem der Arzt vor dem Dilemma steht, entweder Mutter und Kind sterben zu lassen oder die Mutter zu retten, indem er den Schädel des noch nicht geborenen Kindes zertrümmert und damit das Kind tötet, spielt die Direktheit, mit der der Tod des Kindes eintritt, für die Variante B der Doppelwirkungslehre eine entscheidende Rolle. Würde der Tod erst nach einer gewissen Zeit und nach Durchlaufen verschiedener kausaler Zwischenschritte eintreten, wäre es weniger klar, daß der Vorgang als ein Akt des *Tötens* beschrieben und deshalb kategorisch verboten werden müßte. Statt dessen ließe sich der Vorgang auch so beschreiben, daß der Tod als *Folge* des Eingriffs in Kauf genommen wird und dieser deshalb auch dann weniger streng zu verurteilen ist, wenn der Akteur – im Interesse der Mutter – nicht nur darauf hofft, daß sich diese Folge einstellt, sondern geradewegs darauf abzielt. Läge zwischen Eingriff und Todesfolge eine hinreichend lange Zeitspanne, könnte man von diesem Standpunkt aus sagen, daß der Arzt das Kind nicht *tötet*, sondern lediglich in einer Weise handelt, die den Tod des Kindes mit Sicherheit nach sich zieht. Damit wäre das Tötungsverbot umgangen und der Weg zu einer Rettung der Mutter frei.

Aber ist die Unmittelbarkeit der Einwirkung wirklich moralisch relevant? Das muß mit Fug und Recht bezweifelt werden. Ein Akt der Tötung mit sofortiger Todesfolge mag brutaler und gewaltsamer *erscheinen* als ein Verhalten, das den Tod erst mit einiger Verzögerung oder über mehrere Zwischenschritte herbeiführt. Das kann unsere spontanen Beurteilungstendenzen allenfalls erklären, aber nicht rechtfertigen. Man könnte sogar im Gegenteil argumentieren, daß

die Tatsache, daß sich der Fern-Täter (z. B. der »Schreib-
tischtäter« oder der aus der Befehlszentrale seine Truppen
bewegende General) vielfach nicht einmal »die Hände
schmutzig machen« muß, um seine Ziele zu erreichen, ihn
eher noch stärker belastet. Während der Nah-Täter mit dem
angerichteten Schaden zumindest unmittelbar konfrontiert
ist, leistet sich der Fern-Täter, der sich den Anblick des
Angerichteten vom Leib hält und gar nicht erst in die Verle-
genheit kommt, vor den eingetretenen Folgen die Augen verschließen zu müssen, obendrein noch den Luxus der leichte-
ren inneren Distanzierung und entsprechend geringerer
Schuldgefühle. Man wird Bennett (1980, 119) zustimmen
müssen, daß die Unterscheidung zwischen Verhalten mit
direkten und indirekten Folgen als solche letztlich nicht als
moralisch relevant gelten kann.

Selbst dann, wenn das Merkmal der Direktheit des Folgeneintritts moralisch relevant wäre, könnte es zwischen Handeln
und Unterlassen als solchen nicht differenzieren (so auch Harris, 1985, 45). Zeitliche Fernwirkungen sind nicht ausschließlich die Domäne von Unterlassungen, sofortiger Schadenseintritt nicht ausschließlich die Domäne positiver Handlungen.
Wenn Sekretärin A vergißt, ihren Vorgesetzten B an einen
wichtigen Termin zu erinnern, kann das für die Firma einen
sofortigen und nicht wiedergutzumachenden Schaden bedeuten. Das Versäumnis, einem Schwerverletzten Erste Hilfe zu
leisten, kann ebenso den sofortigen Tod zur Folge haben wie
die unterlassene Warnung vor einer plötzlich eintretenden Gefahr, etwa durch einen herabstürzenden Felsbrocken. Auf der
anderen Seite sind mit den in den letzten Jahren rapide zunehmenden Kenntnissen über Fernwirkungen und Fernwir-
kungsrisiken Fallkonstellationen in den Horizont der Ethik
gerückt, bei denen aktive Eingriffe ihre Schadenswirkungen
erst durch systemhaftes Zusammenwirken mit vielfältigen anderen Faktoren und mit erheblichen Zeitverzögerungen entfalten, etwa im Bereich der Ökologie. Das sich gegenwärtig
vollziehende rapide Artensterben ist mit einiger Wahrschein-

lichkeit nicht so sehr die Folge heutigen Wirtschaftens als vielmehr die Folge des Wirtschaftens des gesamten letzten Jahrhunderts zunehmender Industrialisierung, die erst heute in vollem Umfang sichtbar wird. Die heutigen Emissionen an Kohlendioxid und anderen »Treibhausgasen« werden ihre durchschlagenden Wirkungen auf das globale Klima aller Voraussicht nach erst in einigen Generationen entfalten.

Die Beziehung zwischen den Gegensatzpaaren Handeln-Unterlassen und Direkt-Indirekt ist weniger eine der Korrelation oder Kovarianz als eine der Parallelität: Sowohl die Indirektheit der Handlungsfolgen als auch der Unterlassungscharakter des Verhaltens sind Faktoren, die es dem Akteur erlauben, sich psychologisch von der vollen Folgenverantwortung zu entlasten. Beide Faktoren begünstigen Einschränkungen der kausalen Folgenzurechnung und erleichtern die innere Distanzierung. Dies gilt besonders dann, wenn zu den vermittelnden kausalen Agentien – wie im Fall des »Schreibtischtäters« – andere Akteure gehören, deren Verhalten zwar mit Sicherheit vorausgesehen werden kann, die aber zumindest im Prinzip fähig wären, die vom Auftraggeber zum Ziel führende Kausalkette zu durchbrechen. Zur Erklärung reicht bereits die traditionelle Assoziationspsychologie aus. Zeitliche Kontiguität gehört wie räumliche Kontiguität bereits bei Hume zu den Faktoren, die gedankliche Assoziationen begünstigen. Zeitliche Verzögerung und räumliche Ferne des Wirkungseintritts sowie ein komplexer und intransparenter kausaler Wirkungsverlauf erhöhen die Chancen für eine gedankliche und affektive Dissoziierung von Ursache und Wirkung und eine entsprechende moralische Entlastung. Die primären Ursachen des eintretenden Schadens werden jedesmal in natürlichen oder anderweitigen äußeren Faktoren gesehen, das eigene Verhalten lediglich als anfänglicher Auslöser oder als passive Bedingung, die der »Natur ihren Lauf läßt«. Nur bei einer zugleich aktiven *und* direkten intentionalen Schädigung fallen beide Entlastungsmöglichkeiten weg.

6.8 Identifizierter versus nicht-identifizierter Betroffener

Während ein indirektes oder zeitlich verzögertes Eintreten der negativen Auswirkungen eines Verhaltens den *Akteur* subjektiv von Verantwortlichkeit entlastet, besteht aus der Sicht des *Betroffenen* zwischen direktem und indirektem Schadenseintritt kein nennenswerter Unterschied. Dasselbe gilt im wesentlichen auch für das Merkmal der Identifiziertheit des Betroffenen. »Identifiziert« heißt, daß der Akteur oder ein Dritter weiß, *wer* von einem Verhalten negativ betroffen ist. Es reicht nicht, daß einer von beiden weiß, daß sich der Betroffene unter den Mitgliedern einer bestimmten Population befindet oder bestimmte allgemeine Merkmale besitzt. Identifiziert ist er nur dann, wenn er als individueller Betroffener feststeht. Treffen die Merkmale der indirekten Wirkung und der Nicht-Identifiziertheit der Betroffenen zusammen, wird dadurch auf der Seite des Akteurs die subjektive Entlastungswirkung multipliziert. Eine Regierung, die die Höchstgeschwindigkeit für Autos oder den höchsten erlaubten Alkoholpegel für Autofahrer so festsetzt, daß damit voraussehbar tausend Menschen mehr pro Jahr auf den Straßen sterben als bei einer möglichen restriktiveren Regelung, fühlt sich für diese tausend Todesfälle weniger verantwortlich, als wenn sie dieselbe Zahl von unbescholtenen Bürgern nach einer von vornherein feststehenden Namenliste durch die Geheimpolizei – der dies vielleicht ebensoviel Spaß macht wie den Autofahrern Schnellfahren und Biertrinken – umbringen ließe.

Ist die Unterscheidung zwischen Schädigungen mit identifizierten und Schädigungen mit nicht-identifizierten Betroffenen moralisch relevant? Ich vermag hier ebensowenig einen gravierenden moralischen Unterschied zu sehen wie Glover (1977, 101) und Singer (1984, 228). Gewiß liegt es nahe, bei gezielten Schädigungen eher Absicht, bei Schädigungen mit anonymen Opfern eher Unabsichtlichkeit zu unterstellen, da man es im letzteren Fall ja auf niemanden im besonderen »abgesehen« hat. Aber untersucht man vergleichbare Fälle, fällt der Unterschied in sich zusammen. Ob Terroristen auf einen Prominenten einen gezielten Anschlag verüben oder eine Geisel erschießen, deren Identität ihnen vorher nicht bekannt ist, macht moralisch keinen wesentlichen Unterschied, solange die Tat jedesmal aus ähnlichen Motiven begangen wird und – als Mittel – intendiert ist. Ebensowenig macht es für die moralische Bewertung einer Kampfhandlung im Krieg ceteris paribus einen Unterschied, ob ein feindlicher Soldat anonym durch eine Rakete oder – weniger anonym – im Nahkampf getötet wird. Dasselbe gilt für die identifizierten und nicht-identifizierten Opfer von Unterlassungen. Ob mir der Ertrinkende, den ich retten könnte, aber aus Bequemlichkeit nicht rette, bekannt ist oder nicht, macht für die Beurteilung meines Verhaltens keinen Unterschied – zumindest solange nicht durch die Identifikation weitergehende Rollenpflichten ins Spiel kommen, von denen ich, solange das Opfer nicht identifiziert ist, frei bin. Zwar scheint eine Gesundheitspolitik, die zukünftigen unidentifizierten Patienten aus Rationierungsgründen bestimmte mögliche medizinische Behandlungen vorenthält, eher vertretbar als eine Gesundheitspolitik, die dieselbe Behandlung gegenwärtigen Patienten vorenthält. Aber hier ist nicht die Identifiziertheit der Betroffenen als solche der moralisch entscheidende Faktor, sondern die Tatsache, daß eine solche Politik bei den gegenwärtigen – im Gegensatz zu den zukünftigen – Patienten begründete Erwartungen enttäuscht und das zwischen Arzt und Patient bestehende Vertrauen empfindlicher stört.

Psychologisch ist eine ganz andere Diagnose zu stellen. Psychologisch macht es durchaus einen Unterschied, ob begrenzte zur Verfügung stehende Mittel auf die Rettung bekannter oder unbekannter Opfer verwendet werden. Hilfsbereitschaft ist unter anderem eine Funktion der Bekanntheit dessen, der die Hilfe bekommen soll – einer der

Gründe dafür, daß sich Hilfsorganisationen zunehmend der Strategie der Personalisierung zur Aktivierung von Spendenbereitschaft bedienen. Der Rettung identifizierter Unglücksopfer wird deshalb oft auch dann der Vorzug gegeben, wenn damit in Kauf genommen werden muß, daß zur Rettung späterer statistischer Opfer nicht mehr genügend Mittel zur Verfügung stehen und sich die Gesamtbilanz objektiv verschlechtert. Bekannten Opfern, z. B. bei einem Bergwerksunglück, eine mögliche Rettung vorzuenthalten, hieße, sie in gewisser Weise zum Tode zu verurteilen. Sowohl für die den Opfern Nahestehenden als auch für den, der die Rettung aufgrund eines kaltblütigen Nutzen-Kosten-Kalküls verweigern wollte, wäre eine strategische Entscheidung, die verfügbaren Rettungsmittel *nicht* einzusetzen, nur schwer zu ertragen (vgl. Stich, 1982, 109). Aber falls die einzige Alternative darin besteht, eine noch größere Zahl heute noch nicht bekannter Opfer infolge erschöpfter Mittel in Zukunft *nicht* retten zu können, und diese Alternative *sicher* ist, läßt sich dennoch bezweifeln, ob die Entscheidung für die Rettung hier und jetzt die moralisch richtige ist. Auch wenn sich Moral *in abstracto* und Hartherzigkeit *in concreto* nicht zu vertragen scheinen: Ich persönlich habe große Bedenken, mich der Schlußfolgerung von Frank (1985, 203) anzuschließen, daß nur deswegen, weil das bekannte Opfer uns sehr viel anschaulicher und lebhafter gegenwärtig ist als das unbekannte, eine rationale Kosten-Nutzen-Analyse von uns nicht verlangen könne, für die Rettung statistischer Opfer denselben Aufwand zu leisten wie für die Rettung identifizierter Opfer.

Wir brauchen diese Frage hier nicht weiter zu verfolgen. Denn selbst wenn dem Merkmal der Identifiziertheit der Betroffenen eigenständige moralische Bedeutung zukäme, wäre zweifelhaft, ob dieses Merkmal mit der Unterscheidung zwischen Handeln und Unterlassen so eindeutig kovariiert, wie es das assoziative »Polaritätsprofil« erwarten läßt. Die von einem wissentlichen Unterlassen negativ Betroffenen sind nicht durchweg unbekannt. Die von einem wissentlichen Handeln Betroffenen sind nicht durchweg bekannt, etwa nicht beim Einsatz von Fernwaffen, die Unbekannte töten, verstümmeln und ängstigen. Auch die von einer wissentlichen Lüge Betroffenen stehen nicht durchweg von vornherein fest. Denn diese schadet dem unmittelbar Angelogenen oft weniger als demjenigen, an den die Falschinformation weitergegeben wird oder den ein leichtfertig in die Welt gesetztes Gerücht auf nicht zu kontrollierenden Wegen schließlich erreicht. Von einem *unwissentlichen* schädigenden Unterlassen sind in der Tat in der Regel Unbekannte betroffen. Aber das trifft auf die durch unwissentliches Handeln Geschädigten nicht weniger zu.

6.9 Wahrgenommene Bedrohlichkeit

Umstände, die im Akteur oder im primär Betroffenen liegen, haben sich bisher als ungeeignet erwiesen, eine durchgängige moralische Differenzierung zwischen Handeln und Unterlassen zu begründen. Kann eine solche Differenzierung vielleicht durch Umstände begründet werden, die mit den unterschiedlichen Auswirkungen von Handeln und Unterlassen auf Dritte zu tun haben?

Ein prima facie geeigneter Kandidat ist die von Dritten empfundene *Bedrohlichkeit* eines schädigenden Verhaltens, wobei man sich auch hier wieder auf den drastischen Referenzfall Töten versus Sterbenlassen berufen könnte. Zwischen Töten und Sterbenlassen mögen aus der Sicht des unmittelbar Betroffenen keine wesentlichen moralischen Unterschiede bestehen. In einigen Fällen wird er einen schnellen Tod infolge einer gezielten Tötungshandlung einem sich über eine längere Zeit hinziehenden langsamen Sterben sogar eher vorziehen. Für die Wahrnehmung anderer macht die Frage, ob der Tod durch Handeln oder durch Unterlassen eintritt, dagegen einen erheblichen Unterschied. Aktives Handeln scheint zumindest immer da, wo es um Schädigungen an Leib und Leben geht, und unabhängig von der konkreten Erlebnisweise des unmittelbar Betroffenen als bedrohlicher und ängstigender empfunden zu werden als ein in anderen Hinsichten folgengleiches Unterlassen. Die Angst Dritter, an Leib und Leben aktiv geschädigt zu werden, ist ausgeprägter und wiegt schwerer als die Angst, dieselben Schädigungen passiv zugefügt zu bekommen, indem bei einem vergleichbaren schicksalhaften Schädigungsgeschehen Hilfe vorenthalten wird.

Hier könnte freilich gefragt werden, ob die Folgendimension der Betroffenheit Dritter für die moralische Beurteilung eines Verhaltens überhaupt relevant sein kann. Handelt es sich hier nicht um eine Folgendimension, die allenfalls bei Rechtsnormen berücksichtigt werden muß, der Ethik aber im Grunde fremd ist?

Diese Frage ist zu verneinen. Bedeutungslos können die indirekten Auswirkungen eines Verhaltens auf Dritte nur entweder im Rahmen einer strikt deontologischen Ethik sein, die menschliches Handeln und Unterlassen unter gänzlicher Absehung von ihren erwarteten oder zu erwartenden Nebenfolgen beurteilt, oder für einen »halbierten« Konsequentialismus, der die Berücksichtigung der Verhaltensfolgen auf die beim unmittelbar Betroffenen anfallenden Folgen begrenzt. Beide Optionen sind nicht besonders plausibel. Nahezu alle faktisch vertretenen deontologischen Konzeptionen lassen Raum für eine zumindest begrenzte Folgenberücksichtigung über die intendierten Folgen hinaus, wenn nicht in ihren programmatischen Prinzipien, so doch – wie etwa beim strengen Antikonsequentialisten Kant – in deren Durchführung und Konkretisierung. Auf der anderen Seite ist eine Beschränkung der Folgenberücksichtigung auf die beim primär Betroffenen anfallenden Verhaltensfolgen nicht nur den innerhalb der philosophischen Ethik entwickelten konsequentialistischen Konzeptionen, sondern auch der Alltagsmoral fremd. Auch dem moralischen Alltagsbewußtsein ist der Gedanke mehr oder weniger selbstverständlich, daß der besondere moralische Unwert von Schädigungen an Leib und Leben nicht nur darin begründet ist, was durch diese den unmittelbaren Opfern angetan wird, sondern auch darin, was diese indirekt den Nahestehenden des Opfers antun, sowie in der Angst und Verunsicherung, die sie bei der Gesamtheit der potentiellen Opfer wecken oder wachhalten.[36] Ob sich die Betroffenheit Dritter als psychische Reaktion darstellt oder auch physisch manifestiert, macht dabei keinen wesentlichen Unterschied. Auch rein psychische Reaktionen wie Angst, Unsicherheit, Unruhe, Irritation und Vertrauensverlust fallen moralisch ins Gewicht. Umstritten ist allenfalls, ob die durch ein Handeln oder Unterlassen hervorgerufenen psychischen Reaktionen auch dann moralisch berücksichtigenswert sind, wenn sie nach dem einhelligen Urteil der Verständigen unberechtigt oder irrational sind, entweder weil eine objektiv geringfügige Bedrohung (etwa die Wahrscheinlichkeit, Opfer eines terroristischen Anschlags zu werden) kognitiv überschätzt wird oder weil ein tatsächlich bestehendes Risiko (etwa das Risiko, Opfer eines Raubüberfalls zu werden) zwar kognitiv richtig eingeschätzt, aber affektiv überwertig erlebt wird.

Ich sehe keinen guten Grund, weshalb die moralische Folgenberücksichtigung auf kognitiv und affektiv »adäquate« psychische Reaktionen zu beschränken wäre. Die Tatsache, daß ein einzelnes Verhalten oder eine Praxis als ganze objektiv unberechtigte Ängste und Beunruhigungen auslöst oder latente Ängste manifest werden läßt, die andernfalls in der Latenz blieben, kann bei der moralischen Beurteilung des jeweiligen Verhaltens nicht unberücksichtigt bleiben. Wer weiß, daß er durch ein bestimmtes Verhalten bei anderen Angst hervorruft, kann sich nicht ohne weiteres damit entlasten, daß

---

36 Von hier aus bietet sich eine Erklärung für die in verschiedenen Bereichen sehr unterschiedlich ausgeprägte Bereitschaft an, Ressourcen zur Vorsorge gegen Risiken an Leib und Leben aufzuwenden: Sie ist bei Risikoquellen, die als ängstigend empfunden werden (etwa Kernkraftwerken) um ein Vielfaches höher als bei anderen, die als weniger ängstigend empfunden werden (etwa Herzinfarkt), auch wenn diese mit sehr viel höheren Risiken behaftet sind.

diese nach allgemeinem Urteil als abergläubisch, »hysterisch« oder in anderer Weise irrational gelten muß.

Andererseits können unterschiedliche psychische Reaktionen Dritter eine moralische Differenzierung zwischen Handeln und Unterlassen immer nur dann begründen, wenn und insoweit diese nicht ihrerseits von der zu begründenden moralischen Differenzierung abhängen. Hier gilt mutatis mutandis dasselbe wie für die Folgendimension des Schuldbewußtseins. Sollte die wahrgenommene Bedrohlichkeit eines Handelns u. a. davon abhängen, daß es *qua* Handeln als moralisch verwerflicher beurteilt wird als ein in allen anderen Hinsichten vergleichbares Unterlassen, kommt sie genau insoweit als Beweismittel zur Begründung der moralischen Differenzierung nicht in Frage.

Zur wahrgenommenen Bedrohlichkeit von schädigenden Handlungen und Unterlassungen möchte ich zwei psychologische Hypothesen formulieren, die ich zwar nicht streng empirisch begründen kann, von denen ich aber dennoch meine, daß ihnen eine hohe Prima-facie-Plausibilität zukommt. Die erste besagt, daß *Handlungen, die die körperliche Integrität anderer tangieren und von den Betroffenen nicht gewollt sind, durchweg als bedrohlicher wahrgenommen werden und ängstigender wirken als folgengleiche von den Betroffenen nicht gewollte Unterlassungen.* Die zweite besagt, daß *vorsätzliche (aktive und passive) Schädigungen durchweg als bedrohlicher wahrgenommen werden als gleich schwere nicht-vorsätzliche oder natürliche Schädigungen.*

Sollten beide Hypothesen zutreffen, wäre damit zumindest ein Teil der Varianz in der Beurteilung von ansonsten gleichwertigen Handlungen und Unterlassungen erklärt. Zwar bezieht sich nur die erste Hypothese auf die Unterscheidung zwischen Handeln und Unterlassen selbst. Aber offensichtlich steht die zweite Hypothese mit der Unterscheidung zwischen Handeln und Unterlassen zumindest in einem indirekten Zusammenhang. Unterläßt jemand etwas, das eine natürlichen Schädigung verhindern könnte, wird die

Verursachung des Schadens gewöhnlich eher den natürlichen Faktoren als der unterlassenen Verhinderung zugeschrieben. Da das Objekt der Kausalitätszuschreibung in diesem Fall ein nicht-vorsätzliches Verhalten ist, könnte die zweite Hypothese zumindest erklären, warum ein unterlassendes Walten-Lassen der Natur als signifikant weniger bedrohlich wahrgenommen wird als eine folgengleiche willentliche Schädigung.

Für die erste Hypothese der besonderen wahrgenommenen Bedrohlichkeit von aktiven Eingriffen in die körperliche Integrität sprechen eine Reihe eng miteinander zusammenhängender Indizien:

1. Wie sich durch Introspektion unschwer überprüfen läßt, empfinden wir eine aktiv zugefügte Schädigung an Leib und Leben in der Regel als bedrohlicher als eine entsprechende Schädigung durch Unterlassen. Die Aussicht auf einen Leidenszustand, den man nur deshalb durchmachen muß, weil man eine Hilfe, die man erhalten könnte, nicht erhält, ist bedrohlich genug. Die Aussicht, in denselben Leidenszustand durch eine aktive Einwirkung versetzt zu werden, dürfte in der Regel als noch bedrohlicher empfunden werden. Als Schutzwall gegen mögliche unterschwellige Tendenzen zur Vernachlässigung von Alten, Kranken und Behinderten ist die Norm, sie unter allen Umständen angemessen zu versorgen und zu pflegen, vielleicht nicht weniger wichtig als die Regel, sie nicht zu töten (vgl. Callahan, 1987, 188). Psychologisch wäre eine Erlaubnis, sie zu töten, aber noch unerträglicher. Zwar kann sich auch hinter einem Akt vorsätzlichen Sterbenlassens Aggressivität verbergen, aber diese erscheint immer noch weniger ängstigend als ihre »aktive« Entsprechung.

2. Eine aktive Zufügung physischer Schmerzen, von Leiden und Hilflosigkeit ist eher mit *Vorstellungen von Aggressivität* verknüpft als ein Zulassen derselben Zustände durch Untätigkeit. Die innere Heuristik, von der wir uns leiten lassen, läßt sich so beschreiben: Wenn uns jemand an Leib und Leben schädigt, liegt dem eine *offen aggressive* Motivation zugrun-

de. Wenn jemand zuläßt, daß wir physisch leiden oder anderweitig gesundheitlichen Schaden nehmen, stehen dahinter Bequemlichkeit und Gleichgültigkeit, also allenfalls *verdeckt aggressive* Motivationen.

3. Gestützt werden diese Beobachtungen durch die Konnotationen der entsprechenden Sprachformen. »Töten« hat deutlicher negative Konnotationen als etwa »Sterbenlassen«. »Tötung« wird assoziiert mit Aggression, Gewalt, Enthemmung, lustvoller Triebfreisetzung, »Sterbenlassen« mit Zurückhaltung, mit der erfolgreichen Hemmung eines andernfalls unkontrollierten Aktionismus und der ihrerseits positiv konnotierten Vorstellung eines »natürlichen« Todes.

4. An die aktiven und passiven Verhaltensformen knüpfen sich deutlich unterschiedliche Projektionen: Demjenigen, der verletzt, verstümmelt oder tötet, werden leicht »mörderische« Intentionen und Motive unterstellt. Er dient in stärkerem Maße als Projektionsfläche für eigene verdrängte aggressive Impulse. Wer einen anderen sterben läßt, eignet sich bedeutend weniger dazu, schon weil dieser auf eine Gelegenheit zur Abreaktion womöglich lange warten muß. Der Tötende übernimmt die Initiative, der Sterbenlassende nicht. Aggressivität entlädt sich, wenn sie sich entlädt, in der weit überwiegenden Zahl der Fälle in Handlungen und nicht in Unterlassungen. Es bedarf schon beträchtlicher Triebsublimierung, um auf die Gelegenheit zu warten, einen verhaßten Rivalen vorsätzlich sterben zu lassen.

Trifft die erste Hypothese zu, sind Handeln und Unterlassen zumindest im Bereich der Schädigungen an Leib und Leben (gegen den Willen des Betroffenen) nicht mehr in *allen* Hinsichten folgengleich, da sie von Dritten unterschiedlich wahrgenommen werden. Ob diese Wahrnehmungsweisen angemessen oder unangemessen, rational oder irrational sind, tut dabei nichts zur Sache. Entscheidend ist lediglich, daß sie eine gewisse Konstanz aufweisen und nicht ihrerseits von einer Differenzierung in der moralischen Bewertung von Handeln und Unterlassen abhängen. Diese Bedingungen scheinen in der Tat erfüllt zu sein. Zumindest die zwei ersten Indizien sprechen für eine *gefühlsmäßige* Differenzierung zwischen Handeln und Unterlassen vor jeder *moralischen* Differenzierung.

Was spricht für die zweite Hypothese der besonderen wahrgenommenen Bedrohlichkeit vorsätzlicher Schädigungen?

Insgesamt scheinen natürliche Schäden und Gefahren auch dann weniger gefürchtet zu werden als entsprechende anthropogene Schäden und Gefahren, wenn sie durch technische Vorkehrungen beherrscht werden können (vgl. Harris, 1985, 38). Die von Kriminalität, Terrorismus, Kernkraftwerken und Gentechnologie ausgehenden Gefahren werden auch dann als bedrohlicher wahrgenommen als entsprechende natürliche Gefahren, wenn es technische Vorkehrungen gibt, durch die sie eingedämmt oder abgeschwächt werden können. Natürliche Gefahren wie Erdbeben, Lawinen oder Überschwemmungen werden eher hingenommen als Verbrechen, Kriege und technische Katastrophen.

Ein interessantes Beispiel in diesem Zusammenhang ist die sogenannte »Impfung« von Hurrikanen. Während eine »Impfung« die Wucht des Hurrikans in der Regel bremst, kann sie in Einzelfällen die Lage auch verschlimmern. Tritt dieser Fall ein, werden die Schadensfolgen der Regierung angelastet, die die »Impfung« beschlossen hat. Wird der Hurrikan dagegen *nicht* »geimpft«, ist die Bereitschaft der Öffentlichkeit, die Schadensfolgen der Regierung anzulasten, deutlich geringer (Howard u. a., 1972, 1197). Der auf die menschlichen Akteure ausgeübte Druck, technische Eingriffe so vorzunehmen, daß kein zusätzlicher Schaden angerichtet wird, ist höher als der Druck, ein negativ bewertetes natürliches Geschehen mit risikobehafteten Mitteln abzumildern.

Ähnliches gilt für die wörtliche Impfung. Nach Befragungsergebnissen zieht es die Mehrheit vor, ein Kind nicht impfen zu lassen, wenn die Impfung ein gewisses Todesrisiko mit sich bringt, dieses aber sehr viel niedriger ist als das Risiko, daß das ungeimpfte Kind an der entsprechenden Krankheit stirbt (Jungermann/Slovic, 1993, 91). Die sozialpsychologische Risikoforschung spricht hier von einem *omission bias*: Statt durch aktives Eingreifen anderen ein kleines Risiko zuzumuten, für das man gesellschaftlich verantwortlich gemacht werden kann, zieht man es vor, durch Nichtstun anderen ein großes Risiko zuzumuten, von dem absehbar ist, daß man dafür nicht in derselben Weise verantwortlich gemacht wird.

Ein weiteres Beispiel ist die unterschiedliche gefühlsmäßige Reaktion einerseits auf angeborene, aber verhinderbare, andererseits auf verhaltensinduzierte Beeinträchtigungen des menschlichen Fetus. Eine Frau, die weiß, daß ihr Kind ein Risiko von 25 % hat, infolge eines bei beiden Eltern vorliegenden autosomal rezessiven Krankheitsgens mit erheblichen Schäden geboren zu werden und ein schweres Leben vor sich zu haben, und weder eine pränatale Diagnostik noch eine vorsorgliche Abtreibung durchführen läßt, wird gemeinhin bedeutend weniger mit Tadel bedacht als eine Mutter, die den Fetus durch die Einnahme von Drogen oder Medikamenten wissentlich mit einem vergleichbaren Risiko belastet. Während die selbst induzierte »künstliche« Schädigung gemeinhin streng verurteilt wird, wird die vorsätzliche Nicht-Verhinderung eines gleich großen natürlichen Schadens bedeutend eher akzeptiert. Natürlich sind die verglichenen Fälle in diesem Beispiel nur bedingt vergleichbar, da in dem einen Fall eine Pränataldiagnostik mit nachfolgender eventueller Abtreibung zur Verhinderung der Existenz des geschädigten Kindes ihrerseits nicht nur als selbstschädigend (indem sich die Mutter der Aussicht auf das Kind beraubt), sondern auch als fremdschädigend aufgefaßt werden kann, während andernfalls ein Verzicht der Frau auf ihr schädigendes Verhalten, etwa auf die Einnahme von Drogen, allenfalls für sie selbst eine Einbuße bedeutet. Aber die emotionale Differenz würde wohl auch dann noch weiter bestehen, wenn die Abtreibung selbst für moralisch unbedenklich gehalten würde.

Mehrere Faktoren scheinen an der Asymmetrie in der Wahrnehmung von anthropogen-vorsätzlichen und natürlichen Schädigungen beteiligt:

1. Anthropogene Schädigungen scheinen zu einem höheren Vertrauensverlust zu führen als natürliche. Für technische Katastrophen ist – verglichen mit Naturkatastrophen – ein zusätzlicher Verunsicherungseffekt empirisch belegt (vgl. Baum u.a., 1983, 346). Technische Unfälle erschüttern das Vertrauen in die Beherrschbarkeit der jeweiligen Technik, nähren den Verdacht, daß sich die Experten hinsichtlich ihres Expertentums überschätzen und verbreiten Angst und Streß. Dagegen scheint das Vertrauen in die Natur durch Katastrophen nicht in demselben Maße erschüttert. Gebiete, die wegen Naturkatastrophen wie Erdbeben, Vulkanausbruch oder Überschwemmung verlassen wurden, werden rasch wieder besiedelt (vgl. Kruse, 1984, 128).

2. Schädigungen mit unmittelbar oder mittelbar menschlichen Ursachen wie kriminelle Attacken und technische Unfälle werden psychisch stärker repräsentiert als natürliche Schädigungen wie Krankheit und krankheitsbedingter vorzeitiger Tod. Eines der Ergebnisse der psychologischen Forschung zur Risikowahrnehmung lautet, daß Gefahren durch Unfälle gemeinhin überschätzt, Gefahren durch Krankheit gemeinhin unterschätzt werden. Natürliche Schädigungen gelten eher als »normal« und werden als weniger bedrohlich erlebt als die selteneren und dramatischeren anthropogenen Schädigungen (vgl. Slovic u.a., 1979).

3. Anthropogen-vorsätzliche Schäden lassen leichter die Projektion einer auf bestimmte Individuen gezielten Schädigungsabsicht zu als natürliche Schädigungen. Während anthropomorph-mythische Erklärungen für natürliche Schädigungen – die Sintflut als Ausdruck gezielter göttlicher Rache – aus der Mode gekommen sind, sind es entsprechende

mythische Verschwörungstheorien für anthropogene Schädigungen nicht. Da die Natur um menschliche Belange letztlich unbekümmert ist und sich ihre Opfer nicht gezielt aussucht, können die von ihr ausgehenden Bedrohungen auch nicht dieselben Ängste vor gezieltem Mißbrauch und gezielter Aggression wachrufen wie etwa die Bedrohungen durch technische Unfälle. Die Natur ist bei aller Grausamkeit immer noch neutral. Nur der Mensch ist böse, willkürlich und sadistisch.[37]

4. Möglicherweise reagieren wir auf anthropogene Schädigungen auch deshalb intensiver als auf vergleichbare natürliche Schädigungen, weil wir sie einem – identifizierten oder unidentifizierten – *Subjekt* zuschreiben können. Anthropogene Schäden lassen (berechtigte oder unberechtigte) Verantwortungszuschreibungen zu, die bei natürlichen Ursachen nur innerhalb von mythischen Weltbildern denkbar sind. Die negative Betroffenheit hat eine Möglichkeit mehr, sich in Gestalt von Schuldzuweisungen abzureagieren. Während Naturwidrigkeiten eher klaglos hingenommen werden, sehen die Opfer eines anthropogenen Schadens diesen eher als etwas, das ihnen »angetan« worden ist. Von einem Tyrannen oder seinen Schergen gefoltert zu werden, scheint bedrohlicher, denn als Opfer eines natürlichen Geschehens, etwa als Verschütteter in einem Erdbeben, vergleichbare Qualen erdulden zu müssen (vgl. auch Baum u. a., 1983, 351 f.).

5. Schließlich ist auf die bereits genannte – gerade gegenwärtig wieder spürbare – Neigung hinzuweisen, die Natur und das Natürliche übergebührlich zu idealisieren. Wer wie Voltaire, Schopenhauer, Mill oder Schweitzer den Blick auf die gnadenlosen Aspekte der Natur lenkt, gerät eher in den Verdacht, einer depressiv verzerrten Weltsicht zu erliegen, als ontologische Enthusiasten wie Leibniz, Teilhard de Chardin oder Bloch einer entsprechend euphorischen Wahrnehmungsver-

---

37 Eine Ausnahme von der Regel sind die dem Menschen evolutionär am nächsten stehenden Primaten, vgl. Vogel (1989).

zerrung zum Opfer gefallen zu sein. Wer den Menschen um seiner Böswilligkeit und Gleichgültigkeit willen schlechtmacht, löst weniger Irritation aus als der, der die Natur, den tragenden Urgrund unseres Lebens, um ihrer grausamen Indifferenz willen denunziert. Unsere spontanen Reaktionen scheinen so gepolt, daß sie, so weit es eben geht, das Bild einer guten und gerechten Natur aufrechtzuerhalten versuchen.

Lerners Theorie der *just world hypothesis* (Überblick bei Lerner/Miller, 1978) hat die sich in solchen Wahrnehmungsverzerrungen manifestierende Tendenz auf den Nenner gebracht. In Übereinstimmung mit der Heuristik der »gerechten Welt« wird vielfach auch bei prima facie natürlich bedingten Schicksalsschlägen die »Schuld« zunächst einmal bei den Opfern gesucht: Wer eine schlimme Krankheit bekommt, wird es »irgendwie« schon verdient haben. Lerners sozialpsychologische Experimente bestätigten auf verblüffende Weise seine Hypothese, daß

> »wir glauben wollen, daß wir in einer Welt leben, in der die Menschen das bekommen, was sie verdienen, oder besser, in der sie das verdienen, was sie bekommen« (Lerner, 1970, 207).

Entgegen dem, was man aufgrund verbal bekundeter Ideale von »Nächstenliebe« oder »Solidarität« erwarten sollte, geht die psychologische Tendenz dahin, unschuldige Opfer *abzuwerten* – entweder indem man ihnen unterstellt, ihr Unglück durch eigenes Verhalten verursacht zu haben, oder, falls dies zu unwahrscheinlich ist, es zumindest durch einen Defekt oder ein anderes unattraktives Persönlichkeitsmerkmal unfreiwillig auf sich gezogen zu haben (vgl. ebd., 227). Erklärbar sind solche Reaktionen als Dissonanzreduktion, d.h. als innerpsychischer Ausgleich zwischen Sein und Sollen. Seelenwanderungslehren, bei denen ein Späterer das schlechte Karma seiner Seelenvorgänger abbüßt, oder Vorstellungen göttlicher Strafen für begangene »Sünden« lassen sich zwanglos als mythische Überhöhungen derselben inneren Heuristik deuten.

Falls neben der ersten Hypothese – der besonderen wahrgenommenen Bedrohlichkeit von aktiven Eingriffen in die körperliche Integrität – auch die zweite Hypothese – der besonderen wahrgenommenen Bedrohlichkeit vorsätzlicher Schädigungen – zutrifft, unterscheiden sich Unterlassungen, die andere an Leib und Leben gegen ihren Willen schädigen, immer dann in einer *weiteren* Hinsicht von entsprechenden aktiven Schädigungen, wenn diese darin bestehen, eine *natürliche* Schädigung sich ungehindert vollziehen zu lassen. In diesem Fall fallen *beide* Faktoren weg, die in anderen Fällen die wahrgenommene Bedrohlichkeit der Schädigung verschärfen: die Verursachung der Schädigung durch ein aktives Handeln (statt durch ein Unterlassen) und die Verursachung der Schädigung durch menschliches Wollen (statt durch ein natürliches Geschehen).

Auch für die polar gegensätzlichen Beurteilungen der Optionen in Harmans »Transplantationsfall« (vgl. S. 155) scheinen diese Faktoren auf den ersten Blick eine Rolle zu spielen: Wird der Patient von Zimmer 308 aktiv getötet, um die drei auf je ein Transplantat wartenden Patienten nicht sterben zu lassen, geht von dem tätlichen Angriff auf das Leben des Patienten sowohl wegen seiner aktiven Form als auch wegen seiner »Künstlichkeit« eine sehr viel größere Bedrohung auf Dritte aus als vom Sterbenlassen der drei aus natürlichen Ursachen erkrankten Patienten. Aber diese Erklärung reicht bei näherem Hinsehn nicht aus, um die Eindeutigkeit zu erklären, mit der wir das Sterbenlassen der drei Patienten der »Opferung« des Patienten von Zimmer 308 vorziehen. In der Tat ist in diesem Fall die entscheidende Bedingung für die Relevanz der beiden Faktoren nicht erfüllt, daß nämlich sowohl die Handlungs- wie die Unterlassungsoption dem Willen der Betroffenen entgegengesetzt sind. In Harmans Fall ist nur die Handlungsoption dem Willen des Betroffenen entgegengesetzt: Der Patient auf Zimmer 308 will nicht – zu welchen Zwecken auch immer – getötet werden, wohingegen wir annehmen müssen, daß die drei Schwerkranken, die durch eine

Transplantation gerettet werden könnten, ihr Sterbenlassen unter den gegebenen Umständen hinnehmen. Es ist abwegig anzunehmen, daß sie die Option der gezielten »Opferung« des Patienten auf Zimmer 308 ernsthaft vorziehen und die *unterlassene* Opferung ihrem Willen in ähnlicher Weise entgegengesetzt ist wie die ausgeführte »Opferung« dem Willen des Opfers.

Dennoch wäre die Eindeutigkeit, mit der man die »Opferung« des Patienten von Zimmer 308 zu verurteilen neigt, wesentlich geschwächt, würden die beiden Bedrohlichkeitsfaktoren der aktiven Begehungsform und der nicht-natürlichen Todesursache wegfallen. Dafür stelle man sich den Fall so abgeändert vor, daß der Patient auf Zimmer 308 nicht *getötet*, sondern *sterben gelassen* wird, um an die Transplantate für die drei Schwerkranken zu gelangen, und daß die Ursache des Todeseintritts – neben der unterlassenen Rettung – in einer *natürlichen*, d. h. von vorgängigen medizinisch-technischen Eingriffen unabhängigen, Erkrankung liegt.

7 Auflösung einiger »hard cases«

Der Faktor der größeren wahrgenommenen Bedrohlichkeit aktiver und vorsätzlicher Zwangseingriffe in Leib und Leben anderer scheint mir der Schlüssel zur Lösung nahezu aller in der analytischen Ethik um »killing and letting die« diskutierten Dilemmata zu sein. Diese – in den letzten Jahren mit großer Verbissenheit traktierten – Dilemmafälle sind durchweg so konstruiert, daß ein bestimmtes vorsätzliches Handeln, das andere gegen ihren Willen an Leib und Leben schädigt, einem vorsätzlichen Unterlassen, das andere gegen ihren Willen an Leib und Leben schädigt, gegenübergestellt wird, wobei das Handeln jeweils sehr viel weniger Schaden anrichtet als das Unterlassen bzw. das Ausmaß des eintretenden Schadens gegenüber dem Unterlassen begrenzt. Das Dilemma ergibt sich jeweils daraus, daß wir intuitiv eindeutig dazu tendieren, der jeweils passiven Option moralisch den Vorzug zu geben, obwohl die jeweils aktive Option gemessen an den Folgen besser abschneidet.

Diese Beispielfälle sind durchweg nicht ohne eine gewisse – typisch angelsächsische – *makabre* Note. Das gilt vor allem für das provozierende Dilemma der hypothetischen »Überlebenslotterie« (Harris, 1980a).

7.1 Harris' »Überlebenslotterie«

Die »Überlebenslotterie« läßt sich in zwei Varianten konstruieren, als freiwillige und als unfreiwillige Lotterie. Betrachten wir zunächst die freiwillige Variante. Sie besteht in dem Angebot, bei Eintritt einer mit einer gewissen Häufigkeit (sagen wir p = .10) eintretenden tödlichen Erkrankung dadurch gerettet zu werden, daß man von einem anderen Mitspieler ein Transplantat erhält, durch das die eigene Gesundheit vollständig wiederhergestellt wird, für dessen Gewinnung dieser jedoch getötet werden muß. Aus einem »Opfer« lassen sich zwei Transplantate gewinnen. Damit ist die Wahrscheinlichkeit, selbst per Los zum »Opfer« bestimmt zu werden, genau halb so groß wie die Wahrscheinlichkeit, eines Transplantats zu bedürfen. Warum würde dennoch so gut wie jeder es ablehnen, an der Lotterie teilzunehmen, obwohl seine Chance, im Erkrankungsfall gerettet zu werden, doppelt so groß ist wie das Risiko, für die Rettung anderer geopfert zu werden? Warum nimmt er die Aussicht, zur Beschaffung von Transplantaten für zwei Kranke, die andernfalls sterben würden, *getötet* zu werden, nicht zugunsten der Aussicht auf sich, in Ermangelung eines geeigneten Transplantats nicht *sterben gelassen* zu werden?

Anders als in Harmans »Transplantationsfall« ist bei dieser Variante einer »freiwilligen Überlebenslotterie« nicht nach der Akzeptabilität der Überlebenslotterie unter moralischen Gesichtspunkten gefragt. Gefragt ist lediglich nach den Gründen für die Teilnahme oder Nicht-Teilnahme unter dem Gesichtspunkt individueller prudentieller Rationalität. Warum würde eine Teilnahme an der Lotterie auch in einem rein individuellen Interessenkalkül abgelehnt?

Die entscheidenden Motive zur Nicht-Teilnahme sind hier zweifellos zwei: Erstens der Widerwille dagegen, als Teilnehmer an der Lotterie gegebenenfalls *auf Kosten des Lebens eines anderen* gerettet zu werden. Zweitens die *Bedrohlichkeit* der Aussicht, für das Überleben eines anderen (oder zweier anderer) gezielt »geopfert« zu werden. Faktisch dürfte das erste Motiv bei der Ablehnung einer hypothetischen »Überlebenslotterie« noch stärker durchschlagen als das zweite, aber um des Arguments willen sollte es vielleicht dennoch keine Rolle spielen dürfen, da ja nicht nach den *Motiven*, sondern nach den *Gründen* für die Ablehnung gefragt ist, und als Gründe ausschließlich prudentielle Gründe im Rahmen egoistischer Rationalität gelten sollen. Hätte auch ein konsequenter rationaler Egoist – so müssen wir fragen – Gründe, die Lotterie abzulehnen? Für den rationalen Egoisten fiele die de facto entscheidende Hemmung zur Teilnahme an der Lotterie weg, nämlich im Zweifelsfall von der durch die Lotterie gewährten Rettungsmöglichkeit Gebrauch machen zu *wollen*. Der rationale Egoist sei vielmehr genau so bestimmt, daß er im Zweifelsfall die Rettung mittels der Tötung eines anderen ebenso intensiv will wie der Getötete das Unterlassen der Tötung. Nur dann ist die Voraussetzung für die Wirksamkeit der postulierten »Bedrohlichkeitsfaktoren« erfüllt, daß sowohl das aktive Handeln als auch das Unterlassen vom Betroffenen *nicht gewollt* sind. Wer als rationaler Egoist an der Lotterie teilnimmt, weiß, daß er in der Situation des Kranken ebenso entschieden nicht sterben will wie in der Situation des »Opfers«.

Solange dem kühl kalkulierenden rationalen Egoisten nicht alle Gefühlsregungen abhanden gekommen sind, dürfte allerdings auch für ihn eine Teilnahme an der Überlebenslotterie nicht besonders attraktiv sein, und zwar wegen der sehr viel größeren wahrgenommenen Bedrohlichkeit des vorsätzlichen Getötet-Werdens gegenüber dem vorsätzlichen Sterben-Gelassen-Werden. Die größere Bedrohlichkeit der aktiven Option hängt auch hier wieder von zwei Faktoren ab: erstens, daß in dem einen Fall das eigene Schicksal dem vorsätzlichen Verhalten von Menschen anheimgestellt wird, während es im anderen Fall einen natürlichen Verlauf nimmt; zweitens, daß Menschen im ersten Fall durch aktives Eingreifen und nicht bloß durch Untätigkeit an der Besiegelung des eigenen Schicksals beteiligt sind. Zu der Bedrohlichkeit des menschlich-vorsätzlichen Faktors trägt vor allem die Möglichkeit eines vorsätzlichen *Mißbrauchs* bei. Jemand könnte das Ergebnis fälschen oder manipulieren. Da die Natur keinen gezielten Mißbrauch treiben kann, flößt die »natürliche Lotterie« bei gleichen Risiken und Chancen immer noch mehr Vertrauen ein als die gesellschaftliche. An der Bedrohlichkeit des Faktors Aktivität andererseits ist vor allem das Risiko von *Zwangs-*

maßnahmen beteiligt: Die mit der Teilnahme an der Überlebenslotterie in Kauf genommene »Hinrichtung« ist in der Regel nicht ohne Gewaltanwendung zu haben. Daß sich der Plan der Lotterie nur dann durchführen läßt, wenn das »Opfer« zur Einhaltung seiner vertraglichen Verpflichtungen unter Anwendung von Gewalt gezwungen wird, gehört bei der »Überlebenslotterie« vielmehr geradewegs zu den Geschäftsbedingungen. Bei einem natürlichen Organversagen – oder auch bei einem anthropogenen oder naturbedingten Unfall – kann von einer Anwendung von Zwang oder Gewalt nicht in derselben Weise die Rede sein, auch wenn sich die Auswirkungen der Qualität nach von denen vorsätzlicher Gewaltanwendung nicht wesentlich unterscheiden. Auch wenn man dem Satz »Der Körper ist mein Attentäter« (Sloterdijk, 1983, 631) nicht widersprechen kann, hat doch der personale Exekutor, der gleich dem Aztekenpriester das fällige Menschenopfer vornimmt, eine deutlich andere Qualität.

Für die *unfreiwillige* Variante der Überlebenslotterie müssen sich diese Bedenken verschärfen, und zwar sowohl aus der Perspektive egoistischer wie aus der ethischer Rationalität. Hat bei der freiwilligen Überlebenslotterie der einzelne immerhin die Wahl, das Risiko einer möglichen Zwangsanwendung zugunsten der erhöhten Rettungschance in Kauf zu nehmen, fällt mit der unfreiwilligen Überlebenslotterie auch noch dieses Moment freier Entscheidung weg. Die Inkaufnahme eines erzwungenen Todes wird ihrerseits aufgezwungen. Einer allgemeinen Pflicht zur Teilnahme an einer »Überlebenslotterie« könnte deshalb wohl niemand zustimmen – was allerdings die Frage aufwirft, wieso dann jemals irgend jemand der allgemeinen Wehrpflicht zustimmen konnte, die der unfreiwilligen Überlebenslotterie in vielen Hinsichten strukturell analog ist. Aber hier spielen letztlich auch quantitative Erwägungen eine Rolle: Wäre die Chance, im Kriegsfall zu überleben, nur doppelt so hoch wie das Todesrisiko, und wäre diese Chance obendrein dadurch erkauft, daß für je zwei

Überlebende einer auf ein Himmelfahrtskommando geschickt würde, wäre die allgemeine Wehrpflicht zweifellos ebenso schwer zu akzeptieren wie die unfreiwillige Variante der »Überlebenslotterie«.

7.2 Der führerlose Zug

Auch die Fälle vom Typ »Führerloser Zug« lassen sich mittels der besonderen wahrgenommen Bedrohlichkeit des ungewollten vorsätzlichen Eingreifens in die körperliche Integrität befriedigend erklären. Diese Fälle sind dadurch charakterisiert, daß ein Akteur A vor der Alternative steht, entweder einen natürlichen oder einen anthropogenen, in jedem Fall aber nicht-vorsätzlich ausgelösten Prozeß weiterlaufen zu lassen, von dem er weiß, daß er B (bzw. B, C, D ...) an Leib und Leben schädigt, oder die Richtung dieses Prozesses durch ein aktives Eingreifen so abzuändern, daß er einen oder mehrere andere N (bzw. N, O, P ...) in vergleichbarer Weise an Leib und Leben schädigt. Im ersten Fall *unterläßt* A einen ihm möglichen Eingriff, der verhindern würde, daß B (bzw. B, C, D ...) zu Schaden kommen, dafür aber bewirken würde, daß N (bzw. N, O, P ...) zu Schaden kommen. Im zweiten Fall *handelt* A und bewirkt damit, daß der Schaden von B (bzw. B, C, D ...) auf N (bzw. N, O, P ...) umgelenkt wird. Vorausgesetzt ist, daß die Schädigungen jeweils von keinem der Beteiligten gewollt werden und daß das Handeln und Unterlassen jedesmal vorsätzlich ist.

Idealtypisch kann man bei Dilemmata dieser Art zwei Varianten unterscheiden. Bei der ersten Variante ist der Schaden, der sich infolge von A's Handeln oder Unterlassen ergibt, ungefähr gleich groß: Es werden jeweils gleich viele Personen getötet oder verletzt. Bei der zweiten Variante ist der Schaden sehr viel geringer, wenn A aktiv eingreift, als wenn A nicht eingreift. Gewöhnlich werden ausschließlich Fälle der zweiten Variante diskutiert. Wie sich zeigen wird, enthält aber gerade die erste Variante den Schlüssel zur Erklärung – und tendenziell der Rechtfertigung – unserer intuitiven moralischen Beurteilung von Fällen der zweiten Variante.

Ein schematisches »Führerloser Zug«-Beispiel der ersten Variante könnte etwa so aussehen:

> A sieht einen führerlosen Zug auf eine Gleisbaustelle zurollen. Es ist keine Zeit mehr, die Gleisarbeiter zu warnen. A sieht voraus, daß B vom Zug erfaßt und getötet wird. Er hat allerdings die Möglichkeit, eine Weiche zu betätigen, so daß der Zug umgelenkt wird. In diesem Fall wird C vom Zug erfaßt und getötet (vgl. Thomson, 1976, 205).

Egonsson (1990, 153) hat sicher recht, wenn er meint, daß es uns nicht passen würde, wenn jemand in dieser Situation nicht zunächst so schockiert wäre, daß er zu einem wie immer gearteten Eingreifen unfähig ist. Die Drastik des Beispiels sollte jedoch nicht in Vergessenheit geraten lassen, daß es hier lediglich für eine große Gruppe strukturell ähnlicher Fälle steht, in denen einem zunächst Unbeteiligten aktiv geschadet (oder ein Risiko zugemutet) wird, um einem anderen denselben Schaden (oder dasselbe Risiko) zu ersparen. Die intuitive Beurteilung wird in Fällen dieser Art auf den ersten, aber auch auf den zweiten Blick dahin gehen, daß A nicht »Schicksal spielen« und den natürlichen Lauf der Dinge zum Schaden von C umlenken darf. Indem A eingreift, *schädigt* er C gezielt und aktiv, während er andernfalls B durch seine Untätigkeit lediglich *zu Schaden kommen läßt*. Die Ursache – und gleichzeitig der Grund – für die moralische Differenzierung besteht hier nicht in einer etwaigen intrinsischen moralischen Asymmetrie zwischen Tun und Unterlassen, sondern in der größeren wahrgenommen Bedrohung, die von einem vorsätzlichen Eingreifen A's auf andere, potentiell Betroffene ausgeht. Die Bedrohlichkeit besteht darin, daß A, indem er B's und C's Schicksal »in die eigene Hand nimmt«, diese Rolle hypothetisch dazu mißbrauchen könnte, persönliche Motive in die Verteilung und Umverteilung des Schadens einfließen zu lassen und etwa den ihm persönlich nahestehenden B gegenüber C zu bevorzugen. Das Bedrohliche an der Tatsache, daß A »Gott spielt«, besteht nicht darin, daß er überhaupt die Initiative ergreift und auf die schicksalhaften Abläufe steuernd Einfluß nimmt – diese Bedingung ist ja auch erfüllt, wenn durch sein Eingreifen niemandem geschadet und B lediglich gerettet wird –, sondern darin, daß er durch seine Initiative einen Spielraum zur Schädigung des einen statt des anderen in Anspruch nimmt, den er im Prinzip auch ungerecht, parteiisch oder zur Befriedigung persönlicher Interessen nutzen könnte.

Bei »Führerloser Zug«-Fällen der zweiten Variante, bei denen das Unterlassen mit einem sehr viel größeren, das handelnde Eingreifen mit einem sehr viel geringeren Schaden verknüpft ist, wird die moralische Bedenklichkeit des aktiven Eingriffs (aufgrund seiner größeren Bedrohungswirkung) durch seine moralische Vorzugswürdigkeit (aufgrund der Tatsache, daß es den Umfang des Schadens mindert) aufgewogen, ohne daß man angeben könnte – und ohne daß auf einen Konsens darüber zu hoffen ist –, wie groß der durch das handelnde Eingreifen verhinderte Schaden *exakt* sein muß, um die moralische Bedenklichkeit des schädigenden Eingreifens zu kompensieren. Zwei Versionen des »Führerloser Zug«-Beispiels, die der zweiten (der Standard-)Variante entsprechen, wären etwa die folgenden (die zweite entspricht den Klammern):

A sieht einen führerlosen Zug auf eine Gleisbaustelle zurollen. Es ist keine Zeit mehr, die Gleisarbeiter zu warnen. A sieht voraus, daß 20 Gleisarbeiter vom Zug erfaßt und getötet werden (daß B vom Zug erfaßt und getötet wird). Er hat allerdings die Möglichkeit, eine Weiche zu betätigen, so daß der Zug umgelenkt wird. In diesem Fall wird ein einziger Gleisarbeiter, C, vom Zug erfaßt und getötet (wird C leicht verletzt).

In diesen Versionen ist das Übergewicht der vorzuziehenden Konsequenzen auf der Seite des aktiv schädigenden Eingreifens so eindeutig, daß A's Eingreifen wenn nicht als geboten, so doch zumindest als erlaubt gelten muß. Zwar haftet auch hier noch dem »Gott-Spielen« von A der Makel des potentiell Mißbräuchlichen an. Aber dieser Aspekt fällt gegenüber dem Aspekt der relativen Schadensvermeidung wenig ins Gewicht.

Dies gilt insbesondere für Fälle, in denen die Mißbrauchsgefahr durch besondere Umstände – wie die Seltenheit ihres Eintretens oder die Unmöglichkeit einer irgendwie strategischen Entscheidung – zusätzlich gemindert scheint, z.B. den folgenden:

A's Auto gerät – ohne A's Verschulden – bei hoher, aber nicht überhöhter Geschwindigkeit außer Kontrolle. Die Bremsen versagen, nur noch die Lenkung kann A in geringem Umfang beeinflussen. A hat zwei Möglichkeiten: in die Lenkung einzugreifen oder das Auto sich selbst zu überlassen. A sieht, daß er im letzteren Fall auf ein Auto mit vier Insassen auffährt, während er im ersteren Fall auf ein Auto mit nur einem Insassen, B, auffährt. A greift in die Lenkung ein. Bei dem Zusammenprall wird B verletzt. Andernfalls wären vier Menschen zu Schaden gekommen, wenn auch »ohne sein Zutun« (vgl. Davis, 1980, 193).

In diesem Beispiel fällt das Moment der wahrgenommenen Bedrohlichkeit des Verhaltens von A weitgehend weg, da die Umstände so geartet sind, daß sie A für eine auf den individuellen B gezielte Umlenkung keinen Spielraum lassen. Zwar wird B dadurch, daß A in das Geschehen aktiv eingreift, in die Unfallsituation gewaltsam hineingezwungen. Verhielte sich A rein passiv, wäre B nicht unter den Unfallopfern, sondern unter denen, die Glück gehabt haben. Aber es wird zumindest kein direkter Zwang auf B ausgeübt. Zwischen dem eingreifenden A und dem betroffenen B steht die unpersönliche Apparatur. Auch wird man B unter den gegebenen Umständen kein größeres Recht, verschont zu bleiben, zusprechen wollen als den Insassen des anderen Autos. Die Redeweise von »Rechten« scheint vielmehr von vornherein für diese Art von Fällen wenig angemessen, da der Hauptanteil der Kausalität auch im Fall von A's Umlenken bei den schicksalhaften Faktoren verbleibt.

Auch wenn A in dieser Situation sicher nicht *verpflichtet* sein kann, B aktiv zu schädigen, um die vier Insassen des anderen Autos vor Schaden zu bewahren, so muß ihm das schädigende Eingreifen doch zumindest moralisch *erlaubt* sein.[38]

7.3 Der dicke Mann

Auch in den Beispielen vom Typ »Der dicke Mann« (vgl. Thomson, 1976, 207f.) ist ein Akteur A vor die Alternative gestellt, entweder durch einen aktiven Eingriff einen gewissen Schaden an Leib und Leben anzurichten und dadurch einen sehr viel größeren schicksalhaften Schaden zu verhindern oder den schicksalhaften Verlauf sich selbst zu überlassen und

38 Die Auffassung des deutschen Straf- und Verfassungsrechts, daß die Tötung eines einzelnen selbst zur Rettung vieler nicht in Kauf genommen werden darf (vgl. Bundesverfassungsgericht, 1975, 59), scheint angesichts solcher Beispiele überzogen – falls sie nicht von vornherein in einem bloß deklamatorischen Sinn zu verstehen ist. Für die letztere Interpretation spricht die ungewöhnliche Anhäufung von *non sequiturs* in der von den Auslegern nachgelieferten Begründung: »Im übrigen bleibt eine Tötung aber auch rechtswidrig, wenn dadurch eine größere Zahl von Menschen gerettet wird, da jedes Leben für das Recht einen absoluten Höchstwert darstellt und quantitative Gesichtspunkte damit von vornherein ausscheiden« (Lenckner in: Schönke/Schröder, 1985, 458). Dagegen ist zu sagen: 1. Wäre das Leben für das Recht ein *absoluter* Höchstwert, dürfte es nicht einmal die indirekte Sterbehilfe erlauben, bei der eine gewisse Lebensverkürzung für die Leidensminderung in Kauf genommen wird. Faktisch betrachtet das Recht das Leben nicht als *höchsten*, sondern als *einen* der höchsten Werte. 2. Wäre das Leben jedes einzelnen ein Höchstwert, wäre auch das Leben der Nicht-Geretteten ein Höchstwert. Die Abwägung wäre weiterhin offen. 3. Es ist nicht zu sehen, warum die Anerkennung eines Höchstwerts des Lebens quantitative Abwägungen ausschließt.

den erheblichen Schaden zuzulassen, obwohl er ihn durch aktives Eingreifen verhindern könnte. Die Fälle vom Typ »Dikker Mann« unterscheiden sich allerdings darin von denen vom Typ »Führerloser Zug«, daß A das unfreiwillige Opfer B nicht dadurch schädigt, daß er den schicksalhaft schädigenden Verlauf durch sein Eingreifen *umlenkt*, sondern daß er die Schädigung von B zur Verhinderung eines größeren Unglücks von vornherein in die eigene Hand nimmt.

Ein solcher (gegenüber Thomsons Original stark abgewandelter) Fall wäre der folgende:

A sieht, wie sich an einer engen und abschüssigen Stelle der Straße ein führerloses schweres Baustellenfahrzeug aus seiner Blockierung löst und eine Gruppe ahnungsloser Kinder zu überrollen droht. Es besteht keine Möglichkeit zum Ausweichen. Die einzige Chance, die Maschine zum Halten zu bringen, besteht für A darin, den zufällig in der Nähe stehenden »dicken Mann« B mit aller Kraft vor die Maschine zu werfen. Er muß davon ausgehen, daß B dabei verletzt, wenn nicht sogar getötet wird, gleichzeitig dadurch aber eine Vielzahl von Kindern vor Verletzungen oder Tod gerettet wird.

Intuitiv sind in dieser Art von Fall die Verhaltensalternativen, B aktiv zu töten oder zu verletzen oder aber C, D usw. sterben oder zu Schaden kommen zu lassen, sehr viel ungleichwertiger als in den »Führerloser Zug«-Beispielen (so auch Thomson, 1976, 208, und Egonsson, 1990, 154). Es liegt nahe, diese intuitive Beurteilung so auszudrücken, daß man sagt, B werde in diesen Fällen in einer sehr viel weitergehenden Weise *instrumentalisiert* als in den »Führerloser Zug«-Beispielen. Aber worin besteht dieses Mehr an Instrumentalisierung genau? Zunächst wird ja auch hier B in ein Geschehen hineingezogen, in das er ohne das Eingreifen von A nicht hineingezogen worden wäre. In dieser Hinsicht unterscheiden sich die Fälle nicht. Auch der Gleisarbeiter auf dem anderen, nicht bedrohten Gleis wäre in den Unfall nicht verwickelt worden, hätte A den führerlosen Zug sich selbst überlassen. Warum ist dennoch im Fall des »dicken Mannes« das Eingreifen von A eindeutig problematischer?

Der Unterschied scheint mir darin zu liegen, daß in diesem Fall eine Reihe zusätzlicher »Bedrohlichkeitsfaktoren« hinzukommen, und zwar genau die, die unter den Kategorien Vorsätzlichkeit/Natürlichkeit und Aktivität/Passivität diskutiert worden sind.

Erstens ist der Anteil der Vorsätzlichkeit im Fall des »dicken Mannes« ausgeprägter als in den Beispielen vom Typ »Führerloser Zug«. Es wird nicht mehr nur ein natürlich-schicksalhaftes Geschehen in seiner Richtung, Qualität oder Intensität modifiziert, sondern es wird ein völlig neues und unabhängiges Geschehen in Gang gesetzt. Dadurch nehmen die Mißbrauchsmöglichkeiten dramatisch zu. Art und Ausmaß des schadenverhindernden Eingreifens sind nicht mehr in demselben Umfang durch den objektiv ablaufenden natürlichen Schädigungsprozeß festgelegt. Auch wenn der Spielraum des potentiell intervenierenden A, sich ein »Opfer« *auszusuchen*, in diesem Fall durch die situativen Faktoren stark eingeschränkt ist, würde doch eine moralische Erlaubnis für A, B zu »opfern«, zumindest die *Phantasie* auslösen, A könnte bei einer anderen Gelegenheit sein Opfer nach eigenen Vorstellungen auswählen.

Bedrohlicher ist das aktive schädigende Eingreifen von A in diesem Fall zusätzlich durch die mit der Aktiv-Passiv-Unterscheidung assoziierten Faktoren der Gewaltanwendung. Während in den »Führerloser Zug«-Beispielen die Aktivität von A bei unpersönlichen Prozessen ansetzt, setzt sie in den Fällen vom Typ »Dicker Mann« bei der geschädigten Person selbst an. Der »dicke Mann« wird direkt, der Gleisarbeiter B nur indirekt in das Unfallgeschehen hineingezwungen. Auf den »dicken Mann« wird direkt, auf den Gleisarbeiter B nur indirekt Gewalt ausgeübt. Auch wenn beide objektiv und subjektiv in derselben Weise betroffen sind, ist doch die Wirkung auf Dritte jedesmal verschieden. Die sehr viel direktere und eindeutigere Form von Gewaltanwendung löst im ersten Fall sehr viel mehr Angst davor aus, möglicherweise selbst irgendwann in dieser Weise zugunsten anderer »geopfert« zu werden.[39]

7.4 Williams' »Fall Jim«

Die eben angeführten Dilemmata hatten eine doppelte Funktion: Der Hinweis auf die in diesen Fällen vorliegenden »Bedrohungsfaktoren« sollte die moralische Differenzierung zwischen Handeln und Unterlassen, zu der wir in diesen Fällen intuitiv neigen, sowohl *erklären* als auch *rechtfertigen*. Die Rechtfertigung war dabei jedesmal abhängig von der Annahme, daß die Hypothese der besonderen »Bedrohungsfaktoren« zutrifft und die unterstellten psychologischen Beziehungen tatsächlich bestehen. Lägen die besonderen Faktoren nicht vor, die das Handeln in diesen Beispielen jeweils bedrohlicher erscheinen lassen als das Unterlassen, gäbe es für eine Abstufung der moralischen Beurteilung keinen zureichenden Grund.

Für die im folgenden diskutierten Beispielfälle ändert sich die Situation: Für sie ist charakteristisch, daß die intuitiven Beurteilungen intersubjektiv so stark abweichen, daß von einem übereinstimmend urteilenden »Wir« keine Rede mehr sein kann. Es gibt keine einigermaßen einhellige Intuition, die durch das Vorhandensein oder Fehlen der besonderen »Bedrohungsfaktoren« in diesen Fällen erklärt werden könnte. Statt dessen wird von vornherein normativ argumentiert –

39 Man könnte an dieser Stelle fragen, warum dann nicht hochriskante Rettungseinsätze bei Feuerwehr, Seerettung oder Terrorismusbekämpfung ebenso problematisch sind. Die entscheidende Differenz besteht darin, daß die Risikozumutung in diesen Fällen zumindest indirekt freiwillig ist und der professionelle Retter von vornherein damit rechnen muß, hohe Risiken für Leib und Leben einzugehen. Ein erzwungener Rettungseinsatz mit einem ähnlich hohen Risiko – z.B. unter Heranziehung von Wehrpflichtigen – wäre nicht weniger problematisch als das Verhalten von A im Fall des »dicken Manns«.

nämlich dafür, daß wegen der *Abwesenheit* besonderer »Bedrohlichkeitsfaktoren« in diesen Fällen ein Handeln, das andere aktiv schädigt, einem Unterlassen, das andere passiv zu Schaden kommen läßt, ceteris paribus normativ gleichwertig ist.

Ein solcher Fall liegt dann vor, wenn anders als in den bisher betrachteten Fällen das vorsätzliche schädigende Eingreifen von A nicht dazu dient, eine natürliche oder anderweitig schicksalhafte Gefährdung zu beseitigen oder abzuschwächen, sondern eine von einer anderen Person Z vorsätzlich in Gang gesetzte Gefährdung. A greift in diesem Fall nicht in ein natürliches und unvorsätzliches, sondern in ein aktives und vorsätzliches Geschehen ein – entweder so, daß er mittels einer eigenen schädigenden Handlung Z an der Ausführung seiner – in höherem Maße schädigenden – Handlung hindert, oder so, daß er durch sein Schädigungshandeln den Eintritt der Schadensfolgen von Z's Handeln verhindert.

Ein Beispiel dieser Art ist Bernard Williams' – im Kontext einer Kritik am Utilitarismus eingeführter – »Fall Jim«:

> »Jim befindet sich auf dem Marktplatz einer südamerikanischen Kleinstadt. Dort stehen zwanzig Indianer an einer Wand. Einige sind verängstigt, einige keck. Vor ihnen stehen mehrere bewaffnete Männer in Uniform. Ein dicker Mann in einem durch und durch verschwitzten Khakihemd stellt sich als der Hauptmann vom Dienst heraus. Nachdem er Jim eine ganze Zeit lang befragt hat, wobei sich herausstellt, daß Jim zufällig hierher gelangte, während er auf einer botanischen Expedition war, erklärt er ihm, daß die Indianer eine zufällig zusammengesetzte Gruppe von Einwohnern seien, die wegen ihrer Proteste gegen die Regierung jetzt getötet werden sollen, um andere mögliche Protestierer an die Vorteile des Nichtprotestierens zu erinnern. Wie auch immer, da Jim ein angesehener Besucher aus einem fremden Land ist, freut sich der Hauptmann, ihm

das Privileg eines Gastes zu gewähren, selber einen von den Indianern zu töten. Falls Jim einwilligt, werden die restlichen Indianer aufgrund der besonderen Umstände laufen gelassen. Falls sich Jim […] weigert, liegen keine besonderen Umstände vor, und Pedro wird dann das tun, was er vorhatte, als Jim ankam, und sie alle töten. Jim, der sich voller Verzweiflung an Schuljungenlektüre erinnert, überlegt sich, ob er, falls er sich ein Gewehr schnappen könnte, den Hauptmann, Pedro und die anderen Soldaten in Schach halten könnte, aber es ist aus den Umständen heraus ganz klar, daß nichts dergleichen klappen würde: jeder derartige Versuch würde bedeuten, daß alle Indianer getötet würden und er selbst auch noch. Die Männer an der Wand und die übrigen Dorfbewohner verstehen die Lage und bitten ihn offensichtlich, einzuwilligen« (Williams, 1979, 61 f.).

Der Fall scheint seinerseits einer »Schuljungenlektüre« entsprungen, aber darauf kommt es hier nicht an. Williams führt ihn ein, um zu demonstrieren, daß es – anders als er dem Utilitarismus unterstellt – in Fällen dieser Art keineswegs *offensichtlich* ist, daß Jim moralisch berechtigt oder sogar verpflichtet ist, auf den Vorschlag des Hauptmanns einzugehen und einen der Indianer zu töten, um die übrigen vor der andernfalls sicheren Erschießung zu bewahren. Williams ist nicht der entgegengesetzten Auffassung, es sei offensichtlich, daß Jim auf das Angebot des Hauptmanns *nicht* eingehen dürfe. Was er dem Utilitarismus entgegenhält, ist nicht dessen inhaltliche Auflösung des Dilemmas, sondern dessen – vermeintliche – These, ein irgendwie geartetes Dilemma liege gar nicht vor. Außerdem geht es ihm darum, darauf zu insistieren, daß die Zuweisung negativer Verantwortlichkeit nicht zu weit getrieben werden sollte: Jeder von uns sei in besonderer Weise dafür verantwortlich, was *er* tut, und nicht dafür, was *andere* tun (Williams, 1979, 63, vgl. auch Williams, 1984).

Das ist allerdings eine reichlich tendenziöse Beschreibung von Jims Fall. Jim ist trivialerweise nicht für das verantwortlich, was der Hauptmann oder Pedro tun. Aber er ist für das verantwortlich, was er selber *nicht* tut. Das heißt keineswegs, daß er, wenn er auf das Angebot des Hauptmanns nicht eingeht, die Verantwortung für die Folgen allein zu tragen hat. Aber es ist auch nicht so, daß er an diesen Folgen kausal und moralisch in keiner Weise beteiligt wäre.

Ich meine, daß Jim in diesem Fall zumindest als berechtigt gelten muß, auf das Angebot des Hauptmanns einzugehen. Sein Handeln führt in die Situation keine »Bedrohlichkeitsfaktoren« ein, die nicht bereits ohne sein Zutun darin enthalten sind. Nicht nur aus der Sicht der direkt und indirekt von Jims Entscheidung Betroffenen, sondern auch aus der Sicht nicht oder nur potentiell Betroffener ist Jims schädigendes Eingreifen eindeutig akzeptabler als sein Nicht-Eingreifen, da es das Risiko, Opfer des schädigenden Handelns eines anderen zu werden, vermindert, ohne seinerseits neue Risiken einzubringen. Wenn es unakzeptabel ist, dann allenfalls aus der Sicht Jims selber, der mit der Erinnerung an seine persönliche Bewältigung der ihm von außen aufgezwungenen »tragischen Wahl« leben muß, während er sich vielleicht andernfalls – u. a. mit der Überlegung, »nicht für die Taten anderer verantwortlich zu sein« – von dem Erlebten innerlich eher distanzieren könnte.

7.5 »Passive Abtreibung« und selektiver Fetozid

In den folgenden Fällen hat die Tatsache, daß von dem aktiven schädigenden Eingriff keine besondere Bedrohungswirkung ausgeht, einen anderen Grund: Die Schädigung erfolgt in einem so frühen Stadium ontogenetischer Entwicklung, daß niemand, der sich überhaupt bedroht fühlen kann, sich durch die besonderen »Bedrohlichkeitsfaktoren« der aktiven Begehungsform bedroht fühlt.

Ein Beispiel dieser Art ist das Gegensatzpaar *Abtreibung* versus *Nicht-Verhinderung eines durch eine medizinische In-*

tervention verhinderbaren Aborts. In dem einen Fall wird der Fetus *getötet*, in dem anderen *sterben gelassen*. Macht diese sachliche Differenz ceteris paribus einen moralischen Unterschied? In diesem Fall nicht, denn von der aktiv-gewaltsamen Einwirkung geht keine irgendwie geartete Bedrohungswirkung auf Dritte aus, die nicht auch von der passiv-geschehenlassenden Form ausginge. Jeder, auf den eine Bedrohungswirkung ausgehen könnte, ist über das Stadium hinaus, in dem er sich durch eine moralische Erlaubnis zur aktiven Abtreibung stärker bedroht fühlen könnte als durch die moralische Erlaubnis, den verhinderbaren Tod des Fetus nicht in jedem Fall durch medizinisches Eingreifen abzuwenden.

Der Frage nach der moralischen Bedeutung der Aktiv-Passiv-Unterscheidung im Bereich pränatalen Lebens ist von der Ethik bisher wenig Aufmerksamkeit geschenkt worden, obwohl sie sich durchaus auch in der Realität stellt, wie etwa in dem umstrittenen »Erlanger Fall« von 1992 (vgl. Bockenheimer-Lucius/Seidler, 1993). Rudolf Ginters, der einzige mir bekannte Autor, der sich der Frage genauer angenommen hat, hält den Unterschied zwischen Aktiv und Passiv bei der Abtreibung ebenfalls nicht für moralisch relevant (vgl. Ginters, 1982, 67 ff.). Den Grund dafür sieht Ginters darin, daß sich die unterschiedliche Bewertung von Aktiv und Passiv bei anderen Tötungshandlungen aus den jeweils bedenklicheren Nebenfolgen der Zulassung der aktiven Form herleitet. Bei der Abtreibung seien jedoch signifikante Nebenfolgen – insbesondere für das allgemeine Sicherheitsgefühl – nicht anzunehmen. Anders als das Tötungsverbot sonst diene das Abtreibungsverbot nicht dem Schutz von Menschen, die sich an Leib und Leben bedroht fühlen können, sondern ausschließlich dem Schutz des menschlichen Fetus, der durch eine »passive« Abtreibung in derselben Weise geschädigt – nämlich an der Fortexistenz und weiteren Entwicklung gehindert – wird wie durch eine aktive.

Es ist interessant, diese Argumentation mit den Überlegungen zu vergleichen, die der im Fall des »Erlanger Babys« an der

Entscheidung maßgeblich beteiligte Erlanger Rechtsmediziner Wuermeling im Zusammenhang mit der Gleich- oder Ungleichwertigkeit von Abtreibung und Nicht-Erhaltung fetalen menschlichen Lebens angestellt hat. Nach Wuermeling besteht gegenüber dem menschlichen Fetus ein unbedingtes Tötungsverbot, aber kein in derselben Weise unbedingtes Lebenserhaltungsgebot. Das Lebensrecht des Fetus sei als Defensivrecht zu verstehen, das eine Tötung kategorisch verbietet, nicht aber als ein Anspruchsrecht, das eine kategorische Lebenserhaltungspflicht begründet. Dieses könne allenfalls im Sinne eines *eingeschränkten* Anspruchsrechts interpretiert werden, das eine Erhaltung des fetalen Lebens verlangt, soweit diese ohne allzu großen Aufwand an knappen Ressourcen möglich ist, nicht aber unter Bedingungen, in denen diese einen erheblichen Aufwand verlangt. Während die negative Pflicht zur Nicht-Tötung unbedingt gelte, sei die positive Pflicht zur Lebenserhaltung abhängig von einer Abwägung von Kosten und Nutzen, Aufwand und wahrscheinlichem Erfolg (Bockenheimer-Lucius/Seidler, 1993, 25).

Wenn jedoch Handlungs- und Unterlassenspflichten im Bereich pränataler Schädigungen an Leib und Leben, wie oben argumentiert, moralisch gleichwertig sind, läßt sich die von Wuermeling konstruierte moralische Asymmetrie nicht aufrechterhalten. Selbstverständlich muß der Aufwand an knappen Ressourcen (einschließlich aller eingesetzten *psychischen* Ressourcen), den die Erhaltung eines fetalen Lebens fordert, moralisch ins Kalkül gezogen werden. Aber es kann nicht sein, daß diese ausschließlich bei der passiven Form der Beendigung eines fetalen Lebens (durch Sterbenlassen) ins Gewicht fallen, nicht aber auch bei der aktiven Form (Abtreibung). Konsistent ließe sich die von Wuermeling eingenommene Position nur unter der unrealistischen Voraussetzung vertreten, daß im Gegensatz zu dem für die Lebenserhaltung eines Fetus zu leistenden Aufwand der Aufwand dafür, einen Fetus *nicht* abzutreiben, sondern aufzuziehen, vernachlässigbar klein ist.

Eine ähnliche Beurteilung scheint mir bei der verbreiteten, aber weiterhin umstrittenen Praxis der sogenannten »Reduktion« von Mehrlingsfeten indiziert. Es geht mir dabei nicht um die Frage, ob es moralisch erlaubt sein kann, mit der zunehmenden Praktizierung der In-vitro-Fertilisation ein erhöhtes Risiko von Mehrlingsschwangerschaften und damit von Situationen, in denen ein selektiver Fetozid zur Debatte steht, bewußt in Kauf zu nehmen, sondern lediglich um die Frage nach der moralischen Gleich- oder Ungleichwertigkeit von Töten und Sterbenlassen fetalen Lebens, und zwar in der ethisch einfachsten Situation.[40] Diese besteht darin, daß der Arzt vor der Alternative steht, entweder einem oder einigen der Mehrlingsfeten ein Weiterleben dadurch zu ermöglichen, daß er einen oder einige von ihnen abtötet, oder alle absterben zu lassen. Will er das Leben einiger schützen, muß er aktiv schädigend eingreifen. Greift er nicht ein, gehen alle miteinander zugrunde.

Man mag zunächst denken, daß diese Situation der Situation in Harmans »Transplantations-Fall« strukturell analog ist: Einer wird für die anderen »geopfert«. Aber die Situation unterscheidet sich hier grundlegend dadurch, daß im Falle der unterlassenen »Opferung« auch das potentielle Opfer selbst untergeht. Die Situation ähnelt also mehr der der klassischen »Rettungsboot«-Fälle, bei denen ein Mann über Bord geworfen werden muß, wenn das Boot nicht kentern soll. Bereits in solchen Fällen wird man die selektive Schädigung dem Verlust aller moralisch zumindest soweit vorziehen müssen, daß man sie für moralisch erlaubt hält. Hinge das Überleben der Menschheit (wie in manchen wahnhaft-magischen Weltbildern) davon ab, daß einige wenige »geopfert« würden, wäre die »Opferung« der wenigen nicht nur erlaubt,

---

40 Ethisch schwierigere Fragen würden sich ergeben, wenn die Mehrlinge zwar überleben, aber nur schwer geschädigt überleben könnten, wenn die Schwangere nur eine bestimmte Zahl der Mehrlinge austragen will oder wenn bei der Mehrlingsreduktion eine gezielte negativ- oder positiv-eugenische Auswahl getroffen wird.

sondern nachgerade geboten. Da aber bei der »Reduktion« von Mehrlingsfeten zusätzlich noch die Beurteilungsdimension der wahrgenommen Bedrohlichkeit der aktiven vorsätzlichen Begehungsform wegfällt, kann eine aktive Reduktion, die das Überleben einiger Mehrlingsfeten ermöglicht, in keinem Fall verwerflicher sein als das Untergehen-Lassen aller.

7.6 Vorläufiges Ergebnis

Das Ergebnis der bisherigen Diskussion läßt sich in zwei negativen und einer positiven Aussage zusammenfassen:

1. Daß ein menschliches Verhalten dem Typ des (äußeren) Unterlassens (Nicht-Handelns) und nicht dem Typ des (äußeren) Handelns entspricht, läßt nicht darauf schließen, daß es irgendein anderes moralisch relevantes Merkmal aufweist, aufgrund dessen es läßlicher (oder strenger) beurteilt werden muß als ein in allen sonstigen Hinsichten vergleichbares Handeln.

2. Es begründet auch nicht durchweg eine *Vermutung*, daß es irgendein anderes moralisch relevantes Merkmal aufweist, aufgrund dessen es läßlicher (oder strenger) beurteilt werden muß als ein in allen sonstigen Hinsichten vergleichbares Handeln. Auch ein probabilistischer Zusammenhang zwischen der Unterscheidung zwischen Tun und Unterlassen und dem einen oder anderen moralisch relevanten Verhaltensmerkmal ist nicht in Sicht.

3. Für einige Teilbereiche der Anwendung der Unterscheidung zwischen Handeln und Unterlassen läßt sich begründen, daß ein schädigendes Handeln durchweg strenger zu beurteilen ist als ein in allen anderen Hinsichten vergleichbares schädigendes Unterlassen. Dies ist dann der Fall, wenn das jeweilige Handeln und Unterlassen

– gegen Leib und Leben anderer gerichtet ist,
– vom primär Betroffenen nicht gewollt ist,

- vorsätzlich ist, und
- Unterlassen bedeutet, daß ein seinerseits nicht vorsätzlich in Gang gesetzter (schicksalhafter) schädigender Prozeß nicht aufgehalten oder modifiziert wird.

Die Legitimität der Differenzierung beruht dabei nicht auf etwaigen inneren Merkmalen von Handeln und Unterlassen als Verhaltensformen, sondern auf dem anthropologisch-psychologischen Faktor der größeren wahrgenommenen Bedrohlichkeit aktiv-vorsätzlicher Schadenszufügungen.

8 Differenzierungsgründe auf der Ebene der Normgeltung?

Auf der Suche nach möglichen Gründen für eine prinzipielle moralische Differenzierung zwischen Handeln und Unterlassen haben wir bisher die Seite des *Verhaltens* und der *Verhaltensumstände* betrachtet und gefragt, inwieweit sich hier Anhaltspunkte für eine mögliche Legitimation der moralischen Differenzierung finden lassen. Solche Anhaltspunkte haben sich – mit der signifikanten Ausnahme der vorsätzlichen und ungewollten Schädigungen an Leib und Leben – weder in der Struktur des jeweiligen Verhaltens noch in etwaigen universalen oder quasi-universalen Begleitumständen nachweisen lassen. Eine durchgängige moralische Differenzierung läßt sich weder auf die offen zutage liegenden noch auf etwaige verborgene Parameter von Handeln und Unterlassen stützen.

Im folgenden wird sich die Fragerichtung verschieben, und zwar von den Handlungen und Unterlassungen selbst auf die *Normen*, die Handeln und Unterlassen gebieten, verbieten oder erlauben. Die Leitfrage der folgenden Überlegungen lautet: Wenn sich in den durch moralische Normen regulierten Verhaltensweisen und ihren Begleitumständen keine Parameter aufweisen lassen, die eine durchgängige moralische Differenzierung zwischen Handeln und Unterlassen rechtfertigen, lassen sich solche Parameter vielleicht in den Normen selbst (und *deren* Begleitumständen) finden? Geht etwa von Handlungsgeboten – unabhängig davon, wie schwer oder leicht sie im einzelnen zu befolgen sind – schon als solchen eine psychologische »Überforderungswirkung« aus, die von Unterlassungsgeboten nicht ausgeht, und die erklären (und eventuell rechtfertigen) könnte, warum innerhalb eines praktikablen Systems von Praxisnormen Unterlassungsgebote als wichtiger eingestuft werden als Handlungsgebote und Verstöße gegen Unterlassungsgebote (verbotene Handlungen) schärfer sanktioniert werden als Verstöße gegen Handlungsgebote (verbotene Unterlassungen)? Sollte sich diese Vermutung bestätigen lassen, läge der Grund für die moralische Differenzierung nicht in einem Ungleichgewicht der jeweils geforderten oder erlaubten Verhaltensweisen, sondern in einem Ungleichgewicht der jeweiligen Verhaltensvorschriften: Unterlassungen (mit negativen Folgen) wögen nicht deshalb weniger schwer als entsprechende Handlungen, weil sie *als solche* moralisch weniger kritikwürdig wären, sondern weil eine Sozialmoral, die Handlungspflichten mit demselben normativen Rang ausstattete wie Unterlassungspflichten, ihrerseits unzumutbar, unlebbar oder instabil wäre oder in anderen Hinsichten ihren Zweck verfehlte.

Mit der Verschiebung der Fragerichtung verschiebt sich die eingenommene Perspektive. Während bisher die Regeln der Sozialmoral unter *inhaltlichen* und *strukturellen* Gesichtspunkten in den Blick kamen, stehen nunmehr *funktionale* Aspekte im Vordergrund. Die praktische Moral wird einer ähnlichen Perspektive unterworfen wie ansonsten nur das Rechtssystem der Perspektive der Moral. Wie Rechtsnormen u. a. die Funktion haben, bestimmten elementaren moralischen Ansprüchen und Forderungen zu praktischer Geltung und Durchsetzung zu verhelfen, übernehmen die Regeln der Sozialmoral die Funktion, ethische Grundforderungen in einer durch die jeweiligen historischen und kulturellen Besonderheiten geprägten Form zur Geltung zu bringen und mit den der Moral eigenen Mitteln sozialer Kontrolle zu realisieren. Ethische Grundziele sind dabei die Verhinderung wechselseitiger Interessenverletzungen, die Ermöglichung eines gedeihlichen menschlichen Zusammenlebens, die Förderung gesellschaftlicher Kooperation und die Erweiterung der Grenzen von Empathie und Solidarität über die natürlichen menschlichen Sympathien hinaus auf Fernstehende, Fremde, Zukünftige und Angehörige anderer biologischer Gattungen. Diese Ziele sind als solche zu abstrakt und unbestimmt, um als Bestandteil eines Kanons handhabbarer sozialmoralischer Regeln in Frage zu kommen. Sie spielen weniger in der moralischen Praxis selbst eine Rolle als vielmehr in der ethischen Reflexion, die die Normen der Sozialmoral analysiert, kritisch überprüft und gegebenenfalls revidiert.

Vertreter einer *konsequentialistischen* Ethik sind gewöhnlich sehr viel eher bereit, sich auf eine funktionale Sichtweise der Moral einzulassen als *deontologische* Ethiker. Aber auch die Vertreter deontologischer Ansätze können sich funktionalen Überlegungen nicht ganz verschließen. Für den Konsequentialisten ist diejenige Sozialmoral optimal, die am ehesten die Gewähr bietet, die von ihr postulierten Güter unter den jeweiligen historischen und kulturellen Bedingungen zu realisieren. Im Rahmen der konsequentialistischen Ethik (etwa des Utilitarismus) gibt die Ethik der Moral weniger den Standard der *inhaltlichen* als vielmehr den Standard der *funktionalen* Adäquanz vor. Die Akzeptabilität eines bestimmten Systems praktischer Normen bemißt sich danach, ob und inwieweit deren soziale Geltung geeignet ist, die von der ethischen Axiologie postulierten individuellen und kollektiven Güter zu erhalten und zu befördern. Zu den unter funktionalen Gesichtspunkten bewerteten Aspekten der Normgeltung gehören dabei sowohl die (wahrscheinliche) Norm*befolgung* als auch andere, befolgungsunabhängige Aspekte, etwa die Auswirkungen der Normgeltung auf Einstellungen, Erwartungen, Bedürfnisorientierungen und das in einer Gesellschaft herrschende soziale Klima. Nicht nur dadurch, daß sie *befolgt* wird, wirkt sich die Geltung einer Norm auf das Leben von Individuum und Gesellschaft aus, sondern auch dadurch, daß sie bestimmte Motive, Verhaltensbereitschaften, Erwartungshaltungen und Denkweisen begünstigt oder schwächt.

Eine deontologische Ethik dagegen wird zwischen Sozialmoral (Praxisnormen) und ethischen Basisprinzipien (die nur zum Teil mit den »idealen« Normen im bisherigen Sinne gleichgesetzt werden können) weniger eine über empirisch-sozialpsychologische Zusammenhänge vermittelte funktionale Beziehung sehen als vielmehr ein logisches Verhältnis der

Subsumtion: Für sie ist dasjenige System sozialmoralischer
Regeln optimal, das genau diejenigen Pflichten und Regeln
enthält, die sich nach dem jeweils zugrunde gelegten – inhaltlichen oder prozeduralen – Kriterium moralischer Richtigkeit
rechtfertigen lassen. Wird dieses etwa in dem Kriterium des
Kantischen Kategorischen Imperativs gesehen, ist damit jede
moralische Norm, die sich mit Hilfe dieses Kriteriums begründen läßt, eo ipso Teil der ethisch rechtfertigbaren Sozialmoral. In der Praxis der ethischen Rechtfertigung sozialmoralischer Regeln kommt allerdings auch der Deontologe
gewöhnlich nicht ohne Zweckmäßigkeitsüberlegungen aus.
Wenn die nach seiner Ethik rechtfertigbaren Regeln nur sehr
unvollständig *befolgt* werden, wird es sich auch aus seiner
Sicht empfehlen, darauf hinzuarbeiten, strengere – oder, je
nachdem, läßlichere – sozialmoralische Normen verbindlich
zu machen, als bei vollständiger Konformität angezeigt wären.
Andernfalls würde er Gefahr laufen, durch eine zu rigide
– oder auch zu läßliche – Normierung die faktische Realisierung seiner ethischen Basisprinzipien in Frage zu stellen und
die Ethik zum l'art pour l'art zu verfremden. Vor die Frage
gestellt, welche sozialmoralischen Normen in einer Gesellschaft – nach Maßgabe seiner ethischen Basisprinzipien – gelten sollten, sieht sich auch der deontologische Ethiker mit der
Notwendigkeit konfrontiert, die »realpolitische« Perspektive
eines hypothetischen Gesetzgebers einzunehmen, der abwägt,
wie hoch er den Steuersatz bemessen muß, um angesichts begrenzter Steuerehrlichkeit die Staatsfinanzen zu sichern. Unter der Annahme, daß der Gesetzgeber das Steueraufkommen
maximieren will, wird der für ihn optimale Steuersatz irgend-
wo zwischen »zu hohen« Sätzen liegen, bei denen Mindereinnahmen infolge abnehmender Steuerehrlichkeit, und »zu
niedrigen« Sätzen, bei denen Mindereinnahmen auch bei zunehmender Konformität zu erwarten sind. Ähnlich wird sich
auch der deontologische Ethiker ein Stück weit auf die moral-
psychologischen Realitäten einlassen und *moralpragmatische*
Zweckmäßigkeitsüberlegungen anstellen müssen.

Zu solchen moralpragmatischen Überlegungen gehören nicht nur Fragen nach der jeweils zu erwartenden Konformität, sondern auch andere folgenorientierte Fragen, etwa die nach dem Risiko, daß eine inhaltlich »richtige« Regel mißverstanden oder verdreht, vergröbert oder unzulässig vereinfacht, verengt oder unzulässig ausgeweitet werden könnte. Auch der deontologische Ethiker kann nicht darauf verzichten, Überlegungen der »Ethikfolgenethik« (Odo Marquard) innerhalb der Ethik selbst Raum zu geben und moralische Regeln von vornherein so formulieren, daß etwaige aus ihrer sozialen Rolle resultierende Fehlsteuerungen vermieden werden. Darüber hinaus wird auch der deontologische Ethiker an moralpragmatischen Fragen wie denen der *psychologischen Konsistenz* der von ihm vertretenen Moralnormen nicht vorbeigehen können. Um praktisch wirksam zu werden, müssen moralische Normen stabil internalisiert sein. Dafür ist notwendig, daß sie untereinander emotional nicht allzu dissonant sind. Nicht nur logische, sondern auch emotionale Widersprüche bedrohen die Akzeptanz, Stabilität und Verläßlichkeit einer Moral.

Heißt das aber nicht, daß der Ethiker, der bestimmte Moralnormen für die Praxis empfiehlt – und mit diesen vielleicht auch als Moralist an die Öffentlichkeit tritt –, damit zu einer gewissen Doppelzüngigkeit ermächtigt, wenn nicht gar verpflichtet wird? Wenn die für die Praxis vertretenen moralischen Grundsätze – auf dem Hintergrund bestimmter Basisnormen – u.a. funktional und strategisch begründet sind, kann es dann nicht sein, daß sie inhaltlich von dem, was das Basisprinzip für die jeweiligen praktischen Kontexte unter Absehung von moralpragmatischen Gesichtspunkten impliziert, abweichen und auf diese Weise zu einer fatalen Dissoziierung von Elite-Ethik und öffentlich proklamierter Alltagsmoral führen? Könnte nicht ein Ethiker, der weiß, daß seine rigiden Basisprinzipien pädagogisch kaum vermittelbar sind, nicht versucht sein, als öffentlicher Moralist sehr viel läßlichere Normen zu vertreten – in dem Wissen, daß diese zwar seine eigenen Prinzipien verfälschen, diesen aber insgesamt mehr Befolgung sichern, als er ohne diese Verfälschung erhoffen könnte? Wie ein »zu hoher« Steuersatz das Steueraufkommen verringern statt erhöhen kann, da jede Erhöhung einen zusätzlichen Anreiz zur Steuerhinterziehung schafft, könnte sich ja auch eine »zu rigide« moralische Norm kontraproduktiv auswirken, indem sie zu »Trotzreaktionen« provoziert, die dem jeweiligen Basisprinzip noch weniger gerecht werden als eine läßlichere, aber mit dem Basisprinzip inhaltlich bedeutend weniger übereinstimmende Norm.

Aber Bedenken der Doppelzüngigkeit gehen in diesem Fall ins Leere. In der Praxis strengere oder läßlichere – oder auch inhaltlich anders akzentuierte – Normen zu vertreten, als strenggenommen aus den eigenen Basisprinzipien folgen, ist keine »Großinquisitor-Logik«, kein Priestertrug und kein wie immer gearteter Akt ethischer Täuschung, sondern eine für jeden Informierten und Verständigen nachvollziehbare und durchsichtige sozialmoralische Implementierung ethischer Prinzipien, die das Licht der Aufklärung in keiner Weise scheuen muß. Während der »Priestertrug« darauf zielt, den Gläubigen – dem guten Zweck zuliebe – etwas erkanntermaßen Falsches oder zumindest Zweifelhaftes als Wahrheit zu verkaufen, ist der praktische Erfolg moralpragmatisch-funktionaler Normgebung nicht davon abhängig, daß irgend jemand etwas Falsches glaubt. Auch geht die Wirksamkeit der sozialmoralischen Norm – anders als beim Priestertrug – nicht dadurch verloren, daß sie als funktional motiviert durchschaut wird. Während nach dem Modell des Priestertrugs die Priester ihre Schäfchen über den mangelnden Realitätsgehalt der von ihnen verkündeten Dogmen im unklaren lassen müssen, hindert den moralisierenden Ethiker nichts daran, die Gründe offenzulegen, aus denen er in der Praxis eine von seinen ethischen Basisprinzipien in bestimmten Punkten abweichende Praxisnorm vertritt. Im Gegenteil: Wer einsieht, daß ihn die Geltung und Befolgung einer bestimmten Praxisnorm der Realisierung seiner idealen Norm oder seines Basisprinzips näherbringt als die direkte Befolgung der idealen Norm oder des Basisprinzips, hat einen guten Grund mehr, diese Norm zu befolgen. Der entscheidende Unterschied liegt darin, daß moralische Normen keinen deskriptiven, sondern einen praxisleitenden Charakter haben und man sich – im Gegensatz zu weltanschaulichen, religiösen oder anderen Überzeugungen – eine moralische Norm willentlich zu eigen machen kann. Es ist fraglich, ob man sich dazu *entscheiden* kann, an die Existenz Gottes oder an die Unsterblichkeit zu glauben. Es ist dagegen unzweifelhaft, daß man sich dazu entscheiden kann, einer bestimmten Norm zu folgen. Eine funktionale Rechtfertigung von *regelförmigen* Objekten wie moralischen Normen, Faustregeln oder Maximen ist sehr viel unproblematischer möglich als eine etwaige funktionale Rechtfertigung von *überzeugungshaften* Objekten wie Weltanschauungen, Naturbildern oder Gottesvorstellungen. Nur bei den überzeugungshaften Objekten kann die funktionale Rechtfertigung mit der kognitiven Rechtfertigung in Konflikt kommen. Eine falsche oder unbegründete Überzeugung wird nicht wahrer oder begründeter dadurch, daß ihre Geltung gute Folgen zeitigt. Für eine moralische Norm, Faustregel oder Maxime dagegen ist eine »Wahrheit«, die mit ihrer Zweckmäßigkeit kollidieren könnte, von vornherein nicht definiert.

Bevor wir prüfen, ob sich eine prinzipielle moralische Differenzierung zwischen Handeln und Unterlassen auf der Ebene der *Normgeltung* begründen läßt, empfiehlt es sich, sich zunächst einen Überblick über die Funktionen und Leistungen, aber auch über die Dysfunktionen und »Kosten« der Geltung moralischer Normen zu verschaffen. Danach werden wir zu fragen haben, ob sich Handlungsgebote und Unterlassungsgebote in ihrer Gesamtbilanz von Nutzen und Kosten, Funktionen und Dysfunktionen so durchgängig und erheblich unterscheiden, daß von daher die jeweiligen Normverstöße (Unterlassen bei Handlungsgeboten, Handeln bei Unterlassungsgeboten) unterschiedlich behandelt zu werden verdienen.

8.1 Funktionen und Dysfunktionen moralischer Normen

Bei den *positiven* Funktionen, die moralische Normen in der Gesellschaft übernehmen, kann man zwischen *formalen* und *inhaltlichen* Funktionen unterscheiden. *Formale* Funktionen sind von dem jeweiligen Inhalt der Normen unabhängig und hängen allein von der Tatsache ab, daß überhaupt irgendwelche moralischen Normen akzeptiert und in einem bestimmten Maße befolgt werden. Zu den formalen Funktionen gehören mindestens drei: die durch die Akzeptanz moralischer Normen gewährte *Verhaltenssicherheit* der Akteure, die dadurch ermöglichte *Erwartungssicherheit* anderer und die durch eine moralische Orientierung ermöglichte *Sinnstiftung*. Die positiven inhaltlichen Funktionen der Moral lassen sich abstrakt – d.h., ohne sich von vornherein auf einen bestimmten ethischen Beurteilungsmaßstab festzulegen – durch zwei Aspekte charakterisieren: den *Schutz individueller Interessen* und den *Schutz von Gemeinschaftsgütern*.

Die Akzeptanz moralischer Normen verhilft dem moralischen Subjekt zunächst zu einer gewissen *Verhaltenssicherheit*. Moralische Normen übernehmen für den Akteur – zusammen mit anderen kulturellen Normen – eine Orientierungsfunktion und bewahren ihn vor den Nöten tiefgreifender Verhaltens- und Selbstunsicherheit (was soll ich tun? was soll ich wollen? wer soll ich werden?). Wo moralische Normen vorgeben, was getan werden *muß* oder *soll*, schrumpft der Spielraum für persönliche Wahlentscheidungen und damit für die *angoisse* freier Selbstfindungsbemühungen. Inwieweit diese Verhaltenssicherheit als positiv erlebt wird, hängt seinerseits von einer Reihe sozialer und individueller Faktoren ab. In relativ geschlossenen Gesellschaften mit hoher Werthomogenität wird die persönliche Wahlfreiheit gewöhnlich höher bewertet als in pluralistischen Gesellschaften ohne verbindlich vorgegebene Lebensorientierungen. John Stuart Mills glühendes Plädoyer für die Vielfalt der Lebensexperimente in »On Liberty« wurde nicht von ungefähr in der moralisch »geschlossenen« Epoche des Viktorianismus verfaßt, der dazu antagonistische Kongreß »Mut zur Erziehung« nicht von ungefähr in einer Zeit (1978) veranstaltet, in der zunehmende Wertepluralisierung die Verbindlichkeit grundlegender moralischer Einverständnisse in Frage gestellt hatte.

Verhaltenssicherheit ist die entscheidende positive Wirkungsdimension insbesondere bei moralischen *Faustregeln*. Moralische Faustregeln sind darauf zugeschnitten, sichere Entscheidungen (und Handlungen) in Situationen zu ermöglichen, in denen die Komplexität der zu berücksichtigenden Faktoren und andere situative Beschränkungen sichere Entscheidungen andernfalls nicht zuließen. *Deontologische* moralische Orientierungen verschaffen der Tendenz nach ein höheres Maß an Verhaltenssicherheit als konsequentialistische, da sie in der Regel geringere Anforderungen an die Berücksichtigung der in der jeweiligen Situation vorliegenden Umstände stellen und es erübrigen, situationsspezifische Folgenkalküle anzustellen.

Eine wichtige »Außenwirkung« der Akzeptanz moralischer Normen ist die erhöhte *Erwartungssicherheit* anderer. Zu wissen, von welchen moralischen Normen sich A in seinem Verhalten leiten läßt, erlaubt es anderen, zwar nicht mit Sicherheit, aber doch zumindest mit Wahrscheinlichkeit abzuschätzen, wie er sich unter bestimmten spezifizierten Bedingungen verhalten wird. Auch in dieser Hinsicht sind deontologische Normen – zumindest wenn es sich um Gebotsnormen handelt – konsequentialistischen überlegen. Weiß B, daß A eine Praxisnorm akzeptiert, nach der jeder jederzeit – bis auf bestimmte seltene Ausnahmefälle – auf Befragen die Wahrheit sagen sollte, kann er (bei Voraussetzung einer beide Male gleichen Konformität, d. h. gleicher Wahrscheinlichkeit, daß A die akzeptierte Norm auch befolgt) im Einzelfall sicherer sein, daß A ihn nicht belügt, als wenn er weiß, daß A die Norm befolgt, in allen Situationen den gesellschaftlichen Gesamtnutzen zu maximieren.

Erwartungssicherheit, Berechenbarkeit und Vertrauen sind wichtige Funktionen von moralischen *Rollennormen*. So müssen etwa die Spielräume der ärztlichen Gewissensentscheidung eng begrenzt sein, damit das Verhalten des Arztes für potentielle Patienten nicht gänzlich unberechenbar wird. Von dem Arzt wird zu Recht erwartet, daß er sich primär an die Regeln seines Standeskodex hält und nur da, wo dieser Ermessensspielräume läßt, Gewissensentscheidungen trifft. Moralische Rollennormen lassen sich dabei als Gebots-, Verbots- und Erlaubnisnormen auffassen, die für die Inhaber bestimmter sozialer Positionen gelten, etwa der Position des Arztes oder Rechtsanwalts (berufsethische Normen) oder der Eltern- oder Kindschaft (familiäre Rollennormen). »Rolle« bezeichnet dabei das jeweilige »Bündel von Verhaltensnormen, die eine bestimmte Kategorie von Gesellschafts- bzw. Gruppenmitgliedern im Unterschied zu anderen Kategorien zu erfüllen hat« (Popitz, 1972, 21). D. h., Rollen sind sowohl *normativ* als auch *selektiv* bestimmt. Im Gegensatz zu den sozialen Positionen, mit denen Rollenbegriffe verknüpft sind, beschreiben Rollenbegriffe nicht, was jemand *ist*, sondern was er als der, der er ist, tun *muß*, *soll* oder *darf*. Und es gibt keine Rolle, die jemand *als Mensch* oder auch nur *als Mitglied einer gegebenen Gesellschaft* zu erfüllen hat.[41]

Ein dritter, mit dem ersten verwandter positiver Aspekt moralischer Normen sind ihre *Sinngebungsfunktionen*. Moralische Orientierungen – Pflichten eher als Rechte – sind geeignet, dem Leben des Individuums Sinn, Richtung und Bedeutung zu geben, entweder als solche oder als Teilmomente

---

41 Moralische Rollennormen sind strikt zu unterscheiden von den außermoralischen Sondernormen bestimmter partikulärer Gruppen, etwa bestimmter religiöser Konfessionen. Auch wenn moralische Rollennormen stets nur das Verhalten der Inhaber bestimmter sozialer Positionen normieren, erheben sie dennoch den für moralische Normen insgesamt charakteristischen Anspruch auf universale Gültigkeit. Selbstverständlich können außermoralische Sondernormen ihrerseits als Rollennormen ausgestaltet sein, wie etwa die Normen, die die Gläubigen zum Besuch des Gottesdienstes oder den Priester zum Zölibat verpflichten.

umfassenderer sinnstiftender sozialer, politischer oder religiös-weltanschaulicher Orientierungen. Sinngebungsfunktionen erfüllen moralische Normen dabei um so eher, je mehr sich der einzelne in eine Gruppe oder Gesellschaft mit homogenen Wertüberzeugungen eingebettet weiß und je stärker die mit seiner moralischen Wertorientierung verbundenen Ziele räumlich über den Horizont seines individuellen Wirkungskreises und zeitlich über den Horizont seiner individuellen Lebenszeit hinausreichen.

Unter den *inhaltlichen* Funktionen moralischer Normen kommt dem *Schutz individueller Interessen* zweifellos vorrangige Bedeutung zu. Nur wenige Moralsysteme haben den Schutz individueller Interessen explizit oder implizit zum ausschließlichen Ziel, aber kein Moralsystem enthält nicht an zentraler Stelle Normen, die ausschließlich oder vorwiegend dem Schutz individueller Interessen dienen. Moralische Gebots- und Verbotsnormen schützen primär die Interessen an Leben, leiblicher Integrität, Gesundheit, Eigentum und Sicherheit, sekundär die Interessen an psychischer Integrität – einschließlich Zugehörigkeit, Selbstachtung und Leidensfreiheit –, moralische Erlaubnisnormen primär das Interesse an Freiheit, freier Verfügung über Eigentum und die Wahrnehmung von Selbstverwirklichungschancen.

Im Gegensatz dazu ist der *Schutz von Gemeinschaftsgütern*, die sich nicht in der Erfüllung individueller Interessen erschöpfen, keine schlechthin notwendige, aber doch eine regelmäßige – manifeste oder latente – Funktion von Moralsystemen. Hierzu gehören der Schutz von politischen, rechtlichen und anderen sozialen Institutionen um ihrer selbst (oder um ihrer »Gerechtigkeit«) willen sowie die Erhaltung und Förderung von Kulturgütern wie Wissenschaft und Kunst oder die Erhaltung der Natur um ihrer selbst willen.

Diese positiven Funktionen der Moral sind freilich nicht umsonst zu haben. Den gewichtigen positiven Funktionen der Moral stehen auf der anderen Seite nicht weniger gewichtige Dysfunktionen, also individuelle und kollektive »Kosten«

gegenüber. Nicht nur die Befolgung, sondern bereits die Akzeptanz moralischer Normen ist in der Regel sowohl mit einem bestimmten subjektiven *Aufwand* als auch mit bestimmten *Verzichten* (ökonomisch: »Opportunitätskosten«) verbunden. Insbesondere lassen sich sowohl die formalen als auch die inhaltlichen Funktionen der Moral nur auf Kosten einschneidender *Freiheitsbeschränkungen* realisieren.

Berechenbarkeit und soziales Vertrauen hängen wesentlich davon ab, daß bestimmte Gebots- und Verbotsnormen (gleichgültig, ob allgemeine oder Rollennormen) im Individuum stabil psychisch verankert sind. Gebots- und Verbotsnormen verlangen jedoch dem Individuum naturgemäß einen höheren Aufwand und weitergehende Verzichte ab als Erlaubnisnormen. Je mehr Sicherheit die »Empfängerseite« haben will, daß sie von einzelnen nicht belogen und betrogen wird, desto verläßlicher muß das Individuum die entsprechende Verbotsnorm internalisiert haben. Je mehr Rechte sich die »moral patients« (Tom Regan) auf der Seite der Betroffenen zusprechen, vor Schädigungen des einzelnen verschont zu bleiben oder Leistungen von ihm zu erhalten, desto stärker erweitern sich die Pflichten des »moral agent« auf der Geberseite. Zwar werden die »Kosten« der Akzeptanz moralischer Norm für den Verpflichteten dadurch gemildert, daß diese für ihn zugleich eine Reihe positiver Funktionen übernehmen, etwa indem sie seine Verhaltenssicherheit erhöhen und zur Sinnstiftung beitragen. Aber es ist fraglich, ob es gerade diese Aspekte sind, die den in pluralistischen Gesellschaften vielfach artikulierten Wunsch nach verläßlicheren moralischen Orientierungen motivieren. In der Regel ist die Kritik an der *permissive society* eher von der empathischen Identifikation mit den Leidtragenden als von dem Wunsch nach mehr Orientierung für die Täter bestimmt. Die von der Moral ausgehenden Beschränkungen der negativen Freiheit – der Freiheit des *fais ce que voudras* – kommen nicht primär als Nutzen-, sondern als Kostenfaktoren in den Blick. Sie sind die genaue Kehrseite der durch die Geltung und Akzeptanz moralischer Normen gewährten Erwartungssicherheit.

Diese Janusköpfigkeit zeichnet insbesondere moralische Rollennormen aus, die mit *vorgegebenen sozialen Positionen* verknüpft sind und vom einzelnen nicht frei gewählt werden können. Während die Rollennormen des Arztes, des Lehrers, der Kindergärtnerin oder der Mutter mit Positionen zusammengehen, die in der Regel – wenn auch in signifikant unterschiedlichen Graden – frei gewählt werden können, kann man sich anderen sozialen Positionen, etwa denen, Sohn, Enkel, weiblich oder Mutter eines kranken Kindes zu sein, und den mit ihnen verknüpften Rollennormen nicht oder nur unter Inkaufnahme erheblicher »Kosten« – wie der sozialen Ächtung – entziehen. Auf der anderen Seite ermöglichen aber gerade »zugeschriebene« (statt frei übernommener) Rollen ein erheblich größeres soziales Vertrauen. Wer sich darauf verlassen kann, daß er im Fall der Pflegebedürftigkeit von seinen Kindern gepflegt wird, braucht sich um den Pflegenotstand (oder andere Notstände, bei denen die mit bestimmten Rollennormen verknüpften Positionen nicht besetzt werden können) weniger Sorgen zu machen.

Nehmen wir die Belastungen, die moralische Normen mit sich bringen, etwas näher in den Blick: die *Beschränkungen negativer Freiheit*, den *inneren moralischen Druck,* den *äußeren moralischen Druck* und – auf der Ebene des Kollektivs – den gesellschaftlichen Aufwand zur Aufrechterhaltung bzw. Erweiterung und Intensivierung der Normgeltung.

Der gravierendste »Kostenfaktor« ist unbestritten die mit der Akzeptanz moralischer Normen akzeptierte Freiheitsbeschränkung. Der Gegensatz von Pflicht und Neigung ist unaufhebbar. Eine moralische Gebots- oder Verbotsnorm zu akzeptieren, heißt, den Spielraum der wählbaren Möglichkeiten einzuschränken. Wer eine moralische Norm akzeptiert, schließt bestimmte Verhaltensoptionen (die moralisch schlechthin unzulässigen) auch für den Fall stärkster motivierender Antriebe als unwählbar aus und versieht bestimmte andere (die moralisch bedenklichen) zumindest mit nicht zu übersehenden Warnvermerken. Nicht erst in dem Augenblick, in dem ein Akteur aus moralischen Gründen auf die

Verwirklichung eines wie immer motivierten Wunsches verzichtet, wirken sich moralische Normen freiheitsbeschränkend aus, sondern bereits dann, wenn er sich vorausblickend
auf bestimmte moralische Normen verpflichtet bzw. von
anderen auf diese verpflichtet wird. Auch die Einschränkung hypothetischer Optionen ist eine Einschränkung von
Freiheit.

Darüber hinaus impliziert die Akzeptanz moralischer (Ver-
pflichtungs-) Normen ein gewisses Maß an *innerem morali-*
schen Druck – je nachdem, wie stark Pflicht und Neigung kon-
fligieren. Ex ante äußert sich dieser etwa in Gewissensangst
und antizipierten Schuldgefühlen, ex post in Gewissensnot,
Schuldgefühlen, Verlust der Selbstachtung, im Extremfall in
Verlust der Genußfähigkeit und der Lebensfreude.

Verstärkt wird der innere moralische Druck durch *äußeren*
moralischen Druck – zumindest dann, wenn sich der Akteur
in einem sozialen Milieu bewegt, das dieselben moralischen
Normen internalisiert hat. Halb unwillig, halb bestätigt erlebt
er den vom eigenen Gewissen ausgehenden Druck durch Tadel und Vorwürfe, soziale Distanzierung und Ausgrenzung
von außen widergespiegelt und verstärkt. Eine deutlich andere Qualität nimmt der von außen kommende moralische
Druck für den Akteur an, wenn zwischen seinen eigenen und
den moralischen Normen seines Milieus nur partielle oder gar
keine Übereinstimmung besteht oder diese Normen für ihn
vielleicht nicht einmal nachvollziehbar sind. Noch mehr als
die Situation des eingestandenermaßen »Schuldigen« kann
diese Situation des Fremden und Befremdeten für den Betroffenen im Extrem zur regelrechten Hölle werden.

Ein nicht zu übersehender »Kosten«-Faktor der Moral ist
weiterhin der gesellschaftliche Aufwand zur *Durchsetzung,*
Aufrechterhaltung und möglicherweise *Ausdehnung* und *In-*
tensivierung der Geltung moralischer Normen. Hierzu gehören der Aufwand an moralischer Erziehung in Familie und
Schule, der Aufwand an *moral suasion* in Politik, Kirche und
Medien, aber auch das erwiesenermaßen »sittenbildend« wir-

kende Rechtssystem, insbesondere das Strafrecht. Da das Moralpredigen den Moralpredigern in der Regel ein aufrichtiges Bedürfnis ist, fallen die psychischen »Kosten« hier vornehmlich bei den Belehrten an. Diese Kosten sind nicht unbeachtlich. Moralisieren tendiert dazu, den Moralisierten zu beschämen, und Beschämung ist nicht nur eine der verbreitetsten, sondern auch eine der perfidesten Formen psychischer Grausamkeit:

> »*Wen nennst du schlecht?* – Den, der immer beschämen will. / *Was ist dir das Menschlichste?* – Jemandem Scham ersparen« (Nietzsche, 1966, Bd.2, 160).

Die »Kosten« der Geltung eines Systems moralischer Normen liegen nicht nur in den von ihm ausgehenden *aktuellen* Belastungen, sondern auch in den von ihm ausgehenden sozialen *Risiken*. Zu diesen gehören zuallererst die Risiken eines wissentlichen oder unwissentlichen *Mißbrauchs* moralischer Begriffe, Normen und Prinzipien. Wissentlicher Mißbrauch (»abuse«) liegt dann vor, wenn moralische Schlüsselbegriffe (wie »Freiheit«, »Gerechtigkeit«, »Solidarität«, »Humanität«) zu persuasiv-propagandistischen Zwecken auf wohlklingende Worthülsen reduziert oder moralische Prinzipien inhaltlich pervertiert werden (»Freiheit« als »Einsicht in die Notwendigkeit«). Unwissentlicher Mißbrauch (»misuse«) kann noch folgenschwerer sein, etwa wenn Verbrechen im Namen fehlgedeuteter ethischer Prinzipien begangen werden (so berief sich Eichmann in seinem Prozeß auf den Kategorischen Imperativ als vermeintliches Gebot zum Kadavergehorsam) oder wenn der für die Moral charakteristische *Anspruch* auf Objektivität und universale Verbindlichkeit im Sinne einer *tatsächlichen* Objektivität und Verbindlichkeit mißdeutet und damit der Gehorsam gegenüber vermeintlich »naturrechtlichen« Normen erzwungen wird.

Das sind nicht die einzigen Risiken der Moral. Weitere Risiken liegen darin, daß sich ein System moralischer Normen – autonom oder durch Impulse von außen – in eine Richtung weiterentwickelt, die nach dem Maßstab der jeweils zugrun-

deliegenden Idealnormen oder Basisprinzipien als verfehlt
gelten muß. Jedes faktisch geltende Moralsystem birgt die
Gefahr eines Abgleitens, eines *slippery slope* in sich, nicht nur
dadurch, daß es in bestimmten Bereichen zu läßlich, sondern
auch dadurch, daß es in bestimmten Bereichen zu rigoros
wird. Nicht nur die »Senkung der Hemmschwelle« durch
übermäßige Läßlichkeit kann einen »slippery slope« bedeuten, sondern auch die Senkung von »Zumutbarkeitsschwel-
len« durch übermäßige Strenge und moralischen Fanatismus.
Die zutreffende Diagnose hängt von den jeweils zugrunde
gelegten Basisprinzipien ab und kann in Extremfällen entge-
gengesetzte Vorzeichen annehmen. So wird ein vatikantreuer
Katholik in der gegenwärtig geltenden Abtreibungsmoral
Gefahren des Abgleitens eher in Richtung einer Aufwei-
chung, ein Libertarier Gefahren des Abgleitens eher in Richtung einer moralistischen Übersteigerung des Lebensschutzes
sehen. Daß solche Gefahren im allgemeinen eher bei moralischen *Erlaubnissen* als bei moralischen *Verpflichtungen* gesehen werden, scheint dabei insgesamt weniger an einer Sach-
gesetzlichkeit als vielmehr an einer gewissen *déformation
professionnelle* der Ethiker und Moralisten zu liegen, die sich
zu derartigen Fragen naturgemäß häufiger und autoritativer
äußern als die konkret Betroffenen: dem Vorurteil, daß mehr
Moral im Zweifelsfall stets besser sei als weniger.

Funktionen und Dysfunktionen, Nutzen und Kosten einer
Sozialmoral stehen zumeist in einem *komplementären* Verhältnis zueinander. Ein rigoroser Puritanismus verschafft den
übrigen Gesellschaftsmitgliedern größere Sicherheit, schränkt
aber andererseits die Optionen des Akteurs stärker ein und
impliziert einen größeren inneren und äußeren moralischen
Druck. Eine permissive Moral läßt einerseits der Individualität
und Spontaneität des Akteurs mehr Raum, vermittelt ihm andererseits jedoch weniger subjektive Sicherheit (die er in Kri-
sensituationen nötig haben könnte), macht sein Verhalten für
die anderen weniger berechenbar, überfordert eventuell ihre
Fähigkeit zur Toleranz und gefährdet gesellschaftliche Koope-

ration und Vertrauensbereitschaft. Ein Gleichgewicht zwischen diesen antagonistischen Tendenzen läßt sich im Prinzip in zweierlei Weise denken: entweder so, daß die Moralnormen einen wie immer definierten *Mittelweg* zwischen einem Zuviel an Läßlichkeit und einem Zuviel an Strenge einschlagen, oder so, daß im Sinne einer »psychosozialen Kompromißbildung« strenge moralische Normen zwar *proklamiert*, eigenes und fremdes Verhalten jedoch faktisch nach sehr viel läßlicheren Normen *beurteilt* wird. Im letzteren Fall wird eine moralwidrige individuelle Praxis als »schlechte Angewohnheit«, eine moralwidrige kollektive Praxis als »Unsitte« nachsichtig geduldet (naheliegende Beispiele sind ein gewisses »Normalmaß« an Schwarzarbeit und Steuerhinterziehung), auch wenn sie von niemandem ausdrücklich für rechtens erklärt und von nahezu allen in abstracto verurteilt werden. Die auf diese Weise in eine normative »Grauzone« abgedrängte Kompromißbildung mildert für bestimmte sensitive Bereiche die Strenge der akzeptierten Moralnormen, ohne diese ausdrücklich in Frage zu stellen und damit Gefahren eines moralischen »Flächenbrands« heraufzubeschwören. Auch wenn »faule Kompromisse« dieser Art bei Ethikern und Moralisten gewöhnlich Anstoß erregen, ist nicht auszuschließen, daß sie summa summarum gelegentlich gesellschaftlich optimal sind. Es könnte durchaus sein, daß allen letztlich am besten gedient ist, wenn eine bestimmte Zahl akzeptierter Regeln regelmäßig verletzt, aber nicht ohne schlechtes Gewissen verletzt werden.[42]

---

42 Im Strafrecht führen solche »Kompromißbildungen« allerdings regelmäßig zu Inkongruenzen bzw. offenen Widersprüchen, da Zuwiderhandlungen hier ausdrücklich von den mit der Norm verknüpften Sanktionen ausgenommen werden müssen. Vgl. etwa den (nicht zum Gesetz gewordenen) »Alternativentwurf Sterbehilfe« (Baumann u. a., 1986), der die aktive Sterbehilfe weiterhin für unrechtmäßig erklärt, zugleich aber die Möglichkeit eröffnet, in bestimmten Fällen von Strafe abzusehen. Ein logisch ebenso fragwürdiger Kompromiß liegt in dem Abtreibungsurteil des Bundesverfassungsgerichts von 1993 vor, das die Abtreibung in den ersten drei Monaten für rechtswidrig erklärt, sie aber gleichzeitig straflos läßt und damit eine unerlaubte Handlung faktisch freigibt (vgl. Hoerster, 1994).

Mit dieser Art von Überlegung werden auf die Moral – aus ethischer Perspektive – ähnliche Beurteilungskategorien angewendet wie ansonsten in der Rechtspolitik auf das Rechtssystem: Ist es insgesamt ein Fortschritt zum Besseren, wenn eine Norm verschärft oder gelockert wird? Wiegt die zu erwartende zusätzliche Sicherheit vor Normübertretungen die negativen Folgen für die Zuwiderhandelnden auf? Ist der Schaden gravierend genug, um durch Strafe bzw. moralische Verurteilung Lebensfreude zu mindern und durch Strafandrohung bzw. moralischen Druck Freiheitsspielräume einzuschränken? Damit soll nicht gesagt sein, daß die ethische Nutzen-Kosten-Abwägung im einzelnen denselben Mustern oder Kriterien folgen kann wie eine rechtsethische und rechtspolitische Nutzen-Kosten-Abwägung bei neu einzuführenden oder abzuschaffenden Rechtsnormen. Vor allem besteht zwischen »rechts-ethischer« und »moral-ethischer« Abwägung der entscheidende Unterschied, daß sich zwar das Rechtssystem, nicht aber das Moralsystem per Beschluß ändern läßt. Wandlungen des moralischen Normengefüges lassen sich nur langfristig und nur in engen Grenzen – im Sinne einer »Umerziehung« mit den Mitteln der Kultur- und Bildungspolitik und unter Ausnutzung der »sittenbildenden Kraft des Rechts« – willentlich steuern. Aber »Steuerung« ist hier vielleicht schon zu hoch gegriffen. Auch dann, wenn sich solche Wandlungen gezielt anstoßen oder verstärken lassen, entwickeln sie leicht eine Eigendynamik, die die Veränderungen in eine von der Politik nicht gewollte oder nicht bedachte Richtung »abdriften« läßt.

Ist ein Moralsystem, das zwischen Handeln und Unterlassen systematisch differenziert – wenn es schon nicht unter Gesichtspunkten der *Normbefolgung* vorzuziehen ist – unter Gesichtspunkten der *Normakzeptanz* einem System ohne eine derartige Differenzierung vorzuziehen? Könnte eine moralische Differenzierung zwischen Handeln und Unterlassen etwa dazu beitragen, die Dysfunktionen des Moralsystems zu verringern, ohne im gleichen Maße seine positiven

Funktionen zu schwächen? Ist seine Gesamtbilanz an Nutzen und Kosten günstiger als die eines Systems ohne diese Differenzierung?

Zur Beantwortung dieser Fragen können wir nunmehr auf die gegebene Übersicht über die Nutzen- und Kostenaspekte der Normgeltung zurückgreifen. Welche Dimensionen der Normakzeptanz sind für die Handeln-Unterlassen-Unterscheidung relevant? Auf der Seite der positiven Funktionen zweifellos die Aspekte der *Verhaltenssicherheit*, der *Sinnstiftung* und des *Schutzes von Interessen*, auf der Seite der Kostendimensionen die Aspekte der *Einschränkung von Optionen*, des *inneren moralischen Drucks*, des *äußeren moralischen Drucks*, des *Mißbrauchsrisikos* und der *slippery slope*.

Was die gewährte *Verhaltenssicherheit* betrifft, so scheinen darin Unterlassungsgebote Handlungsgeboten weit überlegen. Etwas bestimmtes *nicht* zu tun, ist vielfach die denkbar eindeutigste Forderung, die an jemanden gestellt werden kann. Wir glauben eher zu wissen, was von uns verlangt wird, wenn von uns verlangt wird, nicht zu töten, zu verletzen, zu stehlen oder zu lügen, als wenn von uns verlangt wird, Hilfe zu leisten, Zuspruch zu geben, Verständnis zu zeigen und großzügig zu sein. Handlungsgebote sind zumeist weniger eindeutig in dem, was sie von uns konkret verlangen. Die Aufforderung, jemandem zu helfen, jemanden zu versorgen oder zu pflegen ist hinsichtlich seines konkreten Gehalts sehr viel unbestimmter als die Aufforderung, jemanden nicht zu verletzen oder jemandem nicht wehzutun. Sie läßt Spielräume offen, die nach eigenständiger Ausfüllung verlangen und es in höherem Maße dem Akteur überlassen, Zeitpunkt, Modalität und Ausmaß der Ausführung nach eigenem Gutdünken zu bestimmen.

Während Unterlassungsgebote Verhaltensunsicherheiten der Tendenz nach beseitigen, lassen Handlungsgebote vielfach neue Unsicherheiten entstehen. Es gibt nur eine Art und Weise zu schweigen, während es tausend Arten zu reden gibt. Die Aufforderung an einen Geheimnisträger, striktes Stillschwei-

gen zu bewahren, ist eindeutiger und orientiert das einzu-
schlagende Verhalten umfassender als die Aufforderung, auf
Fragen zu antworten, ohne das Geheimnis preiszugeben.

Eine genau gegenteilige Beurteilung ergibt sich für den
Aspekt der *Sinnstiftung*. Zumindest im Kontext des westlich-
abendländischen Denkens konstituiert sich individueller
Lebenssinn eher durch Handlungen und Handlungsorientierungen als durch Unterlassungen und Unterlassungsorien-
tierungen. Lebensziele haben eher das Gepräge von tätigen
Tugenden als von asketischer Enthaltsamkeit. In den östlichen
Religionen spielen quietistische Tugenden der Gelassenheit,
des Nicht-Eingreifens und der Gewaltlosigkeit für die individuelle und kollektive Sinnkonstitution vielfach eine sehr viel
größere Rolle. Reinheit und Rechtfertigung hängen eher von
dem ab, was man läßt, als von dem, was man tätig bewirkt.
Zwar fehlen Normen der Fürsorge und der tätigen Solidarität
auch in diesen Systemen nicht, haben aber einen deutlich geringeren Stellenwert. Eine Figur wie der Goethesche Faust,
der am Ende (»Dem Tüchtigen ist diese Welt nicht stumm«,
»Faust II«, 1446) seinen Lebenssinn als Ingenieur findet, der
um der Verwirklichung eines technischen Großprojekts willen die friedlichen Alten Philemon und Baucis durch Feuer
umkommen läßt, ist schwerlich als Leitfigur einer charakteristisch »östlichen« Kultur zu denken. Das ursprüngliche
buddhistische Ideal weltflüchtiger Gelassenheit ist denn auch
von einem Exponenten der westlichen Leitvorstellung aktiver
Solidarität, Albert Schweitzer, heftig kritisiert worden:

»Nirgends erhebt der Meister die Forderung, daß der
Mensch, weil alles Leben Leiden ist, sich bestrebe, nach
Möglichkeit jedem Menschen und jedem Wesen Hilfe zu
bringen. Er gebietet nur das Vermeiden des mitleidslosen
Tuns. Das mitleidsvolle Helfen kommt für ihn nicht in Betracht. Es ist durch den aus der Welt- und Lebensvernei-
nung kommenden Grundsatz der Tatenlosigkeit ausgeschlossen« (Schweitzer, 1934, 77 f.).

Anthropologisch gesehen spricht nichts dagegen, daß der Mensch auch durch passiv-quietistische Werthaltungen wie Gewaltlosigkeit, Entsagung, Gelassenheit und demütige Schicksalsergebenheit zu Sinnerfüllung gelangt. In dem weiterhin vorherrschenden (wenn auch zunehmend in Frage gestellten) kulturellen Klima des Westens wird Lebenssinn jedoch nach wie vor eher in eingreifendem Tätigsein als in passivem Geschehenlassen gesucht.

8.2 Die soziale Bedeutung der Akzeptanz von Handlungspflichten

Bedeutsamer als die formalen sind aber sicher die *inhaltlichen* Funktionen der Normgeltung, und hier insbesondere der durch die Geltung einer moralischen Norm bewirkte *Schutz individueller Interessen.* Auf diesen Aspekt konzentrieren sich die meisten Versuche, für eine lediglich nachgeordnete moralische Bedeutung von Unterlassungen gegenüber Handlungen zu argumentieren. Unterlassungsgebote – so etwa die implizite Annahme der Minimalethik Gerts[43] – sind wichtiger als Handlungsgebote, weil sozial unabdingbarer zur Aufrechterhaltung eines friedlichen und gedeihlichen Zusammenlebens. Auf sie kann im Gegensatz zu Handlungsgeboten auf keinen Fall verzichtet werden. Die Geltung von Handlungsgeboten dagegen gehöre gewissermaßen zum Wahlbereich. Bei ihnen sei nicht in gleicher Weise offensichtlich, daß sie für die Aufrechterhaltung eines angemessenen Niveaus des Interessenschutzes bedeutsam genug sind, um die den moralischen Subjekten aus ihrer Akzeptanz entstehenden Kosten aufzuwiegen. Nach dieser Auffassung haben Handlungsgebote gegenüber Unterlassungsgeboten eine in doppelter Hinsicht ungünstigere Nutzen-Kosten-Bilanz: Von ihnen geht eine wesentlich geringere Schutzwirkung aus als

43 Vgl. S. 175.

von Unterlassungsgeboten, gleichzeitig stellen sie jedoch wesentlich höhere Anforderungen an die individuellen moralischen Ressourcen. Obwohl sie für die Gesellschaft weniger bedeutsam sind, tendieren sie viel eher dazu, die Akteure zu überfordern.

Sind Handlungsgebote tatsächlich von geringerer gesellschaftlicher Bedeutung als Unterlassungsgebote?

Die Bedeutung der Geltung einer Norm für den Schutz individueller Interessen hängt von verschiedenen Faktoren ab: dem *Rang* der jeweils geschützten Interessen, der *Häufigkeit* von Situationen, in denen diese Interessen gefährdet sind, und dem *Ausmaß*, in dem die Akzeptierung der Norm mögliche Interessenverletzungen *verhindert*.

Wie wichtig eine moralische Norm ist, hängt zunächst von der Wichtigkeit der durch sie geschützten Interessen ab. Die Verbotsnorm, andere nicht umzubringen, ist ceteris paribus wichtiger als die Verbotsnorm, andere nicht zu verletzen, diese wiederum wichtiger als die Verbotsnorm, anderen keine Vermögensnachteile erwachsen zu lassen. Darüber hinaus müssen aber auch die quantitativen Aspekte berücksichtigt werden. Kämen Situationen, in denen man andere umbringen könnte, nur selten, Situationen, in denen man anderen Schmerz zufügen könnte, aber sehr häufig vor, wäre zweifelhaft, ob man die erstgenannte Norm trotz der axiologischen Differenz zwischen den geschützten Interessen als wichtiger werten könnte. Niemand würde das Verbot des Völkermords als die wichtigste Verbotsnorm des Strafgesetzbuchs bezeichnen wollen, auch wenn die durch diese Norm geschützten Interessen für sich genommen axiologisch wichtiger sind als die durch andere Strafrechtsnormen geschützten. Andererseits ist der quantitative Faktor für sich genommen nicht ausreichend. Daß Situationen, für die das Verbot des Stehlens relevant ist, sehr viel häufiger sind als Situationen, für die das Verbot des Tötens relevant ist, reicht nicht aus, das Verbot des Stehlens als insgesamt wichtiger erscheinen zu lassen.

Aber auch der dritte Faktor scheint unverzichtbar. Die Bedeutung einer Norm ist nicht unabhängig von der kausalen Rolle, die die Geltung einer Norm für den Schutz des jeweils geschützten Interesses übernimmt. In einer Gesellschaft von Engeln wäre eine Norm, andere nicht zu töten oder zu verletzen, relativ unwichtig, wie in einer Gesellschaft von verläßlichen Pazifisten die Norm der Friedensliebe. Die Bedeutung der Norm hängt nicht nur von der Bedeutung der durch sie geschützten Werte und der Häufigkeit ab, mit der diese durch mögliches inkonformes Verhalten gefährdet sind, sondern zusätzlich auch von dem Ausmaß, in dem sie zum Schutz des jeweiligen Interesses beiträgt und eine »künstliche Harmonie der Interessen« herstellt, die ohne die Geltung der Norm nicht bestehen würde. Unter diesem Gesichtspunkt muß eine Norm als um so wichtiger gelten, je »künstlicher« sie ist, d. h., je weniger die durch sie geschützten Interessen bereits durch natürliche Neigungen geschützt sind. So ist danach etwa die Norm der Nicht-Vernachlässigung von Eltern und Großeltern genau insoweit wichtiger als die Norm der Nicht-Vernachlässigung der eigenen Kinder und Enkel, als bei den letzteren auf die natürlichen Antriebe eher Verlaß ist als bei den ersteren. Ebenso könnte man argumentieren, daß eine Norm, in den hochentwickelten Industrieländern Europas auf weitere Konsumsteigerungen zugunsten der Dritten Welt zu verzichten, sehr viel wichtiger wäre als eine Norm, dasselbe zugunsten der ärmeren Länder des eigenen Kontinents zu tun, da uns diese emotional näherstehen als die Länder der Dritten Welt und ein Schutz derer Interessen in sehr viel höherem Maße bereits von außermoralischen Motiven erwartet werden kann.

Es ist wichtig zu sehen, daß damit die Bedeutung einer moralischen Norm – in Übereinstimmung mit der oben vorgenommenen Trennung von positiven und negativen Aspekten der Normgeltung – ausschließlich von ihren *positiven* Effekten her bestimmt ist und von ihren negativen Effekten gänzlich abgesehen wird. Daß eine Norm nach dieser Bestimmung *bedeutsamer* ist als eine andere, besagt deshalb keineswegs, daß sie deshalb auch insgesamt vorzugswürdig ist. Andernfalls hätten die bisherigen Festlegungen die zunächst paradoxe Konsequenz, daß eine Norm, nicht oder nur in Notfällen Auto zu fahren, gesellschaftlich sehr viel bedeutsamer wäre als die üblicherweise als höchstrangig geltende Norm, andere nicht umzubringen. Denn da in unserer Gesellschaft sehr viel mehr Menschen im Straßenverkehr getötet werden als bei Wirtshausschlägereien oder Überfällen, würde ein Verbot des Autofahrens (oder eine sehr strenge Geschwindigkeitsbeschränkung) sehr viel mehr an Lebensschutz bewirken als die aktuell geltende Moral. Darüber hinaus ist darauf hinzuweisen, daß vor allem mit dem dritten Faktor die »Bedeutung« einer Norm u. a. von kontingenten und im Zeitverlauf wechselnden Gegebenheiten abhängig wird. So dürfte etwa die Norm, pflegebedürftige ältere Menschen vor Schaden zu bewahren, auch infolge der sich wandelnden Altersstruktur unserer Gesellschaft zukünftig eine noch größere Bedeutung erhalten, als ihr gegenwärtig zukommt, und eine wesentlich größere als die Norm der angemessenen Versorgung unselbständiger Kinder.

Wendet man diese Kriterien auf die Unterscheidung zwischen Handeln und Unterlassen an, ergibt sich alles andere als ein einheitliches Bild: Den Hinsichten, in denen Unterlassungsgeboten aufgrund der aufgestellten Kriterien eine höhere Bedeutung für den Interessenschutz als Handlungsgeboten zukommt, stehen andere gegenüber, die in die umgekehrte Richtung weisen.

In der *ersten* Hinsicht, dem axiologischen Rang der betroffenen Interessen, unterscheiden sich Unterlassungs- und Handlungsgebote im Grundsatz nicht. Solange die Bedeutung der Norm ausschließlich von den durch ihre Geltung geschützten Interessen abhängt, kommt der moralischen Norm, andere nicht zu belügen oder fahrlässig falsch zu informieren, keine größere Bedeutung zu als der moralischen Norm, andere nicht wissentlich oder fahrlässig in einem vermeidbaren Irrtum zu lassen. Wenn allerdings die oben postulierte Hypothese A zutrifft, daß aktive ungewollte Schädigungen an Leib und Leben auf Dritte durchweg bedrohlicher wirken als ihre passiven Entsprechungen, gibt es zumindest *ein* Interesse – das Interesse, von Bedrohungen dieser Art verschont zu bleiben –, das durch die Geltung des entsprechenden Unterlassungsgebots sehr viel weitgehender geschützt wird als durch die Geltung des entsprechenden Handlungsgebots. Für die unumstritten wichtigste Gruppe moralischer Normen, diejenigen, die auf den Schutz von Leib und Leben zielen, besteht also bereits in der ersten Hinsicht keine vollständige Symmetrie. In demselben Maße, in dem sich die aktiven und passiven Verhaltensweisen, die sie verbieten, in ihren Drittwirkungen unterscheiden, kommt auch der Geltung der entsprechenden Unterlassungsgebote für den Interessenschutz eine größere Bedeutung zu als der Geltung der Handlungsgebote.

Noch eindeutiger sind die Unterschiede in der *zweiten*, quantitativen Hinsicht. Wie bei der Diskussion von Gerts Minimalethik der »moralischen Regeln« angemerkt, läßt sich Gerts kryptische Aussage, daß Unterlassungsgebote im Gegensatz zu Handlungsgeboten *jederzeit* befolgt werden können, so interpretieren, daß Situationen, in denen moralische Unterlassungsgebote relevant werden, sehr viel häufiger vorkommen als Situationen, in denen moralische Handlungsgebote relevant werden. Pflichten zu einem Nichthandeln setzen in der Regel weniger spezifische situative Bedingungen voraus als Pflichten zum Handeln. Die Pflicht, einen anderen *nicht* zu töten, zu verletzen, zu belügen oder in anderer Hinsicht aktiv zu schädigen, setzt lediglich voraus, daß ich imstande bin, die entsprechende Schädigung zu unterlassen. Die Pflicht, einem anderen zu Hilfe zu kommen und einen wie immer gearteten Schaden von ihm abzuwenden, setzt nicht nur voraus, daß der Akteur zu dem betreffenden Eingreifen imstande ist, sondern daß überhaupt erst eine Situation besteht, die nach helfendem Eingreifen verlangt. Während das

Gebot, aktive Schädigungen zu unterlassen, für alle Situationen relevant ist, in denen jemand aktiv geschädigt werden könnte, wirkt sich das Gebot zum helfenden Eingreifen lediglich auf die besonderen Situationen aus, in denen durch helfendes Eingreifen ein andernfalls drohender Schaden verhindert bzw. ein bereits eingetretener Schaden in seinen Folgewirkungen gelindert werden kann. Während im ersten Fall das aktive Eingreifen die »Gefahrenlage« selbst schafft, muß im zweiten Fall eine Gefahrenlage bereits gegeben sein. Auch nach dem zweiten, quantitativen Kriterium scheint Handlungsgeboten deshalb eine insgesamt geringere Bedeutung für den Interessenschutz zuzukommen als Unterlassungsgeboten, so daß sich auch von daher eine Erklärung – und vielleicht auch eine Rechtfertigung – dafür anbietet, warum Zuwiderhandlungen gegen die ersteren (Unterlassungen) insgesamt weniger streng sanktioniert werden als Zuwiderhandlungen gegen die letzteren (Handlungen).

Auch hier hängen die sich ergebenden Differenzen weniger von grundlegenden anthropologischen Bedingungen als vielmehr von *kontingenten* Faktoren ab, etwa dem zahlenmäßigen Verhältnis zwischen Eingriffsbedürftigen und Eingriffsfähigen.

Man kann sich das wiederum an Extremkonstruktionen klarmachen. In einer hypothetischen Gesellschaft schlechthin autarker Wesen, d. h. von Wesen, die durch die Indifferenz anderer in keiner Weise Schaden nehmen, wären Handlungsgebote (in der gegenwärtigen, interessenbezogenen Bedeutung von »Bedeutung«) bedeutungslos, wohingegen Unterlassungsgebote ihre Bedeutung nicht verlieren würden, zumindest so lange nicht, wie die schlechthin autarken Wesen nicht auch schlechthin unverwundbar sind.

Von größerer Bedeutung – in der gegenwärtigen Bedeutung von »Bedeutung« – wären Handlungsgebote in einer hypothetischen Gesellschaft ausgeprägt bedürftiger Wesen, die zur Vermeidung von Schädigungen auf die tätige Kooperation anderer angewiesen sind. In einer Familie, Sippe oder Kommune mit wenigen Erwachsenen und vielen kleinen Kindern haben Handlungsgebote eine größere Bedeutung als in einer Familie, Sippe oder Kommune mit vielen Erwachsenen und wenigen kleinen Kindern. *Bedürftigkeit* und *Verletzlichkeit* lassen sich dabei als alternative Pole auffassen:

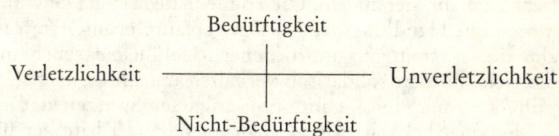

Wollte man unserer Gesellschaft einen Ort in diesem Schema zuordnen, dürfte dieser näher beim Pol der Verletzlichkeit liegen als beim Pol der Bedürftigkeit. Die Zahl der Situationen, in denen die Menschen einander durch aktives Tun schaden können, dürfte die Zahl der Situationen, in denen sie andere durch Untätigbleiben zu Schaden kommen lassen können, bei weitem überwiegen. Das dürfte einer der Gründe dafür sein, daß Unterlassungsgebote früher vermittelt und gelernt werden als Handlungsgebote. Wir lernen zuerst, bestimmte Dinge nicht zu tun, und dann erst, bestimmte Dinge zu tun (vgl. Gruzalski, 1988, 78).

Anders stellt sich die Lage unter dem Gesichtspunkt des *dritten* Kriteriums dar. In einer Welt, in der es häufig zu Situationen kommt, in denen die Menschen einander schädigen könnten, diese Möglichkeit jedoch rein hypothetisch bleibt, da niemand ein *Interesse* daran hat, andere zu schädigen (sondern vielleicht gerade im Gegenteil ein Interesse daran hat, andere selbst unwissentlich nicht zu schädigen und daher für andere riskante Aktivitäten systematisch meidet), hätten Handlungsverbote offenkundig *nicht* den Primat, der ihnen nach dem zweiten Kriterium zukommt. Der von Natur aus »große Schweiger« braucht zur Wahrung eines Geheimnisses nicht mehr eigens verpflichtet zu werden, auch wenn kein Mangel an Situationen ist, in denen er das Geheimnis ausplau-

dern könnte. In einer Welt kleinbürgerlicher Pharisäer, die
– nach Wilhelm Busch – das Gute wesentlich darin sehen, anderen »nichts Böses zu tun« (zugleich aber vielleicht darauf
erpicht sind, sich an deren Schaden, wenn er ohne ihr Zutun
eintritt, zu weiden) bleibt für moralische Unterlassungsgebote nicht mehr viel zu tun. Um so mehr Bedeutung gewinnen
moralische Handlungsgebote. Das genaue Gegenteil träfe auf
eine Gesellschaft ausgesprochener »Gefühlsmenschen« zu,
die sich spontan solidarisch verhalten und ihresgleichen zu
Hilfe kommen, infolge ihrer ungezügelten Spontaneität und
Leidenschaftlichkeit jedoch zugleich sehr viel häufiger und
sehr viel schwereren Schaden anrichteten. In dieser Welt käme
Unterlassungsgeboten die relativ größere Bedeutung zu.

Welche Beschreibung trifft auf die Welt zu, in der *wir* leben?
Steht unsere Gesellschaft einer Gesellschaft näher, in der andere
durch Selbstgenügsamkeit und Gleichgültigkeit, oder einer, in
der andere durch aktive Interessenverletzungen und moralisches Überengagement zu Schaden kommen? Ist es wichtiger,
daß das Risiko von Interessenverletzungen durch Unterlassungspflichten eingedämmt oder daß die moralische Gleichgültigkeit durch Handlungspflichten aufgebrochen wird?

Einiges spricht dafür, daß die Geltung moralischer Handlungspflichten für den Schutz der Interessen anderer in unserer Gesellschaft nicht weniger bedeutsam ist als die Geltung
moralischer Unterlassungspflichten, ungeachtet der Tatsache,
daß die Interessenverletzungen durch Verstöße gegen Unterlassungsgebote in der Mehrzahl schwerer wiegen als die Interessenverletzungen durch Verstöße gegen Handlungspflichten. Erstens sind die *moralunabhängigen inneren und
äußeren Sanktionen* für interessenschädigende Unterlassungen schwächer als die für interessenschädigende Handlungen.
Gegen die Akzeptierung von Handlungspflichten existieren
ausgeprägte Widerstände. Beide Phänomene weisen darauf
hin, daß aktive Interessenverletzungen bereits durch *außermoralische* Verhaltensregulierungen wirksamer verhindert
werden als passive Interessenverletzungen.

Das heißt aber, daß bei diesen für die Moral sehr viel mehr zu tun bleibt. In einer Gesellschaft krasser Egoisten wären Unterlassungsgebote wichtiger als Handlungsgebote, um die Interessen der Schwachen zu schützen. Diese stehen deshalb in »hobbesianischen« Theorien, die altruistisches Handeln ausschließlich von gesellschaftlichen Normen erwarten, zu Recht im Vordergrund. Anders in einer Gesellschaft, in der ein kraß egoistisches Verhalten des einzelnen nicht nur durch moralische oder rechtliche *Normen*, sondern auch durch (ihrerseits möglicherweise egoistisch motivierte) *Interessen* verhindert wird, etwa das Interesse an längerfristiger Kooperation, an sozialer Integration, an Anerkennung und an emotionaler Zuwendung. Wir haben nicht nur moralische Gründe dafür, andere nicht zu töten, zu berauben, zu betrügen oder in anderer Weise in ihren Interessen zu schädigen, sondern auch ein höchst eigensüchtiges Interesse daran – vorausgesetzt, die Gefahr der Entdeckung und das Risiko sozialer Sanktionen (einschließlich des Entzugs von Liebe und Anerkennung) ist nicht vernachlässigbar klein.

Vieles spricht freilich dafür, daß in unserer Gesellschaft die außermoralischen Sanktionen für Gedankenlosigkeit, Gleichgültigkeit und Bequemlichkeit sehr viel geringer ausgeprägt sind als die außermoralischen Sanktionen für aktive Interessenverletzungen. Mangel an sozialer Verantwortung und fehlendes Engagement für die Rechte und Interessen anderer führen weitaus seltener zum Entzug sozialer Anerkennung und Zuwendung als aktive Schädigung. Wer nicht bereits aufgrund internalisierter moralischer Normen zu aktiver Hilfeleistung, zu Zivilcourage und zum Eintreten für die bedrohten Interessen Schwacher und Fremder bereit ist, hat wenig anderweitige Anreize, diese Tugenden zu entwickeln. »Die Sanktionen, die Abweichungen von normangemessenem Verhalten betreffen, sind im Zusammenhang mit sozialer Verantwortung und moralischer Verpflichtung zu Hilfe«, wie der Sozialpsychologe Bierhoff (1990, 48) aufgrund empirischer Daten feststellt, »relativ schwach«. Nur wenige verscherzen

262 *Differenzierungsgründe*

sich durch einen »Rückzug ins Private« die Sympathien ihrer Bezugspersonen und -gruppen, auch dann, wenn wenig Initiative viel bewirken könnte. Darüber hinaus bleiben Schädigungen durch Unterlassen häufig unentdeckt. Aktives Unrecht entzieht sich der Aufmerksamkeit der sozialen Umgebung, der Öffentlichkeit und der Strafverfolgungsbehörden weniger leicht als passives.[44] Wo aber das Risiko für den Unterlassenden, für sein Unterlassen mit äußeren Sanktionen rechnen zu müssen, so gering ist, erfordert ein effektiver Interessenschutz, daß diesem Mangel durch innere Sanktionen in Gestalt moralischer Handlungsgebote abgeholfen wird.

Ein weiteres Indiz für die durchaus ebenbürtige Bedeutung, die moralischen Handlungsgeboten – im Sinne des Schutzes der Interessen anderer – zukommt, ist die insgesamt geringere Neigung, Handlungsgebote mit derselben Verläßlichkeit wie Unterlassungsgebote zu akzeptieren und zu internalisieren. Die Widerstände gegen die Akzeptanz weitreichender Handlungspflichten werden noch im Zusammenhang mit der »Kostenseite« der Geltung von Handlungsnormen zur Sprache kommen. An dieser Stelle sei aber zumindest auf den sozialpsychologisch relativ gut erforschten Bereich der sogenannten *bystander intervention* verwiesen.

Die Ergebnisse dieser Forschung machen deutlich, wie stabil moralische Handlungspflichten im Grunde internalisiert

---

44 Wir wissen heute, daß die Nazis, als sie ihre »Euthanasie«-Aktionen, die aktive Tötung von psychisch Kranken, wegen der Proteste Angehöriger und in der Öffentlichkeit abbrachen, diese Aktionen in *passiver* Form fortsetzten, ohne daß es zu vergleichbaren Protesten kam. Die Sterblichkeitsrate unter den Patienten wurde dadurch dramatisch erhöht, daß die Kranken auf »Entzugskost« ohne Fett und Fleisch gesetzt wurden und dann an Entkräftung bzw. dadurch begünstigten Krankheiten starben. Diese Aktionen scheinen kein besonderes Aufsehen erregt zu haben. Künschner (1992, 44) stellt darüber hinaus fest, daß ihm »aus Literatur und Rechtsprechung […] keine Strafverfahren bekannt [sind]«, in denen diese Form der Vernichtung ›lebensunwerten‹ Lebens eine bedeutende Rolle gespielt hätte«. Nach der obigen Definition war allerdings auch die »passive« Form der ›Vernichtung lebensunwerten Lebens‹ ein Handeln.

sein müssen, um in Situationen, in denen die Interessen anderer bedroht sind, auch zu einem entsprechenden Eingreifen zu motivieren. Sie zeigen eindrucksvoll, daß – nach ihrem faktischen Verhalten zu schließen – selbst diejenigen, die größte Bedenken haben würden, einem anderen aktiv Schaden zuzufügen, wenig Bedenken haben, andere durch Untätigkeit in gleicher Weise zu Schaden kommen zu lassen. Die Bereitschaft zum tätigen Eingreifen in Situationen, in denen zur Schadensvermeidung Eingreifen erfordert ist, ist weit störungsanfälliger als die Bereitschaft zur aktiven Schädigung (vgl. Rosenhan u. a. 1976, 244). Da eine umfassende Theorie dieser Störfaktoren noch nicht existiert, können hier nur einige Faktoren benannt und einige der entsprechenden Versuchs- und Beobachtungsbefunde mitgeteilt werden.

Auslöser der Diskussion um die *bystander intervention* in der amerikanischen Sozialpsychologie war der Fall des Mords an Kitty Genovese im New Yorker Stadtteil Queens:

> »1964 wurde Catherine Genovese bei ihrer Heimkehr vom Nachtdienst früh an einem Aprilmorgen wiederholt und über einen längeren Zeitraum hinweg durch Messerstiche verletzt. 38 Einwohner eines angesehenen New Yorker Wohnbezirkes gaben zu, Zeugen wenigstens eines Teils dieses Überfalls gewesen zu sein, aber niemand kam ihr zu Hilfe oder rief die Polizei, bis sie tot war« (Milgram, 1977, 135).

Ähnliche Fälle sind aus zahlreichen anderen Städten und Großstädten bekannt. Wie die Konstanz der Ergebnisse nahelegt, liegt die entscheidende Hemmung des aktiven Eingreifens in Situationen, in denen einem anderen eine Gefahr droht (an der man selbst kausal nicht beteiligt ist), weniger in individuellen Persönlichkeitsmerkmalen und Einstellungen als vielmehr in *situativen* Faktoren. Bestimmend für das Nicht-Eingreifen von Passanten in Situationen, in denen durch Eingreifen Schaden abgewendet werden könnte, scheinen u. a. zu sein:

1. die Zahl der weiteren Passanten, die eingreifen könnten (mit zunehmender Gruppengröße nimmt die Selbstzuschreibung von Verantwortung ab),
2. die Befürchtung, sich lächerlich zu machen,
3. die Erwartung, daß sich unter den übrigen Passanten ein kompetenterer Helfer befindet,
4. die Mißdeutung des untätigen Verhaltens der übrigen als Hinweis darauf, daß ein Handlungsbedarf gar nicht besteht, sowie
5. die von der Untätigkeit der übrigen ausgehende Modellwirkung,
6. die Angst, etwas falsch zu machen und dafür haftbar gemacht zu werden,
7. die Angst, sich selbst in Gefahr zu bringen.

Experimentell nachgewiesen oder zumindest wahrscheinlich gemacht ist, daß jeder dieser Faktoren das Verhalten unter gewissen Umständen beeinflußt. Weitgehend ungeklärt ist dagegen, welches Gewicht den einzelnen Faktoren zukommt und wie sie im einzelnen zusammenwirken.

Experimentell gut bestätigt ist die Tatsache, daß viel von der schlichten *Zahl* der potentiellen Helfer abhängt. Die Bereitschaft zum helfenden Eingreifen nimmt mit zunehmender Zahl der potentiellen Helfer kontinuierlich ab – ein Effekt, der sich naheliegenderweise durch die reduzierte wahrgenommene Verantwortung erklärt. Je größer die Zahl der übrigen Beteiligten, desto leichter kann sich der einzelne von einer ihm persönlich zufallenden Verantwortung entlasten. Die Verantwortung »verteilt« sich auf eine größere Zahl möglicher Akteure und wird dadurch »verdünnt« (Darley/Latané, 1977, 108 ff.). Aus der Sicht des Opfers ist es günstiger, wenn ein einzelner Passant am Unfallort eintrifft als eine ganze Gruppe (Bierhoff, 1990, 116). Zugleich wird der Einfluß der übrigen situativen Faktoren verstärkt: Je größer die Anzahl der übrigen Beteiligten, desto ausgeprägter ist die Angst, Gefühle öffentlich zu zeigen und sich als »heroischer« Helfer zu exponieren – zumindest solange die übrigen Beteiligten fremd sind. Bei bekannten Zuschauern stellt sich der Effekt der »Diffusion der Verantwortung« nicht ein (Bierhoff, 1990, 119). Dazu paßt, daß Erwachsene (bei Kindern verhält es sich anders) zum Eingreifen eher bereit sind, wenn der Passant allein oder in Begleitung eines Freundes ist (Rosenhan u. a., 1976, 244 ff.), wenn ausschließlich Kinder dabei sind und wenn Blickkontakt mit anderen besteht (was man so interpretieren kann, daß dann die Angst vor den anderen gemindert ist, vgl. Huston, 1976, 273).[45] Darüber hinaus möchte sich der Hinzukommende nicht durch Fehlverhalten blamieren, etwa indem er unfreiwillig an einer Filmszene oder einem sozialpsychologischen Experiment teilnimmt. Mit der Anzahl der übrigen Beteiligten nimmt darüber hinaus die Erwartung zu, daß jemand anders über spezielle Kenntnisse und Fähigkeiten verfügt und als Helfer kompetenter ist (vgl. Huston, 1976, 270). Außerdem nimmt die Wahrscheinlichkeit zu, daß die Untätigkeit der anderen als Hinweis auf mangelnde Hilfsbedürftigkeit gedeutet wird.

Während die Bedeutung der situativen Faktoren für die Hilfsbereitschaft empirisch gut gesichert ist, stehen Aussagen über die Rolle individueller und kultureller Bedingungsfaktoren – trotz ihrer intuitiven Anfangsplausibilität – statistisch auf schwankendem Boden (vgl. Lück, 1988, 41). Mit einiger Wahrscheinlichkeit sind zumindest die folgenden individuellen Faktoren verhaltenswirksam:

1. die *Vertrautheit* mit Gefahrensituationen, die ein Eingreifen erfordern. Für viele Passanten kommt eine Gefahrensituation überraschend. Es sind keine konkreten Verhaltensrouti-

---

45 Wer solche Hemmungen nicht kennt, ist nicht immer nur der bessere Samariter, sondern gelegentlich auch der bindungslosere und narzißtischere Abenteurer, der auch vor Verbrechen weniger zurückschreckt als der Normalbürger. André Gides Figur des Lafcadio (in den »Verliesen des Vatikan«) ist zu jedem Verbrechen bereit, kennt aber auch dann keine Bedenken, wenn es darauf ankommt, eine riskante Rettungsaktion zu bestehen.

nen oder andere Mechanismen der Situationsbewältigung
entwickelt worden. In der Konfrontation mit der Gefahrensituation kommt es deshalb zu unspezifischer Angst, emotionaler Desorganisation oder Panikgefühlen statt zu schneller
Situationserfassung und zielstrebigem Eingreifen (vgl. Freedman, 1966, 176ff.). Dieser Faktor könnte die Beobachtung
erklären, daß Männer eher als Frauen im Beisein anderer Hilfe
leisten und Erstgeborene eher als Spätergeborene (Huston,
1976, 281). Männer sind eher gewohnt, in Gefahrensituationen die Führung zu übernehmen, während Frauen eher
fürchten, durch Eingreifen selbst zum Opfer zu werden. Erstgeborene werden früher »erwachsen«, sind eher gewohnt,
Verantwortung zu übernehmen und deshalb durchschnittlich
selbständiger und leistungsbewußter;
2. die individuelle Ich-Stärke, das Selbstbewußtsein und die
Neigung zum Nonkonformismus;
3. die »prosoziale Einstellung« des Passanten (Huston, 1976,
281) sowie
4. eventuelle Schuldgefühle des Passanten. Anders als anderweitige Unlustgefühle, Frustrationen und Mißstimmungen
scheinen Schuldgefühle zu helfendem Handeln zu prädispo-
nieren (Rosenhan u. a., 1976, 249ff.).

Einige dieser individuellen Faktoren hängen ihrerseits mit
kulturellen Faktoren zusammen. Sowohl das individuelle
Selbstbewußtsein (2) wie auch die höhere Angst von Frauen,
in Gefahrensituationen zum Opfer zu werden (1) lassen sich
im Kontext sozialer Rollenzuweisungen interpretieren. So
sind etwa Frauen öfter in abhängigen Berufsrollen tätig (vgl.
Bierhoff, 1990, 88). Auch die Neigung zu Konformismus ist
zum Teil erziehungsabhängig: Konformismus ist bei Kindern
aus Mittelschichtfamilien eher zu erwarten als bei Kindern
aus Außenseiter-Gruppen.

Weitere plausible – wenn auch nicht schlüssig durch Beobachtungen oder Experimente belegte – kulturelle Einflußfak-
toren sind die in einer Gesellschaft herrschende *individuali-*

stische Orientierung, die *Multikulturalität* und die besonders für Großstädte charakteristische *Anonymität.*

Je ausgeprägter die individualistische Zentrierung des Denkens und Handelns auf das private Wohlergehen, desto geringer dürfte die Bereitschaft zu tätiger Hilfe für andere sein. Im Sinne einer Strategie des Sich-Heraushaltens wird es vermieden, sich in die Angelegenheiten anderer »einzumischen«. Tugenden der sozialen Distanzierung wie Diskretion, Zurückhaltung und Achtung der Intimsphäre anderer werden, einmal habitualisiert, auch dann aufrechterhalten, wenn sie andere nicht mehr schützen, sondern schutzlos machen. Milgram hat diese individualistische Orientierung insbesondere dem großstädtischen Leben zugeordnet, »vielleicht weil physische Abgeschiedenheit so schwer zu erlangen ist« (Milgram, 1977, 136). Trifft diese Hypothese zu, wäre die Bereitschaft zu tätigem Eingreifen in der amerikanischen und europäischen Ober- und Mittelschicht geringer als in der Unterschicht oder in den romanischen Ländern und in Großstädten geringer als auf dem Lande. In der Tat ist die Hilfsbereitschaft auf dem Lande insgesamt höher (Bierhoff, 1990, 22 f.) – vielleicht aber auch, weil dort Kriminalität und Angst vor Kriminalität geringer sind.

In multikulturellen oder stark geschichteten Gesellschaften mit gegeneinander isolierten und womöglich unverständlichen Verhaltenscodes liegt es näher, sich von Gefahrensituationen in dem jeweils anderen Milieu zu distanzieren als in einer kulturell homogeneren Gesellschaft. Konfrontiert mit Notsituationen in fremden Milieus dürfte die Neigung größer sein, diese – nach der Devise »Die sollen das unter sich regeln« – Helfern aus dem eigenen Milieu zu überlassen. Wie Feldexperimente mit konventionell oder als Hippies gekleideten Testpersonen zeigen, trägt die wahrgenommene Ähnlichkeit zur Hilfsbereitschaft bei (Bierhoff, 1990, 64).

Schließlich dürfte auch die für Großstädte und andere Siedlungsformen mit hoher Wohndichte charakteristische Anonymität ein plausibler Erklärungsfaktor für die dort beson-

ders gering ausgeprägte Neigung zu helfendem Eingreifen
sein. Milgram meint, daß in einer Großstadt wie New York
der einzelne sensorisch-emotional so stark überfordert ist,
daß er Notfälle aus seinem Gesichtskreis systematisch »aus-
blendet« und eventuell gar nicht mehr bewußt wahrnimmt.
Die einzig mögliche Anpassung an die überlastende soziale
Umgebung der Großstadt bestehe darin, die Bedürfnisse, Interessen und Ansprüche derjenigen, die man als nicht wesentlich für seine eigene Bedürfnisbefriedigung ansieht, unbeachtet zu lassen und Individuen nur noch den Kategorien
»Freund« und »Feind« zuzuordnen (Milgram, 1977, 134).

Über die kulturspezifischen Faktoren hinaus sind aber sicher auch *allgemeinpsychologische* Faktoren an den Wider-
ständen gegen ein aktives Eingreifen in Gefahrensituationen
für andere beteiligt, so etwa die unbewußte Heuristik der *just
world hypothesis* und eine gewisse Scheu vor *Befleckung*: Die
»Weste« bleibt »weiß«.

Die *just world hypothesis* – als eine besondere Ausformung
der Dissonanzreduktion – dient der Aufrechterhaltung eines
positiven Welt- und Selbstbilds in einer ungerechten Welt, indem sie das dem anderen unverschuldet zufallende bzw. das
dem anderen unverschuldet angetane Übel als in irgendeiner
Weise *verdient* auffaßt. Die *just world hypothesis* könnte dabei sowohl in der konkreten Situation der Hilfsbedürftigkeit
als Verhaltensregulativ als auch post factum als Rechtferti-
gungs- und Entlastungsstrategie dienen: Da der andere das
ihn ereilende Unglück – auf wie immer unklare Weise – »verdient« hat, erübrigt oder verbietet sich ein helfendes Eingreifen (»Sollen die Leute in Zentralafrika doch verhungern, weshalb machen sie so viele Kinder«).

Ein weiterer – alternativer oder komplementärer – Erklä-
rungsansatz ist die Scheu vor »Befleckung« durch das Eindringen in eine Sphäre der Schwäche, Hilflosigkeit und
Krankheit. Der Passant möchte sich nicht einlassen auf die
Probleme anderer, um nicht in sie hineingezogen, mit ihnen
belastet und in sie verstrickt zu werden. Freedman (1966, 179)

sieht hier einen Zusammenhang mit dem mythischen Muster der Angst vor dem *Unreinen*. Diese Deutung paßt gut zu der geläufigen Redeweise, nach der der untätig Bleibende »sich nicht die Hände schmutzig macht«.

Noch weiter geht die von Freedman (ebd.) vorgeschlagene Deutung des Untätigbleibens als eines *aggressiven* Akts, mit dem der Unterlassende auf die in der Gefahren- oder Notlage liegende Aufforderung zum Eingreifen reagiert. Die Erklärung des Untätigbleibens liegt hier darin, daß der zufällig Dazukommende die tätige Hilfe gerade deshalb verweigert, weil sie von ihm gefordert wird. Die Situation drängt sich ihm als ein fremdes Geschehen auf, mit dessen Zustandekommen er nichts zu tun hat und die ihm dennoch zumutet, sich zumindest mit ihr auseinanderzusetzen. Sie bringt ihn in eine Zwangslage: Tut er nichts, hat er ein schlechtes Gewissen; greift er ein, wird er das ärgerliche Gefühl nicht los, zu einer guten Tat »gezwungen« worden zu sein. Lieber wäre es ihm, er hätte das Dilemma von vornherein vermeiden können:

> »Ich gehe nachts nie über eine Brücke. Ein Gelübde. Stellen Sie sich doch einmal vor, es stürze sich einer ins Wasser. Dann stehen Ihnen zwei Möglichkeiten offen: entweder Sie springen nach, um ihn herauszufischen, was in der kalten Jahreszeit die denkbar schlimmsten Folgen für Sie haben kann! Oder aber Sie überlassen ihn seinem Schicksal, doch nach unterbliebenen Kopfsprüngen fühlt man sich manchmal seltsam zerschlagen« (Camus, 1964, 18).

Eine Möglichkeit, die Aggression darüber abzureagieren, ist die Verweigerung und das Wegsehen, womöglich verbunden mit einer Schuldzuweisung an das Opfer (im Sinne der Just-world-hypothesis), zumal wenn kein anderweitiger »Sündenbock« verfügbar ist, auf den der Zorn über die Störung projiziert werden kann, wenn nicht sogar mit Schadenfreude und einem sadistisch Sich-Weiden an der Not des anderen, die die Bereitschaft zum helfenden Eingreifen zusätzlich hemmt (vgl. Fingarette, 1966, 214).

Selbstverständlich repräsentieren Pflichten zur Hilfe in akuten Gefahren- und Notlagen nur einen Teil der moralischen Hilfspflichten und einen noch wesentlich kleineren Teil der moralischen Handlungspflichten insgesamt. Die Beobachtungen zur *bystander intervention* geben jedoch einen Hinweis auf die besonderen psychologischen Widerstände, mit denen bei Pflichten zur tätigen Hilfe zu rechnen ist, zumindest wenn diese Hilfe Fremden zugutekommt und der Akteur an dem Zustandekommen der Gefahren- oder Notsituation unbeteiligt ist. Zumindest in *einer* – für das soziale Vertrauen eminent wichtigen – Anwendungssituation scheinen moralische Handlungsnormen einer besonders intensiven und stabilen Verankerung in den vorbewußten und spontanen Verhaltensbereitschaften zu bedürfen, wenn der Schutz elementarer Interessen anderer ebenso zuverlässig gesichert sein soll wie in anderen Fällen durch moralische Unterlassungsgebote.

8.3 »Kosten« der Akzeptanz von Handlungspflichten

Nicht nur die Befolgung, auch bereits die Akzeptierung von Handlungspflichten ist mit gewissen »Kosten« – Anstrengungen und Verzichten – verbunden. Die Hauptlast des Aufwands fällt beim individuellen Akteur an, dessen Entscheidungsoptionen durch Handlungspflichten beschränkt werden und der sich darüber hinaus von innen und außen unter moralischen Druck gesetzt sieht. Während die *Befolgung* von Handlungspflichten dem Verpflichteten sowohl physische als auch psychische »Kosten« verursachen, sind die »Kosten« der Akzeptierung von moralischen Handlungspflichten rein *psychischer Art*.

Nach verbreiteter Auffassung haben Handlungsgebote im Gegensatz zu Unterlassungsgeboten eine unentrinnbare Tendenz, übermäßig rigoros zu sein und den Akteur zu *überfordern*. Um dieser Tendenz entgegenzuwirken, müßten Hand-

lungsgebote weniger streng gefaßt werden und entsprechende
Normübertretungen (Unterlassungen) läßlicher beurteilt
werden. Trifft diese Diagnose zu? Was heißt es überhaupt,
einen Akteur zu »überfordern«?

Die Redeweise, daß eine moralische Norm einen Akteur
»überfordert«, ist auf zweifache Weise mehrdeutig: Erstens
kann sie einmal auf die *Befolgung*, ein andermal auf die *Akzeptanz* moralischer Normen bezogen werden, zweitens
kann sie einmal in einem *deskriptiven*, ein andermal in einem
normativen Sinne verstanden werden.

Im deskriptiven Sinn überfordert ist jemand, dem es – aus
logischen, physischen oder psychischen Gründen – *unmöglich* ist, eine bestimmte moralische Norm zu befolgen oder zu
akzeptieren, gleichgültig, ob er sich durch das Ansinnen, die
betreffende Norm zu befolgen oder zu akzeptieren, auch
subjektiv *überfordert fühlt*. *Logisch* unmöglich ist die Befolgung zweier für dieselbe Situation relevanter, aber wechselseitig inkompatibler Normen (»Antworte auf Fragen wahrheitsgemäß« – »Gib ein Dir anvertrautes Geheimnis nicht
preis«). *Physisch* unmöglich ist die Befolgung zweier für dieselbe Situation relevanter, aber aus situativen Gründen nicht
gleichzeitig realisierbarer Normen (»Leiste Erste Hilfe« –
»Bring Dich in Sicherheit«). *Psychisch* unmöglich ist die Befolgung einer Norm, wenn ihr nachzukommen dem Akteur
auch bei größter Willensanstrengung nicht gelingt, etwa weil
der Befolgung neurotische Zwänge, unüberwindbare Hemmungen, starker Triebdruck oder übermächtige Emotionen
entgegenstehen. Aber nicht nur die Befolgung, auch bereits
die Akzeptanz einer moralischen Norm kann eine Überforderung im Sinne psychischer Unmöglichkeit bedeuten. So
wird es etwa von vielen als »Zumutung« im Sinne einer psychischen Überforderung empfunden, die Norm zu akzeptieren, einem Menschen, der einen selbst oder Nahestehende
soeben erheblich geschädigt hat – z.B. einem bewaffneten
Räuber oder Vergewaltiger – im Falle der Hilfsbedürftigkeit
zu Hilfe zu kommen.

In diesen Verwendungsweisen von »Überforderung« fungiert der Begriff rein deskriptiv. Gegenstand der Beschreibung ist eine objektive Unmöglichkeit. Deskriptive Überforderungs-Diagnosen dieser Art sind wahr oder falsch, mag auch die Ermittlung ihrer Wahrheit und Falschheit unter Umständen (und insbesondere bei der Diagnose der psychischen Unmöglichkeit) erhebliche Schwierigkeiten machen und letzte Sicherheit nicht zu erlangen sein. Pragmatisch wichtig sind Überforderungs-Diagnosen als Schuldausschließungsgründe: ultra posse nemo obligatur. Objektive Unmöglichkeit hebt Schuld auf, während ein bloß subjektives Gefühl der Überforderung die Schuldfrage offenläßt. Daß sich jemand durch das Ansinnen, eine Norm zu befolgen oder zu akzeptieren, überfordert fühlt, reicht nicht hin, um zu zeigen, daß er sie tatsächlich nicht befolgen oder akzeptieren kann oder daß der ihm abverlangte Aufwand tatsächlich unzumutbar hoch ist.

Die *normative* Redeweise von »Überforderung« folgt anderen Kriterien. Von jemandem im normativen Sinn zu sagen, daß er durch das Ansinnen, eine Norm zu befolgen oder zu akzeptieren, überfordert wird, bedeutet, daß das von ihm Verlangte in keiner vertretbaren Relation zu der objektiven Bedeutung der Norm steht. »Zumutung« wird hier in einem *relationalen* Sinn verwendet. Die Zumutbarkeit der Normbefolgung oder -akzeptanz ist nicht allein von Art und Ausmaß der dem Akteur auferlegten Belastungen abhängig, sondern auch von der objektiven Wichtigkeit der Norm und der durch sie geschützten Werte und Interessen. Außerdem ist diese Redeweise *relativ* in dem Sinne, daß sie die jeweiligen moralischen Überzeugungen des Sprechers widerspiegelt. »Überforderung« ist keine Diagnose mehr, sondern eine Bewertung. Der Akteur wird vom jeweiligen Sprecher von Verpflichtungen bzw. Schuldzuschreibungen entlastet, nicht weil ihm die Befolgung oder Akzeptanz der Norm unmöglich ist, sondern weil sie nach Überzeugung des Sprechers unverhältnismäßig ist. Dabei ist es gleichgültig, ob der Akteur selbst diese Zumutung als solche empfindet oder nicht. Akzeptiert der Akteur rigorosere Normen als der Beurteiler, wird es Fälle geben, in denen der Akteur eine Verhaltensweise als Pflicht auffaßt (z. B. das Retten eines Ertrinkenden auf eigene Lebensgefahr), die der Beurteiler für verdienstvoll, aber nicht für einforderbar hält. Andersherum kann der Beurteiler an das Verhalten des Akteurs strengere Maßstäbe anlegen als dieser selbst und diesem ein Handeln ansinnen, das dieser aufgrund seiner eigenen Überzeugungen für unzumutbar hält. Auch für das geltende Recht ist die Zumutbarkeit eines Handelns unabhängig von der wahrgenommenen Zumutbarkeit dieses Handelns – in den Augen des Akteurs oder des Betroffenen. Bis auf ganz seltene Fälle der erlaubten Verweigerung aus Gewissensgründen mutet das Recht dem Bürger zu, auch solche Rechtsnormen zu befolgen, die er selbst für unzumutbar hält.[46]

Dennoch gehen die subjektiven Zumutbarkeitswahrnehmungen in die Abschätzung der Verhältnismäßigkeit ein. Je höher die subjektive Belastung durch die Zumutung von Handlungspflichten, desto höher die Anforderungen an ihre objektive Unverzichtbarkeit. Das subjektive Gefühl der Überforderung kann sich dabei sowohl auf den deskriptiven als auch auf den normativen Sinn beziehen: Man fühlt sich überfordert, weil man befürchtet, der Norm nicht genügen zu *können*, und man fühlt sich überfordert, weil man die von der Norm ausgehenden Ansprüche für *überzogen* hält, die Norm aber so stabil internalisiert hat, daß es nicht gelingt, den von ihr ausgehenden inneren Druck auf ein »Normalmaß« zu reduzieren.[47] Ab einem gewissen Niveau der objektiven Wichtigkeit wirkt sich der Faktor der subjektiven Belastung dabei für die Gesamtbilanz von Nutzen und Kosten

---

46 Selbstverständlich muß auch die Klausel des Hilfeleistungsparagraphen § 323c StGB objektiv verstanden werden, nach der die Hilfeleistung dem Täter »den Umständen nach zuzumuten« sein muß, wenn er für ihr Unterlassen strafbar sein soll.

47 Dieselben Überforderungsstrukturen finden sich selbstverständlich nicht nur bei moralischen *Normen* (im engeren Sinne), sondern auch bei den verschiedensten Formen moralischer und außermoralischer *Ideale*.

paradoxerweise sowohl positiv als auch negativ aus: Je weniger das von der Norm geforderte Verhalten mit den »natürlichen« Verhaltensmotivationen harmoniert, desto mehr wird mit dem Ansinnen, die Norm zu befolgen und zu akzeptieren, dem Verpflichteten zugemutet. Desto größer ist aber auf der anderen Seite – da auf die »natürlichen« Verhaltenssteuerungen kein Verlaß ist – die Notwendigkeit, die gefährdeten Werte und Interessen mittels moralischer Normen zu schützen. Diese Gegenläufigkeit der Tendenzen zeigt sich etwa im Bereich der Sexualmoral. Ein moralisches Verbot der Vergewaltigung in der Ehe oder der sexuellen Belästigung von Frauen wird offenbar von vielen aktuellen und potentiellen Tätern als übermäßige Zumutung empfunden (andernfalls wäre es seit langem etabliert), während genau dies – angesichts der Interessen der betroffenen Frauen – den stärksten Grund dafür darstellt, ein solches Verbot, wo es noch nicht besteht, geltend zu machen.

Die »Kosten«dimensionen der Akzeptanz moralischer Handlungspflichten, die vom Verpflichteten am ehesten als Überforderung erlebt werden kann, ist – neben der *Rigorosität* im Sinne der geforderten Verzichte auf anderweitige Interessenbefriedigung – zweifellos die *Einschränkung von Optionen*. Unabhängig davon, wie leicht oder schwer A die Erfüllung einer Handlungspflicht im einzelnen fällt, schränkt bereits die Tatsache, daß er auf sie bei seiner Lebensplanung Rücksicht nehmen muß, bevor sie akut wird, seine Wahlmöglichkeiten ein. Zwar bedeutet *jede* moralische Verpflichtungsnorm – gleichgültig, ob sie zu Handlungen oder zu Unterlassungen verpflichtet – eine Einschränkung von Freiheitsspielräumen. Dennoch scheint die Vermutung nicht unbegründet, daß die von Handlungspflichten ausgehenden Freiheitsbeschränkungen sehr viel gravierender sind als die von Unterlassungspflichten ausgehenden Freiheitsbeschränkungen.

Das Ausmaß, in dem moralische (Gebots- und Verbots-) Normen Verhaltensoptionen einschränken, scheint dabei einerseits vom Regelungs*umfang*, andererseits von der Regelungs*dichte* des jeweiligen Moralsystems abzuhängen. Von zwei Moralen hat diejenige den größeren Regelungs*umfang*, die moralische Pflichten für eine größere Zahl von Situationen kennt und dem Akteur in relativ weniger Situationen erlaubt, sein Verhalten ausschließlich an außermoralischen Rücksichten auszurichten. Von zwei Moralen hat diejenige die größere Regelungs*dichte*, die in den Situationen, für die sie Verpflichtungen ausspricht, dem Akteur bei der Wahl der Verhaltensweisen, durch die er den für diese Situationen geltenden Verpflichtungen nachkommt, weniger Spielraum läßt.

Ein System moralischer Normen, das das Tötungsverbot ausschließlich für Angehörige des eigenen Stammes oder der eigenen Nation gelten läßt, nicht jedoch gegenüber Fremden, hat einen geringeren Regelungsumfang als eine Moral mit universalem Tötungsverbot. Eine vegetarische Moral mit einem auf die höheren Tiere ausgedehnten Tötungsverbot hat einen größeren Regelungsumfang als eine herkömmliche anthropozentrische Moral. Grundsätzlich schränkt eine Moral mit größerem Regelungsumfang die für den Akteur wählbaren Optionen ceteris paribus stärker ein als eine Moral mit geringerem Regelungsumfang.

Zwei Moralen mit demselben Regelungsumfang können sich darüber hinaus in der »Feinkörnigkeit« unterscheiden, mit der sie das Verhalten in den Situationen, für die sie relevant werden, festlegen. So legt ein Moralsystem mit einer »unvollkommenen« Pflicht zur Wohltätigkeit, die zwar grundsätzlich zur Wohltätigkeit verpflichtet, aber Art, Zeitpunkt und Empfänger der moralisch geforderten Wohltat freistellt – d. h. nach außermoralischen Gesichtspunkten zu wählen erlaubt –, das geforderte Verhalten weniger genau fest als ein Moralsystem mit der Verpflichtung, Wohltaten keinem anderen als dem jeweils Bedürftigsten zu erweisen. Das letztere Moralsystem wiese zwar möglicherweise denselben Regelungsumfang, zugleich aber eine deutlich höhere Regelungsdichte auf. Ein Extrem an Regelungsdichte stellt der klassische Utilitarismus

Benthamscher Prägung dar, vorausgesetzt, man interpretiert ihn so, daß das Nützlichkeitsprinzip unmittelbar auf Einzelhandlungen – und nicht auf Handlungsregeln – angewendet wird. Danach ist jeder Akteur verpflichtet, jeweils genau diejenige Handlung (bzw. wenn es mehrere sind, eine der Handlungen) auszuführen, für die der Nutzenerwartungswert über alle potentiell Betroffenen maximal ist, während alle anderen möglichen Handlungen, die einen geringeren Nutzenerwartungswert aufweisen, verboten sind. Demjenigen, der diese Ethik befolgen will, bleibt nur ein Minimum an freier Entscheidung darüber, welche der möglichen Handlungen in einer gegebenen Situation auszuführen ist. Aber nicht erst die Frage, wie er sich in concreto verhalten soll, sondern bereits die Frage, welche Maximen er sich für seine Lebensführung zu eigen machen soll, wird durch die einmal akzeptierte Ethik festgelegt. Die moralische Normierung ist so »dicht«, daß sie der persönlichen Entscheidung bereits bei der Entscheidung für bestimmte Lebensziele, Lebensstrategien und allgemeine Verhaltensmaximen kaum einen Spielraum läßt.

Es liegt auf der Hand, daß ein Moralsystem mit extensiven Handlungspflichten zwar nicht notwendig eine höhere Regelungs*dichte*, aber doch einen ceteris paribus größeren Regelungs*umfang* haben muß als eine Moral mit minimalen Handlungspflichten. Bereits dadurch schränkt sie die Entscheidungsfreiheit stärker ein – auch wenn eine Moral mit minimalen Handlungspflichten immer noch in dem Sinne *rigoroser* sein kann als eine Moral mit extensiven Handlungspflichten, als ihre wenigen Handlungspflichten weitergehende Verzichte verlangen. Eine Moral mit der Verpflichtung, Menschen nicht zu verletzen, aber ohne die Verpflichtung, Menschen, die man verletzt hat, zu helfen, läßt der Verfolgung moralunabhängiger Ziele einen größeren Spielraum als eine Moral mit einer zusätzlichen Hilfsverpflichtung. Diese läßt ihrerseits dem Akteur mehr Spielraum als eine Moral mit der zusätzlichen Verpflichtung, nicht nur denen zu helfen, die man selbst, sondern auch denen, die andere verletzt haben.

Dabei nimmt nicht nur die Zahl der Situationen zu, für die diese Normen relevant werden, sondern auch das Ausmaß, in dem diese sich der Vorhersehbarkeit und Steuerbarkeit entziehen. Der Verpflichtete kann immer weniger sicher sagen, wann, wie und gegenüber wem sie in seinem Leben akut werden, und er kann die Situationen, in denen sie akut werden, immer weniger steuern. Je extensiver die Handlungspflichten, die sich ein Akteur zu eigen macht, desto mehr wird sein konkreter Lebensweg durch »die Verhältnisse« (das »Gebot der Stunde«) bestimmt – wenn auch immer noch aufgrund einer letztlich selbstbestimmten (oder zumindest durch Selbstbestimmung aufhebbaren) normativen Selbstbindung.

Man sieht von hier aus, wie es zu der für Handlungspflichten charakteristischen *moralbedingten Heteronomie* kommt:

Kennzeichnend für die Moral insgesamt ist eine *altruistische* Tendenz. Moralische Normen fordern überwiegend dazu auf, von der Verfolgung egoistischer (auf das eigene Wohl zielender), von persönlichen Sympathien geleiteter (auf das Wohl Nahestehender zielender) oder sachlicher (auf unpersönliche Sachverhalte gerichteter) Interessen zugunsten des Wohls anderer abzusehen, zu denen keine persönlichen Beziehungen der Sympathie und Anteilnahme bestehen. Ein Altruismus des Unterlassens ist aber nicht nur in der Durchführung, sondern bereits als Lebensstrategie mit einer Strategie der Verfolgung egoistischer und anderweitiger nicht-moralischer Interessen in der Regel eher vereinbar als ein Altruismus des tätigen Eingreifens. Wer moralische Pflichten des tätigen Eingreifens akzeptiert und sie dem Recht auf freie Selbstentfaltung nicht gänzlich hintanstellt, muß seine Lebensführung von vornherein so anlegen, daß ihm hinreichend viel Zeit und Energie zur Verfügung steht, diesen Pflichten im Bedarfsfall auch nachkommen zu können. Wer etwa die Pflicht akzeptiert, seine Eltern im Alter, falls sie pflegebedürftig werden, selbst zu Hause zu pflegen, kann sich nicht, ohne seine Glaubwürdigkeit einzubüßen, langfristig auf eine Berufstätigkeit festlegen, von der er weiß, daß sie ihm dazu weder Zeit noch Kraft lassen wird. Wer auch nur die Pflicht akzeptiert, sich überhaupt um seine alt gewordenen Eltern zu kümmern, statt sie sich selbst oder kollektiver Fürsorge zu überlassen, ist in seinen Lebensplanungen nicht völlig frei (er kann z.B. nicht ohne weiteres zum »Aussteiger« werden oder ins Ausland gehen). Mit der Anerkennung von Handlungspflichten macht er seine Lebensgestaltung und damit sich selbst in höherem Maße von Kontingenzen wie der Hilfsbedürftigkeit anderer abhängig als mit der Anerkennung von Unterlassungspflichten. Zwar ist auch die Akzeptierung von Unterlassungspflichten mit einer individualistisch selbstzentrierten Denk- und Lebensweise nur bedingt vereinbar, da auch sie ihm ein gewisses Maß an Rücksichtnahme, Anpassung an die Erwartungen anderer und Vorsorge gegen fahrlässige Schädigungen anderer abverlangt. Aber eine Lebensplanung, in die die Übernahme positiver Handlungspflichten »eingebaut« ist, muß den Akteur von vornherein und unabhängig von der faktischen Inzidenz der Situationen, in denen sie relevant werden, einer weitergehenden *moralisch bedingten Heteronomie* unterwerfen als die Akzeptanz bloßer Unterlassungspflichten. *Moralisch bedingte* Heteronomie ist dabei von *moralischer* Heteronomie sowie von *außermoralischer* Heteronomie zu unterscheiden. *Außermoralische* Heteronomie besteht darin, das eigene *Verhalten* fremden Normen zu unterwerfen, *moralische* Heteronomie darin, das eigene *Gewissen* fremden Normen zu unterwerfen. Die durch die Akzeptanz von Handlungspflichten bedingte Heteronomie besteht dagegen darin, das eigene Verhalten und die eigene Lebensplanung den kontingenten *Anwendungsbedingungen* von Normen zu unterwerfen. Für diese Art von Heteronomie ist eigentümlich, daß sie auch dann bestehen kann, wenn man die Normen selbst *autonom* anerkannt oder übernommen hat.

Diese Heteronomie kann verschieden stark ausgeprägt sein. Nicht jede Handlungspflicht engt die A offenstehenden Optionen in derselben Weise ein. Wie stark die Einschränkung ausfällt, hängt vor allem davon ab, inwieweit A in der

Lage ist, die Inzidenz der übernommenen Handlungspflichten selbst zu steuern. Schematisch kann man fünf Stufen der durch Handlungspflichten bedingten Heteronomie unterscheiden:

1. Handlungspflichten aus Verträgen und frei übernommenen sozialen Rollen,
2. Handlungspflichten aus anderweitigem willentlichem Vorverhalten,
3. Handlungspflichten aus unwillentlichem schuldhaftem Vorverhalten,
4. Handlungspflichten aus unwillentlichem unverschuldetem Vorverhalten,
5. vom Vorverhalten unabhängige Handlungspflichten aus zugeschriebenen sozialen Rollen,
6. Vorverhaltens- und rollenunabhängige Handlungspflichten.

Mit jeder Stufe nimmt der Grad an Heteronomie zu, fällt ein weiteres Element der Steuerbarkeit der die Pflichterfüllung fordernden Situationen weg. Der ersten Stufe kommt dabei eine Sonderrolle zu, insofern es dem Akteur auf dieser Stufe freigestellt ist, den Inhalt seiner Handlungspflichten zu einem späteren Zeitpunkt zu bestimmen oder zumindest mitzubestimmen, wobei diese inhaltlich mit Handlungspflichten auf den höheren Stufen identisch sein können. Akzeptiert der Akteur – außer Unterlassungspflichten – ausschließlich Handlungspflichten aus Verträgen und frei übernommenen Rollen, ist er deshalb *nach* Abschluß des Vertrags bzw. Übernahme der Rolle eventuell stärker in seinen Optionen eingeengt als jemand, der von vornherein ausschließlich Handlungspflichten der Stufen 2 oder 3 akzeptiert. Dennoch stehen in dieser Liste die frei übernommenen Rollen zu Recht am Anfang. Denn auch wenn die übernommenen Rollen ihrem Inhalt nach ausgesprochen restriktiv sein mögen, so wird doch vorausgesetzt, daß sie in Kenntnis der mit ihnen verbundenen Belastungen und Freiheitsbeschränkungen übernommen werden und die Übernahme nicht ihrerseits aufgrund von Rollenpflichten erfolgt – wie dann, wenn ein loyaler Arztsohn sich verpflichtet fühlt, selbst Arzt zu werden, oder eine loyale Tochter sich verpflichtet fühlt, die unerfüllt gebliebenen Kinderwünsche ihrer Eltern stellvertretend durch das Gebären möglichst zahlreicher Enkel zu erfüllen. Wie immer die übernommenen Rollenpflichten selbst von äußeren Kontingenzen abhängen mögen, ist doch die Übernahme dieser Pflichten für den Akteur selbst nicht kontingent. Solange ihn – auf dieser Stufe – keine moralische Pflicht dazu zwingt, die eine oder andere dieser Pflichten zu übernehmen, kann er sich der mit diesen Pflichten verbundenen Heteronomie erfolgreich erwehren.

Mit der zweiten bis vierten Stufe dehnt sich die moralische Handlungsverantwortung auf die objektiven Weltzustände aus, die der Akteur durch eigenes Verhalten kausal hervorgebracht oder beeinflußt hat, wobei dieses Hervorbringen oder Beeinflussen seinerseits in einem Handeln oder einem Unterlassen bestehen kann. Die Eintrittsbedingungen der Handlungsverpflichtungen sind nunmehr stärker vom Akteur selbst abhängig, wenn auch auf den verschiedenen Stufen in sehr unterschiedlichem Ausmaß.

Handlungspflichten aufgrund kausaler Rollen nehmen in der faktisch geltenden Sozialmoral einen überaus wichtigen Platz ein. Zu den weithin anerkannten moralischen Handlungspflichten dieser Art gehören etwa Aufsichts- und Fürsorgepflichten gegenüber den eigenen Kindern, Wiedergutmachungs- und Hilfspflichten gegenüber denen, die man geschädigt hat, sowie Pflichten zur Beseitigung selbstgeschaffener Störungen und Gefahren. Das Ausmaß, in dem die Annahme eines derartigen »Verursacherprinzips« Lebens- und Verhaltensoptionen einschränkt, hängt dabei wesentlich davon ab, ob die Handlungspflichten lediglich an ein willentliches (Stufe 2) oder auch an ein fahrlässiges (Stufe 3) oder sogar an ein nicht vorwerfbares Verursachen (Stufe 4) geknüpft werden. A, der sich lediglich für verpflichtet hält, *willentliche* Schädigungen wiedergutzumachen, kann die Situation, in denen diese Pflicht zu erbringen ist, leichter vorhersehen und steuern als B, der eine entsprechende Verpflichtung auch für fahrlässige Schädigungen anerkennt. B kann die Belastung mit »Verursacherpflichten« allenfalls indirekt steuern, z. B. indem er sein »moralisches Risiko« verringert – sich zu größerer Aufmerksamkeit ermahnt, sich gefahrenvermeidende Verhaltensgewohnheiten zu eigen macht oder Situationen, in denen es zu fahrlässigen Schädigungen kommen könnte, meidet. Stufe 4 markiert – juristisch gesprochen – den Übergang von einer moralischen »Schuldhaftung« zu einer moralischen »Gefährdungshaftung«: Handlungspflichten – etwa zur Hilfeleistung oder Wiedergutmachung – bestehen auf dieser Stufe auch bei nichtverschuldeten (aktiven oder passiven) Schädigungen und Gefährdungen. Damit werden Anlaß und Ausmaß der Handlungspflichten noch einmal kontingenter. Indem der Akteur Anlaß, Ausmaß und Auswirkungen der von ihm schuldlos verursachten Schädigungen und Gefährdungen nicht mehr »in der Hand« hat, entziehen sich auch die sich daraus ergebenden Handlungspflichten seiner Kontrolle. Art und Ausmaß seiner Handlungspflichten werden nun um eine Größenordnung mehr von äußeren Faktoren abhängig.

Das Höchstmaß moralisch bedingter Heteronomie ist mit Handlungspflichten erreicht, deren Inzidenz vom eigenen Verhalten gänzlich unabhängig ist. Zu dieser Gruppe gehören zunächst die Handlungspflichten aus zugeschriebenen (und vom Akteur übernommenen) Rollen, etwa Pflichten zur Hilfe in Notlagen gegenüber anderen Angehörigen einer Gruppe, in die man hineingeboren ist, Handlungspflichten aus der Geschlechtszugehörigkeit, staatsbürgerliche Handlungspflichten (z. B. Wehrpflicht) und Handlungspflichten gegenüber Eltern und älteren Verwandten. Der eingeschränkten *Reichweite* solcher Pflichten steht vielfach eine erhebliche *Rigorosität* gegenüber. Zu dieser Stufe gehören aber auch eine Reihe Jedermannspflichten, die an alle adressiert sind und teils gegenüber rollendefinierten Bezugspersonen, teils – wie das christliche Gebot der Nächstenliebe, der klassische Utilitarismus oder Schopenhauers Prinzips der Menschenliebe »omnes, quantum potes, juva« – wiederum gegenüber allen bestehen. Der ins Universale gesteigerten *Reichweite* dieser letzteren Pflichten entspricht zwangsläufig eine erheblich eingeschränkte *Rigorosität.*

Es ist nicht allgemein entscheidbar, welche Handlungspflichten die dem Akteur zur Verfügung stehenden Verhaltensoptionen stärker einschränken: die Rollenpflichten (einschließlich der Pflichten aus zugeschriebenen Rollen) oder die in ihrer Reichweite universalen Handlungspflichten. Die Handlungspflichten aus zugeschriebenen sozialen Rollen werden in der Regel rigoroser sein als die in beiden Richtungen (Adressaten und Empfänger) universalen Menschheitspflichten. Dafür wirken sich universale Handlungspflichten bei gleicher Rigorosität erheblich stärker freiheitsbeschränkend aus. Wer Sohnes- und Tochterpflichten übernimmt, macht seine Lebensplanung von der eventuellen Hilfsbedürftigkeit der Eltern abhängig. Wer im Sinne einer christlichen, utilitaristischen oder mitleidsethischen Norm der Nächstenliebe universale negative Verantwortung übernimmt, macht seine Lebensplanung von der Not der Welt abhängig. Im Extrem ist sein Leben nicht mehr eigentlich *sein eigenes unverwechselbares* Leben, sondern ein der Not der Welt *geopfertes* Leben. Eine ins Universale ausgedehnte Reichweite der moralischen Handlungspflichten nimmt dem Akteur jeden Spielraum zu freier individueller Entfaltung und macht den Menschen zum Mittel für die Zwecke der Menschheit. Hier hat deshalb auch das Argument seinen plausibelsten Angriffspunkt, daß eine Gleichstellung von Handlungs- und Unterlassenspflichten den Akteur zwangsläufig *überfordern* müsse:

> »Wenn wir den Begriff der Unterlassung so ausweiten und auf alle alternativen, nicht gewählten Handlungsmöglichkeiten sowie alle Weltzustände beziehen, die zu ihrer Ent-

stehung als conditio sine qua non unser Handeln oder
Nichthandeln haben, dann wäre eine solche Verantwortung geeignet, auch dem Tatkräftigsten den Seufzer Ham-
lets zu entlocken: ›Weh, daß zur Welt ich kam, sie einzu-
richten‹« (Spaemann, 1977, 171).

Andererseits darf das Ausmaß der mit der Akzeptanz von
Handlungspflichten einhergehenden »moralisch bedingten
Heteronomie« auch nicht überschätzt werden. In welchem
Maße Handlungspflichten Freiheit beschränken, hängt u. a.
davon ab, ob diese lediglich verlangen, in einem gegebenen
Bedarfsfall einzugreifen, oder ob sie zusätzlich verlangen, den
Bedarfsfall aktiv aufzusuchen, also diejenige »moralische Aufmerksamkeit« walten zu lassen, die nötig ist, um Bedarfs- und
Gefahrensituationen, die ein Eingreifen erfordern, als solche
zu erkennen und die jeweils günstigsten Eingriffsmodalitäten
zu ermitteln. Eine Pflicht zum Eingreifen *in einer gegebenen
Situation* impliziert für sich genommen keine Pflicht, derartige Situationen allererst aufzuspüren oder aufzusuchen, oder
eine Pflicht, Situationen, die einem ansonsten entgangen wären, als Situationen, die ein Eingreifen erfordern, durch ver-
schärfte Aufmerksamkeit als solche zu erkennen (vgl. dazu
Trapp, 1988, 298f.). Es ist insofern verfehlt, den Handlungspflichten *als solchen* die gravierenden Einschränkungen der
Spontaneität, die diese letzteren Pflichten mit sich bringen,
zuzuschreiben. Eine Verpflichtung etwa zur Hilfeleistung besagt zunächst nicht mehr, als daß Hilfe geleistet werden soll,
wenn sie erforderlich ist, d. h., wenn Situationen angetroffen
werden, in denen Schaden oder Gefahren abzuwenden sind.
Weitergehende Anstrengungen wären allenfalls Gegenstand
einer besonderen Fürsorge- oder Aufsichtspflicht, wie sie in
der Alltagsmoral für besondere Rolleninhaber besteht. Zwar
haben moralische Handlungspflichten in der Regel (wenn
auch nicht ausnahmslos) den Charakter einer »Bringschuld«
und nicht nur einer »Holschuld«, insofern der Verpflichtete
gehalten ist, seiner Pflicht nicht erst auf Aufforderung oder

Nachfrage, sondern von sich aus nachzukommen. Die Pflicht, selbst initiativ zu werden und sich nicht erst bitten zu lassen, ist hierbei ein der Pflicht implizites formales Moment, das zu den inhaltlichen Momenten der Pflicht hinzukommt, auch wenn es gewöhnlich nicht eigens von diesen unterschieden wird. Dieses formale Pflichtmoment geht gewöhnlich jedoch nicht so weit, daß die Situationen, in der der Verpflichtete initiativ werden muß, ihrerseits aufgesucht oder ermittelt werden müssen. Im Gegenteil ist jemand, der keinen besonderen Sorgfaltspflichten über die Pflichten zum Tätigwerden hinaus unterliegt, immer dann von dem Vorwurf, pflichtwidrig nicht eingegriffen zu haben, entlastet, wenn er glaubhaft macht, daß er die Situation, die ein Eingreifen erforderte, entweder nicht als solche erkannt hat oder sie zwar als solche erkannt hat, aber keine Wege zu einem sinnvollen Eingreifen gesehen hat, obwohl vielleicht ein anderer sowohl die Situation als auch geeignete Eingriffsmöglichkeiten erkannt hätte. Handlungspflichten verbieten nicht von sich aus Gedankenlosigkeit, Unaufmerksamkeit oder Vergeßlichkeit und fordern nicht von sich aus Haltungen der Wachsamkeit, Geistesgegenwart und Handlungsbereitschaft, wie sie von darüber hinausgehenden besonderen Sorgfaltspflichten (etwa der Mutter in Bezug auf kleine Kinder oder des Schreiners in Bezug auf eine Kreissäge) gefordert werden. Handlungspflichten verpflichten nicht von sich aus dazu, »to go out of one's way« – wie es eine treffende englische Redewendung ausdrückt: Der Verpflichtete darf auf seinem Weg bleiben. Er muß lediglich auf Situationen reagieren, die ihm auf seinem Weg begegnen.

Was aber, so könnte man fragen, liegt auf seinem Weg? Nur das, was er als auf seinem Weg liegend erkennt, oder auch das, was er leicht hätte erkennen können, wenn er es nur hätte erkennen wollen? Bemerken wir nicht vieles, was »eigentlich« unser Eingreifen erfordert, deshalb nicht, weil wir es – mehr oder weniger bewußt – nicht bemerken *wollen*? Es ist zweifellos nicht ganz leicht, in dem Übergangsfeld zwischen Nicht-Bemerken, Nicht-Bemerken-Wollen und adäquater

Situationswahrnehmung, zwischen Vergessen, Vergessen-Wollen und voller Präsenz des einmal zur Kenntnis Genommenen klare Grenzen zu ziehen. Aber sicher müssen wir immer dann von einem eindeutigen Nicht-Wahrnehmen sprechen, wenn eine Situation zwar registriert und im Unbewußten gespeichert, aber nicht zum Bewußtsein gebracht wird oder ein Gedächtnisinhalt in der relevanten Situation nicht abgerufen wird. Mag die Erklärung, daß es sich in dem einen Fall um ein »Nicht-Bemerken-Wollen«, in dem anderen um ein »Verdrängen« handelt, angesichts der jeweiligen Interessenlage noch so plausibel sein (der Passant »sieht« den Unfall »nicht«, weil er etwas Dringendes vorhat; dem von einem Kommilitonen vor der Prüfung befragten Studenten »fällt« der wichtigste Literaturhinweis »nicht ein«, weil er seinen Geheimtip einem Rivalen nicht preisgeben möchte), so handelt es sich hier doch jedesmal eher um Deutungen als um Beschreibungen. »Nicht-sehen-wollen« und »Verdrängen« sind typischerweise Beschreibungen für hypothetische unbewußt ablaufende Prozesse und nicht für Bewußtseinsinhalte. Handlungspflichten beziehen sich jedoch lediglich auf das bewußt Wahrgenommene. Analoges gilt für die »gezielte«, aber unbewußte Umdeutung von bewußt wahrgenommenen Situationen oder die »gezielte« Fehlerinnerung. Niemand kann durch eine moralische Handlungspflicht dazu verpflichtet sein, sich richtig zu erinnern oder eine Situation angemessen zu deuten (wie auch sollte er dieser Verpflichtung nachkommen?). Die Handlungsnorm setzt erst an dem Punkt an, an dem die Situation so gedeutet, Gedächtnisinhalte so weit verfügbar und Wege zur Erfüllung des Bedarfs oder zur Abwendung der Gefahr erkannt sind, daß der Akteur eine reale Chance hat, die Situation zum Besseren zu wenden. Handlungspflichten verpflichten uns nicht eo ipso dazu, Verantwortung auch für unbewußte Situationsdeutungen zu übernehmen. Sie nehmen uns als bewußte Wesen nicht gewissermaßen in Sippenhaft für das, was unser Unbewußtes von sich aus – durch Handeln oder Unterlassen – anrichtet.

Ähnlich abgestuft muß auch der *innere moralische Druck*
gesehen werden, den die Akzeptanz von moralischen Handlungspflichten im Gegensatz zur Akzeptanz moralischer Unterlassungspflichten mit sich bringt. Von moralischen Handlungspflichten geht ein innerer Druck immer nur in den Situationen aus, für die sie akut werden. Von einer Pflicht zur Hilfeleistung bei Unfällen geht erst bei Eintreten eines Unfalls
moralischer Druck aus. Auch etwa der von der Norm, für
seine eigenen Kinder zu sorgen, ausgehende innere Druck
wird erst dann spürbar, wenn die Situation, für die die Norm
gilt, eingetreten ist oder zumindest in den Kreis des Erwartbaren rückt. (Dieser mit der Geburt des ersten Kindes auf
einen Schlag einsetzende innere Druck wird von vielen Paaren
als so tiefgreifend erfahren, daß sich ihr gesamter »innerer
Haushalt« ändert, sowohl soweit sie selbst als auch soweit
ihre Beziehung zueinander betroffen ist.) Insoweit gibt es keinen spezifisch mit der Akzeptanz – und nicht erst mit der
Befolgung – von moralischen Handlungspflichten verknüpften inneren moralischen Druck.

8.4 Äußerer moralischer Druck

Während der *innere moralische Druck* also keine eigenständige Variable der *Akzeptanz* (im Gegensatz zur *Befolgung*)
moralischer Handlungspflichten ausmacht, ist ein gewisser
äußerer moralischer Druck bereits mit der sozialen *Geltung*
moralischer Handlungspflichten und unabhängig von der
Inzidenz ihrer Anwendungsbedingungen gegeben. Während
innerer moralischer Druck auf die *Befolgung* akzeptierter
moralischer Normen zielt, zielt äußerer moralischer Druck
nicht nur auf die Befolgung, sondern auch auf die *Akzeptanz*
dieser moralischen Normen. Wie ernsthaft A eine bestimmte moralische Norm vertritt, bemißt sich nicht nur danach, wie
entschieden er ein Zuwider*handeln* anderer gegen diese
Norm, sondern auch danach, wie entschieden er ein Zuwider-

denken anderer gegen diese Norm mißbilligt. Wer ernsthaft die Norm der Solidarität vertritt, wird nicht nur den vollzogenen »Rückzug ins Private« mißbilligen, sondern bereits die individualistischen »Ohne-mich«-Denkweisen, aus denen dieser erwächst. Kraft ihres Anspruchs auf universale Verbindlichkeit hat jede im eigentlichen Sinne moralische Norm etwas Missionarisches.

Der auf den Akteur ausgehende moralische Druck hängt entscheidend davon ab, wie nachdrücklich die Gesellschaft bzw. die jeweilige Umgebung des Akteurs ihre moralischen Leitvorstellungen durchsetzt, und von dem Ausmaß, in dem die Lebensorientierungen des einzelnen von denen seiner sozialen Umwelt abweichen. Sowohl in einer extrem *offenen* als auch in einer extrem *geschlossenen* Gesellschaft wird der durchschnittliche moralische Druck in der Regel geringer sein als in einer *halboffenen* Gesellschaft, die abweichende moralische Normen in bestimmten Hinsichten zuläßt, in anderen jedoch nicht. In der idealtypisch offenen Gesellschaft wird auch dann, wenn die große Mehrheit weitgehende Pflichten zu aktiver Solidarität (»Samariterpflichten«) anerkennt, die individualistische Minderheit, die sich diesen verweigert, keinen nennenswerten moralischen Druck zu spüren bekommen. In einer idealtypisch geschlossenen Gesellschaft mit entsprechenden Samariterpflichten wird es ebenfalls wenig äußeren moralischen Druck geben, da die nachwachsende Generation diese Pflichten stabil internalisiert und Abweichungen selten sind. Spürbarer ist der moralische Druck insbesondere in halboffenen Gesellschaften wie den meisten gegenwärtigen Demokratien, in denen die Meinungsführer der kritischen Öffentlichkeit im allgemeinen sehr viel weitergehende Samariterpflichten postulieren, als von den Inhabern der Machtpositionen anerkannt und befolgt werden. In Deutschland predigen insbesondere Kirchenvertreter und linksliberale Journalisten eine Samariter-Moral tätiger Hilfe (etwa in Bezug auf die Dritte Welt), von der die offizielle Politik in Wort und Tat weitgehend unberührt bleibt. Zwischen dem hochmoralischen Gestus der Meinungsmacher und der faktisch befolgten – und von der »stummen Mehrheit« gebilligten – Moralität klaffen Welten. Wenn es um die Anerkennung von Solidaritätspflichten geht, ist die Gesellschaft einerseits nicht homogen genug, als daß solche Pflichten als Selbstverständlichkeiten etabliert wären, andererseits aber auch nicht zynisch genug, die alltägliche egoistisch-individualistische Kleinherzigkeit einfach hinzunehmen.

Daß das Ausmaß des auf einen durchschnittlichen Akteur ausgeübten moralischen Drucks von dem Grad moralischer Homogenität einer Gesellschaft abhängt, zeigt sich nicht nur bei den Jedermannspflichten, sondern auch bei den sozialen Rollen. In einer völlig homogenen Gesellschaft werden zugeschriebene soziale Rollen so erfolgreich internalisiert, daß sie ungeachtet ihrer Rigorosität nicht als Zumutungen empfunden werden. Das objektiv größere Maß an Unfreiheit wird in einer homogenen Gesellschaft subjektiv weniger als Unfreiheit empfunden als das objektiv geringere Maß an Unfreiheit in einer halboffenen Gesellschaft. Zwar muß der Akteur in einer geschlossenen und homogenen Gesellschaft für den Versuch, sich der zugeschriebenen Rolle zu verweigern, mit schwerwiegenderen Sanktionen rechnen als der Akteur in einer halboffenen und offenen Gesellschaft. Andererseits wird er jedoch viel weniger versucht sein, die ihm angesonnenen Rollendefinitionen und die damit verbundenen Handlungspflichten zurückzuweisen. Ebenso wird in einer *vollständig* »pluralistischen« Gesellschaft der äußere moralische Druck auf die Übernahme zugeschriebener Rollen minimal sein, da die Verweigerung der von der jeweiligen sozialen Umwelt angesonnenen Rollendefinitionen und Rollenpflichten nicht besonders sanktioniert wird und zugeschriebene Rollen tendenziell durch freiwillig übernommene Rollen abgelöst werden. Maximal ist der moralische Druck auf die Akzeptierung von zugeschriebenen Rollen wiederum in einer halboffenen Gesellschaft, in der zugeschriebene Rollen einerseits nur unvollständig akzeptiert werden, die zuschreibenden Instanzen andererseits jedoch an der Verbindlichkeit dieser Rollen festhalten. So ist der Druck auf die Anerkennung weitgehender Sohnes- und Tochterpflichten dann maximal, wenn in Zeiten moralischer Pluralisierung die Eltern einerseits von ihren Kindern die Übernahme weitreichender Handlungspflichten erwarten, es aber angesichts konkurrierender erzieherischer Einflüsse nicht vermögen, diese den Kindern so stabil einzuprägen, daß sie zu deren Übernahme problemlos bereit sind.

8.5 Dammbruch- und Mißbrauchsgefahren

Ebenso wie beim äußeren moralischen Druck fallen die »Kosten«-Dimensionen des *Mißbrauchsrisikos* und der *Dammbruchgefahren* primär nicht auf der Ebene individueller moralischer Orientierungen an, sondern auf der Ebene sozial geltender und durch soziale Sanktionsmechanismen gesicherter Moralen und Moralbestandteile. Zwar können soziale Gefahren auch von individuellen moralischen Orientierungen ausgehen, etwa wenn sich ein individueller »Gesinnungstäter« durch die moralische Qualität seiner Ziele zur extensiven Mißachtung der Rechte anderer legitimiert fühlt. Aber die insgesamt größere Gefahr geht von kollektiven moralischen Orientierungen dieser Qualität aus, etwa wenn aus dem einzelnen Flugzeugentführer eine Bande von Terroristen oder aus einem einzelnen Revolutionär eine sich zur Diktatur legitimiert glaubende Staatspartei wird.

Mißbrauchsgefahren gehen von moralischen Verpflichtungs- wie von moralischen Erlaubnisnormen, Dammbruchgefahren primär von moralischen Erlaubnisnormen aus. Was als »Mißbrauch« oder »Dammbruch« zählt, hängt dabei seinerseits von bestimmten moralischen Basisprinzipien ab. Sind diese kontrovers – wie etwa in vielen Bereichen der Bioethik –, leisten Mißbrauchs- und Dammbruchargumente gegen bestimmte Praxisnormen vielfach weniger, als sich ihre

Autoren von diesen Argumenten versprechen. Solange die
»Gefahr«, auf die sich solche Argumente berufen, nur von
einem bestimmten Teil der Diskutanten – nämlich denjenigen, die sich auf dieselben Basisprinzipien berufen – überhaupt als »Gefahr« gewertet wird, gehen diese Argumente
zwangsläufig ins Leere. Wer etwa gegen die gegenwärtig für
die Organtransplantation geltenden Normen mit der Warnung argumentiert, daß diese dazu führen könnten, daß in
Zukunft Leichen förmlich »ausgeweidet« werden, wird für
diese Warnung nur bei denen Verständnis finden, die eine solches »Ausweiden« moralisch bedenklich finden. Wer gegen
den läßlichen Umgang mit der modernen Reproduktionsme-
dizin mit der Warnung argumentiert, daß sich diese in Richtung der Ektogenese, der vollständigen Ersetzung der natürlichen Schwangerschaft durch Apparate, entwickeln könnte,
muß voraussetzen, daß eine solche weitergehende Verkünst-
lichung der Reproduktion moralisch untragbar ist – eine Voraussetzung, die viele, aber keineswegs alle teilen (vgl. Koch,
1994).

Es leuchtet von daher ein, warum so viele Argumentationen in der gegenwärtigen öffentlichen Debatte um brisante
Fragen der Bioethik ihr Ziel verfehlen: Sie reflektieren unzureichend ihre normativen Voraussetzungen oder halten diese
fälschlicherweise für über jeden Zweifel erhaben, während
doch bereits über die Basisprinzipien kein Konsens besteht.
So wird in vielen *politischen* Debatten um die Abtreibung die
ethische Verpflichtung zum Lebensschutz auch beim frühen
menschlichen Embryo schlicht vorausgesetzt, während diese
in der Ethik selbst hochgradig umstritten ist.

Darüber hinaus gibt es bei Dammbruchargumenten ein
Dammbruch- und bei Mißbrauchsargumenten ein Miß-
brauchsproblem. Dammbruchargumente ufern ihrerseits aus,
wenn sie sich statt auf empirisch fundierte Abschätzungen auf
das Ausdenken von *worst-case*-Szenarien stützen, bei denen
nicht mehr nach der Eintrittswahrscheinlichkeit gefragt wird.
Abstrakte Dammbruchmöglichkeiten lassen sich jedoch für

jede neue Erlaubnisnorm ausdenken. Entscheidend ist nicht die Denkbarkeit, sondern die Wahrscheinlichkeit der Katastrophe.

Darüber hinaus ist zu fragen, inwieweit die Metapher des »Dammbruchs« (bzw. der »schiefen Ebene«, des »slippery slope«) für jeden einzelnen Fall adäquat ist. Trifft es zu, wie diese Metaphern nahelegen, daß ein mögliches Ausufern wirklich unumkehrbar ist? Läßt sich eine Praxis – oder eine Praxisnorm – , die zu Auswüchsen geführt hat, nicht vielmehr zumeist auch wieder zurücknehmen? Das ist für jeden einzelnen Fall zu prüfen und nicht pauschal vorauszusetzen. Dammbruchargumente sind viel zu wichtig, um sie durch eine willkürliche und beliebige Anwendung zu verwässern.[48]

Dammbruchgefahren drohen bei Dammbruchargumenten insbesondere dadurch, daß über den möglichen Gefahren übermäßiger Liberalisierung die Gefahren übermäßiger Freiheitsbeschränkungen in Vergessenheit geraten. Gerade im Bereich der Bioethik, in dem u. a. Dammbruchargumente zu weitgehenden rechtlichen Beschränkungen der Zugangsmöglichkeiten zu umstrittenen Verfahren der Fortpflanzungsmedizin geführt haben, wird über der Gefahr möglicher Dammbrüche in Richtung Eugenik, Geschlechtsselektion und »Kinder nach Maß« die Gefahr des Abgleitens in Richtung eines illiberalen, die Vertreter abweichender Auffassungen oder Präferenzen bevormundenden Staates großzügig vernachlässigt. Die Drohung, daß der Staat vom Ordnungs- zum Sinnstifter werden könnte, der alle, die nicht desselben Sinnes sind, in die Illegalität treibt, ist aber sicher ernster zu nehmen als die Drohung, daß es zu Grenzüberschreitungen bei der Anwendung einzelner medizinischer Verfahren kommt.

---

48 Es ist ja nicht zu verkennen, daß Dammbruchargumente gegen bestimmte umstrittene Erlaubnisnormen im Bereich der Bioethik (z. B. Abtreibung, Embryonenforschung, aktive Sterbehilfe) vorwiegend von Autoren vorgetragen werden, die die betreffende Erlaubnisnorm bereits aus unabhängigen, nicht folgenorientierten Gründen ablehnen.

Das heißt nicht, daß Dammbruchargumente nicht ernst zu nehmen sind. Im Gegenteil, Dammbruchargumente liefern auf der Ebene der Praxisnormen in vielen Fällen zumindest Teilerklärungen – und Teilrechtfertigungen – für die Ungleichbehandlung von Unterlassungs- und Handlungserlaubnissen. Dammbruchargumente gegen die Etablierung von Praxisnormen, die ein Handeln erlauben, wo bis dahin lediglich ein (seinen Hauptfolgen nach) gleichwertiges Unterlassen erlaubt war, sind insbesondere immer dann ernst zu nehmen, wenn die Erlaubnis zum Handeln möglicherweise eine bisher bestehende *Hemmschwelle* senkt. So ist etwa die gegenwärtig in den Niederlanden geübte – dort freilich nicht unumstrittene – Praxis der Mitleidstötung auch bei nicht urteilsfähigen schwer leidenden Patienten und bei schwer leidenden Patienten, die nicht aktuell oder antizipierend durch Patientenverfügung eine aktive Beendigung ihres Lebens verlangt haben (vgl. Pijnenborg u. a., 1993), zweifellos mit Dammbruchgefahren verbunden, die eine Praxis der passiven Sterbehilfe in denselben Fallgruppen (wie sie in den meisten andern Ländern geübt wird) nicht oder zumindest nicht in demselben Maße aufweist. Jede Norm, die eine aktive Tötung unter Bedingungen erlaubt, die bisher nicht als rechtfertigend oder entschuldigend angesehen werden, birgt die Gefahr, daß die Selbstverständlichkeit des Tötungsverbots und damit der Zuverlässigkeit, mit seiner Einhaltung zu rechnen, geschwächt wird – etwa dadurch, daß man sich in anderen als den vorgesehenen Fällen auf die Erlaubnisnorm beruft oder daß eine ursprünglich auf Extremfälle beschränkte Erlaubnis auf Normalfälle ausgedehnt wird.[49]

Auch Mißbrauchsargumenten wird in Debatten um die mögliche Erlaubtheit eines Handelns, wo bisher lediglich Un-

---

49 Diese Überlegungen u. a. haben die Autoren des sogenannten »Alternativentwurfs Sterbehilfe« veranlaßt, die vorgeschlagene Ausnahmeregelung für den § 216 StGB (Tötung auf Verlangen) nicht als rechtliche Erlaubnisnorm, sondern als Möglichkeit eines Absehens von Strafe zu formulieren (vgl. Baumann u. a., 1986).

terlassen erlaubt war, vielfach eine höhere Durchschlagskraft zugetraut, als ihnen der Sache nach zukommt. Zwar werden mit jeder Erlaubnis eines Handeln, das vorher verboten war, neue Mißbrauchsmöglichkeiten geschaffen. Aber der Hinweis auf Mißbräuche ist kein hinreichendes Argument für eine Beibehaltung des Verbots. Eine Erlaubnisnorm kann auch dann, wenn sie zu zusätzlichen Mißbräuchen Gelegenheit gibt, einer Aufrechterhaltung der Verbotsnorm insgesamt vorzuziehen sein: *Abusus non tollit usum.* Ergibt sich bei nüchterner Risikoabwägung, daß die Risiken aus dem Mißbrauch einer Handlungserlaubnis insgesamt leichter wiegen als die Risiken aus der Beibehaltung des Handlungsverbots, spricht alles dafür, die zusätzlichen Risiken in Kauf zu nehmen. So steht etwa auch in der aktuellen Debatte um die mögliche Freigabe der aktiven Sterbehilfe nicht von vornherein fest, daß die Risiken auf der Seite der Freigabe gravierender sind als die Risiken auf der Seite des Verbots. Zwar werden durch eine wie immer begrenzte Freigabe neue Mißbrauchsgefahren geschaffen. Aber auf der anderen Seite dürfen die Risiken nicht übersehen werden, die das Verbot für aktuelle und potentielle Patienten bedeutet, die mit der statistisch signifikanten Drohung leben müssen, für das Ende ihres Lebens auf keine ausreichende Leidensminderung bzw. auf keine ihren eigenen Wünschen entsprechende Art des Sterbens hoffen zu können.

Jede zusätzliche Erlaubnis beschwört neue Dammbruchs- und Mißbrauchsgefahren herauf. Aber es gibt keinen Grund anzunehmen, daß die Dammbruchs- und Mißbrauchsgefahren für Handlungserlaubnisse generell oder überwiegend größer und gewichtiger sind als für Unterlassungserlaubnisse. Diese »Kosten«-Dimension kann also für sich genommen keinen systematischen Unterschied begründen. Wie Tatkraft und Entschlossenheit in blinden Aktionismus kann Gelassenheit in jene Form von Abstumpfung umschlagen, die der Legende nach Pyrrhon bewies, als er mit der vollendeten Ataraxie des skeptischen Weisen untätig zusah, wie sein Lehrer vor seiner Nase im Sumpf versank.

8.6 Handeln und Unterlassen: Unterschiedliche Nutzen-Kosten-Bilanz der Regelakzeptanz?

Werfen wir kurz einen Blick zurück auf die bis hierher zurückgelegte Wegstrecke. Wir hatten zunächst die Unmöglichkeit zu demonstrieren versucht, die Grundlagen für eine *universale* oder *quasi-universale* moralische Differenzierung in der Beurteilung von Handeln und Unterlassen auf der Ebene der Einzelhandlung zu finden. Begründen ließ sich eine systematische und durchgängige moralische Differenzierung lediglich für einen zentralen, aber dennoch begrenzten Bereich primär negativ bewerteter Verhaltensweisen, die unfreiwilligen Schädigungen anderer an Leib und Leben. Damit war nicht gezeigt, daß sich eine kategoriale moralische Differenzierung zwischen Handeln und Unterlassen in keiner Weise begründen läßt. Es war lediglich gezeigt, daß *falls* sie sich begründen läßt, diese Gründe nicht auf der Ebene der Befolgung, sondern auf der Ebene der *Akzeptanz* oder *Geltung* moralischer Normen zu finden sein müßten. Wir sind der Vermutung nachgegangen, daß die kategoriale moralische Differenzierung möglicherweise in der insgesamt besseren »Nutzen-Kosten-Bilanz« der Akzeptanz von Unterlassungspflichten im Vergleich zur Akzeptanz von Handlungspflichten zu finden ist. Schädigende Handlungen wären danach deswegen kritikwürdiger als schädigende Unterlassungen, weil die soziale Geltung von Unterlassungsgeboten in höherem Maße schutzwürdig ist als die soziale Geltung von Handlungsgeboten. Die höhere Schutzwürdigkeit der Unterlassungsgebote wäre dabei eine Konsequenz ihrer überlegenen »Nutzen-Kosten-Bilanz«: Unterlassungsgebote erreichen die Zwecke der Moral mit weniger aufwendigen Mitteln als Handlungsgebote.

Hat unser Versuch einer überschlägigen »Bilanzierung« die These von der systematischen moralischen Differenz zwischen Handeln und Unterlassen bestätigen können?

Eine Gesamteinschätzung so heterogener und in sich komplexer Faktoren wirft zwangsläufig erhebliche Schwierigkeiten auf. Immerhin läßt sich sagen, daß es keineswegs von vornherein klar ist, daß die gesellschaftliche Nutzen-Kosten-Bilanz der Akzeptanz von Handlungsnormen (einschließlich Handlungserlaubnissen) notwendig oder durchgängig schlechter ist als die der entsprechenden Unterlassungsnormen. Führen wir uns noch einmal die Hauptposten dieser Bilanz vor Augen: auf der Haben-Seite bei den Handlungsgeboten vor allem die soziale Bedeutung der Normgeltung, gemessen an dem Ausmaß, in dem sie die außermoralischen Motivationen unterstützen und verstärken; auf der Soll-Seite die Kostenfaktoren der Beschränkung der Autonomie, des höheren moralischen Drucks und bei den Handlungserlaubnissen die Dammbruchgefahren. Der größte Posten steht zweifellos auf der Sollseite: die Einschränkung der Autonomie des Akteurs, d.h. das Ausmaß, in dem moralische Handlungspflichten die freie Verfügung des Akteurs über seine Lebensmöglichkeiten einschränken.

Obgleich die Einschränkungen der Autonomie bei den Handlungsgeboten tendenziell stärker ins Gewicht fallen als bei den Unterlassungsgeboten, wiegt dieser »Kostenfaktor« nicht in jedem Fall – oder auch nur in der weit überwiegenden Zahl der Fälle – so schwer, daß er durch den gesellschaftlichen Nutzen der Geltung von Handlungsgeboten sehr viel seltener aufgewogen würde als die Kosten von Unterlassungsgeboten durch deren gesellschaftlichen Nutzen. Bei einer ganze Reihe von Handlungsgeboten scheint die Bilanz vielmehr ebenso eindeutig positiv auszufallen wie bei den entsprechenden Unterlassungsgeboten. Diese Handlungsnormen schränken die Autonomie desjenigen, der sie akzeptiert, nicht nennenswert stärker ein als die entsprechenden Unterlassungsnormen, haben aber dieselbe bzw. – in Anbetracht der faktischen außermoralischen Motivationen – sogar größere Bedeutung für die Wahrung der Interessen anderer. Ein Beispiel ist die Handlungsnorm, andere – und insbesondere im Geschäftsleben Ahnungslose – bei Verkäufen nicht durch Verschweigen von

Mängeln vorsätzlich zu täuschen. Es ist nicht zu sehen, warum die Nutzen-Kosten-Bilanz dieser Handlungsnorm signifikant schlechter sein sollte als die Bilanz der Unterlassungsnorm, andere nicht durch ausdrückliche Fehlinformationen zu betrügen. Zwar gehört es im Wirtschaftsleben vielfach zum »Geschäft«, d. h. zu den implizit als allseitig akzeptiert unterstellten Bedingungen, wirtschaftliche Vorteile u. a. durch Informationsvorsprünge einzuheimsen. Das mindert die moralische Verwerflichkeit eines »Betrugs durch Unterlassen« durch eigene Informationsvorteile aber allenfalls gegenüber »alten Hasen«, von denen problemlos angenommen werden kann, daß sie die Spielregeln kennen und wissen, wie sie sich gegen das Übervorteiltwerden wappnen können. Es ist nicht zu sehen, wieso die Handlungspflicht, dem Käufer alle für die Bewertung der Kaufsache relevanten Informationen mitzuteilen, die Verhaltensspielräume des Verkäufers derart einengt, daß dies das beim Käufer anfallende Risiko der Interessenverletzung mehr als aufwiegt. Unterstellt man zusätzlich eine »natürliche« Neigung, ausdrückliche Lügen stärker zu meiden als das passive Verschweigen relevanter Tatsachen, nimmt die soziale Bedeutung eines Handlungsgebots zur wahrheitsgemäßen Information – und damit die positive Seite der Bilanz – sogar noch zu.

Darüber hinaus lassen sich zwei globale *Trendaussagen* treffen. Die erste: Je eher bei der Übernahme einer Handlungspflicht damit zu rechnen ist, daß sich die Situationen, in denen sie anfällt, häufig und in rascher Folge *wiederholen*, desto mehr verschlechtert sich ceteris paribus die Nutzen-Kosten-Bilanz der Geltung der Norm gegenüber der Geltung der entsprechenden Unterlassensnorm. Die Einschränkungen der Autonomie für den Verpflichteten werden mit der Zunahme der Frequenz der zur Pflicht gemachten Interventionen in der Regel schneller wachsen als der Nutzen der Interventionen für andere. Ökonomisch gesprochen: Die Grenzbelastung für die Autonomie des Akteurs nimmt mit zunehmender Dichte der zur Pflicht gemachten Handlungen zu, während der Grenznutzen jeder einzelnen Handlung für den Nutznießer gleichbleibt. Es ist deshalb nahezu immer günstiger, regelmäßig und in rascher Folge wiederkehrende Versorgungs- und Pflegeleistungen auf mehrere Köpfe zu verteilen. Die Regel, bei seinen schwerkranken Patienten jeden Tag einen Hausbesuch zu machen, schränkt die Autonomie eines Hausarztes überproportional mehr ein als die Regel, bei denselben Patienten jeden zweiten Tag einen Hausbesuch zu machen. Die Regel, für sämtliche Mahlzeiten der Familie zuständig zu sein, schränkt die Autonomie einer Hausfrau stärker ein als die Regel, daß sich zwei oder drei diese Aufgabe teilen, die Autonomie aller Beteiligten zusammen.

Die zweite Trendaussage betrifft den bereits oben genannten Faktor der *Freiwilligkeit* der Übernahme (bzw. der *Aufkündbarkeit*) von Handlungspflichten. Je *freiwilliger* die Übernahme, desto weniger schränkt sie die Autonomie dessen, der die Norm akzeptiert, ein und desto günstiger ist die Bilanz für die Gesamtheit der »moral agents« und »moral patients« – wenn auch freilich nur unter der Bedingung, daß für die erforderten Leistungen hinreichend viele freiwillige Leistungserbringer bereitstehen. Am günstigsten ist die Gesamtbilanz ceteris paribus bei Handlungspflichten im Zuge selbstgewählter und jederzeit abwählbarer Funktionen und Rollen, am geringsten bei Handlungspflichten aus zugeschriebenen Rollen oder bei nicht-schuldhafter Kausalität, die nicht aufgekündigt oder nur unter erheblichen anderweitigen Kosten verweigert werden können.

9 Ein Blick auf die geltenden Handlungspflichten: Überforderung oder Unterforderung?

Ausgangspunkt unserer Untersuchung war die Beobachtung, daß die faktisch vorherrschende Moral die Reichweite, Intensität und Sanktionswürdigkeit von Handlungspflichten sehr viel stärker begrenzt als die von Unterlassungspflichten. Infolgedessen werden schädigende Unterlassungen der Tendenz nach läßlicher beurteilt als schädigende Handlungen, positiv bewertete Handlungen der Tendenz nach als verdienstvoller als positiv bewertete Unterlassungen. Da sich gezeigt hat, daß sich eine allgemeine moralische Differenzierung zwischen ansonsten gleichwertigem Handeln und Unterlassen weder auf der Ebene der Befolgung noch auf der Ebene der Akzeptanz begründen läßt, ist nunmehr zu fragen, ob sich nicht zumindest einige der Faktoren, die die moralische Differenzierung zwischen Handlungen und Unterlassungen innerhalb der geltenden Moral bestimmen, aus übergeordneten ethischen Gesichtspunkten begründen lassen. Auch wenn sich eine durchgängige moralische Differenzierung nicht begründen läßt, könnten sich doch zumindest einige der in den faktischen Beurteilungen sichtbar werdenden Tendenzen anhand der bisher zugrunde gelegten Kriterien rechtfertigen lassen. Diese Kriterien umfassen neben den moralisch relevanten Merkmalen der *Befolgung* von Handlungs- und Unterlassungspflichten insbesondere auch die moralisch relevanten Faktoren der *Normakzeptanz*, vor allem die Bedeutung der Norm für den Schutz der Interessen anderer, das Ausmaß der mit ihnen verbundenen Freiheitsbeschränkungen und die Freiwilligkeit oder Unfreiwilligkeit der Pflichtübernahme. Lassen sich die faktisch wirksamen Einschränkungen moralischer Handlungspflichten mit diesen ethischen Kriterien zur Deckung bringen – oder fordern diese Kriterien, daß die Grenzen der Verantwortung wesentlich weiter hinausgerückt werden, etwa im Sinne einer »Entgrenzung« der negativen (Unterlassungs-)Verantwortung, wie sie seit längerem von den dem Utilitarismus nahestehenden Ethikern Peter Singer (1977; 1984, Kap. 8) und John Harris (1980a) gefordert wird?

Die Grundstrukturen der in der faktischen Moral wirksamen Begrenzungen negativer Verantwortung hat Michael Slote (1977) – im Zusammenhang mit dem Welthungerproblem – auf den folgenden vierfachen Nenner gebracht:

1. Das Unterlassen einer Leistung, durch das man ein Versprechen bricht, wiegt moralisch schwerer als das Unterlassen einer nicht versprochenen Leistung.

2. Ob und inwieweit Pflichten zum aktiven Eingreifen – etwa zur Hilfeleistung – bestehen, hängt u. a. von dem Ausmaß ab, in dem für ihre Befolgung etablierte Lebensstile und Lebenspläne aufgegeben werden müssen. Dabei dürfen lediglich solche Lebensstile und Lebenspläne unbeachtet bleiben, die ein aktives Unrechttun (wrongs of commission) beinhalten.

3. Die Behebung oder Linderung von Übeln, die man selbst oder andere verschuldet haben, hat (ceteris paribus) Vorrang vor der Behebung oder Linderung natürlicher Übel. Kosmische Ungerechtigkeiten verlangen nicht in derselben Weise nach korrigierendem Eingreifen wie verübtes Unrecht.

4. Als wie schwer oder leicht eine moralische Pflicht empfunden wird, hängt u. a. von sozialen Faktoren ab, z. B. davon, ob andere die entsprechende Pflicht akzeptieren oder befolgen. Soziale Standards entscheiden darüber, ob eine Pflicht als zu rigoros oder zu läßlich gilt.

Diese Bedingungen geben ein globales, aber insgesamt doch wohl zutreffendes Bild der faktisch bestehenden Kriterien der Verantwortungsbegrenzung. Die *erste* Bedingung ist für die Problematik von Handeln und Unterlassen freilich nicht spezifisch relevant. Immerhin ist festzuhalten, daß Unterlassungen, die andernfalls Handlungen moralisch nicht gleichgestellt würden, dennoch dadurch, daß sie Bestandteile übernommener Pflichten, Ämter und Funktionen werden, vielfach Handlungen gleichgestellt werden. Indem ein Akteur eine Pflicht, ein Amt oder eine Funktion freiwillig und in der Kenntnis der damit verknüpften Erwartungen anderer übernimmt, begründet er – analog zum Versprechen – bei anderen eine Erwartung, diesen Erwartungen zu genügen.[50]

Es kommt dabei nicht darauf an, ob die freiwillig übernommene Rolle ihrerseits formal-rechtlich definiert ist (wie die Rolle des Beamten) oder nicht (wie die Rolle des zeitweiligen Kinderbetreuers), oder ob die Übernahme der Rolle durch einen besonderen Ritus (Eheschließung, Vereidigung) oder ein explizites Versprechen (Amtseid, Eheversprechen) erfolgt. Ein explizites Versprechen kann die mit der freiwilligen und wissentlichen Übernahme der Rolle verbundenen Handlungspflichten allenfalls verstärken. Auch ohne ein explizites Versprechen ist klar, daß die Verantwortung etwa für das rechtzeitige Schließen der Schranke primär beim Schrankenwärter liegt und nicht bei einem zufällig vorbeikommenden Passanten. Wenn in einem Fall von Pflichtvergessenheit allein der Schrankenwärter *straf-* und *disziplinarrechtlich* zur Verantwortung gezogen wird, dann auch deshalb, weil seine *moralische* Verantwortung zur Schadensverhinderung schwerer wiegt als die moralische Verantwortung des Passanten, der das Unglück durch rechtzeitiges Eingreifen hätte verhindern können. In dem Verhalten eines Polizisten, der auf einem Streifengang zuläßt, daß ein Mensch getötet oder entführt wird, wird gewöhnlich ein sehr viel größerer »Unrechtsgehalt« gesehen als in dem Verhalten eines zufällig den Vorgang beobachtenden untätig bleibenden Landstreichers (vgl. Brammsen, 1986, 193). Schließlich ist der Polizist von der Gesellschaft speziell mit derartigen Aufgaben beauftragt und hat diese Aufgaben durch

---

50 »Erwartung« muß hierbei freilich in einem *normativen* und nicht wie üblich in einem *prognostischen* Sinn verstanden werden. Wer eine Rolle übernimmt, berechtigt die anderen dazu, bestimmte Forderungen an ihn zu richten und ihn für die Nichterfüllung dieser Forderungen zur Verantwortung zu ziehen, bietet aber keineswegs die Gewähr dafür, daß er seinen Rollenpflichten auch tatsächlich nachkommt. In Staaten mit blühender Korruption *erwartet* man, daß Staatsdiener den an sie gestellten Erwartungen *nicht* nachkommen.

freie Entscheidung und in Kenntnis der moralischen Risiken
übernommen. Auch die strafrechtlichen Sanktionen für das
Unterlassen sind bei einigen freiwillig übernommenen Handlungspflichten denen für das aktive Handeln angeglichen.[51]

Unmittelbar relevant ist das zweite Kriterium, vor allem,
da es die Handeln-Unterlassens-Unterscheidung explizit enthält. Im Ansatz entspricht es – auf der Ebene der Befolgung
– der *Aufwandsdimension* und – auf der Ebene der Akzeptanz bzw. sozialen Geltung von Handlungspflichten – der
Dimension der *Einschränkung von Optionen*: Die Befolgung
einer Handlungspflicht ist ceteris paribus um so eher zumutbar, je weniger Aufwand sie den Akteur kostet, die Übernahme einer Handlungspflicht um so eher, in je geringerem Maß
sie dem Akteur abverlangt, seine Lebensplanungen an dieser
Pflicht zu orientieren. Bemerkenswerterweise sollen nach der
Rekonstruktion von Slote bei der Beurteilung, ob Handlungspflichten eine Überforderung bedeuten, etablierte Lebensstile und Lebensplanungen jedoch nur dann unberücksichtigt bleiben, wenn sie *aktives*, nicht aber auch schon dann,
wenn sie *passives* Unrecht beinhalten. Das heißt nicht weniger, als daß das moralisch geforderte Maß tätiger Solidarität
immer nur dann über das Niveau der faktisch praktizierten
Solidarität hinausgehen darf, wenn der Lebensstil eines Individuums, einer Gruppe oder einer ganzen Gesellschaft anderen aktive Schäden zufügt. Solidarität wird, soweit sie das
einmal »etablierte« Niveau übertrifft, lediglich zur *Kompensation* eines aktiv zugefügten Unrechts verlangt, nicht aber als
eigenständige und vom Vorverhalten unabhängige Leistung.
Solange der Lebensstil eines Individuums, einer Gruppe oder
einer Gesellschaft andere nicht aktiv schädigt, wird er durch
– implizite – Normen der Verantwortungsbegrenzung geschützt, gleichgültig, welche Schäden und Verzichte dies für
andere bedeutet.

Auch die dritte von Slote genannte Bedingung trifft einen

51 Vgl. S. 122.

für die gängige moralische Differenzierung zwischen Handlungs- und Unterlassungsverantwortung zentralen Punkt. Anders als bei den Unterlassensgeboten stuft die geltende Sozialmoral die Intensität von Handlungsgeboten danach ab, wodurch die Bedarfs- oder Gefahrenlage, in die der Akteur eingreifen könnte, verursacht ist: durch natürliche Faktoren, durch andere oder durch den Verpflichteten selbst. Um die von Slote angedeutete Abstufung zwischen anthropogener und natürlicher Verursachung weiter zu differenzieren, könnte man hier zwischen insgesamt sieben Fallkonstellationen unterscheiden, wobei die A »intuitiv« zugeschriebene Pflicht, zugunsten von B handelnd einzugreifen, sukzessiv zunimmt:

1. B hat sich wissentlich in die Bedarfs- oder Gefahrenlage begeben.
2. B hat sich unwillentlich, aber wissentlich in die Bedarfs- oder Gefahrenlage begeben.
3. B hat sich fahrlässig in die Bedarfs- oder Gefahrenlage begeben.
4. B ist (überwiegend) durch natürliche Faktoren in die Bedarfs- oder Gefahrenlage gebracht worden.
5. B ist (überwiegend) durch das nicht-schuldhafte Verhalten von C in die Bedarfs- oder Gefahrenlage gebracht worden.
6. B ist (überwiegend) durch das schuldhafte Verhalten von C in die Bedarfs- oder Gefahrenlage gebracht worden.
7. B ist durch ein nicht-schuldhaftes Verhalten von A in die Bedarfs- oder Gefahrenlage gebracht worden.
8. B ist durch ein schuldhaftes (vorsätzliches oder fahrlässiges) Verhalten von A in die Bedarfs- oder Gefahrenlage gebracht worden.

Zwischen der ersten Konstellation, in der die Pflicht für A, zugunsten von B einzugreifen, nach den üblichen sozialen Standards am schwächsten, und der achten Konstellation, in der sie am stärksten ist, lassen sich drei »Schwellen« unterscheiden, an denen die wahrgenommene Handlungsverantwortung von A merklich zunimmt.

Die erste Schwelle liegt zwischen den Fallkonstellationen 3 und 4. Ist die Bedarfs- oder Gefahrenlage durch B selbst verschuldet, wird eine eventuelle Pflicht zum korrigierenden Eingreifen als weniger vordringlich wahrgenommen als bei einer fremdverschuldeten. Zur wahrgenommenen Entlastung von Verantwortung tragen hierbei hauptsächlich zwei Überlegungen bei, die eine rückwärts-, die andere vorwärtsgewandt: Entweder die Situation wird so interpretiert, daß B sein Unglück – auf welch mysteriöse Weise auch immer – verdient hat, daß er sich sein Unglück selbst zuzuschreiben hat und es nur gerecht ist, wenn er dafür gestraft wird (hier spielt wiederum die »just-world-hypothesis« herein); oder sie wird so verstanden, daß die Situation für B eine »heilsame Lektion« ist, die ihn in Zukunft von dem riskanten Verhalten abhalten oder zu erhöhter Vorsicht anhalten wird. Durch Überlegungen dieser Art läßt sich etwa die je nach wahrgenommener Verursachungsstruktur sehr unterschiedliche Spendenbereitschaft in der Bevölkerung erklären. Wird eine Notlage – etwa im Zuge eines Bürgerkriegs – als wesentlich selbstverschuldet gesehen, ist die Spendenbereitschaft sehr viel geringer als bei Notlagen, die wesentlich durch Naturkatastrophen, Fremdaggression oder politische Unterdrückung bedingt sind.

Eine weitere Schwelle scheint zwischen den Fallkonstellationen 5 und 6 zu liegen, und zwar wegen der tendenziell höheren Toleranz gegenüber natürlichen als gegenüber anthropogen-vorsätzlichen Schädigungen. Zusätzlich könnten für die zugrundeliegende psychologische »Heuristik« noch weitere Hintergrundsüberlegungen eine Rolle spielen, zuallererst der Gedanke der besonderen *Ungerechtigkeit* der Schadensverteilung: Während den Kontingenzen der Natur mehr oder weniger alle Menschen ausgesetzt sind, sind den Übeln von Krieg und politischer Unterdrückung einige sehr viel stärker ausgesetzt als andere. Sie verdienen in ganz besonderer Weise die Anteilnahme und tätige Solidarität der anderen. Hinzu kommt vielleicht noch ein weiteres Moment: die Scham für das, was Menschen anderen Menschen antun. Anders als die Hilfe für die Opfer von Naturkatastrophen hat die Hilfe für die Opfer von politischer Verfolgung und Unterdrückung auch den Charakter einer stellvertretenden Wiedergutmachung.

Sehr viel eindeutiger und leichter faßbar ist die Schwelle zwischen den Konstellationen 6 und 7. Unbestritten macht es für die wahrgenommene Handlungsverantwortung von A einen Unterschied, inwieweit er die den Eingriff erfordernde Situation selbst verursacht hat. Das spiegelt sich u. a. in der Rhetorik wieder, mit der die relativ Benachteiligten die Solidarität der Bessergestellten einfordern. So versprechen sich einige Vertreter der Entwicklungsländer mehr davon, mit dem früheren Kolonialismus der europäischen Länder zu argumentieren (und gewissermaßen eine besondere Verantwortung der früheren Ausbeuter zu konstruieren) als mit dem Hinweis auf die bestehenden Ungleichheiten. Während eine allgemeine Pflicht des Bessergestellten, dem relativ Schlechtergestellten unter die Arme zu greifen, nicht generell anerkannt wird, kann diese Verpflichtung immer dann auf einige Zustimmung hoffen, wenn die Besserstellung des Bessergestellten u. a. darauf zurückgeht, daß er den Schlechtergestellten aktiv geschädigt oder benachteiligt hat.

Auch rechtlich wird mit dem Kriterium der »Ingerenz« eine besondere Verantwortlichkeit des Verursachers eines Schadens anerkannt. Wer als Verursacher einer Not-, Bedarfs- oder Gefahrenlage den Hilfsbedürftigen oder Gefährdeten durch Unterlassen schuldhaft zu Schaden kommen läßt, hat eine schwerere Strafe zu erwarten, als wer an dem Geschehen kausal unbeteiligt ist. Dabei ist allerdings innerhalb der Rechtswissenschaft umstritten, welchen normativen Bedingungen die Verursachung genügen muß, um eine besondere Rechtspflicht zur Behebung oder Linderung des bewirkten Schadens zu begründen. Muß das die Not- oder Gefahrenlage erzeugende Verhalten schuldhaft oder zumindest rechtswidrig sein, oder bestehen rechtliche Eingriffspflichten – im Sinne eines »Verursacherprinzips« – unabhängig von der rechtlichen Bewertung der Verursachung? Nach Gallas (1989, 89) nimmt die Rechtsprechung eine Rechtspflicht zur Verhinderung des Schadens aus vorausgegangenem Tun oder Unterlassen durchweg auch dann an, wenn das vorherige Verhalten die Gefahr nur zufällig erzeugt hat. Andere meinen, es genüge, daß die Erzeugung der Gefahr unrechtmäßig ist, um eine Rechtspflicht zum handelnden Eingreifen zu begründen, während wiederum andere fordern, daß die Vortat darüber hinaus auch schuldhaft begangen sein muß (vgl. Stree in: Schönke/Schröder, 1985, 167). Wer der ersten Meinung folgt und auch die gänzlich zufällige Verursachung der Gefahrensituation als zur Begründung einer Rechtspflicht zum Eingreifen ausreichend betrachtet, muß sich allerdings fragen lassen, wieso der zufällige Verursacher bei unterlassenem Eingreifen mit einer so viel schwereren Strafsanktion zu rechnen hat (im Todesfall mit der Strafe für Tötung durch Unterlassen) als ein untätig bleibender Passant, der eventuell über bessere Möglichkeiten zum Eingreifen verfügt und lediglich mit der Strafsanktion für unterlassene Hilfeleistung bedroht wird.

Das vierte von Slote genannte Kriterium verweist auf die große Bedeutung, die *Rollenkonzepten* für die wahrgenommene Verpflichtung zum handelnden Eingreifen zukommt. Während die Gesellschaft das Ansinnen, aktive Schädigungen zu unterlassen, an alle richtet, macht sie das Ansinnen, Schäden bei anderen durch aktives Eingreifen abzuwenden, weitgehend von dem Bestehen besonderer Verantwortungs- und Zuständigkeitsbeziehungen abhängig. Das soll nicht heißen, daß nicht auch die Gewichte von Unterlassungspflichten nach den jeweiligen Rollenbeziehungen abgestuft sind. Aber in weit größerem Umfang als Handlungspflichten sind zumindest in modernen Gesellschaften Unterlassungspflichten Jedermannspflichten. Während das Verbot, einen anderen Menschen umzubringen, für alle Akteure und für alle Betroffenen in gleicher Weise gilt, ist nicht jeder in gleicher Weise moralisch verpflichtet, jedem beliebigen anderen das Leben zu retten. Zwar wird gewöhnlich auch Nachbarn oder entfernten Bekannten eines durch Vernachlässigung gefährdeten älteren

Menschen eine Verpflichtung zur Fürsorge zugeschrieben, aber diese Verpflichtung gilt doch zweifellos als weniger gewichtig als die entsprechende Verpflichtung von Angehörigen und Nahestehenden.

Die größte Annäherung von moralischen Handlungspflichten und moralischen Unterlassungspflichten findet sich, wie bereits zu Anfang vermerkt, interessanterweise im extremen Nahbereich wie auch im extremen Fernbereich. Im extremen Nahbereich kommt den aktiven Rollenpflichten zum Teil ein so erhebliches Gewicht zu, daß die übliche Differenzierung in der Bewertung von Tun und Unterlassen suspendiert ist. So soll etwa eine Mutter, die ihr Kind vorsätzlich verhungern läßt, auch nach der Meinung vieler Strafrechtswissenschaftler (vgl. Cramer in: Schönke/Schröder, 1985, 343) nicht anders beurteilt werden als eine Mutter, die ihr Kind aktiv tötet. Auch im extremen Fernbereich, für den keine Rollenbeziehungen definiert sind – z.B. gegenüber den Bewohnern ferner Kontinente und den Angehörigen späterer Generationen – fallen die Beurteilungen von Handeln und Unterlassen der Tendenz nach zusammen. Schädigungen, die auf ein Handeln zurückgehen, gelten gemeinhin als ebenso erlaubt wie Schädigungen durch Unterlassen. Eine Wirtschaftspolitik, von der abzusehen ist, daß sie die Lebensgrundlagen geographisch oder zeitlich weit entfernt Lebender zerstört, wird gemeinhin mit ebensolcher Nachsicht beurteilt wie ein Verzicht auf mögliche Hilfs- oder Vorsorgemaßnahmen mit denselben Folgen.

Die Rollenabhängigkeit des Bestehens bzw. der Intensität von Handlungspflichten spiegelt sich vor allem in den Bedingungen, die das *Rechtssystem* für das Bestehen *rechtlicher* Handlungspflichten annimmt. Zwar läßt sich aus der Tatsache, daß eine Verhaltensweise rechtlich ohne Sanktionen bleibt, nicht darauf schließen, daß sie auch moralisch ohne Sanktionen bleibt. Aber das Fehlen rechtlicher Sanktionen läßt sich zumindest als ein *Indiz* für die den jeweiligen moralischen Geboten und Verboten zugeschriebene soziale Bedeutung verstehen. Wenn etwa das Rechtssystem – wie es der Fall

ist – eine Frau, die ihr eigenes Kind verhungern läßt, sehr viel
härter (nämlich wegen Tötung durch Unterlassen) bestraft als
eine Freundin der Mutter, die den Tod des Kindes ohne große
Anstrengung hätte verhindern können (unterlassene Hilfeleistung), ist dies zweifellos ein Indiz dafür, daß die Verantwortung der Mutter für Leben und Wohlergehen des Kindes nach
allgemeiner Anschauung eindeutiger ist und schwerer wiegt
als die Verantwortung anderer, die den Schaden durch Eingreifen hätten verhindern können. Zumindest in freien Gesellschaften mit einer relativ hohen Akzeptanz des Rechtssy-
stems würden sich die Strukturen eines so einschneidenden
Sanktionssystems wie des Strafrechts nicht auf Dauer aufrechterhalten lassen, würden sie sich nicht zumindest grosso
modo auf entsprechende Strukturen in den moralischen Bewertungen stützen können.

Daß sich Rechtspflichten zum handelnden Eingreifen und
vorherrschende moralische Anschauungen entsprechen, wird
auch durch die historische Erfahrung nahegelegt. Die strafrechtlichen Zuschreibungen von Garantenpflichten spiegeln
durchweg die sich wandelnden gesellschaftlichen Rollenzuweisungen, diese ihrerseits die sich wandelnden Wertsetzun-
gen und realen Lebensverhältnisse. Unter dem beherrschen-
den Einfluß der Kirche gehörte es seit dem Mittelalter zu den
obersten strafrechtlichen Garantenpflichten des Hausherrn,
Unzucht unter seinen Bediensteten zu verhindern (Brammsen, 1986, 33). Diese Garantenpflicht ist erst in jüngster Zeit
erodiert. Traditionell galten neben den nahen Verwandten
sämtliche Angehörigen der Großfamilie (z. B. auch Ver-
schwägerte) als Garanten, während gegenwärtig die Tendenz
dahin geht, nur noch die Angehörigen der Kleinfamilie zu
Garanten zu erklären, zunehmend unter Einschluß eheähnli-
cher Lebensgemeinschaften.[52]

---

52 So soll nach Brammsen (1986, 168 ff.) bei eheähnlichen Gemeinschaften
eine Rechtspflicht zur Abwendung von Leib- und Lebensgefahren bestehen,
nicht aber zur Verhinderung eines Suizids oder einer Straftat.

Wenn etwas in der gegenwärtig stark pluralisierten Gesellschaft moralisch »in Unordnung« ist, dann das System
der Handlungspflichten aus zugeschriebenen, also nicht frei
übernommenen Rollen. Da kein Konsens darüber besteht,
zu welchen Leistungen etwa Kinder gegenüber ihren Eltern
aus ihrer Rolle als Kinder heraus verpflichtet sind und die
Nicht-Übernahme solcher Pflichten nicht in demselben
Maße sozial sanktioniert wird wie in einer in diesem Punkt
homogeneren Gesellschaft, ist sich das Individuum heute
weniger sicher als noch vor zwei Generationen, welche
Pflichten seine Rolle als Kind impliziert, wie weit diese
Pflichten reichen und welcher Stellenwert ihnen im Verhältnis zu anderen Pflichten, Rollen und Interessen zukommt.
Je weniger nachdrücklich bestimmte Rollen *zugeschrieben*
werden, desto stärker nimmt nicht nur der soziale Druck ab,
der auf ihre Erfüllung drängt, sondern desto uneindeutiger
werden auch ihre Inhalte, Reichweiten und relativen Gewichte.

Diese Unsicherheit überträgt sich auf die *rechtliche* Beurteilung der Handlungspflichten aus zugeschriebenen Rollen
und ihrer Verletzung in Gestalt von Unterlassungen. Unstrit-
tig unter den Strafrechtswissenschaftlern scheint zu sein, daß
nur solche Rollen strafrechtlich relevant sein können, die allgemein anerkannt sind: Damit A eine rechtliche Handlungspflicht zugeschrieben werden kann, reicht es nicht aus, daß B
oder eine bestimmte gesellschaftliche Gruppe A eine entsprechende Rolle zuschreibt. Die Rollenzuschreibung muß vielmehr von der weit überwiegenden Mehrheit der Gesellschaftsmitglieder geteilt werden. Aber über Inhalt, Reichweite
und Stellenwert vieler rechtlicher Handlungspflichten aus zugeschriebenen Rollen besteht unter den Juristen ebensowenig
Konsens wie über die analogen moralischen Rollenpflichten.
Darüber hinaus ist unter den Rechtswissenschaftlern strittig,
ob Rechtspflichten aufgrund zugeschriebener Rollen überhaupt zu rechtfertigen sind.

Zugestandenermaßen geht es in zahlreichen juristischen

Kontroversen um kasuistische Detailfragen.[53] Aber zum Teil geht es auch ums Prinzipielle, wie etwa dann, wenn strittig ist, ob das Bestehen von rechtlichen Eingriffspflichten von dem Bestehen einer *Lebensgemeinschaft* mit dem Betroffenen abhängt oder davon, daß der Rollenträger von den Erwartungen der anderen *weiß* und sein Verhalten an ihnen orientieren kann. Während ältere Autoren Garantenpflichten aus zugeschriebenen Rollen u. a. an die Verwandtschaftsposition als solche binden, fordern neuere Autoren – zweifellos in Übereinstimmung mit gesellschaftlich vorherrschenden Anschauungen – zusätzlich, daß Garant und Berechtigter zusammenleben.[54] Insgesamt sind die Beurteilungen der Garantenpflichten aus zugeschriebenen Rollen gekennzeichnet von erheblichen Abweichungen zwischen den Autoren und Unsicherheiten bei den jeweiligen Autoren selbst – mit der keineswegs leicht zu nehmenden Konsequenz, daß dadurch das von der Verfassung für Strafrechtsnormen geforderte Bestimmtheitsgebot systematisch verletzt wird. Auch die Beurteilungen, welche Bedeutung dem »Verbotsirrtum« bei der Garantenstellung zukommt, schwanken. So sollen nach Brammsen einerseits Handlungspflichten aus zugeschriebenen Rollen nur dann strafrechtlich sanktioniert werden, wenn der Träger der Rolle von diesen Verpflichtungen weiß (Brammsen, 1986, 86). Andererseits schließt derselbe Autor aber nicht aus, daß auch derjenige Rollenpflichten unterworfen ist, der von diesen Verpflichtungen nicht gewußt hat, von diesen aber hätte *wissen müssen* (Brammsen, 1986, 123 Anm.).

53 Beispiel: Ist der Verkäufer in einer Tierhandlung (der nicht der Inhaber ist) rechtlich verpflichtet, zu verhindern, daß sich ein kleines Krokodil aus seinem Käfig befreit und einen Kunden ins Bein beißt? (Vgl. Brammsen, 1986, 240.)

54 So fordert etwa Brammsen (1986, 159 f.), daß einem älteren Geschwister, das ein jüngeres minderjähriges Geschwister beaufsichtigt, nur dann eine Rechtspflicht zur Lebensrettung des jüngeren zugesprochen wird, wenn es mit diesem in Lebensgemeinschaft lebt.

9.1 Vom Sein zum Sollen

Eine kritische Ethik kann es bei dem bloßen Aufweis der bestehenden Rollenstrukturen nicht bewenden lassen. Auch wenn es zu den legitimen Fragen der Ethik gehört, in einem rekonstruktiven und explanativen Geist nach den Strukturen und Hintergründen der de facto akzeptierten Verantwortungsbeschränkungen zu fragen, so erschöpft sich doch die Aufgabe der Ethik nicht in der bloßen Affirmation des faktischen Zustands der Moral.[55] Ein ausschließlich rekonstruktiver Ansatz beraubt sich selbst der für die normative Ethik unverzichtbaren kritischen Kraft. Wenn der rekonstruktivistische Ethiker Slote mit der zweiten der von ihm genannten Bedingungen u. a. das Ziel verfolgt, klarzustellen, daß wir uns an keine Solidaritätspflicht gebunden fühlen müssen, die von uns verlangen würde, einen einmal etablierten Lebensstil aufzugeben (es sei denn, dieser selbst sei aktiv schädigend), so ist das nichts weniger als zynisch angesichts einer Weltlage, in der die eine Hälfte reicher als je zuvor, die andere ärmer als je zuvor ist und der Lebensstil der Superreichen den Armen die Entwicklungschancen nimmt, u. a. durch den hohen Verbrauch materieller und energetischer Ressourcen und durch die Ausschöpfung der verbliebenen ökologischen Belastungsspielräume. Ein Lebensstil, der – wie der gegenwärtige Lebensstil der meisten Industrieländer – so weitgehend auf der Gleichgültigkeit gegen die Bedarfs-, Not- und Gefahrenlagen in den ärmeren Ländern beruht, wird nicht nur durch das, was er anderen antut, sondern auch durch das, was er anderen vorenthält, moralisch unverantwortbar.

Ähnliches gilt für die rekonstruktiven Ansätze in der *rechtsethischen* Diskussion. Die rechtsethische Frage nach dem Umfang der Rechtspflichten zum handelnden Eingreifen läßt sich nicht schlicht mit dem Hinweis auf bestehende mo-

---

55 Exemplarisch vertreten wird ein rein rekonstruktiver Ansatz in der Ethik etwa von Brülisauer (1988).

ralische Rollennormen erledigen. Die Beschreibung bestehender Rollenkonzepte liefert von sich aus keinen hinreichenden Maßstab. Falls die bestehende Praxis der Verantwortungszuschreibung als Maßstab fungieren soll, dann nur, wenn sie sich aus übergreifenden ethischen Gesichtspunkten heraus rechtfertigen läßt. Verlangt ist auch hier wiederum eine umfassende Analyse und Abwägung der mit einer bestehenden normativen Praxis verknüpften gesellschaftlichen Nutzen- und Kostendimensionen. Wenn etwa Brammsen – einer der wenigen juristischen Autoren, der die rechtlichen Handlungspflichten in einen expliziten Bezug zur soziologischen Rollentheorie bringt – die Urteilspraxis der deutschen Gerichte kritisiert, auch bei Eigenverantwortlichkeit eines Suizids Nahestehenden, Ärzten, Pflegekräften und anderen Garanten eine Rechtspflicht zur Selbsttötungsverhinderung zuzuschreiben, so wird dies von ihm doch nur mit Bezug auf die sich gegenwärtig wandelnden vorherrschenden Anschauungen und Bewertungen kritisiert, nicht aber aufgrund einer ethischen Konzeption, die diese Anschauungen und Bewertungen selbst rechtfertigen könnte. Solange jedoch auf eine genuin ethische Reflexion auf die gesellschaftlichen Rollenzuweisungen verzichtet wird, bleibt auch die Kritik der rechtlichen Normen konventionalistisch.

Nur wenige rechtswissenschaftliche Autoren machen sich klar, daß es unter rechtsethischen Gesichtspunkten nicht darauf ankommen kann, rechtliche Rollennormen auf konventionelle moralische Rollennormen zurückzuführen, sondern darauf, diese an übergreifenden Normen des Gemeinwohls und des gedeihlichen Zusammenlebens zu überprüfen (z.B. Bärwinkel, 1968). Angesichts des Umfangs der damit gestellten Aufgabe und aus der Überzeugung, daß sich Kriterien lediglich fallweise und gruppenspezifisch angeben lassen (vgl. Bärwinkel, 1968, 119), beschränkt sich allerdings auch Richard Bärwinkel auf die Angabe einiger weniger Kriterien für spezielle Anwendungsfälle: Hochwertigkeit der Rechtsgutobjekte, Grad der Konkretisierung der Gefahr (bei vorangegangenem gefährdendem Tun) und Monopolisierung einer Sozialrolle.

Fragen wir also unabhängig von affirmativen Einengungen, aber ohne Hoffnung auf eine mehr als fragmentarische Antwort: Können die faktisch akzeptierten Verantwortungsbegrenzungen ethisch gerechtfertigt werden? Sind die »Grenzkosten« einer Ausdehnung der Verantwortung über die herkömmlichen Grenzen hinaus so hoch, daß sie den »Grenznutzen« aus der Akzeptierung und Wahrnehmung dieser Verantwortung überwiegen? Versuchen wir uns auf den hypothetischen Standpunkt eines »idealen Beobachters« zu stellen und zunächst das bestehende System der moralischen Rollenzuweisungen und Rollenerwartungen daraufhin zu überprüfen, ob es ein »Gleichgewicht« zwischen moralischem Nutzen und moralischen Kosten gefunden hat oder ob es »Ungleichgewichte« aufweist, die Korrekturen wünschenswert erscheinen lassen.

Aus der Perspektive des »idealen Beobachters« scheint sich zunächst die bemerkenswerte Tatsache, daß die Differenzierung in der moralischen Beurteilung von Handeln und Unterlassen im »mittleren« Bereich moralischer Distanz ausgeprägter ist als im extremen Nahbereich (Mutter-Kind-Beziehung) und im extremen Fernbereich (andere Kontinente, zukünftige Generationen) zumindest ansatzweise rechtfertigen zu lassen. Sowohl im extremen Nahbereich wie im extremen Fernbereich wirken sich moralische Sanktionen weniger stark auf die akzeptierte und wahrgenommene Verantwortung aus als im mittleren Bereich. Im extremen Nahbereich führt die Abschwächung moralischer Sanktionen für das vorsätzliche Unterlassen zu keiner wesentlichen Entlastung von Verantwortung, da der potentielle Betroffene – etwa das versorgungsbedürftige Kind – in der Regel bereits durch emotionale Bindungen hinreichend geschützt ist. Im »unnormalen« Fall der Vernachlässigung des Schutzbedürftigen andererseits sind an dem fraglichen Verhalten in der Regel so starke affektive Faktoren beteiligt, daß eine stärkere Sanktionierung des aktiven Schädigens keine zusätzliche Konformität verspricht. Der extreme Fernbereich dagegen liegt ohnehin außerhalb der moralischen Aufmerksamkeit. Da ohnehin keine Verantwortung übernommen wird, kann eine Abschwächung der moralischen Sanktionen für Unterlassungen keine zusätzlichen Entlastungseffekte gewähren. Zugleich kann eine stärkere Sanktionierung der aktiven Schädigung – es sei denn, diese nehme spektakuläre Qualität an – keinen zusätzlichen Nutzen stiften. Anders im mittleren Bereich moralischer Distanz – dem großen Bereich, der von engen Freunden und Familienangehörigen bis zu Landsleuten, face-to-face bekannten Ausländern, Angehörigen der Generation der Kinder und teilweise auch der Kindeskinder reicht. Hier verspricht die Abschwächung von Handlungspflichten eine effektive Entlastung von Verantwortung. Die moralische Aufmerksamkeit und Handlungsbereitschaft wird auf spezifische, durch Rollenpflichten und Zuständigkeiten definierte Bezugspersonen konzentriert und dadurch der Aufwand für den einzelnen merklich gemindert. Allein in diesem Mittelbereich sind die Optionen für eine »künstliche« Herstellung von Interessenharmonie durch moralische Normen noch offen, kann die Sozialmoral spezifische Zuständigkeiten und Verantwortungen definieren. Sowohl der extreme Nahbereich als auch der extreme Fernbereich sind bereits durch anderweitige Faktoren festgelegt.

Damit ist die Frage nach Art und Ausmaß der besonderen Handlungsverantwortung von Verursachern und Rollenträgern im »mittleren Bereich« noch nicht beantwortet. Beginnen wir bei den Verursachern: Wie weit läßt sich eine besondere Handlungsverantwortung des Verursachers aus der Sicht eines »idealen Beobachters« legitimieren?

Daß dem *vorsätzlichen* oder *fahrlässigen* Verursacher eine besondere Eingriffsverantwortung zukommt, könnte mit einer oder mehreren der folgenden Überlegungen begründet werden:

1. der auf den Verursacher gerichteten besonderen Verhaltenserwartungen,
2. der günstigen Ausgangsposition des Verursachers,
3. mit Fairnessüberlegungen,
4. mit »pädagogischen« Überlegungen, und schließlich
5. mit den »Kosten«-Vorteilen einer Regel der besonderen Verursacherverantwortung.

Von diesen Begründungsansätzen sind nicht alle gleich plausibel. Vor allem die beiden ersten vermögen kaum zu überzeugen. Daß von dem Verursacher in besonderer Weise erwartet wird, daß er den mit seinem Zutun entstandenen Schaden behebt, mildert oder Vorkehrungen gegen seine Realisierung trifft, ist selbst eher das Resultat einer entsprechenden Verantwortungszuweisung als deren Grundlage. Ebensowenig vermag die günstige Ausgangsposition des Verursachers – der von Brammsen (1986, 386) favorisierte Begründungsansatz – die besondere Verantwortung des Verursachers zu erklären. Vielfach ist ein anderer, an der Entstehung der Bedarfs- oder Gefahrensituation Unbeteiligter in einer günstigeren Position, einzugreifen und Abhilfe zu schaffen, zumal dieser durch die eingetretene Situation möglicherweise weniger beunruhigt oder schockiert ist. Die Mutter, deren kleines Kind infolge mangelnder Aufsicht ins Wasser gefallen ist und zu ertrinken droht, ist oft gerade nicht in der für ein tatkräftiges Eingreifen optimalen Gemütsverfassung. Außerdem beantwortet dieser Begründungsansatz die Frage nicht, warum der Verursacher auch dann ein Mehr an Verantwortung für die Schadensverhinderung haben soll, wenn sich Dritte in einer gleich günstigen Ausgangsposition befinden.

Plausibler sind die drei anderen Begründungsansätze. Die Forderung an den Verursacher, den eingetretenen Schaden durch aktives Eingreifen zu mildern (bzw. den drohenden Schaden zu verhindern), entspricht sowohl einer Forderung der Fairness als auch einer stärker zukunftsorientierten Überlegung der effektiven Prävention ähnlicher Not- und Gefahrenlagen. Es ist ein Gebot der *Fairness*, daß diejenigen, die aus einer Pflichtvergessenheit Nutzen ziehen, auch die Kosten dafür tragen und diese nicht auf die Geschädigten bzw. auf Dritte abwälzen. Sofern die Gefahrenvermeidung einen gewissen Aufwand erfordert, wird dieser zu Recht zuallererst dem zugemutet, der ihn provoziert hat. Wer schuldhaft eine Gefahr erzeugt hat, soll auch dafür sorgen, daß sie entschärft wird. Dieselbe Regel läßt sich zugleich – in konsequentialistischem Geist – als Strategie zur *Prävention* schuldhaft hervorgerufener Gefahrenlagen verstehen. Die Zuweisung einer besonderen Eingriffsverantwortung an den Verursacher ist danach – ebenso wie entsprechende Wiedergutmachungspflichten – die Androhung einer negativen Sanktion: Wer schuldhaft eine Bedarfs- oder Gefahrenlage erzeugt, obwohl er sie hätte vermeiden können, soll sich nicht wundern, wenn von ihm besondere Anstrengungen zu ihrer Entschärfung, Behebung oder Kompensation erwartet werden.

Eine weitere Begründung ergibt sich aus den oben angestellten Nutzen-Kosten-Überlegungen für die Geltungsaspekte der Moral. Auf der Ebene der Normakzeptanz führt eine besondere Verantwortung des vorsätzlichen oder fahrlässigen Verursachers zu keiner zusätzlichen Einschränkung von Optionen. Er kann sich zusätzlichen Pflichten entziehen, indem er auf bestimmte Gefährdungen bewußt verzichtet bzw. die von der Situation her erforderliche Sorgfalt walten läßt.

Sehr viel schwerer lassen sich besondere Handlungspflichten für den *zufälligen* und *nicht-schuldhaften* Verursacher rechtfertigen. Denn diese belasten den Akteur mit »moralischen Risiken«, deren Materialisierung seiner Herrschaft entzogen sind. Da er durch jede seiner Aktivitäten ungewollte und unverschuldete Gefährdungen für andere bewirken kann, mutet ihm die Zuschreibung besonderer Eingriffsverantwortung sehr viel zu. Dennoch gibt es vielleicht auch in diesem Fall einen (schwachen) Grund, dem Verursacher weitergehende Handlungspflichten zuzuschreiben als dem

Nichtverursacher, nämlich die häufig erhöhte Bereitschaft auch des zufälligen Verursachers zur Schadenslinderung und -verhinderung. Wer ungewollt und ohne sich sorgfaltswidrig verhalten zu haben eine Gefahrensituation heraufbeschwört – etwa indem er ohne Schuld ein Kind im Straßenverkehr anfährt –, ist vielfach in besonderer Weise motiviert, den Gefährdeten in Sicherheit zu bringen und Hilfe zu leisten. Auch wenn er sich objektiv nichts vorzuwerfen hat, unterscheidet sich in subjektiver Hinsicht sein Bedauern über den Vorfall doch oft kaum von Schuldbewußtsein und Selbstvorwürfen. Indem ihm eine weitergehende Verantwortung für schadensverhindernde Eingriffe zugeschrieben wird als kausal unbeteiligten Dritten, werden die »Kosten« der Regelbefolgung (wenn auch nicht die der Regelakzeptanz) insgesamt gesenkt. Da er ohnehin zur Hilfeleistung und »Wiedergutmachung« motiviert ist, fällt ihm die Wahrnehmung entsprechender Hilfspflichten leichter als anderen. Darüber hinaus gehen von einem moralischen Analogon zur zivilrechtlichen »Gefährdungshaftung« eventuell auch nicht zu unterschätzende präventive Effekte aus. Indem schuldunabhängige Hilfspflichten des Verursachers das mit der Aktivität verbundene moralische Risiko erhöhen, erhalten die Akteure einen Anreiz, mit erheblichen Fremdrisiken belastete Aktivitäten (wie das Autofahren) nach Möglichkeit einzuschränken.

Eindeutiger als die besonderen Verantwortlichkeiten aus Verursachung lassen sich die Handlungspflichten aus moralischen *Rollennormen* – auf der Ebene der Normbefolgung wie auf der Ebene der Normakzeptanz – als implizite soziale Strategien zur Reduktion von Moral-»Kosten« verstehen. Rollennormen reduzieren die Moral-»Kosten« durch die Definition von spezifischen Zuständigkeiten und Verantwortlichkeiten und entlasten dadurch die Nicht-Zuständigen sowohl von der Erfüllung etwaiger Handlungsverpflichtungen als auch von normativem Druck. Im Sinne einer »moralischen Arbeitsteilung« werden die Lasten der Moral auf möglichst viele Schultern verteilt. Dabei sind allerdings die Entlastungen auf der

Seite der »moral agents« durch Sicherheitsverluste auf der Seite der »moral patients« erkauft. Wer die Hilfe, die er braucht, nicht von jedermann, sondern jeweils nur von den speziell Zuständigen erwarten kann, steht sich bedeutend schlechter als der Bewohner eines moralischen Utopia, in dem jeder seines Bruders Hüter ist und in dem die Verpflichtung zum aktiven Eingreifen zur Schadensverhinderung, -minderung und positiven Besserstellung nicht von der sozialen Definition gesellschaftlicher Positionen und Rollen, sondern ausschließlich von objektiven Faktoren wie physischer Nähe, besonderen Kompetenzen und zu erbringendem Aufwand abhängt.

Es liegt im Wesen von moralischen Rollennormen, daß sie eine gewisse Parteilichkeit in unseren moralischen Orientierungen nicht nur erlauben, sondern geradezu dazu verpflichten – ohne dabei allerdings mit dem für die Ethik insgesamt charakteristischen Allgemeingültigkeitsanspruch oder mit dem ethischen Universalismus in Konflikt zu geraten. Gerade universalistische Ethiken wie der Utilitarismus oder die Kantische Ethik bedürfen der Rollennormen und der spezifischen Verantwortlichkeiten, um auf der Ebene der »Praxisnormen«, d.h. unter den realen Bedingungen begrenzter moralischer Energien, ihre Wirksamkeit zu entfalten und Überforderungsreaktionen zu vermeiden. Versuche wie die von Blum (1980, 48 ff.), besondere Verpflichtungen gegenüber Freunden und anderen Nahestehenden als mit einem allgemeinen Gebot moralischer Unparteilichkeit unvereinbar zu erweisen, scheitern an dem Versäumnis, zwischen den Ebenen der Basisprinzipien (bzw. der idealen Normen) und der diese Prinzipien jeweils in konkrete Beurteilungs- und Handlungsorientierungen übersetzenden Praxisnormen zu unterscheiden. Im Gegenteil ist die Definition besonderer Zuständigkeiten vielfach die schlechthin gebotene – weil die einzige mit dem jeweiligen Basisprinzip übereinstimmende – Operationalisierung einer in ihren Grundlagen universalistischen Ethik. Die moralische Privilegierung der jeweils eigenen Kinder, Freunde, Klienten und Patienten auf der Praxisebene ist mit einer universalisti-

schen Position, die eigene und fremde Kinder, Nahestehende
und Fernstehende grundsätzlich gleichstellt, nicht nur nicht
unvereinbar, sondern womöglich als einzige vereinbar, da anders die universalistischen Prinzipien gar nicht realisierbar wären. Für die Ethik des Utilitarismus ist dies von allen Theo-
retikern dieser Tradition hervorgehoben worden. Henry
Sidgwick (1907, 489) ist sogar so konsequent gewesen festzu-
stellen, daß der Utilitarist gute utilitaristische Gründe hat, sich
in praxi gerade *nicht* als Utilitarist zu verhalten, da eine bruch-
lose Übertragung der auf der idealen Ebene angemessenen Unparteilichkeit und Rollenunabhängigkeit auf die Ebene konkret gelebter Moral zwangsläufig kontraproduktiv und damit
den grundlegenden Zwecken dieser Ethik zuwider sein müßte.

Die abstrakte Überlegung, daß sich Rollendefinitionen im
Sinne »moralischer Arbeitsteilung« verstehen lassen, reicht
freilich nicht hin, irgendein konkretes System moralischer
Handlungspflichten aus sozialen Rollen auszuzeichnen. Sie
begründet allenfalls die widerlegliche Vermutung, daß die
Akzeptanz und Befolgung von Handlungspflichten aus sozialen Rollen insgesamt ein höheres gesellschaftliches Nut-
zenniveau ermöglicht als eine hypothetische weniger ausdif-
ferenzierte Gesellschaft ohne besondere Zuständigkeiten.

Immerhin liefert das den bisherigen Überlegungen zugrundeliegende quasi-ökonomische Moralmodell einen triftigen
Grund, den Handlungspflichten aus *übernommenen* gegenüber den Handlungspflichten aus *zugeschriebenen* Rollen ein
signifikant höheres Gewicht zu geben. Dieser Grund liegt in
der schlichten Tatsache, daß eine freie Rollenwahl eine wesentlich geringere Einschränkung von Lebensoptionen bedeutet und damit die Moral»kosten« auf der Akzeptanzebene
beträchtlich reduziert. In der Tat ist die Freiwilligkeit der
Rollenwahl die wichtigste implizite gesellschaftliche Strategie
zur Senkung der beim moralischen Subjekt anfallenden »Kosten«. Statt dem Individuum Rollennormen aufgrund bestimmter von ihm selbst nicht willentlich änderbarer Merkmale wie Geschlecht, Abstammung, Familie oder ererbtem

Vermögen aufzuzwingen, macht sie ihm ein Angebot, das eine Wahl läßt. Er kann, wenn er will, eine Familie gründen, Beamter werden, Pflegschaften übernehmen, in den Entwicklungsdienst gehen usw., braucht es aber nicht.

Handlungspflichten aus zugeschriebenen Rollen dagegen engen die Lebensoptionen empfindlich ein. In einer Gesellschaft mit sehr weitgehenden Nachbarschaftspflichten kann sich ein Individuum nicht leicht dem »Risiko« entziehen, ungeachtet einer möglicherweise stark ausgeprägten persönlichen Abneigung bei seinen Nachbarn aushelfen zu müssen. Eine egozentrische oder einer bestimmten unpersönlichen Sache gewidmete Lebensweise wird erschwert, zumindest durch soziale Sanktionen – Ausgrenzung, Anfeindung, Verachtung – mit erheblichen »Kosten« belastet. Es wird von daher verständlich, daß die Gesellschaft explizit und implizit auf eine Reihe von *Strategien der Reduktion moralischer Kosten* zurückgreift, um die Zumutbarkeit von Handlungspflichten aus zugeschriebenen Rollen für die ihnen unterworfenen Individuen zu erhöhen, insbesondere

1. die Koppelung von Handlungspflichten aus zugeschriebenen Rollen mit natürlichen Neigungen, sowie
2. die Bindung von Handlungspflichten aus zugeschriebenen Rollen an eine gewisse »informationelle Nähe« zu den direkt Betroffenen.

Die erste Strategie mindert die »Kosten« für die Akteure auf der Akzeptanz- wie auf der Befolgungsebene dadurch, daß Rollennormen lediglich unterstützend bzw. substitutiv – im Falle ihres ausnahmsweisen Fehlens – zu den in dieselbe Richtung zielenden natürlichen Neigungen hinzutreten. So etwa bei der Pflicht der Kinder, ihre Eltern im Alter zu unterstützen.[56] Auch wenn es vom Einzelfall her gesehen mora-

---

56 Die Handlungspflichten der Eltern gegen ihre Kinder müssen eher den Pflichten aus freiwillig übernommenen Rollen zugerechnet werden, da niemand zur Zeugung von Kindern gezwungen ist.

lisch problematisch scheint, daß eine rollenabhängige Unterstützungspflicht dazu führen kann, daß wohlhabende Kinder ihre eigenen Eltern im Alter auf hohem Niveau unterstützen, während sie sehr viel bedürftigere Alte in ihrer Umgebung guten Gewissens der Sozialhilfe überlassen, ist doch aufs Ganze gesehen eine allgemeine rollengebundene moralische Verpflichtung zur Versorgung der eigenen Eltern nutzenstiftender als eine hypothetische Jedermannspflicht zur Unterstützung Bedürftiger oder eine uneingeschränkte Delegation solcher Pflichten an Institutionen. Eine Pflicht zur Hilfeleistung ist eher zu akzeptieren und leichter zu befolgen, wenn sie sich auf emotional, physisch und zeitlich Näherstehende richtet, da in diesem Bereich bereits unabhängige Motive wirksam sind. Die zweite Strategie dient dazu, die moralischen Anstrengungen der Akteure auf diejenigen zu konzentrieren, deren Bedürfnisse die Akteure besser einschätzen können, in die sie sich besser einfühlen können und bei denen über Erfolg oder Mißerfolg der Intervention eine unmittelbarere Rückmeldung möglich ist. Dies werden in der Regel dieselben sein, zu denen auch die stärkere emotionale Nähe besteht. Durch diese Strategie wird die Ungewißheit über den Erfolg des eigenen Handelns gemindert und dem Akteur mehr Spielraum für die eigenständige Anpassung seines Verhaltens an die wechselnden Bedarfslagen seiner Bezugspersonen eröffnet. Da Handlungspflichten aus zugeschriebenen Rollen allerdings auch dann von der Gesellschaft eingefordert werden, wenn keine dieser erleichternden Bedingungen gegeben ist (wie etwa bei der Rechtspflicht zur Ableistung von Wehrdienst, die weder an emotionale Bindungen gekoppelt noch mit Rückmeldungen über Erfolg oder Mißerfolg verbunden und durch die Differenzierung nach der Geschlechtszugehörigkeit zusätzlich problematisch ist), bleiben sie für den ihnen Unterworfenen eine gravierende Zumutung. Noch gravierender wäre diese Zumutung allerdings, würde die Gewichtung von Handlungspflichten nach Rollenbeziehungen gänzlich aufgegeben und Pflichtvergessenheit in Bezug auf

Fremde in derselben Weise sanktioniert wie Pflichtvergessenheit in Bezug auf Nahestehende.

Es gibt also gute Gründe dafür, Handlungspflichten aus übernommenen Rollen ceteris paribus mit stärkeren moralischen Sanktionen zu versehen als Handlungspflichten aus zugeschriebenen Rollen und rollenunabhängigen Jedermannspflichten. Damit ist freilich nichts darüber gesagt, wie stark die moralischen Sanktionen absolut oder relativ zu den Sanktionen für die entsprechenden Unterlassungspflichten sein sollten. Da jedoch, wie wir gesehen haben, die Perspektive des »idealen Beobachters« verallgemeinerte Aussagen darüber nicht hergibt, können die »richtigen« moralischen Sanktionen jeweils nur fallgruppenspezifisch und relativ zu den genannten Befolgungs- und Akzeptanzfaktoren bestimmt werden. Auch hier wieder müssen wir uns mit »Trendaussagen« begnügen.

Ich fasse die Grundlinien der letzten, akzeptanzbezogenen Überlegungen noch einmal zusammen: Eine moralische Ungleichbeurteilung von folgen- und umstandsgleichem Handeln und Unterlassen ist genau insoweit gerechtfertigt, als die Akzeptanz eines Handlungsgebots weitergehende Freiheitsbeschränkungen mit sich bringt als die Akzeptanz des entsprechenden Unterlassungsgebots. Die zusätzlichen Freiheitsbeschränkungen müssen dabei jeweils gegen die soziale Bedeutung des Handlungsgebots abgewogen werden. Das Ausmaß der durch die Akzeptanz von Handlungsgeboten bedingten Freiheitsverluste hängt insbesondere davon ab, ob die Handlungspflichten lediglich bei vorgängiger Gefährdung oder im Rahmen freiwillig übernommener Rollen bestehen oder im Rahmen zugeschriebener Rollen, bzw. für jedermann. Eine mildere Beurteilung von Unterlassungen ist ceteris paribus nur dann berechtigt, wenn die Freiheitsbeschränkungen durch die Akzeptanz des Handlungsgebots schwerer wiegen als der soziale Nutzenzuwachs durch die Geltung des Handlungsgebots. In allen anderen Fällen besteht kein Anlaß, in allen übrigen Hinsichten gleiche Handlungen und Unterlassungen unterschiedlich zu beurteilen.

Die »Trendaussage«, die ich auf der Grundlage dieses Ergebnisses hinsichtlich der realen gesellschaftlichen Normen treffen möchte, lautet, daß die moralische Relevanz der Unterscheidung zwischen Handlungs- und Unterlassungspflichten weithin *überschätzt* zu werden scheint. In vielen Bereichen ist das vorherrschende Niveau der moralischen Sanktionen für die Nichtbefolgung und Nichtakzeptierung von Jedermanns-Handlungspflichten (sowie von Handlungspflichten aus zugeschriebenen Rollen) niedriger, als es – aus der Perspektive eines idealen Beobachters betrachtet – sein müßte. In Milieus mit hoher Anonymität, d. h. bei großer Unwahrscheinlichkeit, daß sich begegnende Fremde erneut zusammentreffen, erwarten wir erst gar nicht, daß andere ihren alltäglichen Egoismus überwinden und handelnd Vorleistungen erbringen, bei denen sie nicht sicher sein können, daß sie sich für sie persönlich auszahlen. Die sozialen Sanktionen für die Verletzung von Handlungspflichten sind so schwach, daß zwar die Vermeidung aktiver Schädigungen, nicht aber auch das Vermeiden von Zu-Schaden-Kommen-Lassen durch Untätigkeit im eigenen Interesse liegt. Wer sich ein luxuriöses Auto im Gegenwert dessen kauft, was die Bedürftigen dieser Welt in mehreren Jahren oder Jahrzehnten nicht verdienen, statt mit einem bescheideneren vorlieb zu nehmen und mit der Differenz Hilfsbedürftige zu unterstützen, kann in unserer Gesellschaft – bis auf gelegentliche Ausnahmen im »alternativen« Milieu – auf das volle Verständnis seiner sozialen Umgebung rechnen. Entsprechend reduziert sind die wechselseitigen Erwartungen, wenn es um Handlungspflichten geht, deren Nichtwahrnehmung mit einiger Wahrscheinlichkeit unentdeckt bleibt. Wer mit seinem Auto durch unvorsichtiges Einparken das Auto eines anderen (der nicht zur Stelle ist) beschädigt und an der Unfallstelle wartet – also nur das tut, was das Gesetz in einem solchen Fall verlangt –, muß damit rechnen, daß sich der Geschädigte darüber freudig überrascht zeigt, da er auf so viel Altruismus gar nicht zu hoffen wagte.

Meine Vermutung lautet, daß – aus der idealen Perspektive der »view from nowhere« (Thomas Nagel) – eine Gesellschaft insgesamt vorzuziehen wäre, in der Solidaritätsnormen stärker internalisiert wären und in der die Gesellschaftsmitglieder mehr von den anderen erwarten könnten. Darüber hinaus würde eine stabilere Internalisierung solcher Normen nicht nur dazu führen, daß die Annahme und Befolgung von Handlungspflichten eines geringeren äußeren Drucks bedürfte, sondern auch dazu, daß sie nicht in derselben Weise als Freiheitsbeschränkung empfunden würde wie bei einer unvollständigeren und weniger stabilen Internalisierung. Auf der anderen Seite ist freilich der Aufwand an Erziehung, den eine stabilere Internalisierung erfordern würde (vor allem bei den Eltern), nicht unbeträchtlich. Wäre dieser Aufwand zu hoch? Würde er die Gesellschaft überfordern – in dem Sinne, daß er ihr mehr abfordern würde, als ihr der Zuwachs an sozialer Sicherheit und sozialem Vertrauen wert wäre?

Ich nenne nur zwei Bereiche, in denen die Wahrnehmung von Handlungsverantwortung in den nächsten Jahrzehnten von wachsender Dringlichkeit sein und u. a. zu einer Neudefinition und Ausweitung von Handlungspflichten aus zugeschriebenen Rollen führen wird: innergesellschaftlich die Versorgung der Hilfsbedürftigen – insbesondere der Alten und Pflegebedürftigen –, die angesichts personaler Engpässe nicht mehr allein an kollektive Institutionen delegiert werden kann, außergesellschaftlich die aktive Teilnahme an der Überwindung der drohenden globalen ökologischen Engpässe – Erschöpfung der landwirtschaftlichen Ressourcen, Wasser- und Energiemangel, Klimaveränderungen. Appelle an eine – christlich oder säkular verstandene – gesellschaftliche oder globale Solidarität vermögen in beiden Bereichen wenig. Die objektiv erforderliche Ausdehnung der Verantwortung kann vielmehr nur über eine Neudefinition von Rollen und Zuständigkeiten als Teil einer gut internalisierten Sozialmoral gelingen. In beiden Bereichen zeigt sich darüber hinaus, daß die herkömmlichen Rollendefinitionen den gewandelten sozialen und globalen Brennpunktproblemen nicht mehr gerecht werden. Solange jeder Fürsorgepflichten ausschließlich gegenüber denen wahrnimmt, mit denen er sich emotional verbunden fühlt, bleiben die aus den funktionierenden Lebensgemeinschaften Ausgegrenzten auf der Strecke, die der Fürsorge und Zuwendung am stärksten bedürfen. Solange den wohlhabenden Staaten der Welt der Wohlstand ihrer eigenen Landwirte so viel mehr bedeutet als die verelendenden Massen in den ländlichen Gebieten der Dritten Welt, werden auch die Handelshemmnisse nicht abgebaut werden, die heute den ohnehin belasteten Staaten der Dritten Welt den Aufbau einer eigenen leistungsfähigen Landwirtschaft zusätzlich erschweren.

Der Prozeß der Neudefinition zugeschriebener Rollen im Zeichen gewandelter Bedarfslagen hat bereits eingesetzt. Beispielsweise können sich Familienväter nicht mehr so leicht wie früher mit dem Hinweis auf Berufsrollen von familiären Pflichten entlasten. Eine weitere Auflockerung der Berufsrollen und weitere Verkürzungen des zu langen und zu streßreichen Arbeitstags könnte – neben gesundheitlichen Vorteilen – die Freiräume für die Wahrnehmung familiärer Verpflichtungen erweitern und die Bereitschaft dazu erhöhen, ohne die von der Berufstätigkeit gewährten Vorteile an Emanzipation, Selbstbestätigung, Abwechslung und Kommunikation in Frage zu stellen. Gleichzeitig würde damit eine flexiblere Wahrnehmung von vielfältigen ehrenamtlichen Aufgaben möglich, die mit Rücksicht auf berufliche Verpflichtungen heute ungetan bleiben.

Analoges läßt sich für die Wahrnehmung globaler Handlungsverantwortung sagen. Mit der Zuschreibung und Übernahme internationaler und intergenerationeller Handlungsverantwortung würden auch einer globalen Solidarität neue Perspektiven eröffnet. Angesichts ihres weiterhin hohen Beitrags zu den globalen Umweltbedrohungen können die hochentwickelten Industrieländer aus ihrer Verantwortung für die globale Zukunft nicht entlassen werden. Außerdem kann das

Argument, daß eine aktive Politik des langfristigen ökologischen Ausgleichs unzumutbare Belastungen für die eigene Bevölkerung mit sich bringt, in den reichsten Ländern mit ihrer gigantischen ökonomischen und technischen Leistungsfähigkeit nicht mehr überzeugen. Sie können sich diese Verantwortung leisten.

9.2 Die rechtsethische Frage nach der Strafbarkeit von Unterlassungen

Zwischen der moralischen und der strafrechtlichen Beurteilung von Unterlassungen besteht kein einfaches Abbildungsverhältnis. Da strafrechtliche Sanktionen mit sehr viel höheren individuellen und sozialen »Kosten« verbunden sind als lediglich moralische Sanktionen, müssen die Bedingungen für die Strafbarkeit sehr viel enger gefaßt sein als die Bedingungen für die moralische Inakzeptabilität. Daß eine Unterlassung moralisch zu verurteilen ist, ist kein hinreichendes Argument dafür, sie auch unter Strafe zu stellen.

Die zusätzlichen »Kosten« der Strafbarkeit fallen auf drei Ebenen an: Erstens bringen rechtliche Sanktionen auf der Ebene der *Regelgeltung* einschneidendere Freiheitsbeschränkungen mit sich als lediglich moralische Sanktionen: Das Risiko, Strafe auf sich zu ziehen, engt die verfügbaren Optionen stärker ein als das Risiko, für ein Unterlassen lediglich getadelt zu werden. Zweitens sind moralische Vorwürfe – auf der Ebene der *Regelbefolgung* – zumeist leichter zu ertragen als Strafsanktionen, die vielfach zusätzliche negative Folgewirkungen wie Gesichtsverlust, soziale Isolierung und Verlust der Selbstachtung nach sich ziehen. Ein dritter Kostenfaktor ist schließlich auch darin zu sehen, daß mit der Strafbarkeit eines Unterlassens *staatliche* Instanzen – und nicht mehr nur bestimmte informell definierte Teile der Gesellschaft – die Sanktionierung des mißbilligten Verhaltens übernehmen und dadurch das Herrschaftsinstrument Staat zusätzlich stärken.

Welche zusätzlichen Anforderungen über die moralische Verwerflichkeit hinaus sind für die Legitimität staatlicher Strafsanktionen notwendig? Begründen diese Anforderungen für die strafrechtliche Beurteilung eine weitergehende Differenzierung zwischen Handeln und Unterlassen als für die sozialmoralische Beurteilung? Darf oder muß das Strafrecht in der relativen Entlastung des Unterlassungstäters noch weiter gehen als die Moral?

Als zusätzliche Legitimitätsbedingungen für staatliche Strafsanktionen sind vor allem die folgenden Bedingungen zu nennen:

1. Das mit Strafe sanktionierte Verhalten muß nicht nur – nach einem bestimmten Maßstab von Moralität – moralisch verwerflich, sondern es muß auch sozialschädlich sein, d.h., es muß weithin anerkannte Rechtsgüter wie Leib, Leben, Eigentum, sozialen Frieden usw. verletzen oder gefährden.

2. Die Verletzung oder Gefährdung muß so schwerwiegend sein, daß es eine so massive Antwort wie eine strafrechtliche Sanktion rechtfertigt.

3. Die Strafe bzw. Strafandrohung muß effektiv sein, d.h., sie muß ihr Ziel, potentielle Täter von einem bestimmten Unterlassen abzuhalten, mit hinreichender Wahrscheinlichkeit erreichen.

4. Es muß klar sein, für welche Arten von Unterlassung Strafsanktionen zu erwarten sind und für welche nicht. Die Rechtssicherheit muß gewahrt bleiben.

5. Bei den Handlungspflichten aus übernommenen Rollen darf die Strafandrohung nicht dazu führen, daß Rollen von großer sozialer Bedeutung wegen des Risikos, straffällig zu werden, nicht mehr übernommen werden.

Die erste Zusatzbedingung liefert im allgemeinen keinen Grund, folgen- und umstandsgleiche Handlungen und Unterlassungen strafrechtlich unterschiedlich zu behandeln. Folgengleiche Handlungen und Unterlassungen gefährden dieselben Rechtsgüter im gleichen Maße. Das gilt allerdings nur dann, wenn »folgengleich« im Sinne der Gesamtfolgen (einschließlich der *Nebenfolgen*) verstanden wird. Wenn, wie wir postuliert haben, aktive unfreiwillige Schädigungen an Leib und Leben über ihre Hauptwirkung hinaus einen zusätzlichen sozialen Bedrohungseffekt haben, den passive unfreiwillige Schädigungen an Leib und Leben nicht haben, so dürfen und müssen aktive Schädigungen auch strafrechtlich strenger beurteilt werden als passive. Ebenso müssen die strafrechtlichen Beurteilungen die für Handlungs- und Unterlassungserlaubnisse eventuell unterschiedlichen Mißbrauchs- und Dammbruchgefahren berücksichtigen.

Die zweite Bedingung schränkt die Strafbarkeit auf schwerwiegende Rechtsgutverletzungen ein und fordert, daß das mit Strafe bedrohte Verhalten für die soziale Gemeinschaft so eindeutig schädlich ist, daß die durch die Strafandrohung bewirkten Freiheitsverluste dafür in Kauf zu nehmen sind. Diese Freiheitsverluste bekommen nicht nur, aber vor allem die möglichen Unterlassungstäter zu spüren.[57] Der naheliegendste Grund, Unterlassungen mit einer geringeren Strafandrohung zu versehen als entsprechende Handlungen, liegt in der stärkeren Tendenz der Handlungspflichten, Freiheitsspielräume zu beschneiden. Analog zu der Situation bei den moralischen Handlungspflichten ist diese Tendenz am ausgeprägtesten bei strafrechtlich sanktionierten Jedermanns-Handlungspflichten sowie bei strafrechtlich sanktionierten Handlungspflichten aufgrund zugeschriebener Rollen und nicht-schuldhafter vorgängiger Gefährdung, weniger massiv bei strafrechtlich sanktionierten Handlungspflichten aufgrund schuldhafter Gefährdung und aufgrund frei übernommener Rollen. Gleichzeitig – und wiederum analog zu den moralischen Sanktionen – darf aber auch bei den strafrechtli-

---

57 Eine Strafandrohung für Unterlassungen schränkt aber eventuell auch die Freiheit anderer ein, z. B. durch die Verschärfung von Aufsichtspflichten. Wenn A mit Strafe dafür bedroht wird, daß er in das Verhalten von B, der dabei ist, eine Straftat zu begehen, nicht eingreift, wird auch die Freiheit von B zusätzlich eingeschränkt.

chen Sanktionen die soziale Bedeutung der jeweiligen Handlungspflicht nicht unberücksichtigt bleiben. Im Einzelfall kann eine Strafandrohung (und Strafverhängung) durchaus das probate Mittel sein, im Sinne einer »sittenbildenden Kraft der Strafe« das Bewußtsein für diese soziale Bedeutung wachzuhalten.

Einen möglichen weiteren Grund für abgestufte strafrechtliche Sanktionen für Handeln und Unterlassen könnte die dritte Zusatzbedingung liefern. Würden strafrechtliche Sanktionen für aktive Schädigungen durchweg präventiv wirken, während strafrechtliche Sanktionen für Schädigungen durch Unterlassung durchweg präventiv unwirksam wären, wäre es rechtsethisch bedenklich, die Strafsanktionen für Unterlassungen lediglich aus Gründen der Gleichbehandlung (bzw. um das Vergeltungsbedürfnis anderer zu befriedigen) beizubehalten. Für die vorsätzliche Übelzufügung der Strafe kommt als Rechtfertigung nur ein einigermaßen gewichtiges *bonum* in Betracht, und es ist fraglich, ob ein abstraktes Gleichheitsprinzip oder das Vergeltungsbedürfnis anderer gewichtig genug sind.

Über eine etwaige differentielle Präventionswirkung von Strafsanktionen für Handeln und Unterlassen ist allerdings zu wenig bekannt, um diesen Faktor relevant werden zu lassen. Daß die geltenden Strafsanktionen für Unterlassungen weniger präventiv wirken als die Strafsanktionen für Handlungen, wird von Rechtsethikern, die eine Minimierung der Strafsanktionen für Unterlassungen fordern (so z. B. von Seelmann in: Strafgesetzbuch, 1990, 405), zwar behauptet, aber nicht nachgewiesen oder plausibel gemacht. Zwar ist Seelmann darin zuzustimmen, daß von Strafsanktionen für Unterlassungen in vielen Fällen keine *spezialpräventive* Wirkung zu erwarten ist, da Unterlassungstäter eher sozial integriert sind und bei ihnen ein geringes Wiederholungsrisiko besteht. Aber eine substantielle generalpräventive Wirkung ist nicht auszuschließen. Leider fehlen meines Wissens bisher auch verläßliche empirische Aufschlüsse darüber, ob strafrechtliche Sanktionen für unterlassene Hilfeleistung die Bereitschaft zum helfenden Eingreifen fördern. Zeisel (1966) hat die *geäußerte* Hilfsbereitschaft in Ländern mit und ohne strafrechtliche Sanktionen für die unterlassene Hilfeleistung verglichen, konnte aber etwa zwischen Deutschland (mit strafrechtlicher Hilfspflicht) und Österreich (ohne strafrechtliche Hilfspflicht) keine signifikanten Unterschiede finden. In Deutschland meinte lediglich ein größerer Prozentsatz der Befragten, daß die Hilfsunwilligen bestraft werden sollten. Solange sich über Erfolg oder Mißerfolg von Strafsanktionen für Unterlassungen nichts Genaueres sagen läßt, sollte man jedoch von der Annahme ausgehen, daß sie sich in dieser Hinsicht von denen für die entsprechenden Handlungen nicht unterscheiden.

Die vierte Zusatzbedingung fordert, daß eine Strafandrohung für Unterlassungen nicht durch unverhältnismäßige Einbußen an Rechtssicherheit erkauft werden darf. Diese Bedingung wird insbesondere von Rechtswissenschaftlern geltend gemacht, die der Strafbarkeit von Unterlassungen generell skeptisch gegenüberstehen (so z. B. Seelmann, 1989, 247). Diese Autoren betonen, daß sich Handlungspflichten im allgemeinen weniger eindeutig bestimmen lassen als Unterlassungspflichten und daß deshalb jede Bestrafung von Unterlassungen zusätzliche Rechtsunsicherheiten impliziert. In der Tat kommt – wie oben argumentiert – Handlungspflichten im allgemeinen eine weniger ausgeprägte Orientierungsfunktion zu als Unterlassungspflichten. Das gilt zumindest für die entsprechenden *moralischen* Gebote und Verbote, also für die ungeschriebenen und im Verhältnis zu Rechtsnormen weniger fixierten Gesetze der Sozialmoral. Wenn es um rechtliche und insbesondere strafrechtliche Normen geht, ist jedoch zu fragen, ob sich diese Unbestimmtheiten nicht im Prinzip durch präzisere gesetzliche Formulierungen vermeiden lassen. In der Tat ist die gegenwärtig in Deutschland bestehende rechtliche Situation unter dem Gesichtspunkt der Rechtssicherheit – abgesehen davon, daß sie mit dem Verfassungsgebot der Gesetzesbestimmtheit (Art. 103, Abs. 2 GG) nur schwer zu vereinbaren ist – revisionsbedürftig. Welcher Leser des § 13 StGB weiß schon, was sich hinter der Generalklausel »Rechtspflicht zum Handeln« verbirgt, d. h., mit welchen zugeschriebenen oder übernommenen Rollen (Kind–Eltern, Kind–Großeltern, Eltern–Kind, Bruder–Schwester) er eine derartige Rechtspflicht übernimmt? Inhalt und Umfang der »Garantenpflichten« findet er lediglich in der ihm gewöhnlich unzugänglichen Kommentarliteratur näher umschrieben.

Die fünfte Zusatzbedingung ist vor allem im Zusammenhang mit der Strafbarkeit *fahrlässigen* Unterlassens von Bedeutung. Unterschiedliche soziale Rollen gehen mit unterschiedlich hohen Risiken einher, sich durch fahrlässiges Unterlassen strafbar zu machen. Beträchtlich ist dieses Risiko insbesondere bei Aufsichts- und Interventionspflichten, von deren Wahrnehmung Leib und Leben anderer abhängen, etwa bei Rettungsmannschaften, Ärzten und Pflegekräften auf Intensivstationen, bei Kindergärtnerinnen und Babysittern, aber auch schon bei schlichten Hausbesitzern, die sich bei Vernachlässigung ihrer Streupflicht gegebenenfalls wegen fahrlässiger Tötung oder Körperverletzung durch Unterlassen verantworten müssen. Die strafrechtlichen Bestimmungen müssen hier ein prekäres Gleichgewicht von ausreichender Rechtsgutsicherung und Vermeidung von Überforderung anzielen. Einerseits muß die Gesellschaft Wert darauf legen, die hohen Rechtsgüter, die sie der Verantwortung der jeweiligen Rollenträger übergibt, optimal zu schützen. Andererseits darf sie das Bestrafungsrisiko für den Fall einer Pflichtvergessenheit nicht so hoch werden lassen, daß gerade bei sozial wichtigen Rollen die Geeignetsten und Befähigtesten zu ihrer Übernahme nicht mehr bereit sind. Vielleicht müssen auch aus dieser Erwägung heraus die Strafsanktionen für fahrlässiges Unterlassen gegenüber den Strafsanktionen für fahrlässiges Handeln stärker abgestuft sein als die entsprechenden moralischen Sanktionen.

In der Rechtsethik und Rechtspolitik der Bestrafung von Unterlassungen lassen sich idealtypisch drei Positionen unterscheiden: eine *maximalistische*, die dazu tendiert, die strafrechtlichen Normen für Unterlassungen denen für folgen- und umstandsgleiche Handlungen anzugleichen; eine *minimalistische*, die zwischen den Normen für Handeln und Unterlassen stark differenziert und bei zahlreichen Delikten, deren aktive Begehung strafbar ist, das »passive« Begehen straflos lassen will; sowie eine zwischen beiden angesiedelte *mittlere* Position.

Eine mehr oder weniger maximalistische Position hat – im Zuge des Solidaritätspathos der »Volksgemeinschaft« – das frühere Reichsgericht ab 1935 eingenommen.[58] Ein typisches Beispiel ist die Entscheidung, dem Schwiegersohn eine Garantenposition in Bezug auf seine nicht mit ihm in Hausgemeinschaft zusammenlebende Schwiegermutter zuzuschreiben und ihn für die Nichtverhinderung des Tods der Schwiegermutter wegen Tötung durch Unterlassen zu bestrafen (vgl. Gallas, 1989, 69). Der Bundesgerichtshof hat nach dem Ende des Zweiten Weltkriegs an diese maximalistische Tradition angeknüpft. So nimmt die Rechtsprechung in Deutschland eine Rechtspflicht des Verursachers zur Schadensverhinderung durchweg auch dann an, wenn dieser die Gefahrenlage nur zufällig (durch Handeln oder Unterlassen) verursacht hat (Gallas, 1989, 89).

Vertreter der minimalistischen Position sehen im rechtsethischen Maximalismus eine zweifach unzulässige Annäherung der *strafrechtlichen* an die *moralischen* Sanktionen. Unzulässig einmal insofern, als dadurch das verbreitete Fehlurteil unterstützt werde, »jede ernst zu nehmende moralische Verfehlung als strafwürdig anzusehen und umgekehrt nur das strafbare Verhalten noch moralisch ernst zu nehmen« (Gallas 1989, 71), und zweitens insofern, als damit das »Freiheitsprin-

---

58 Natürlich sind nicht alle Handlungspflichten Solidaritätspflichten, zum Beispiel nicht die Handlungspflichten aus Versprechen oder Verträgen.

zip« (Gallas, 1989, 72) gefährdet und der Staat kraft Strafrecht mit umfassenden Kontrollvollmachten ausgestattet wird, die dem Individuum jede Chance einer persönlichen Entfaltung nehmen.

Die Minimalisten möchten ihrerseits die Strafbarkeit im wesentlichen auf die Vernachlässigung von Handlungspflichten aus rechtswidriger (d.h. rechtlich unzulässiger, aber nicht notwendig auch schuldhafter) Verursachung und aus frei übernommenen Ämtern, Funktionen und Rollen beschränkt wissen.[59] Rechtliche Handlungspflichten aus zufälliger Verursachung, aus zugeschriebenen Rollen und Jedermanns-Handlungspflichten lehnen die Minimalisten dagegen als nicht zu rechtfertigende Eingriffe in die individuelle Freiheit ab. Nicht nur gegenüber Fremden, sondern auch gegenüber engen Familienangehörigen soll keine Rechtspflicht zum Eingreifen in Notfällen bestehen, so daß auch ein möglicherweise vorsätzliches Unterlassen von Hilfe in Gefahren- und Notsituationen straflos bleibt. Rechtliche Garantenpflichten sollen im Prinzip frei wählbar sein, so daß die Eltern zwar eine Garantenposition in Bezug auf ihre Kinder haben (die im übrigen auch dann bestehen soll, wenn die Elternschaft nicht frei gewählt ist), nicht aber die Kinder in Bezug auf ihre Eltern.

Begründet wird die minimalistische Position im wesentlichen mit den der individuellen Freiheit unzuträglichen Ne-

---

59 Unterlassungen dieser Art scheinen in der Rechtsgeschichte am häufigsten rechtlich sanktioniert worden zu sein. Unter den im römischen Recht unter Strafe gestellten Unterlassungen nehmen die Amtsdelikte (die Nicht-Wahrnehmung der mit einem Amt verbundenen Handlungspflichten) eine herausragende Rolle ein (vgl. Honig, 1932, 7). Auch den Trägern rechtlich definierter, aber nicht-hoheitlicher Rollen wie Ärzten und Eigentümern wurden schon früh weitgehende rechtliche Handlungspflichten auferlegt. So finden sich bereits im römischen Recht Ansätze zu einer Garantenstellung des Arztes, d.h. zu besonderen Rechtspflichten des Arztes gegenüber seinen Patienten (vgl. Brammsen, 1986, 35, 207). Schon die Gesetzessammlung des Bundesbuchs des Alten Testaments (2. Mose 20, 22–23, 33), die neben religiösen Vorschriften auch Vorschriften für das tägliche Leben enthält, sieht Straf- und Haftungsbestimmungen für die Verletzung von Aufsichts- und Gefahrenvermeidungspflichten im Zusammenhang mit übernommenen Rollen oder schuldhafter Verursachung vor.

benfolgen extensiver strafbewehrter Handlungspflichten. So erfordere etwa die Bestrafung wegen des Verstoßes gegen Solidaritätspflichten ein stärkeres Eindringen des Staates in die persönlichen Verhältnisse von Täter und Opfer, als es die Bestrafung wegen des Verstoßes gegen Unterlassungspflichten in der Regel tut. So muß z. B. im Einzelfall ermittelt werden, ob das Verhältnis von Täter und Opfer als »enge Lebensgemeinschaft« gelten kann (Seelmann, 1991, 303). Einzelheiten sind dabei auch unter den Minimalisten umstritten, etwa das Ausmaß der Garantenpflichten aus langfristigen übernommenen Rollen wie der des Ehepartners: Sind auch seit längerem miteinander verfeindete Eheleute – bloß aufgrund der formalen Aufrechterhaltung der Ehe – Garanten füreinander und in Not- und Gefahrensituationen zu wechselseitigem Schutz verpflichtet?

Ähnliche Vorbehalte werden von den Minimalisten gegen die strafrechtlichen Jedermanns-Hilfspflichten geltend gemacht. Der Deliktcharakter der unterlassenen Hilfeleistung (§ 323c StGB) wird allenfalls deshalb für tragbar gehalten, »weil die Strafandrohung weit hinter der für die entsprechende (aktive) Verursachung der Unfallfolgen zurückbleibt« (Seelmann, 1989, 253). Tendenziell weitet sich die Differenz zwischen der Strafbarkeit von Handeln und folgen- und umstandsgleichem Unterlassen im minimalistischen Modell extrem aus. In einem hypothetischen Fall bliebe nicht nur das vorsätzliche, sondern sogar das absichtliche Sterben-Lassen von B für A straffrei, während eine aktive Tötung unter denselben Bedingungen als Totschlag oder Mord mit den schwersten Strafsanktionen belegt würde.

Die »mittlere Position« geht nicht so weit. Für sie ist kennzeichnend, daß sie Rechtspflichten zum handelnden Eingreifen auch aufgrund lediglich zugeschriebener Rollen anerkennt, diese aber an zusätzliche Bedingungen knüpft. Zu diesen Bedingungen gehört, daß der Verpflichtete wissen muß, daß von ihm ein bestimmtes Handeln erwartet wird und vor dem Eintreten der Unterlassenssituation nichts getan hat, um diese Erwartung zu schwächen (so z. B. Brammsen, 1986, 86). Durch diese Zusatzbedingung wird dem Träger einer zugeschriebenen Rolle die Möglichkeit eröffnet, eine Rollenzuschreibung abzulehnen und sich von den damit verbundenen Pflichten zu entlasten. Im Unterschied zur minimalistischen Auffassung, die rechtliche Handlungspflichten nur im Rahmen frei übernommener Rollen anerkennt, soll er aber selbst aktiv werden müssen, um die aufgrund eines bestimmten Rollenverständnisses auf ihn gerichteten Erwartungen zurückzuweisen. Wer klarstellt, daß er nicht daran denkt, sich für seine Eltern verantwortlich zu fühlen, soll sich für deren Vernachlässigung gegebenenfalls auch nicht strafrechtlich verantworten müssen. Solange er die Rollenzuschreibung jedoch nicht ausdrücklich zurückweist, bleiben die entsprechenden Rollenpflichten für ihn in Kraft.[60]

Das Problem sowohl der Maximal- als auch der Minimalposition besteht darin, daß jede auf ihre Weise auf einem Auge blind ist. Die Maximalposition sieht nur die negative Betroffenheit des durch das Unterlassen Geschädigten und vernachlässigt die Freiheitsverluste des zum Handeln Verpflichteten. Die Minimalposition sieht nur die Freiheitsverluste und abstrahiert gänzlich von den Sicherheitsinteressen und Solidaritätserwartungen der anderen. Deshalb erscheint mir hinsichtlich der Frage der strafrechtlichen Behandlung von Unterlassungen ausschließlich eine – wie immer im einzelnen bestimmte – »mittlere Position« vertretbar. Diese kann näher so bestimmt werden, daß sie für Unterlassungen aus schuldhafter oder unrechtmäßiger Verursachung und aus

---

60 Eine weitere Zusatzbedingung sieht vor, daß eine zugeschriebene Rolle zwar Hilfspflichten, nicht aber Überwachungspflichten (zur Verhinderung von Straftaten) begründet. Anders als die Hilfspflichten bestehen Überwachungspflichten nur aufgrund einer ausdrücklichen oder konkludenten, aber für den zu Überwachenden und für andere erkennbaren Übernahme der Überwachungsfunktion. So übt etwa Brammsen (1986, 250) als Vertreter der »mittleren Position« Kritik an der Rechtsprechung, die den mitfahrenden Halter eines Autos verpflichtet, den eigenverantwortlich handelnden Fahrer an einer Geschwindigkeitsüberschreitung zu hindern.

übernommenen Rollen dieselbe oder eine leicht abgeschwächte Strafbarkeit wie für die entsprechenden Handlungen vorsieht und eine stärker abgeschwächte Strafbarkeit zumindest für einige Unterlassungen aus nicht-schuldhafter
oder nicht-rechtswidriger Verursachung und zugeschriebenen Rollen, vorausgesetzt, der Akteur weiß von den Rollenerwartungen der anderen, so daß er sein Verhalten an diesen
Erwartungen orientieren kann. Es erscheint unplausibel, jemanden, der einem ihm unsympathischen Menschen aktiv
Verletzungen beibringt, nach den Strafbestimmungen für
Körperverletzung zu bestrafen, denselben jedoch straffrei zu
lassen, wenn er den anderen, anstatt ihn zu warnen, mutwillig
in eine (nicht selbst verursachte) Falle laufen läßt. Die Erwartung, vor bestehenden Gefahrenlagen gewarnt zu werden, ist
nicht weniger schützenswert als die Sicherheit, von anderen
nicht tätlich angegriffen zu werden. Sind Eltern zu ihrer Versorgung von einem Kind abhängig, erscheint es zumindest
problematisch, die Erwartung der Eltern – trotz zugeschriebener Rolle – nicht auch durch eine entsprechende Rechtspflicht des Kindes abzusichern (so der Tendenz nach sogar
der »Minimalist« Seelmann, 1989, 256).

Eher als die minimalistische wird die »mittlere Position«
überdies der Erwägung gerecht, daß Strafnormen vermutlich
unumgänglich sind, um ein hohes Niveau der Akzeptanz und
Befolgung *moralischer* Handlungspflichten aufrechtzuerhalten. Die pädagogische Funktion des Rechts darf nicht unterschätzt werden. Auch wenn dem gerade heute wieder um sich
greifenden Rechtsmoralismus, nach dem alles, was moralisch
unzulässig ist, eo ipso auch bestraft werden darf, im Namen
der Liberalität nach Kräften entgegengetreten werden muß,
so kann doch auf der anderen Seite nicht geleugnet werden,
daß gerade unter Bedingungen eines kulturell heterogenen
und wertpluralistischen Gemeinwesens die moralischen Anschauungen sich verstärkt an den Rechtsnormen orientieren.
Die Rechtsnormen übernehmen eine anderweitig nicht mehr
gesicherte integrierende Funktion. Mit der Erosion religiöser

und familiärer Bindungen und mit der Schwächung der Wirksamkeit schicht- und gruppenspezifischer Normen im Zuge wachsender sozialer Mobilität werden auch die moralischen Leitlinien der einzelnen empfänglicher für die von Verfassung, Gesetzgebung und Rechtsprechung vorgegebenen normativen Orientierungen. Das Recht gewinnt dadurch neue Chancen, den moralischen Handlungspflichten durch zusätzliche Handlungsanreize Nachdruck zu verschaffen und die Bereitschaft zur tätigen Schadensverhinderung und -linderung zu stärken.

10 Ein aktuelles Anwendungsbeispiel: Aktive und passive Sterbehilfe

Die moralische Unterscheidung zwischen Handeln und Unterlassen spielt gegenwärtig besonders in zwei – gleichermaßen fachinternen und öffentlichen – Debatten eine Schlüsselrolle: der Debatte um die Sterbehilfe und der Debatte um den Behandlungsverzicht bei schwerstgeschädigten Neugeborenen. In der ersten Debatte geht es um die Frage der möglichen moralischen und rechtlichen Zulässigkeit einer aktiven Tötung auf Verlangen bei Schwerkranken bzw. Sterbenden, die darum bitten, durch einen aktiven Eingriff von ihrem Leiden erlöst zu werden. Bei der zweiten Debatte geht es um die bereits anfangs aufgeworfene Frage nach der möglichen moralischen und rechtlichen Zulässigkeit einer aktiven Tötung von schwerstgeschädigten Neugeborenen, die man andernfalls durch Behandlungsabbruch gezielt sterben lassen würde. Beide Debatten sind in Deutschland seit Mitte der 80er Jahre durch die brisanten Thesen von Peter Singer angeheizt worden, der in beiden Fällen der aktiven Form – insbesondere wegen der dadurch ermöglichten effektiveren Leidensminderung – den Vorzug gibt und damit fatale Erinnerungen an die sozialdarwinistischen »Euthanasie«-Aktionen der Nationalsozialisten geweckt hat. Singer hat seine Positionen dabei ausdrücklich mit der These der normativen Äquivalenz von aktivem Töten und passivem Sterbenlassen begründet. Diese These stößt aber gerade in den beiden Grenzfällen der Sterbehilfe und der »Früheuthanasie« in weiten Kreisen auf Widerspruch. Die Frage, die im folgenden zu stellen ist, lautet: Ist dieser Widerspruch ethisch und von der Sache her gut begründet, oder ist er nur Ausdruck tiefverankerter, aber letztlich rational nicht zu rechtfertigender Problemverdrängungen und Tabuierungen? Besteht in diesen Fällen in der Tat eine moralische Gleichwertigkeit von aktivem Tun und passivem Geschehenlassen, oder unterscheiden sich die aktive und die passive Form in wichtigen, aber eventuell nicht auf den ersten Blick sichtbaren Dimensionen, die eine moralische Differenzierung rechtfertigen? Und wenn ja, rechtfertigen sie eine so *strenge* und *ausnahmslose* Differenzierung, wie sie von der Mehrzahl ihrer Fürsprecher gefordert wird?

Die öffentliche Debatte um die aktive und passive Sterbehilfe ist mit einer Reihe von *Unklarheiten* belastet, die erhellt werden müssen, bevor wir zum Kern der Frage vorstoßen können. Diese betreffen

1. die Definition von Sterbehilfe und in diesem Zusammenhang von Aktiv und Passiv,
2. die im Recht übliche Behandlung der »indirekten Sterbehilfe« als einer dritten Kategorie neben aktiver und passiver Sterbehilfe, und
3. die häufigen Diskrepanzen in der Beurteilung der individualmoralischen und der sozialmoralischen Zulässigkeit umstrittener Formen von Sterbehilfe.

Sterbehilfe – als Nachfolgebegriff für den historisch beschädigten Begriff der Euthanasie – ist durch ihren Ausführungsmodus und ihren Zweck definiert: Sie besteht entweder in einem Töten (aktive Sterbehilfe) oder einem Sterbenlassen (passive Sterbehilfe) und zielt auf die Minderung des Leidens eines andern. Durch diese Bestimmungen ist die Sterbehilfe sowohl von *Tötungen zu anderen Zwecken* als auch von der bloßen *Beihilfe zur Selbsttötung* abgegrenzt.

Wenn einige der Gegner der aktiven Sterbehilfe den Begriff »Sterbehilfe« auf Formen der aktiven Tötung ausdehnen, die nicht der Leidensminderung, sondern anderen Zwecken, etwa der Entlastung von Pflegeaufwand, dienen, ist das ein – sei es unschuldiges, sei es böswilliges – Mißverständnis. Was in der – deutschsprachigen – Debatte um die mögliche rechtliche Erlaubtheit der aktiven Sterbehilfe in Frage steht, ist lediglich die aktive Tötung zu Zwecken der *Leidensminderung.* Rein begrifflich ist dabei »Sterbehilfe« nicht daran gebunden, daß der Patient stirbt, sich in einem Sterbeprozeß befindet oder sterbenskrank ist. Man kann durchaus auch dann von Sterbehilfe sprechen, wenn der Patient ohne die Sterbehilfe nicht sterben, sondern – wenn auch schwer leidend – noch eine Zeit weiterleben würde. Auch der Behandlungsabbruch bei irreversibel Bewußtlosen, der oft im Zusammenhang mit der Frage der Sterbehilfe behandelt wird, paßt nicht zu der vorgeschlagenen Definition, da infolge der Bewußtlosigkeit für eine »Leidensminderung« kein Anlaß besteht. Wenn in derartigen Fällen der Abbruch weiterer Behandlungen moralisch zulässig oder sogar erforderlich ist, dann aus anderen Gründen als denen, die die Sterbehilfe rechtfertigen.

Die zweite Bedingung ist entscheidend, um die Sterbehilfe von der unter ähnlichen Bedingungen und mit demselben Ziel der Leidensminderung geleisteten *Beihilfe zur Selbsttötung* abzugrenzen. Bei der Beihilfe zur Selbsttötung liegt die Herbeiführung des Todes in den Händen des Sterbewilligen, bei der (aktiven) Sterbehilfe in den Händen eines anderen. Die Beihilfe zur Selbsttötung verwirklicht lediglich eine Bedingung des Sterbens des Sterbewilligen, der Sterbewillige behält jedoch die Tatherrschaft über das Geschehen[61]. Bei der *Sterbehilfe* dagegen setzt der andere nicht nur eine Bedingung des Todes, sondern führt diesen entweder selbst herbei oder läßt ihn, obwohl er ihn verhindern könnte, geschehen. Er setzt eine nicht nur notwendige, sondern zugleich auch hinreichende Bedingung des Todes des Leidenden. Unter ethischen Gesichtspunkten ist dieser Unterschied nicht vernachlässigbar. Auch wenn man der Auffassung des Augustinus folgen wollte – der freilich nahezu die Gesamtheit der säkularen Ethiker seit der Aufklärung widerspricht (vgl. Birnbacher, 1990) –, daß das *eigene* Leben nicht weniger unverfügbar sei als das fremde Leben und die Selbsttötung deshalb nicht weniger moralisch verwerflich als die Fremdtötung, wäre es wenig

---

61 Es ist insofern irreführend, wenn etwa Brock (1992, 10) sagt, daß es bei der Beihilfe zur Selbsttötung der Arzt und der Patient *zusammen* seien, die das Leben des Patienten beenden.

plausibel, die bloße Beihilfe zur Tötung ebenso streng zu verurteilen wie die Tötung selbst. Auch das in Deutschland geltende Strafrecht macht hier einen Unterschied. Solange der Sterbewillige »freiverantwortlich« den Tod wünscht, ist die Beihilfe zur Selbsttötung (wie nach der jüngsten Rechtsprechung auch die Nichtverhinderung einer Selbsttötung) straffrei, während die aktive Sterbehilfe unter denselben Bedingungen den Straftatbestand der »Tötung auf Verlangen« (§ 216 StGB) erfüllt und mit einer Mindeststrafe von einem halben Jahr Gefängnis bedroht ist.

Die zentrale Unklarheit betrifft die in Medizin, Recht und Ethik übliche Einteilung der Sterbehilfe nach ihrem Ausführungsmodus in *aktiv* und *passiv*. Für beide gibt es *eindeutige* Fälle. Ein eindeutiges Beispiel für *aktive* Sterbehilfe ist die gezielte Tötung eines Patienten durch einen physischen Eingriff, etwa durch eine Todesspritze. Ein eindeutiges Beispiel für *passive* Sterbehilfe ist der Verzicht auf die Aufnahme einer möglichen lebensverlängernden Behandlung, in dessen Folge der Patient stirbt. Aber neben diesen eindeutigen Fällen stehen Grenzfälle, in denen die Zuordnung weniger klar ist:

Fall 1.   Ist der Abbruch einer lebensverlängernden Maßnahme, um einen schwer leidenden Patienten sterben zu lassen, auch dann ein Akt *passiver* Sterbehilfe, wenn der Abbruch durch das aktive Abstellen eines Apparats, etwa eines Beatmungsgeräts, erfolgt?

Fall 2.   Ist die Herbeiführung des Todes bei einem künstlich ernährten schwer leidenden Patienten durch ein Vorenthalten künstlicher Ernährung ein Akt *passiver* oder ein Akt *aktiver* Sterbehilfe?

Die in der ethischen und rechtswissenschaftlichen Literatur zu findenden Definitionen geben auf diese Fragen zum Teil gegensätzliche, zum Teil uneindeutige Antworten.

Der naheliegendste Definitionsvorschlag besteht darin, die Unterscheidung zwischen aktiver und passiver Sterbehilfe mit der zwischen Handeln und Unterlassen zu koppeln und die »aktive« Sterbehilfe dadurch zu definieren, daß der Tod des Patienten konkret dadurch eintritt, daß der die Sterbehilfe Leistende etwas *tut*, die »passive« dadurch, daß der Tod des Patienten dadurch eintritt, daß der die Sterbehilfe Leistende etwas, was das Leben verlängern würde, *unterläßt*. Diese Explikation ist die in theoretischer Hinsicht einfachste und konsequenteste. Sie wird u. a. vertreten von einem der führenden amerikanischen Medizinethiker, Tom Beauchamp (1989, 272), sowie von dem Strafrechtler Seelmann im Alternativkommentar zum Strafgesetzbuch (Strafgesetzbuch, 1990, 389), hat allerdings zur Konsequenz, daß die durch das Abstellen eines Beatmungsgeräts erfolgende Sterbehilfe genauso als »aktiv« gilt wie eine todbringende Injektion und ein Vorenthalten von Nahrung genauso als »passiv« wie der Verzicht auf eine andere lebensverlängernde medizinische Behandlung.

Zumindest die erste Konsequenz ist aber kaum akzeptabel. Auch wenn das Abstellen der für das Weiterleben unabdingbaren Beatmung eindeutig ein Handeln und kein Unterlassen darstellt, ist es doch dem vorherrschenden Verständnis nach klarerweise ein Akt passiver und nicht aktiver Sterbehilfe, da es eine zuvor aufgenommene lebensverlängernde Behandlung lediglich aufhebt. Zwar ist der Abbruch einer einmal aufgenommenen Behandlung oftmals ethisch sehr viel schwerer zu rechtfertigen als eine von vornherein nicht aufgenommene Behandlung, da die Aufnahme einer Behandlung beim Patienten in der Regel eine Erwartung in ihre Fortsetzung begründet. Auch scheint eine Nichtaufnahme der Behandlung für Ärzte und Pflegekräfte in der Regel leichter seelisch zu bewältigen zu sein als der Abbruch einer einmal aufgenommenen Behandlung oder Pflege. Mit der Aufnahme der Behandlung wird eine Rollenbeziehung zum Patienten hergestellt, die eine einseitige Umdefinition der Beziehung verbietet. Aber das ändert nichts an der wesentlichen sachlichen Übereinstimmung zwischen Abbruch und Nichtaufnahme einer Behandlung. Wenn die *Nichtaufnahme* einer möglichen lebensverlängernden Behandlung unter den geeigneten Bedingungen als ein Akt passiver Sterbehilfe gilt – was von niemandem in

Zweifel gezogen wird –, dann erscheint es unter Gesichtspunkten der deskriptiven Angemessenheit kontraintuitiv, den *Abbruch* einer einmal aufgenommen lebensverlängernden Behandlung der Kategorie der aktiven Sterbehilfe zuzuordnen.

Ein zweiter, komplexerer Vorschlag (Green, 1980, 199; Otto, 1986, 30; Patzig, 1987, 114) definiert die »aktive« Sterbehilfe dadurch, daß sie zur Krankheit des Patienten hinzukommende *zusätzliche* Faktoren in die Situation einbringt, die zusammen mit der Krankheit den Tod des Patienten zur Folge haben. Ohne diese zusätzlichen Faktoren würde der Patient nicht (bzw. noch nicht) sterben. Um eine »passive« Sterbehilfe handelt es sich nach diesem Definitionsvorschlag dagegen dann, wenn der die Sterbehilfe Leistende etwas *nicht tut* oder *verhindert*, was den Tod des Patienten abwenden oder verzögern könnte.

Dieser Definitionsvorschlag ist von dem Bestreben geleitet, der verbreiteten Intuition entgegenzukommen, nach der auch der aktive Behandlungsabbruch (Fall 1) als ein Akt »passiver« Sterbehilfe zu werten ist. Das Abstellen des Beatmungsgeräts ist nach diesem Vorschlag ein Akt »passiver« Sterbehilfe, da es einerseits eine Maßnahme verhindert, die den Tod des Patienten abwenden würde, andererseits keine zusätzlichen Faktoren in die Situation einführt, die zusammen mit der Krankheit den Tod des Patienten herbeiführen. Ein Problem ergibt sich für diesen Definitionsvorschlag allerdings bei Fall 2. Nach der vorgeschlagenen Definition der aktiven Sterbehilfe wird man hier von *aktiver* Sterbehilfe sprechen müssen, da die Ursachen des Todes nicht allein in der Krankheit des Patienten liegen, sondern in einem zusätzlichen Faktor, dem Verhungernlassen infolge des Abbruchs der künstlichen Ernährung. Zugleich ist aber auch die vorgeschlagene Definition der passiven Sterbehilfe erfüllt. Die künstliche Ernährung ist sicher eine medizinische Maßnahme, die den Tod des Patienten verhindert oder verzögert. Eine künstliche Ernährung und Hydrierung ist nicht weniger »künstlich« als die Gabe von Insulin bei Diabetikern – eine durch Krankheit verlorengegangene Funktion wird medizinisch substituiert. Ihr Abbruch ist deshalb nach der vorgeschlagenen Definition der passiven Sterbehilfe ein Akt der passiven Sterbehilfe. Für Fall 2 ist die vorgeschlagene Explikation also nicht hinreichend trennscharf.

Ein dritter Vorschlag (Brody, 1988a, 121) wandelt den zweiten um eine kleine, aber signifikante Nuance ab, indem er die Definition der passiven Sterbehilfe enger faßt und fordert, daß nur derjenige passive Sterbehilfe leistet, der etwas nicht tut oder verhindert, was *die Krankheit des Patienten* daran hindert, dessen Tod herbeizuführen. Dieser Vorschlag sieht vor, daß wir immer dann von *aktiver* Sterbehilfe sprechen, wenn der Tod des Patienten unter den gegebenen Umständen infolge von Faktoren eintritt, die mit seiner Krankheit nichts zu tun haben. Während Fälle der ersten Art (aktiver Behandlungsabbruch) auch nach dieser Definition der *passiven* Sterbehilfe zugerechnet werden, werden Fälle der zweiten Art (Absetzen der künstlichen Ernährung) teils als passive, teils als aktive Sterbehilfe gewertet. Aktiv ist die Sterbehilfe durch Vorenthalten künstlicher Ernährung dann, wenn der Tod nach Entzug der künstlichen Ernährung in keinem kausalen Zusammenhang mit der Erkrankung steht, die die künstliche Ernährung notwendig macht. Das könnte etwa dann der Fall sein, wenn der Patient wegen einer Lähmung künstlich ernährt werden muß, diese aber für seinen Tod in keiner Weise kausal verantwortlich ist, der Tod also in derselben Weise wie beim ansonsten Gesunden eintreten würde.

Dieser Vorschlag hat den Vorzug, moralisch relevante Differenzierungen hervorzuheben, die in den beiden ersten Vorschlägen untergehen, dürfte aber gerade wegen seiner Subtilität der geläufigen Unterscheidung zwischen Aktiv und Passiv ebensowenig gerecht werden wie der zweite Vorschlag. Bedenklich scheint mir vor allem die Tendenz dieses Definitionsvorschlags, die moralische Bewertung der jeweiligen Art von Sterbehilfe durch die terminologische Zuordnung zu präjudizieren bzw. diese von jener abhängig zu machen und auf diese Weise die Unterscheidung zwischen deskriptiven und normativen Merkmalen zu verwischen.

Mir scheint ein *vierter* Vorschlag überzeugender, vor allem, weil er dem üblichen Verständnis am nächsten kommt. Danach ist die Sterbehilfe immer dann *passiv* zu nennen, wenn sie in einem *Geschehenlassen* des Sterbens besteht, andernfalls *aktiv*. Da es, wie wir gesehen haben, ein Geschehenlassen durch Handeln gibt, fällt dieser Vorschlag mit dem ersten nicht zusammen. Das Geschehenlassen eines Todes kann durchaus auch darin bestehen, eine Behandlung aktiv abzubrechen.

Nach diesem Definitionsvorschlag kommt es nicht darauf an, ob das Verhalten des die Sterbehilfe Leistenden aus einem Tätigwerden oder aus einem Unterlassen besteht, sondern darauf, ob der Handelnde *dem Patienten* etwas tut (aktive Sterbehilfe) oder etwas mit ihm geschehen läßt (passive Sterbehilfe). »Aktiv« an der aktiven Sterbehilfe ist nicht, daß der die Sterbehilfe Leistende etwas tut, sondern daß er aktiv auf den Patienten einwirkt. »Passiv« an der passiven Sterbehilfe ist nicht, daß der die Sterbehilfe Leistende nichts tut, sondern daß er den Tod des Kranken geschehen läßt. Gert (1988, 299) hat diesen Sachverhalt für die Situation der Sterbehilfe auf Verlangen so beschrieben: Passive Sterbehilfe besteht darin, die Zurückweisung (»refusal«) einer bestimmten Behandlung oder Maßnahme durch den Patienten zu akzeptieren und dem Patienten nichts aufzunötigen, was er ablehnt oder verweigert. Während bei der passiven Sterbehilfe der die Sterbehilfe Leistende mit dem Patienten lediglich »etwas geschehen läßt«, muß der *aktive* Sterbehilfe Leistende mit dem Patienten in einen physischen Kontakt treten.

Im Sinne dieses Vorschlags müssen die Fälle 1 und 2 – ungeachtet ihrer moralisch relevanten Unterschiede – beide als Fälle *passiver* Sterbehilfe gelten. Der Abbruch einer lebensverlängernden Behandlung ist (wenn er zu Zwecken der Leidensminderung erfolgt) ebenso ein Akt *passiver* Sterbehilfe wie die vom Patienten verlangte Nichtweiterführung einer künstlichen Ernährung. Im ersten Fall (des abgestellten Beatmungsgeräts) stirbt der Patient zwar infolge eines Handelns und nicht infolge eines Unterlassens. Dennoch wäre es irreführend, hier ebenso wie bei einer aktiven Einwirkung auf den Patienten selbst von einer aktiven Sterbehilfe zu sprechen. Denn das Handeln des Arztes richtet sich in diesem Fall nicht auf den Patienten selbst, es wirkt nicht auf ihn selbst und unmittelbar ein, sondern es richtet sich auf die Beendigung einer Maßnahme, die das Leben des Patienten über den Zeitpunkt hinaus erhält, zu dem es andernfalls zu Ende gehen würde. Ähnlich im Fall der künstlichen Ernährung. Da es sich auch bei der künstlichen Ernährung um eine medizinische Maßnahme handelt, kann der Verzicht auf die Aufnahme oder Fortführung dieser Maßnahme nicht anders gewertet werden als die Nichtaufnahme oder der Abbruch anderer lebenserhaltender medizinischer Maßnahmen auch, das heißt als ein Akt *passiver Sterbehilfe*.

Damit sind aber die begrifflichen Unklarheiten erst zum Teil aufgelöst. Es fragt sich z. B., wie in der begrifflichen Dichotomie von Aktiv und Passiv Platz für die dritte Kategorie, die *indirekte* Sterbehilfe bleibt, bei der der eventuelle Tod des Patienten als Nebenfolge der Leidensminderung, etwa durch die Gabe eines hochdosierten Schmerzmittels, zwar in Kauf genommen, aber nicht beabsichtigt oder gewollt wird. In der Tat bleibt für sie in der bisherigen Dichotomie kein Platz – was unter rein deskriptiven Gesichtspunkten aber auch nicht zu bedauern ist. Unter *deskriptiven* Gesichtspunkten ist die indirekte Sterbehilfe lediglich eine bestimmte Untergruppe der aktiven Sterbehilfe.

Ob sie allerdings unter *normativen* Gesichtspunkten so radikal anders zu bewerten ist als die gezielte Tötung zur Leidensminderung, wie es die gegenwärtig geltenden rechtlichen und standesethischen Beurteilungen vorsehen, ist nicht von vornherein klar. Denn was die sogenannte indirekte von der aktiven Sterbehilfe (im engeren Sinne) unterscheidet, ist, wie wir oben gesehen haben, lediglich, daß bei der aktiven Sterbehilfe der Tod als Mittel der Leidensminderung *beabsichtigt* ist,

während bei der indirekten Sterbehilfe der (mögliche) Tod
nicht beabsichtigt, sondern *in Kauf genommen* wird. Kann
die Absicht für die ethische und rechtliche Beurteilung aber
einen so radikalen Unterschied machen? Wieviel in diesem
Bereich von der *Absicht* des Akteurs abhängen soll, zeigt sich
vor allem bei den rechtlichen Sanktionen: Während die aktive
Sterbehilfe (im engeren Sinn), also die gezielte Tötung zur
Leidensminderung, mit der Mindeststrafe von einem halben
Jahr Gefängnis bedroht ist, ist der Arzt zu einer indirekten
Sterbehilfe, wenn anders eine ausreichende Leidensminderung nicht zu erreichen ist, rechtlich sogar verpflichtet. Andernfalls würde er sich der Körperverletzung durch Unterlas-
sen bzw. der unterlassenen Hilfeleistung schuldig machen.
Kann ein Unterschied in der Absicht eine derartig extreme
normative Differenzierung rechtfertigen?

Rechtfertigen ließe sie sich allenfalls mit der moraltheologischen Lehre von der Doppelwirkung, nach der eine Handlung
mit einer guten und einer schlechten Wirkung immer dann
moralisch unzulässig ist, wenn der Handelnde die schlechte
Wirkung oder die an sich schlechte Handlung als *Mittel* zur
Erreichung der guten Wirkung beabsichtigt, sie dagegen moralisch zulässig ist, wenn sich die schlechte Wirkung als eine
nicht-beabsichtigte Nebenfolge aus der beabsichtigten guten
Wirkung oder einer an sich guten Handlung ergibt. Aber auch
wenn man der Absicht eine gewisse moralische Bedeutung
nicht absprechen kann, fragt sich doch, ob sie die Last, die ihr
damit aufgebürdet wird, tragen kann. Auch das geltende Strafrecht legt der Absicht nur in besonderen Fällen eine eigenständige Bedeutung bei. Nach dem, was sonst im Strafrecht gilt,
sind die *indirekte* wie die *aktive* Sterbehilfe gleichermaßen
vorsätzlich und deshalb grundsätzlich gleich zu behandeln.

Freilich kann es *pragmatische* Gründe geben, von dieser
grundsätzlichen Gleichheit abzuweichen. Solche Gründe wären etwa das unterschiedliche *Mißbrauchsrisiko* einer rechtlichen Freigabe: Da eine »indirekte« Sterbehilfe zwangsläufig
nur mit Mitteln erfolgen kann, zu denen in der Regel nur

Ärzte Zugang haben, ist mit einer Freigabe der indirekten, aber nicht der aktiven Sterbehilfe, die Gefahr eines Mißbrauchs auf die seltenen Fälle *ärztlichen* Mißbrauchs begrenzt. Dieses pragmatische Argument ist freilich ein Argument lediglich gegen eine *generelle* Freigabe der aktiven Sterbehilfe. Es ist kein Argument gegen eine begrenzte Freigabe, die auch die aktive Sterbehilfe – wie gegenwärtig in den Niederlanden – Ärzten vorbehält.

Die dritte Unklarheit in der gegenwärtigen Debatte um die aktive und passive Sterbehilfe ist die irritierende Diskrepanz in der persönlichen moralischen Beurteilung der aktiven Sterbehilfe und ihrer standesethischen Bewertung. Zahlreiche Äußerungen von Ärztevertretern lassen erkennen, daß sie offenbar nicht so sehr die aktive Sterbehilfe als solche als vielmehr ihre wie immer begrenzte allgemeinrechtliche und standesrechtliche Legalisierung ablehnen. Bezeichnend dafür ist die Haltung des prominenten Ärztevertreters Hiersche, der auf dem Deutschen Juristentag 1986 die standesethische Norm aufstellte, kein Arzt solle töten dürfen, jedoch sofort hinzufügte, daß er selbst einem ihm Nahestehenden freilich gegebenenfalls aktive Sterbehilfe leisten würde (Deutscher Juristentag 1986, M, 22). Die Frage, die sich stellt, ist, wie die Ausnahme für den eigenen Fall mit dem Verbot für alle anderen zusammenbestehen soll. Wenn das allgemeine Verbot notwendig ist, um Mißbräuchen und Dammbrüchen zu wehren, dann ist auch die eigene Zuwiderhandlung – und das öffentliche Bekenntnis dazu – entweder ein Schritt in dieselbe gefährliche Richtung oder die offene Aufforderung zur Doppelmoral.

Daß viel mehr Ärzte zur aktiven Sterbehilfe bereit sind, als ihre Standesvertreter für zulässig halten, legen ausländische Befragungen (etwa in Frankreich) nahe. Die Bereitschaft der deutschen Ärzte zur aktiven Sterbehilfe ist meines Wissens noch nicht erfragt worden, aber es ist nicht anzunehmen, daß sich ihre Beurteilungen von der der Gesamtbevölkerung signifikant unterscheiden. Nach einer Umfrage des Demoskopischen Instituts Allensbach von 1984 befürworten 66 % der

Befragten, daß ein Arzt, der bei einem Todkranken aktive Sterbehilfe auf Verlangen leistet, straflos bleibt. In einer Umfrage des EMNID-Instituts im Jahre 1993 antworteten 70 % der Befragten positiv auf die Frage: »Es wird verstärkt darüber diskutiert, ob es erlaubt sein sollte, unheilbar Kranke von ihrem Leiden zu erlösen, indem ihr Leben auf ausdrücklichen Wunsch beendet wird. Wie stehen Sie zu dem Problem: sollte Sterbehilfe für unheilbar Kranke erlaubt sein – oder sollte dies nicht der Fall sein?«

10.1 Aktive und passive Sterbehilfe – wo liegt die moralische Differenz?

Gibt es stichhaltige Gründe, das aktive Bewirken des Todes so radikal anders zu bewerten als das passive Geschehenlassen, wie es das geltende Rechtssystem – und viele Vertreter der christlichen Kirchen – tun? Ich möchte diese Frage zunächst auf eine Situation beziehen, die man als die »Standardsituation« der Sterbehilfe bezeichnen könnte und die durch drei Bedingungen bestimmt ist:

1. Der Patient befindet sich in einem schweren und mit hoher Wahrscheinlichkeit unumkehrbaren Leidenszustand.
2. Der Patient äußert ernstlich und über einen längeren Zeitraum wiederholt (nicht nur während eines vorübergehenden Schmerz- oder Krisenzustands) das Verlangen zu sterben.
3. Der Patient ist sich über die Tragweite seines Verlangens im klaren.[62]

---

62 Das im folgenden Gesagte gilt – mit gewissen Einschränkungen – auch für den Fall, daß der Patient irreversibel urteils- oder äußerungsunfähig ist und den Todeswunsch durch eine Patientenverfügung bzw. durch die entsprechende Beauftragung einer Vertrauensperson vorausverfügt hat. Im Vergleich zum »Standardfall« tritt hier freilich die zusätzliche Schwierigkeit auf, daß die Ärzte beurteilen müssen, ob die Bedingungen, für die der Patient den Todeswunsch antizipierend geäußert hat, tatsächlich eingetreten sind.

In dieser Standardsituation soll nach vorherrschender rechtlicher und kirchlicher Ansicht die passive Sterbehilfe erlaubt, wenn nicht sogar geboten, die aktive jedoch verboten sein. Im Extrem ist diese Position von Papst Pius XII. in einer vielzitierten Rede vor Anästhesisten 1957 (vgl. Wunderli, 1974, 109 f.) vertreten worden: Ein Einsatz »außergewöhnlicher« Maßnahmen zur Lebensverlängerung sei nicht in jedem Fall erforderlich, eine aktive Tötung unter denselben Umständen aber streng verboten. In dieser Tradition steht auch der Vorschlag des Direktors des Hastings Institute für Medizinethik in New York, Daniel Callahan, eine Altersgrenze festzulegen, ab der sich die medizinische Versorgung nicht mehr an dem Ziel der Lebensverlängerung, sondern lediglich an dem Ziel der Leidensminderung orientieren sollte. Die Verfügbarkeit moderner medizinischer Technologie zur Lebensverlängerung sei kein Grund, sie auch bei denen einzusetzen, die ihre »natürliche Lebensspanne gelebt haben« (Callahan, 1987, 173). Erstaunlich an diesem Vorschlag ist, daß die Freiräume der passiven Sterbehilfe – des Verzichts auf lebensverlängernde Maßnahmen – bis weit in den Bereich der Sterbehilfe *ohne* Einwilligung hinein ausgedehnt werden, die selbstbestimmte Tötung jedoch gleichzeitig mit unmißverständlichen Vorbehalten versehen wird: Sowohl die Selbsttötung mit Beihilfe (»assisted suicide«) als auch die aktive Sterbehilfe auf Verlangen sind nach Callahan ein »bedrohliches Symbol der Abwertung alter Menschen« (Callahan, 1987, 194) – eine ziemlich kühne Behauptung angesichts des Umstands, daß diese Formen der Sterbehilfe das Selbstbestimmungsrecht der Älteren wahren, während der empfohlene Verzicht auf den Einsatz medizinischer Technik ab einer gewissen Altersgrenze (Callahan denkt an ein Alter von ungefähr 80) auf die Wünsche der Betroffenen überhaupt keine Rücksicht nehmen soll.

Läßt sich eine derart radikale ethische Differenzierung zwischen Aktiv und Passiv rechtfertigen?

Häufig wird zur Rechtfertigung dieser Position angeführt,

daß nur der aktive Sterbehilfe Leistende, nicht aber der passive Sterbehilfe Leistende über das Leben des anderen »verfügt«, wobei vorausgesetzt wird, daß dieses »Verfügen« etwas an sich moralisch Bedenkliches ist. Aber diese Redeweise von »Verfügung« verfehlt in zweifacher Weise das angestrebte Ziel. Erstens legt die Redeweise von »Verfügen« und »Verfügung« nahe, daß die »Verfügung« *eigenmächtig* erfolgt, d. h., ohne denjenigen, über dessen Leben »verfügt« wird, zu fragen. (Wir sagen, daß A über B »verfügt«, wenn er B ungefragt zu Zwecken, die nicht B's eigene sind, einsetzt oder verplant.) Dies ist aber in der »Standardsituation« gerade nicht der Fall. Die Zwecke, denen die »Verfügung« folgt, sind die Zwecke des Betroffenen selbst. Oder besteht die Eigenmächtigkeit der »Verfügung« in einer Eigenmächtigkeit gegenüber Gott? Dieses Argument könnte in der Tat für viele der an der Debatte beteiligten Christen entscheidend sein. Damit aber wäre seine Verbindlichkeit stark beschnitten. Es wäre nur für die beachtlich, die an einen Gott glauben, der solche Eigenmächtigkeit verbietet.

Zweitens ist nicht evident, daß nur derjenige über Leben »verfügt«, der es aktiv beendet. Verfügen heißt doch: die Dauer eines Lebens nach eigenen Vorstellungen zu bemessen, die zeitliche Grenze aus eigener Macht zu setzen. In diesem Sinne ist aber auch die passive Sterbehilfe – wie jedes wissentliche Sterbenlassen – ein »Verfügen« über Leben (vgl. Ginters, 1982, 49). Auch derjenige »verfügt« über sein Leben, der sich einer »passiven« Methode der Selbsttötung bedient, etwa indem er sich zu Tode hungert.

Eine zweite Möglichkeit, der Aktiv-Passiv-Unterscheidung ethische Bedeutung zu sichern, besteht darin zu sagen, daß bei einer aktiven Sterbehilfe der Tod des Patienten *beabsichtigt* ist, während er bei der passiven Sterbehilfe in der Regel *nicht beabsichtigt* sei (so z.B. neuerdings v. Lutterotti, 1992, 13). Diese Möglichkeit ist bereits oben aus begrifflichen Gründen verworfen worden. Von einem »Geschehenlassen« (und die passive Sterbehilfe ist der obigen Definition nach ein

Geschehenlassen) sprechen wir grundsätzlich nur dann, wenn die Folgen nicht nur erwartet, sondern auch angestrebt sind. Freilich wird das Ziel in diesem Fall nicht als Selbstzweck angestrebt, sondern lediglich als Mittel (der Leidensminderung). Aber das ändert nichts daran, daß es angestrebt und als solches gewollt wird. Die moralische Ungleichbehandlung von aktiver und passiver Sterbehilfe läßt sich nicht darauf zurückführen, daß der Tod einmal beabsichtigt, das andere Mal nicht beabsichtigt ist.

Mit mehr Erfolgsaussichten als in der inneren Natur der jeweiligen Ausführungsmodalitäten der Sterbehilfe lassen sich moralisch relevante Ungleichgewichte zwischen aktiver und passiver Sterbehilfe in den individuellen und sozialen *Begleit- und Folgeaspekten* finden. Hier stellen sich insbesondere drei Fragen:

1. Gehen von einzelnen Akten der aktiven Sterbehilfe Gefahren aus, die von einzelnen Akten passiver Sterbehilfe nicht ausgehen?
2. Gehen von einer stillschweigend geduldeten, aber nicht offen legitimierten Praxis der aktiven Sterbehilfe Gefahren aus, die von einer entsprechenden Praxis der passiven Sterbehilfe nicht ausgehen?
3. Gehen von einer durch Standesethos, Standesrecht und Strafrecht offen legitimierten Praxis der aktiven Sterbehilfe Gefahren aus, die von einer entsprechenden Praxis der passiven Sterbehilfe nicht ausgehen?

Diese Fragen sind zu unterscheiden, weil für die Beurteilung einer – durch Regeln gedeckten oder ungedeckten – *Praxis* der aktiven Sterbehilfe offensichtlich weitergehende Folgendimensionen zu berücksichtigen sind als für die Beurteilung isolierter Einzelfälle. So ist eine etablierte Praxis der aktiven Sterbehilfe mit sehr viel weitergehenden Gefahren des Mißbrauchs oder der ungewollten Ausweitung verbunden als gelegentliche Einzelfälle.

Zunächst zu den möglicherweise ungleichgewichtigen Begleit- und Folgeaspekten, die bereits im Einzelfall, also auch für das Bestehen einer entsprechenden allgemeinen Praxis, zwischen aktiver und passiver Sterbehilfe bestehen können. Hier kommen vor allem zwei in Frage: die möglicherweise unterschiedliche *Sicherheit des Todeseintritts* und die möglicherweise unterschiedlich hohen *Risiken bei Fehleinschätzungen*. Bei der aktiven Sterbehilfe weiß man gewöhnlich mit Sicherheit, daß der Patient in der Folge stirbt, während man bei der passiven Sterbehilfe diese Sicherheit nicht hat. Es kommt immer wieder vor, daß längst aufgegebene Patienten überleben (vgl. Beauchamp, 1989, 271). Außerdem kann die Einschätzung, daß der Leidenszustand des Patienten irreversibel ist, in Einzelfällen falsch sein. Die aktive Sterbehilfe nimmt dem Patienten jedoch die Chance, eine in diesem Fall objektiv mögliche Besserung seines Zustands zu erleben. Die passive Sterbehilfe läßt sie ihm dagegen, zumindest immer dann, wenn sie auch ohne Weiterbehandlung eintreten würde (vgl. Beauchamp, 1989, 278 f.).

Der erste Unsicherheitsfaktor scheint mir zu schwach, um eine unterschiedliche Bewertung von Akten aktiver und passiver Sterbehilfe zu begründen. Es mag sein, daß bei der passiven Sterbehilfe der Tod nicht mit derselben Sicherheit eintritt wie bei aktiver Sterbehilfe. Das kann aber kein Grund sein, die passive Sterbehilfe gegenüber der aktiven zu bevorzugen – jedenfalls nicht unter den Bedingungen der Standardsituation. Denn diese beinhaltet u. a., daß der Leidenszustand des Patienten irreversibel ist und der Patient sterben möchte. Die aktive Sterbehilfe würde also, würde sie den Tod tatsächlich sicherer herbeiführen, unter diesem Gesichtspunkt eher *vorzuziehen* sein (vgl. Reichenbach, 1990, 331).

Der zweite Unsicherheitsfaktor ist moralisch bedeutsamer. Mag das Risiko einer Fehlprognose auch gewöhnlich klein sein, kann es doch nicht vernachlässigt werden. Auch das kleinste Risiko einer fehlerhaften Prognose spricht klar *gegen* die aktive Sterbehilfe, wobei dieses Risiko freilich gegen andere, erwünschte Seiten der aktiven Sterbehilfe abgewogen werden muß, für die der sterbewillige Patient das Fehlerrisiko gern in Kauf nimmt, etwa die größere Sicherheit, daß ein als unerträglich empfundener Zustand zu Ende geht. Das Argument macht aber immerhin deutlich, daß aktive Sterbehilfe nur dann guten Gewissens geleistet werden darf, wenn eine Fehlprognose mit an Sicherheit grenzender Wahrscheinlichkeit ausgeschlossen ist. Nur dann kann das »Restrisiko« als durch das Sterbeverlangen des Patienten abgedeckt gelten. In allen anderen Fällen wären aktive und passive Sterbehilfe nicht gleichwertig: Bei einem Behandlungsabbruch könnte sich das Blatt nach Abbruch der Behandlung noch einmal wenden, der Sterbewunsch entfallen. Ist also das Risiko einer Fehleinschätzung nicht vernachlässigbar, wäre man zwar berechtigt (und bei einem entsprechenden Patientenwunsch auch verpflichtet), passive, nicht aber aktive Sterbehilfe zu leisten.

Bereits bezogen auf den Einzelfall zeigt sich also keine *vollständige* Symmetrie in den zu erwartenden Folgen, mögen die Unterschiede in der Praxis auch nicht besonders ins Gewicht fallen.

Eine Asymmetrie hinsichtlich der individuellen und sozialen Dimensionen wird von vielen jedoch vor allem für eine mögliche *allgemeine Praxis* der Sterbehilfe behauptet: Würde eine allgemeine Praxis der *aktiven* Sterbehilfe auf Verlangen anerkannt oder auch nur geduldet, würden damit Gefahren heraufbeschworen, die von ganz anderen Dimensionen wären als die Gefahren, die heute aufgrund der geduldeten oder anerkannten Praxis der passiven Sterbehilfe bestehen. Vier Gefahrenmomente stehen dabei im Vordergrund:

1. die Gefahr, daß sich das Selbstverständnis des ärztlichen Standes in negativer Richtung ändern würde,
2. die Gefahr, daß eine Praxis der aktiven Sterbehilfe das Vertrauen zwischen Arzt und Patient untergraben würde,
3. das Risiko von Mißbräuchen,
4. das Risiko einer unerwünschten Ausweitung der Erlaubnis zur aktiven Tötung über den angezielten Bereich hinaus.

Wie sind diese Risikoargumente im einzelnen zu bewerten?

Vor allem von ärztlichen Standesvertretern wird häufig das Argument vorgebracht, die mögliche Freigabe einer *ärztlichen* aktiven Sterbehilfe auf Verlangen sei mit dem herkömmlichen Selbstverständnis des Arztes sehr viel weniger zu vereinbaren als die weithin praktizierte passive Sterbehilfe (auch ohne Verlangen). Der Arzt dürfe von seinem Ethos her die bestehenden Behandlungsmöglichkeiten im Interesse oder auf Wunsch des Patienten unausgeschöpft lassen, er dürfe aber auf keinen Fall im Interesse oder auf Wunsch des Patienten töten. Die Stellungnahme des Arztes und Philosophen Wolfgang Wieland kann für viele andere stehen:

>»Es kann dahingestellt bleiben, ob es Situationen gibt, in denen die Gewährung aktiver Sterbehilfe ethisch vertretbar ist. Doch selbst wenn dies der Fall sein sollte, wäre der Arzt deswegen immer noch nicht zu den entsprechenden Handlungen berechtigt. Auch dann bliebe er verpflichtet, seine Identität als Arzt zu wahren, die ihn zu einer Haltung verpflichtet, mit der sich bestimmte Handlungen nun einmal nicht vereinbaren lassen« (Wieland, 1986, 125).

Dieses Argument ist merkwürdig dogmatisch. Es bezieht sich auf eine traditionell vorgegebene »Identität des Arztes«, ohne Gründe dafür anzugeben, warum diese Identität in allen Einzelheiten sakrosankt sein sollte. Das Ethos des Arztes ist ja nicht schlechthin immun gegen Änderungen und Anpassungen. Seine Normen bedürfen zwar einer gewissen Eigenständigkeit, die sich aus den besonderen Aufgaben des ärztlichen Standes erklärt. Sie sind aber dennoch nicht ein für allemal festgeschrieben. Ein weitreichender Wandel des traditionellen Arztbildes ist ja durchaus schon heute zu beobachten: Der Arzt ist zunehmend weniger väterliche Autorität als professioneller Gesundheitsberater. Es ist durchaus denkbar, daß der Arzt in Zukunft nicht mehr nur *Heiler*, sondern auch *Helfer* ist, der sich für das Wohl des Patienten in einem ganzheitlichen Sinn engagiert – und daß Sterbebegleitung und

Sterbehilfe ebenso zu seinen Tätigkeiten gehören wie heute schon präventive, beratende und andere gesundheitsfördernde Tätigkeiten.

Worin könnten die befürchteten »negativen Folgen« für den ärztlichen Stand (vgl. Hiersche in: Deutscher Juristentag 1986, 22) bestehen? Negative Folgen für den Arzt wären zweifellos von einer standesethischen, standesrechtlichen oder anderweitigen rechtlichen *Verpflichtung* zur aktiven Sterbehilfe zu erwarten. Aber niemand denkt daran, einen Arzt zu einer Handlung zu verpflichten, die er für ethisch inakzeptabel hält. Dies widerspräche elementaren Grundsätzen der Gewissensfreiheit. Es ist einfach unredlich, wenn Gegner der aktiven Sterbehilfe wie Richard Lamerton behaupten, jedes »Recht auf den Tod« schließe eine entsprechende Pflicht zu töten ein (Lamerton, 1991, 129). Auch dann, wenn es, wie Lamerton befürchtet, in der Folge einer rechtlichen Freigabe der aktiven Sterbehilfe dahin käme, daß Druck auf ablehnende Ärzte ausgeübt würde, aktive Sterbehilfe zu leisten, wäre damit noch keine »Pflicht« anerkannt, diesem Druck nachzugeben. Im übrigen hätten Patienten, denen heute der Wunsch nach aktiver Sterbehilfe nicht gewährt wird, allen Grund, Druck auszuüben. Für viele Patienten sind die Gründe, die Ärzte für ihre Weigerung angeben – sofern sie überhaupt Gründe nennen –, wenig nachvollziehbar.[63]

Das zweite Risikoargument besagt, daß eine Freigabe der aktiven Sterbehilfe (selbst unter verhältnismäßig restriktiven Bedingungen) das *Vertrauensverhältnis* zwischen Arzt und Patient beeinträchtigen könnte. Dieses Argument kann zwei verschiedene Formen annehmen, je nachdem, ob es sich auf einen möglichen Vertrauensverlust bei aktuellen oder potentiellen Patienten bezieht.

Kann die Freigabe der aktiven Sterbehilfe auf Verlangen – unter den Bedingungen der »Standardsituation« – aus der

---

63 Eine typische Situation – interessanterweise aus der Sicht des Arztes – schildert Kürten (1989) 101.

Sicht eines aktuellen Patienten, zumal eines solchen, der sich in einem irreversiblen Leidenszustand befindet, als bedrohlich empfunden werden? Dies wird des öfteren behauptet, vermag aber letztlich nicht zu überzeugen. Nach meinen Erfahrungen ist für den Patienten das Wissen um die Möglichkeit, gegebenenfalls auf aktive Sterbehilfe als Ultima ratio der Leidensbegrenzung rechnen zu können, eher willkommen. Daß viele Ärzte zu einer aktiven Sterbehilfe nicht bereit sind, wird von den Patienten nicht unbedingt als Erleichterung aufgenommen. Denn die Aussicht auf keine oder auf eine lediglich passive Sterbehilfe ist für viele ängstigender. Der »natürliche« Sterbeprozeß kann beschwerlich und qualvoll sein. Aber auch für die potentiellen Patienten – also jedermann – scheint mir eine mögliche Ermächtigung des Arztes zur aktiven Sterbehilfe auf Verlangen nicht sonderlich bedrohlich. Die Bedrohlichkeit, die oben für unfreiwillige Eingriffe in Leib und Leben postuliert worden ist, gilt nicht auch für freiwillige Eingriffe unter den Bedingungen der Standardsituation. Es ist nicht zu befürchten, daß die vielbeschworene Phantasie um sich greift, man könne nicht mehr ins Krankenhaus gehen, weil die Ärzte, mit der Todesspritze bewaffnet, auf das nächste Opfer warteten. Derartige Horrorvisionen unterschätzen die Differenzierungsfähigkeit auch des durchschnittlichen Patienten, der sehr wohl zwischen selbstbestimmter Sterbehilfe und Zwangseuthanasie zu unterscheiden weiß.

Wie sind die Mißbrauchsgefahren zu beurteilen? Der Hinweis auf mögliche Mißbräuche ist, wie wir bereits gesehen haben, als solcher kein hinreichendes Argument gegen die Freigabe. Es kommt nicht nur auf die Risiken, sondern auch auf die Chancen an. Ein Grund gegen die Freigabe sind Mißbrauchsgefahren nur dann, wenn sie gewichtig genug sind, die Vorteile der Freigabe aufzuwiegen, und wenn ihnen nicht durch rechtliche und andere Vorkehrungen begegnet werden kann.

Erlaubnisnormen können in zweierlei Weise mißbraucht werden: im guten Glauben durch Dummheit (»misuse«) oder im bösen Glauben durch Boshaftigkeit (»abuse«). Im Fall der Sterbehilfe sind besonders die »abuses« zu fürchten, und in der Tat könnte es sein, daß sich hinter der gängigen Entgegensetzung von einerseits aktiver, andererseits passiver und indirekter Sterbehilfe möglicherweise die zutreffende Wahrnehmung verbirgt, daß das eine mit Mißbrauchsgefahren im Sinne von »abuses« verbunden ist, die im anderen Fall nicht in derselben Weise bestehen. Bewußte und unbewußte Tötungswünsche realisieren sich eher in aktiver und direkter Tötung als im Sterbenlassen eines durch natürliche Ursachen schwer Leidenden. Wer einem anderen den Tod wünscht, ist eher versucht, ihn direkt umzubringen, als abzuwarten, bis er in eine Lage gerät, in der er ihn durch ein Vorenthalten möglicher Rettungsmittel sterben lassen kann. Unter diesen Gesichtspunkten hat das Argument einiges Gewicht, daß die aktive Sterbehilfe erheblichere Mißbrauchsgefahren birgt als die passive. Ein Mörder könnte sich damit zu entlasten versuchen, daß er sich auf ein vorgetäuschtes Verlangen beruft (vgl. Tröndle in: Deutscher Juristentag 1986, 36).

Dieses Argument spricht allerdings mehr gegen eine *unkontrollierte* Freigabe der aktiven Sterbehilfe als gegen die aktive Sterbehilfe schlechthin. Es spricht dagegen, Angehörigen und anderen, die möglicherweise ein Interesse an dem Tod eines Todkranken haben, die aktive Sterbehilfe zu erlauben. Eine unkontrollierte Freigabe kann jedoch von vornherein nicht in Frage kommen. Was zur Debatte steht, ist eine von Ärzten durchgeführte aktive Sterbehilfe unter Sicherheitsvorkehrungen. Gegen eine weitergehende Freigabe zu argumentieren, die niemand ernstlich in Auge faßt, ist eine *ignoratio elenchi*, eine Verfehlung des eigentlichen Streitpunkts.

Ein anderes Mißbrauchsargument ist ernster zu nehmen: daß andere dem Patienten ein Todesverlangen direkt oder indirekt nahelegen könnten, und zwar besonders diejenigen, die ansonsten mit der Pflege des Kranken belastet wären (vgl. Otto, 1986, 54). Diese Gefahr könnte vor allem dann bestehen, wenn diese anderen die aktive Sterbehilfe nicht selbst ausführen müßten. Sie ist vor allem in Gesellschaften (wie etwa Japan) zu gewärtigen, in denen es in der letzten Zeit zu dramatischen Erhöhungen der Lebenserwartung gekommen ist und sich die sozialen Erwartungen und Normen der neuen Lage noch nicht angepaßt haben (vgl. Beauchamp/Childress, 1983, 120 ff.).

Dieses Argument hat einiges Gewicht. Aber es ist kein Argument speziell gegen die *aktive* Sterbehilfe. Die Gefahr der Insinuation besteht bei der passiven Sterbehilfe genauso und dürfte in der Praxis eine bedeutend größere Rolle spielen – nicht nur deshalb, weil Fälle passiver Sterbehilfe weitaus häufiger sind, sondern auch weil bei der Nahelegung eines Wunsches nach passiver Sterbehilfe eine sehr viel niedrigere Hemmschwelle zu überwinden ist.

Die meiste Überzeugungskraft von allen vier Risikoargumenten kommt zweifellos dem »Dammbrucharguments« zu, dem Argument eines möglichen unkontrollierten Ausuferns einer in bester Absicht getroffenen Liberalisierung in nicht erwünschter und nicht zu wünschender Richtung. Hierzu muß allerdings gleich angemerkt werden, daß viele der Dammbruchargumente, die in der Debatte um die strafrechtliche Freigabe der aktiven Sterbehilfe auf Verlangen insbesondere von Juristen vorgebracht werden, so überzogen wirken, daß man sich fragen muß, ob sie die Position der Reformgegner nicht eher schwächen als stärken. Vielfach wird hier mit dem möglichen *slippery slope* von der aktiven Sterbehilfe auf Verlangen in der Standardsituation zur Mitleidstötung (aktive Sterbehilfe ohne Verlangen bei schweren irreversiblen Leidenszuständen und Äußerungsunfähigkeit) argumentiert, ohne daß eigens begründet wird, warum diese letztere von vornherein abzulehnen ist. Zumeist ist der Blick dermaßen auf die Gefahrenpotentiale fixiert, daß gar nicht erst der Versuch gemacht wird, sich auch einmal in die Situation des *Betroffenen* zu versetzen, der unter seinen Qualen sicher mehr leidet als der aktive Sterbehelfer unter seinem schlechten Gewissen.

Welche Dammbrüche sind im einzelnen zu befürchten? Erstens, daß eine Praxis der aktiven Sterbehilfe *auf Verlangen* in eine Praxis der (dann uneigentlich so genannten) Sterbehilfe *ohne Verlangen* ausufert, die nicht mehr durch das Interesse des Patienten an Leidensminderung gerechtfertigt ist, sondern gänzlich oder vorwiegend von den Interessen anderer bestimmt ist. Zweitens, daß Einzelfälle einer gerechtfertigten aktiven Sterbehilfe ohne Verlangen bei äußerungsunfähigen schwer leidenden Patienten zu einer Praxis der aktiven Sterbehilfe ohne Verlangen bei äußerungsunfähigen Patienten führen könnte, bei denen von einem schweren Leiden ernstlich nicht gesprochen werden kann, denen dieses jedoch fälschlicherweise *zugeschrieben* wird. Beide Male ist das Ausufern einer an sich gerechtfertigten Praxis sowohl aus der Perspektive der betroffenen Kranken als auch aus gesellschaftlicher Perspektive unakzeptabel. Unakzeptabel ist die Aussicht, in einem irreversiblen Leidenszustand ohne Äußerungsfähigkeit und ohne daß man ernsthaft sterben will, im fremden Interesse oder aus fehlgeleitetem Mitleid getötet zu werden. Und unakzeptabel ist die soziale Bedrohungswirkung, die von einer ausufernden Praxis der aktiven Sterbehilfe ohne Verlangen bei Äußerungsunfähigkeit auf alle potentiellen Patienten ausgehen muß. Diese ist, wie wir postuliert haben, für das aktive Töten sehr viel ausgeprägter als für das passive Sterbenlassen. Die Aussicht darauf, in einem irreversiblen Leidenszustand und bei Äußerungsunfähigkeit aus einer Fehldiagnose oder fremden Interessen heraus nicht weiter behandelt zu werden, scheint immer noch eher akzeptabel als die Aussicht, in derselben Lage aktiv getötet zu werden.

Die Plausibilität von Dammbruchargumenten hängt allerdings nicht nur davon ab, daß die befürchteten Folgen einer Ausweitung moralisch unakzeptabel sind, sondern auch davon, daß sie nicht allzu unwahrscheinlich sind. Eine lediglich entfernte Möglichkeit eines Ausuferns in falscher Richtung reicht zur Ablehnung einer für sich genommen wohltätigen Praxis nicht aus. Schließlich hat nicht nur die Zulassung einer

Praxis der aktiven Sterbehilfe, sondern auch ihre Nichtzulassung erhebliche Risiken, vor allem das Risiko, daß einem nicht unbeträchtlichen Teil der schwer Leidenden mit der Beschränkung auf die passive Sterbehilfe ein Weiterleben – wenn auch nur für eine objektiv kurze Zeit – aufgenötigt wird, das sie nicht wollen und das zu erleben nicht in ihrem Interesse ist.

Die Dammbruchrisiken einer Praxis der Mitleidstötung (der aktiven Sterbehilfe ohne Verlangen bei Äußerungsunfähigkeit des leidenden Patienten) sind zweifellos sehr viel höher als die einer Praxis der aktiven Sterbehilfe auf ausdrückliches Verlangen. Mit der wie immer begrenzten Erlaubnis einer Tötung ohne Verlangen werden möglicherweise latente Tötungswünsche freigesetzt, die andernfalls durch ein strikteres Tötungsverbot zurückgehalten würden. Dabei ist zu beachten, daß die latenten Tötungswünsche bei Kranken und Behinderten wahrscheinlich ernster zu nehmen sind, als es dem vorherrschenden kulturellen Selbstverständnis entspricht. Gerade die in unserer Kultur dominierenden Verdrängungsmechanismen und Tabuierungen sind ein Hinweis auf die nach wie vor ungeminderte Intensität solcher Wünsche. Befragungsergebnisse aus den USA deuten auf eine weiterhin hohe Akzeptanz sozialdarwinistischer »Euthanasie«-Aktionen hin (vgl. Lamb, 1988, 38 ff.).

Dagegen handelt es sich bei den Dammbruchrisiken einer Praxis der aktiven Sterbehilfe auf Verlangen lediglich um *indirekte* Dammbruchrisiken: Das Risiko besteht wesentlich darin, daß mit der Ausweitung zur Mitleidstötung das für *diese* spezifische Dammbruchrisiko entsteht. Nicht diese selbst ist moralisch unakzeptabel, sondern ihre möglichen Ausweitungen. Selbst der deontologische Ethiker, der die aktive Tötung als solche für moralisch verwerflicher hält als das passive Sterbenlassen, wird in Fällen, in denen ein schwerer und irreversibler Leidenszustand bei Äußerungsunfähigkeit nicht anders zu beheben ist, nicht umhin können, im Sinne einer gerechtfertigten »Nothilfe« eine Ausnahme von der Regel zuzugestehen.

Lassen sich die Dammbruchbefürchtungen für die aktive Sterbehilfe auf Verlangen bzw. für die Mitleidstötung in irgendeiner Weise empirisch stützen?

Auf der Suche nach empirischer Absicherung steht die Situation in den Niederlanden im Mittelpunkt der Aufmerksamkeit, denn dort ist die aktive Sterbehilfe mehr oder weniger etablierte – wenn auch weiterhin umstrittene – Praxis. Nach einer Untersuchung der Universität Rotterdam belief sich die Zahl der Fälle aktiver Sterbehilfe auf Verlangen für das Jahr 1990 in den Niederlanden auf 2300 (Nowak, 1991).[64] Zu berücksichtigen ist dabei, daß Schwerkranke in den Niederlanden sehr viel häufiger nach aktiver Sterbehilfe verlangen als in Deutschland (zweifellos u.a. deshalb, weil sie eher hoffen können, daß sie auch gewährt wird). Insgesamt gehen die Ärzte nur auf weniger als ein Drittel der geäußerten Patientenwünsche nach aktiver Sterbehilfe ein (van der Maas u.a., 1991, 672). Obwohl das Gesetz, das die Tötung auf Verlangen unter Strafe stellt, in den Niederlanden weiter besteht, werden seit längerem Ärzte, die aktive Sterbehilfe ausführen, strafrechtlich nicht belangt, sofern sie bestimmte Sorgfaltsregeln beachten. Dazu gehören die Einholung einer schriftlichen Einverständniserklärung des Patienten, Gespräche mit dem Patienten und die Herbeiziehung eines zweiten Arztes zur Beurteilung des Falls. Der Arzt muß prüfen, ob der Wunsch des Patienten nach Lebensbeendigung freiwillig und nach sorgfältiger Überlegung zustandegekommen ist. Er muß auch prüfen, inwieweit beim Patienten der Wunsch besteht, seine Bezugspersonen in die Entscheidung einzubeziehen. Außerdem ist der Arzt verpflichtet, den Patienten über seine medizinische Situation und etwaige Behandlungsmöglichkeiten und ihre Folgen umfassend aufzuklären. Diese Praxis ist seit dem 2. 12. 1993 mit einer Novellierung des Bestattungsgesetzes rechtlich abgesichert worden.

---

64 Dagegen sind Fälle von Beihilfe zur Selbsttötung sehr viel weniger häufig: 400 im Jahre 1990, vgl. ten Have/Welie (1992) 34.

Die niederländische Praxis ist sicher ein ethischer Fortschritt gegenüber der weiterhin restriktiven Praxis in anderen Ländern. Dennoch ist sie in mehreren Hinsichten unbefriedigend. Erstens ist es unter dem Gesichtspunkt der Rechtssicherheit unglücklich, daß eine Praxis einerseits nicht nur stillschweigend geduldet, sondern auch gesetzlich für rechtens erklärt wird, andererseits aber weiterhin formal unter Strafe gestellt wird. Solche Doppelbödigkeit muß das Rechtssystem insgesamt desavouieren. Ehrlicher und eindeutiger wäre eine Ausnahmeregelung im Strafgesetzbuch, wie sie im deutschen »Alternativentwurf Sterbehilfe« für den § 216 StGB (Tötung auf Verlangen) vorgesehen ist.[65]

Anlaß zur Kritik gibt auch das offenbar geringe Ausmaß, in dem das ärztliche Handeln in diesem Bereich kontrolliert und Verstöße gegen die vom niederländischen Ärzteverband aufgestellten Kriterien sanktioniert werden. Das wiegt um so schwerer, als sich bei einer Befragung von 1991 herausstellte, daß diese Kriterien nur sehr unvollkommen beachtet werden. So hatte in 22 Prozent der Fälle der Kranke nur einmal – statt, wie in den Richtlinien vorgesehen, mindestens zweimal – um Sterbehilfe gebeten, bevor sie ihm gewährt wurde. In vielen Fällen lag lediglich eine mündliche Einverständniserklärung vor (Keown, 1992, 42).

Hauptansatzpunkt der Kritik an der niederländischen Praxis ist bei ihren Gegnern jedoch die Tatsache, daß es in den Niederlanden neben der Praxis der aktiven Sterbehilfe auf Verlangen eine Praxis der aktiven Sterbehilfe *ohne* aktuelles oder vorheriges Verlangen bei nicht äußerungsfähigen Patienten gibt, die weder gesetzlich geregelt noch durch die zwischen Ärzten und Justiz verabredeten Bedingungen eingeschränkt

---

65 Die vorgeschlagene Ausnahmebestimmung lautet: »Das Gericht kann unter den Voraussetzungen des Abs. 1 [ausdrückliches und ernstliches Verlangen des Getöteten] von Strafe absehen, wenn die Tötung der Beendigung eines schweren, vom Betroffenen nicht mehr zu ertragenden Leidenszustandes dient, der nicht durch andere Maßnahmen behoben oder gelindert werden kann« (Baumann u. a., 1986, 12).

ist. Die Zahl der Fälle aktiver Sterbehilfe ohne Verlangen wird in der erwähnten Untersuchung der Universität Rotterdam für das Jahr 1990 auf 1000 beziffert (Nowak, 1991). Damit beträgt die Zahl der Fälle »nicht-freiwilliger« aktiver Sterbehilfe nahezu die Hälfte der Fälle »freiwilliger« aktiver Sterbehilfe. Richard Lamerton, ein erklärter Gegner der aktiven Sterbehilfe hat aus diesen Tatsachen das Fazit gezogen:

> »Wenn jemand […] meint und vorschlägt, es wäre möglich, die ›freiwillige‹ Euthanasie gesetzlich zu erlauben, ohne gleichzeitig automatisch die unfreiwillige Euthanasie einzuführen, so übersieht er völlig die holländische Realität« (Lamerton, 1991, 149).

Lamerton hält die Tatsache, daß in den Niederlanden neben der Praxis der aktiven Sterbehilfe auf Verlangen eine Praxis der »nicht-freiwilligen« aktiven Sterbehilfe existiert, für eine Bestätigung der von den Gegnern der aktiven Sterbehilfe seit jeher geäußerten Dammbruchbefürchtungen.

So viel geben allerdings die Tatsachen nicht her. Die Situation in den Niederlanden zeigt nicht, daß zwischen der bedingten Freigabe der Sterbehilfe auf Verlangen und einer Praxis der Sterbehilfe ohne Verlangen bei äußerungsunfähigen schwer leidenden Patienten ein irgendwie gearteter Kausalzusammenhang besteht. Da keine Vergleichsdaten von früheren Befragungen zur Verfügung stehen, können die neueren Befragungen nicht zeigen, daß sich die Praxis der nicht-freiwilligen Sterbehilfe erst im Gefolge der Freigabe der aktiven Sterbehilfe auf Verlangen entwickelt hat. Nur wenn sich zwischen der heutigen und der früheren Praxis signifikante Unterschiede fänden, wäre das ein Grund, von einem realen und nicht länger nur hypothetischen *slippery slope* zu sprechen. Es ist aber durchaus möglich, daß die Praxis der nicht-freiwilligen aktiven Euthanasie in den Niederlanden immer schon und unabhängig von der Regelung der aktiven Sterbehilfe auf Verlangen verbreitet war und erst durch die wissenschaftlichen Reports der letzten Jahre aufgedeckt worden ist (vgl. van

Delden u.a., 1993, 26). Immerhin sagten 1990 27% der befragten Ärzte, sie hätten nicht-freiwillige Sterbehilfe mindestens einmal ausgeführt, 32%, sie könnten sich Situationen vorstellen, unter denen sie dazu bereit wären, und 41%, sie würden es niemals tun (Pijnenborg u.a., 1993, 1197). Es ist nicht sehr wahrscheinlich, daß erst die bedingte rechtliche Freigabe der aktiven Sterbehilfe auf Verlangen diese Bereitschaft geweckt hat.

Weiterhin ist zu fragen, inwieweit die niederländische Praxis der Sterbehilfe ohne ausdrückliches Verlangen bereits *in ihrer gegenwärtigen Form* die Grenzen des moralisch Zulässigen überschreitet und inwieweit sie lediglich deshalb abzulehnen ist, weil sie ihrerseits mögliche Grenzüberschreitungen befürchten läßt. Nach Aussage der Ärzte, die aktive Sterbehilfe ohne Verlangen praktiziert haben, sollen die Patienten in »nahezu allen« Fällen unerträglich gelitten haben, keine Besserungsaussicht bestanden haben und die Möglichkeiten der Schmerzlinderung erschöpft gewesen sein (Pijnenborg u.a., 1993, 1196). Es bleibt abzuwarten, wie eng oder weit die vom niederländischen Ärzteverband demnächst formulierten Kriterien für die aktive Sterbehilfe ohne Verlangen (vgl. de Wachter, 1992, 25) gefaßt sein werden und ob sie eine nicht-freiwillige aktive Euthanasie auch in (m. E. moralisch bedenklichen) Fällen erlauben, in denen die Patienteninteressen nicht mehr eindeutig alle anderen beteiligten Interessen dominieren.

Um die Gefahr von Dammbrüchen zu bannen, sollte vielleicht nicht nur die Praxis der aktiven Sterbehilfe ohne aktuelles oder vorheriges Verlangen bei Äußerungsunfähigen, sondern auch die Praxis der aktiven Sterbehilfe auf Verlangen auf Extremfälle begrenzt werden. Insgesamt sollte man in einem so empfindlichen Bereich wie dem von Leben und Tod eine risikoscheue Strategie bevorzugen. Von einem »Extremfall« kann immer dann gesprochen werden, wenn ein Leiden von dem Leidenden als unerträglich beurteilt wird, keine Besserungsaussichten bestehen, andere Mittel zur Leidensbegrenzung, insbesondere angemessene Schmerztherapien, nicht zur Verfügung stehen (nach Auskünften kompetenter Anästhesisten bei immerhin 5 % der Schwerkranken) und eine Selbsttötung – auch mit Beihilfe – nicht mehr möglich ist. Für diese Fälle, aber auch nur für diese Fälle, müßte die aktive Sterbehilfe als Ultima ratio erlaubt sein. Um das Selbstbestimmungsrecht des Kranken zu sichern, scheint mir allerdings für den *Regelfall* des unerträglich gewordenen und nicht mehr linderbaren Leidens die Selbsttötung mit Beihilfe die eindeutig bessere Option. Dabei müßten für die Suizidbeihilfe freilich ähnliche Sicherheitsvorkehrungen gelten, wie sie heute in den Niederlanden für die aktive Sterbehilfe gelten (vgl. die Vorschläge bei Diekstra, 1992, und Quill, 1994). In der »Standardsituation« der Sterbehilfe ist die Beihilfe zum Suizid nicht, wie gelegentlich eingewendet wird, eine Verleugnung der Verpflichtung zur Hilfe, sondern deren den Umständen angemessene Erfüllung. Eine solche – das Risiko von Dammbrüchen minimierende – Strategie würde es allerdings unumgänglich machen, die heute weithin (außer in den Niederlanden) bestehenden Vorbehalte der ärztlichen Standesvertretungen gegen die ärztliche Beihilfe zum Patientensuizid für die »Standardsituation« der Sterbehilfe zurückzunehmen.[66]

10.2 Aktive versus passive Sterbehilfe bei schwerstgeschädigten Neugeborenen

Die ethische Differenzierung zwischen Bewirken durch Handeln und Bewirken durch Unterlassen hat nicht nur in der Diskussion um die aktive Sterbehilfe auf Verlangen, sondern auch in der Diskussion um die ethische Beurteilung des

---

66 Daß diese – in anderen Fällen berechtigten – Vorbehalte für die »Standardsituation« der Sterbehilfe nicht zutreffen und der Arzt in diesem Fall nicht nur *berechtigt*, sondern auch *verpflichtet* ist, Beihilfe zur Selbsttötung zu leisten, ist bereits in den 70er Jahren von Richard Brandt (1975, 386) und Wilhelm Kamlah (1979, 222) gefordert worden.

Umgangs mit schwerstgeschädigten Neugeborenen für emotionsgeladene Auseinandersetzungen gesorgt. Die gefühlsmäßige Ambivalenz angesichts der Tragödie der schwerstgeschädigten Neugeborenen tut das ihre dazu, die ethische Debatte zuzuspitzen und die Fronten zu verhärten. Aber auch bei einer mehr sachlichen Betrachtung erweisen sich die ethischen Probleme als schwierig genug.

Einer der Gründe dafür liegt darin, daß sich im Bereich der sogenannten »Früheuthanasie« zwei ursprünglich unabhängige Problemkreise verschränken: einerseits der Problemkreis der aktiven und passiven Sterbehilfe, andererseits der Problemkreis des moralischen Status des Neugeborenen im Vergleich zum moralischen Status des menschlichen Fetus und des menschlichen Erwachsenen. Das erste Problem ist dem Problem der aktiven und passiven Sterbehilfe ohne ausdrückliches Verlangen bei äußerungsunfähigen erwachsenen schwer Leidenden analog: Gibt es Bedingungen, unter denen es moralisch zulässig ist – bzw. es sozialmoralisch und rechtlich zulässig sein sollte –, ein schwer leidendes Neugeborenes nicht nur sterben zu lassen, sondern auch aktiv zu töten? Seine besondere Zuspitzung bekommt dieses Problem bei Neugeborenen durch die Tatsache, daß eine große Zahl der Mediziner der Auffassung ist, daß es unter dem ausschließlichen Gesichtspunkt der Interessen des Neugeborenen selbst in vielen Fällen humaner ist, ein Neugeborenes zu töten als es durch Untätigbleiben (»Liegenlassen«) einen langsamen Tod sterben zu lassen.[67] Andererseits trifft eine mögliche Freigabe der aktiven Tötung in Fällen, in denen ein passives Sterbenlassen erlaubt ist, weithin auf Ablehnung. Das andere Problem betrifft das *Lebensrecht* des Neugeborenen und reicht über die Situation der Sterbehilfe (die ein schweres, durch medizinische Maßnahmen nicht zu linderndes Leiden voraussetzt)

---

67 Vgl. das Zitat bei Heifetz/Mangel, 1976, 61 f. Selbstverständlich müssen dabei alle Verfahrensweisen unter das aktive Töten subsumiert werden, bei denen dem Tod des Neugeborenen in irgendeiner Weise »nachgeholfen« wird.

weit hinaus. Wird dem Neugeborenen – wie bei Tooley (1983, 1990) und Peter Singer (1984) – ein Lebensrecht aus grundsätzlichen Überlegungen *abgesprochen*, verliert das Ziel der Leidensminderung seine Relevanz. Die Berechtigung zu einer aktiven oder passiven Beendigung des Lebens eines Neugeborenen ist im Rahmen einer solchen Theorie nicht mehr an das Ziel gebunden, anders nicht mehr zu lindernde Leiden abzukürzen, sondern besteht auch bei eigennützigen Zielsetzungen und unabhängig vom Gesundheitszustand des Kindes. Zur Debatte steht nicht mehr Sterbehilfe, sondern Infantizid im Sinne der selektiven oder nicht-selektiven Beseitigung ungewollter Kinder.

Während der *Infantizid* sowohl in seiner aktiven als auch in seiner passiven Form – zu Recht – als moralisch problematisch gilt, gilt die *Sterbehilfe* bei schwerstgeschädigten Neugeborenen lediglich in manchen ihrer Formen als problematisch: wenn sie *aktiv* erfolgt, wenn sie durch den *Entzug oder Vorenthaltung von Nahrung oder Flüssigkeit* erfolgt oder wenn sie durch die *Nichtbehandlung* einer von der ursprünglichen Schädigung unabhängigen und leicht zu behandelnden *Zusatzerkrankung* erfolgt. Nur im ersten Fall handelt es sich nach unserer Definition um aktive Sterbehilfe. Aber die Gemeinsamkeit aller drei Modalitäten liegt darin, daß die primäre Ursache des Todes des Neugeborenen jedesmal nicht in der zugrundeliegenden schweren Schädigung besteht, sondern in einem zusätzlichen, nicht-natürlichen Faktor – zumindest unter der Voraussetzung, daß eine ausreichende Versorgung mit Nahrung und Flüssigkeiten zu den »natürlichen« Faktoren gehört. Dabei bestehen im einzelnen tiefgreifende Meinungsverschiedenheiten. So halten die Autoren der sogenannten »Einbecker Empfehlung« der Deutschen Gesellschaft für Medizinrecht von 1986 sowohl die aktive Tötung als auch das Sterbenlassen von schwerstgeschädigten Neugeborenen durch Entzug oder Vorenthaltung von Nahrung und Flüssigkeit für unzulässig, nicht aber das Sterbenlassen durch das Vorenthalten medizinischer Maßnahmen. Was die Unzulässigkeit der aktiven Tötung bei »todgeweihten« Neugeborenen betrifft, so beschränkt sich die »Einbecker Empfehlung« auf die Feststellung, daß eine »gezielte Verkürzung des Lebens eines Neugeborenen durch aktive Eingriffe« gegen »die Rechts- und die ärztliche Berufsordnung« verstößt (Artikel II,1 der Neufassung von 1992, vgl. Grenzen ärztlicher Behandlungspflicht, 1992, 103), ohne auf die moralische Rechtfertigung dieser positivrechtlichen Regelungen näher einzugehen. Was die Unzulässigkeit eines Sterbenlassens durch Entzug oder Vorenthaltung von Nahrung und Flüssigkeit angeht, so legt die Empfehlung in Artikel VII fest:

> »Auch wenn im Einzelfall eine absolute Verpflichtung zu lebensverlängernden Maßnahmen nicht besteht, hat der Arzt für eine ausreichende Grundversorgung des Neugeborenen [...] zu sorgen« (ebd., 104).

Keine Festlegung findet sich jedoch hinsichtlich der genauen Art der unterlassenen medizinischen Maßnahmen. Es wird nicht bestimmt, daß nur solche medizinische Maßnahmen unterbleiben dürfen, die unmittelbar der Behandlung der schweren Schädigung dienen, ein Punkt, der anderen Diskutanten außerordentlich wichtig ist.[68] Andere Ärzte wiederum bezweifeln, ob der Unterschied zwischen Aktiv und Passiv, Natürlichkeit und Nicht-Natürlichkeit der Todesursachen imstande ist, die ihm aufgebürdete ethische Last zu tragen, und sehen hier eher eine psychologische als eine moralische Differenz:

> »Dabei macht es [...] keinen prinzipiellen Unterschied, ob dieses Töten aktiv, durch eine überlegte Handlung, oder passiv, durch Zurückhalten einer Handlung, welche den Tod aufzuhalten imstande wäre, geschieht. Eine solche Un-

---

68 Vgl. etwa Zachary (1976) 343: »To leave a child without food is to kill it as deliberately and directly as if one was cutting its throat. The prescribing of antibiotics for infection such as pneumonia must now be considered as ordinary care for patients.«

terscheidung würde ich als unehrlich empfinden. Sie versucht, den Konflikt abzuwälzen auf ein Abstraktum, z.B. den ›natürlichen Ablauf‹ eines Krankheitsgeschehens, oder auf den Willen Gottes, der sein unumstößliches Gebot gegeben hat, der den Arzt, der sich daran hält, dann auch exkulpieren wird« (Mildenberger, 1982, 207f.).

Wie ließe sich für den Fall der Sterbehilfe bei schwerstgeschädigten Neugeborenen die moralische Differenzierung zwischen Aktiv und Passiv rechtfertigen? Wenn ein absichtliches Sterbenlassen eines schwerstgeschädigten Neugeborenen durch Verzicht auf lebensverlängernde Behandlungen unter bestimmten Bedingungen erlaubt ist, warum ist dann unter denselben Bedingungen nicht auch eine aktive Tötung erlaubt?

Genau diese Frage wurde im Zusammenhang mit dem eingangs zitierten Fall [vgl. S. 11] des drei Monate alten Tumorpatienten, der wider Erwarten über ein halbes Jahr weiterlebte, in der Zeitschrift »Ethik in der Medizin« diskutiert. Der Säugling kam mit einem inoperablen Tumor in der Schädelgrube in die Klinik. Obwohl die Ärzte das Wachstum des Tumors als unaufhaltsam beurteilten, wurde eine Operation vorgenommen und eine Drainage eingesetzt, die ein Abfließen der Gehirnflüssigkeit und eine Verminderung des Hirndrucks ermöglichte. Der Tumor wuchs trotz regelmäßiger Liquorentnahme zu gigantischen Ausmaßen an, ohne allerdings zum Tod zu führen. Nach mehr als vier Monaten hatte der Schädel des Kindes einen Umfang von 70 cm erreicht. Die Ärzte hatten ein bedeutend früheres Ende (durch Störung der Stammhirnfunktionen) erwartet, die Eltern erhofft:

> »Nur die Gewißheit, daß ihr Kind sorgfältig gepflegt und weitgehend schmerzfrei gehalten werden konnte, hat sie in dem Vertrauen gehalten, daß das ärztliche Vorgehen richtig und berechtigt sei« (Ruhrmann, 1990, 201).

Aber war das Vorgehen richtig? Die zu diesem Fall in derselben Nummer der Zeitschrift abgegebenen Kommentare gehen an dieser zentralen Frage vorbei. Sie geben keine hinreichende Antwort auf die berechtigte Frage, warum in einem solchen Fall das Gebot der Humanität, wenn es nicht nur den Verzicht auf eine lebensverlängernde Operation (die für das Kind das Leben nur etwas länger, aber nicht erträglicher macht), sondern auch die aktive Beendigung seines Lebens nahelegt, einmal nicht den Vorrang über andere Erwägungen haben, sondern dahinter zurückstehen soll. Diese Frage spitzt sich in dem geschilderten Fall in besonderer Weise zu. Denn der Berichterstatter läßt nicht unerwähnt, daß die Ärzte das Kind nur »weitgehend« – und nicht vollständig – schmerzfrei halten konnten. Wenn das Verbot der aktiven Tötung auch in diesem Extremfall aufrechterhalten wurde, dann also nur mit erheblichen menschlichen Kosten.

Der Kommentator Seidler verweist auf die Tatsache, daß dem Arzt mit der Ermächtigung zur aktiven Sterbehilfe ein »Verfügungsrecht« über das Leben des Kindes zugesprochen werde. Aber dagegen ist zu sagen, daß auch wer ein Neugeborenes gezielt sterben läßt, über dessen Leben »verfügt«. Er kann sich nicht darauf berufen, an dem Geschehen kausal unbeteiligt zu sein. Einen Verzicht auf die lebensverlängernde Operation will aber auch Seidler zulassen. Der Kommentator Niemann verweist auf die Schwierigkeit, Auswahlkriterien und Indikationen für die aktive Sterbehilfe zu formulieren. Aber dagegen ist zu sagen, daß dieses Problem für die passive Sterbehilfe ebenso gilt. Es kann die Ablehnung speziell der aktiven Sterbehilfe in solchen Fällen nicht begründen. Außerdem befürchtet Niemann eine Beeinträchtigung des Vertrauens von Eltern in eine Kinderklinik, in der aktive Sterbehilfe bei Neugeborenen praktiziert worden ist. Aber ein solcher Vertrauensverlust wäre nur dann anzunehmen, wenn eine aktive Sterbehilfe gegen den Wunsch der Eltern praktiziert würde (woran niemand denkt) oder wenn von vornherein klar wäre, daß sie moralisch abzulehnen ist (was erst noch zu zeigen ist). Der eigentlichen Frage nach den Gründen, die eine so radikale ethische Differenzierung zwischen Aktiv und Passiv stützen können, wird mit merkwürdiger Konsequenz ausgewichen.

Das Scheitern der Argumentationen der Kommentatoren zu diesem speziellen Fall ist ein weiterer Beleg für das Ergebnis der vorangegangenen Überlegungen, daß eine *prinzipielle* moralische Differenzierung zwischen Aktiv und Passiv, handelndem und unterlassendem Bewirken, Töten und Sterbenlassen nicht zu rechtfertigen ist. Wenn das gezielte Töten in einem solchen Fall moralisch bedenklicher ist als das gezielte Sterbenlassen, so nicht aus prinzipiellen, sondern aus *pragmatischen* Gründen – sowohl auf der Ebene der mit solchen Fällen umgehenden Individuen als insbesondere auch auf der Ebene des Medizinsystems und der Gesellschaft insgesamt. Auch wenn das aktive Töten in dem geschilderten Einzelfall wahrscheinlich humaner gewesen wäre als das Sterbenlassen, so ist doch eine *Praxis* der aktiven Sterbehilfe bei schwerstgeschädigten Neugeborenen nicht ohne gravierende Risiken.

Schon auf der Ebene des Einzelfalls gibt es Gründe, die passive Form der Sterbehilfe der aktiven vorzuziehen. Ein Grund ist, daß die Eltern mehr Zeit haben, sich mit der Aussicht, das Kind zu verlieren, abzufinden. Sie haben Zeit zum Abschiednehmen (vgl. Harris, 1985, 41). Ein weiterer Grund ist, daß der Zeitgewinn verhindert, daß Eltern einer aktiven Sterbehilfe bei ihrem Neugeborenen zustimmen, während sie noch unter dem Einfluß des Schocks über die Krankheit ihres Kindes stehen, dies aber später bereuen. Ein dritter Grund ist, daß für eine aktive Sterbehilfe mit größerer Wahrscheinlichkeit bei allen Beteiligten Schuldgefühle zu erwarten sind. Ein Sterbenlassen erlaubt ein höheres Maß an *psychischer Distanzierung* – mag auch der vermeintlich geringere Grad kausaler Beteiligung letztlich auf einer Selbsttäuschung beruhen.

Das wichtigste pragmatische Argument ist aber auch hier wieder ein Dammbruchargument. Gerade bei schwerstgeschädigten Neugeborenen ist die Grenze zwischen berechtigter Sterbehilfe und unberechtigtem Infantizid nur mit einigem Aufwand zu sichern. Die Gefahr eines Abgleitens in den

Infantizid ist aber genau für diejenigen Formen des Behandlungsabbruchs am größten, die gemeinhin als moralisch bedenklich gelten: die aktive Tötung, das Einstellen von Nahrungs- und Flüssigkeitszufuhr und das Nichtbehandeln von Zusatzerkrankungen. Sie alle könnten im Prinzip auch dazu eingesetzt werden, nur leicht geschädigte Kinder zu beseitigen. Dagegen ist die Gefahr eines Abgleitens bei der passiven Sterbehilfe durch Abbruch der auf die schwere Schädigung selbst gerichteten Behandlung deutlich geringer. Nicht deshalb, weil in diesem Fall lediglich »der Natur« ihr Lauf gelassen wird, sondern weil diese Behandlungen nur in ganz speziellen Fällen indiziert sind.

Zweifellos kann dieses pragmatische – aber deshalb keineswegs unwichtige – Argument die weithin bestehenden Bedenken gegen eine aktive Sterbehilfe bei Neugeborenen in einem gewissen Maße nicht nur erklären, sondern auch rechtfertigen. Dennoch bleiben Zweifel, ob das Argument eines hypothetischen Dammbruchs zum selektiven Infantizid stark genug ist, das Humanitätsargument für eine aktive Tötung im Extremfall aufzuwiegen. Ist in diesen Fällen die Zumutung von irreversiblen und unbehandelbaren Leidenszuständen nicht zumindest ebenso wenig akzeptabel wie die Zustände nach einem hypothetischen Dammbruch – nur mit dem Unterschied, daß das eine real, das andere lediglich eine Möglichkeit ist? Es kann doch nicht sein, daß die Abwägung zwischen einem *realen* und einem *hypothetischen* Übel immer und notwendig für die Inkaufnahme des *realen* Übels spricht. Ist es wirklich in einem Extremfall so, daß dem Kind Qualen zugemutet werden, denen – aus der Sicht des Kindeswohls – der Tod vorzuziehen wäre, dann wäre auch das unterlassene aktive Beenden dieses Lebens moralisch nicht zu akzeptieren. Die dogmatische Berufung auf ein vermeintlich absolut geltendes Verbot der aktiven Tötung scheint hier eher einer illusorischen Gewissensberuhigung zu dienen als einer verantwortlichen Problembewältigung.

Eine verantwortliche Problembewältigung – das lehrt auch

dieser Anwendungsfall – darf sich von einer schematischen moralischen Zuordnung von Aktiv und Passiv ebensowenig leiten lassen, wie sich eine Beurteilung von Tun und Unterlassen insgesamt von einer schematischen Aufteilung des moralischen Beurteilungsspektrums leiten lassen darf. Die moralische Differenzierung zwischen Handeln und Unterlassen hat eine moralpragmatisch wichtige, aber *begrenzte* Funktion. Sie verlangt nach einer undogmatischen, kontextsensitiven und auf die einzelne Fallkonstellation Rücksicht nehmenden Handhabung – entgegen dem »craving for generality«, von dem – nach Wittgenstein (1958, 17) - zahllose sprachphilosophische Verwirrungen ihren Ausgang nehmen und der uns auch in der Ethik gelegentlich zu vorschnellen Verallgemeinerungen verleitet.

Literaturhinweise

Aiken, William / La Follette, Hugh (Hrsg.): World hunger and moral obligation. Englewood Cliffs (N. J.) 1977.

Anscombe, G. E. M.: Modern moral philosophy. In: Philosophy 32 (1958). – Dt. in: Günther Grewendorf / Georg Meggle (Hrsg.): Seminar: Sprache und Ethik. Zur Entwicklung der Metaethik. Frankfurt a. M. 1974. S. 217–243.

– Kommentar 2. In: Leist (1990) S. 362–366.

Bärwinkel, Richard: Die Struktur der Garantieverhältnisse bei den unechten Unterlassungsdelikten. Berlin 1968.

Baum, Andrew / Fleming, R. / Davidson, L. M.: Natural disaster and technological catastrophe. In: Environment and Behavior 15 (1983) S. 333–354.

Baumann, Jürgen [u. a.]: Alternativentwurf eines Gesetzes über Sterbehilfe. Stuttgart 1986.

Beauchamp, Tom L.: Antwort auf Rachels zum Thema Euthanasie. In: Sass (1989) S. 265–286.

Beauchamp, Tom L. / Childress, James F.: Principles of biomedical ethics. New York / Oxford ²1983.

Bennett, Jonathan: Whatever the consequences. In: Analysis 26 (1966). Wiederabgedr. in: Steinbock (1980) S. 109–127.

– Morality and consequences. In: Sterling M. McMurrin (Hrsg.): The Tanner Lectures on Human Values II (1981). Salt Lake City / Cambridge 1981. S. 47–116.

Bentham, Jeremy: An introduction to the principles of morals and legislation (1789). New York 1948.

Bierhoff, Hans Werner: Psychologie hilfreichen Verhaltens. Stuttgart 1990.

Bierhoff, Hans Werner / Montada, Leo (Hrsg.): Altruismus. Bedingungen der Hilfsbereitschaft. Göttingen 1988.

Birnbacher, Dieter: Verantwortung für zukünftige Generationen. Stuttgart 1988.

– Selbstmord und Selbstmordverhütung aus ethischer Sicht. In: Leist (1990) S. 395–422.

– »Natur« als Maßstab menschlichen Handelns. In: Zeitschrift für philosophische Forschung 45 (1991) S. 60–76.

Blum, Lawrence A.: Friendship, altruism and morality. London 1980.

Bockenheimer-Lucius, Gisela/Seidler, Eduard (Hrsg.): Hirntod und Schwangerschaft. Dokumentation einer Diskussionsveranstaltung der Akademie für Ethik in der Medizin zum »Erlanger Fall«. Stuttgart 1993.

Brammsen, Joerg: Die Entstehungsvoraussetzungen der Garantenpflichten. Berlin 1986.

Brandt, Richard B.: The morality and rationality of suicide. In: Rachels (1975) S. 363–387.

Brock, Dan W.: Voluntary active euthanasia. In: Hastings Center Report. März/April 1992. S. 10–22.

Brody, Baruch A. (Hrsg.): Moral theory and moral judgements in medical ethics. Dordrecht 1988.

– Life and death decision making. New York 1988a.

Brülisauer, Bruno: Moral und Konvention. Darstellung und Kritik ethischer Theorien. Frankfurt a. M. 1988.

Bundesverfassungsgericht: Entscheidungen des Bundesverfassungsgerichts. Bd. 39. Tübingen 1975.

Callahan, Daniel: Setting limits. Medical goals in an aging society. New York 1987.

Camus, Albert: Der Fall. Frankfurt a. M. 1964.

Casey, John: Actions and consequences: In: J. C. (Hrsg.): Morality and moral reasoning. London 1971. S. 155–206.

Castañeda, Hector-Neri: Causes, energy and constant conjunctions. In: Peter van Inwagen (Hrsg.): Time and cause. Essays presented to Richard Taylor. Dordrecht 1980. S. 81–108.

Childress, James F.: Who should decide? Paternalism in health care. New York 1982.

Commoner, Barry: The closing circle: Nature, man and technology. New York 1971.

Conrad, Joseph: Lord Jim. Harmondsworth 1949.

Danto, Arthur C.: Basis-Handlungen. In: Georg Meggle (Hrsg.): Analytische Handlungstheorie. Bd. 1: Handlungsbeschreibungen. Frankfurt a. M. 1977. S. 89–110.

– Basishandlungen und Basisbegriffe. In: Hans Lenk (Hrsg.): Handlungstheorien – interdisziplinär. Bd. 2 Hbd. 1. München 1978. S. 373–390.

D'Arcy, Eric: Human acts. An essay in their moral evaluation. Oxford 1963.

Darley, John G./Latané, Bibb: Wann helfen Menschen in einer Krise? In: Lück (1977) S. 100–111.

Davis, Nancy: The priority of avoiding harm. In: Steinbock (1980) S. 172–214.

Delden, J. J. M. van [u. a.]: The Remmelink study: Two years later. In: Hastings Center Report. November/Dezember 1993. S. 24–27.

Deutscher Juristentag: Recht auf den eigenen Tod? Strafrecht im Spannungsverhältnis zwischen Lebenserhaltungspflicht und Selbstbestimmung. Sitzungsbericht M zum 56. Deutschen Juristentag Berlin 1986. München 1986.

Diekstra, René F. W.: Erfahrungen in den Niederlanden: »Assisted suicide«. In: Akademie für ärztliche Fortbildung und Weiterbildung der Landesärztekammer Hessen: Suizidprävention und Sterbehilfe: Indikation – Kontraindikation. Bad Nauheim 1992. S. 87–99.

Dinello, Daniel: On killing and letting die. In: Analysis 31 (1971). Wiederabgedr. in: Steinbock (1980) S. 128–131.

Egonsson, Dan: Interests, utilitarianism and moral standing. Lund 1990.

Engelhardt, H. Tristram: Ethical issues in aiding the death of young children. In: Marvin Kohl (Hrsg.): Beneficent Euthanasia. Buffalo (N. Y.) 1975. Wiederabgedr. in: Steinbock (1980) S. 81–91.

Fair, David: Causation and the flow of energy. In: Erkenntnis 14 (1979) S. 219–250.

Feinberg, Joel: Harm to others. New York 1984. (The moral limits of the criminal law. 1.)

Fingarette, Herbert: Some moral aspects of good samaritanship. In: Ratcliffe (1966) S. 213–223.

Frank, Robert H.: Choosing the right pond. New York 1985.

Freedman, Lawrence Zelic: No response to the cry for help. In: Ratcliffe (1966) S. 171–182.

Frellesen, Peter: Die Zumutbarkeit der Hilfeleistung. Frankfurt a. M. 1980.

Frey, R. G.: Some aspects of the doctrine of double effect. In: Canadian Journal of Philosophy 5 (1975) S. 259–283.

Gallas, Wilhelm: Studien zum Unterlassungsdelikt. Heidelberg 1989.

Gert, Bernard: Die moralischen Regeln. Eine neue rationale Begründung der Moral. Frankfurt a. M. 1983.

– Morality. A new justification of the moral rules. New York / Oxford 1988.

Gillon, Raanan: Euthanasia, withholding life-prolonging treatment, and moral differences between killing and letting die. In: Journal of Medical Ethics 14 (1988) S. 115–117.

Ginters, Rudolf: Werte und Normen. Einführung in die philosophische und theologische Ethik. Göttingen/Düsseldorf 1982.

Glover, Jonathan: Causing death and saving lives. Harmondsworth 1977.

Green, O. H.: Killing and letting die. In: American Philosophical Quarterly 17 (1980) S. 195–204.

Grenzen ärztlicher Behandlungspflicht bei schwerstgeschädigten Neugeborenen. Einbecker Empfehlung. Rev. Fassung 1992. In: Ethik in der Medizin 4 (1992) S. 103 f.

Grice, H. Paul: Implizieren. In: Joachim Schulte (Hrsg.): Philosophie und Sprache. Arbeitstexte für den Unterricht. Stuttgart 1981. S. 147–155.

Gross, Hyman: A theory of criminal justice. New York 1979.

Gründel, Johannes: Grenzen der ärztlichen Behandlungspflicht bei schwerstgeschädigten Neugeborenen aus theologisch-ethischer Sicht. In: Hiersche/Hirsch/Graf-Baumann (1987) S. 73–80.

– Auf Verlangen töten? In: Universitas 46 (1991) S. 245–254.

Gruzalski, Bart K.: Death by omission. In: Brody (1988) S. 75–85.

Hanink, J. G.: On the Survival Lottery. In: Philosophy 51 (1976) S. 223–225.

Hare, R. M.: Abtreibung und die Goldene Regel (1975). In: Leist (1990) S. 132–156.

– Moralisches Denken. Seine Ebenen, seine Methode, sein Witz. Frankfurt a. M. 1992.

Hargrove, Eugene C.: Foundations of environmental ethics. Englewood Cliffs (N. J.) 1989.

Harman, Gilbert: Das Wesen der Moral. Eine Einführung in die Ethik. Frankfurt a. M. 1981.

Harris, John: The survival lottery. In: Philosophy 50 (1975). Wiederabgedr. in: Steinbock (1980) S. 149–155. In: Peter Singer (Hrsg.): Applied ethics. New York 1986. S. 87–96.

– Violence and responsibility. London 1980a.

– The value of life. London 1985.

– Ethische Probleme beim Behandeln einiger schwergeschädigter Kinder. In: Leist (1990) S. 349–359.

Hart, H. L. A./Honoré, Antony M.: Causation in the law. Oxford ²1985.

Hartmann, Nicolai: Der Aufbau der realen Welt. Berlin 1940.

Have, Henk A. M. J. ten/Welie, Jos V. M.: Euthanasia: normal medical practice? In: Hastings Center Report. März/April 1992. S. 34–38.

Heider, Fritz: Psychologie der interpersonalen Beziehungen (1958). Stuttgart 1977.

Heifetz, M. D./Mangel, C.: Das Recht zu sterben. Tötung oder Erlösung. Frankfurt a. M. 1976.

Herzberg, Rolf-Dietrich: Die Unterlassung im Strafrecht und das Garantieprinzip. Berlin 1972.

Hiersche, H.-D./Hirsch, G./Graf-Baumann, T. (Hrsg.): Grenzen ärztlicher Behandlungspflicht bei schwerstgeschädigten Neugeborenen. Berlin 1987.

Hoerster, Norbert: Beratung und Lebensrecht im Konflikt. In: Deutsches Ärzteblatt 91 (1994) S. 810–814.

Honig, Richard: Die Entwicklungslinie des Unterlassungsdelikts vom römischen bis zum gemeinen Recht. In: Festgabe für Richard Schmidt zu seinem siebzigsten Geburtstag. Bd. 1: Straf- und Prozeßrecht. Leipzig 1932. Neudr. Aalen 1979.

Honoré, Antony M.: Law, morals and rescue. In: Ratcliffe (1966) S. 225–242.

Howard, R. A./Matheson, J. E./North, D. W.: The decision to seed hurricanes. In: Science 176 (1972) S. 1191–1202.

Hruschka, Joachim: Strafrecht nach logisch-analytischer Methode. Berlin 1983.

Huston, Ted L./Korte, Chuck: The responsive bystander. Why he helps. In: Lickona (1976) S. 269–283.

Jonas, Hans: Das Prinzip Verantwortung. Versuch einer Ethik für die technologische Zivilisation. Frankfurt a. M. 1979.

Technik, Medizin und Ethik. Zur Praxis des Prinzips Verantwortung. Frankfurt a. M. 1985.

Jungermann, Helmut/Slovic, Paul: Charakteristika individueller Risikowahrnehmung. In: Wolfgang Krohn/Georg Krücken (Hrsg.): Riskante Technologien: Reflexion und Regulation. Frankfurt a. M. 1993. S. 79–100.

Kagan, Shelly: Does consequentialism demand too much? In: Philosphy and Public Affairs 13 (1984) S. 239–254.

The limits of morality. Oxford 1989.

Kamlah, Wilhelm: Meditatio mortis. Kann man den Tod »verstehen« und gibt es ein »Recht auf den eigenen Tod«? In: Hans Ebeling (Hrsg.): Der Tod in der Moderne. Königstein i. Ts. S. 210–225.

Kant, Immanuel: Gesammelte Schriften. Akademie-Ausgabe. Berlin 1902 ff.

Kaufmann, Armin: Die Dogmatik der Unterlassungsdelikte. Göttingen 1959.

Keown, John: On regulating death. In: Hastings Center Report. März/April 1992. S. 39–43.

Kleinig, John: Good Samaritanism. In: Philosophy and Public Affairs 5 (1976) S. 382–407.

Kliemt, Hartmut: »Gerechtigkeitskriterien« in der Transplantationsmedizin – eine ordoliberale Perspektive. In: Eckhard Nagel/Christoph Fuchs (Hrsg.): Soziale Gerechtigkeit im Gesundheitswesen. Berlin 1993. S. 262–276.

Koch, Claus: Ende der Natürlichkeit. München 1994.

Kruse, Lenelis: Katastrophe und Erholung – Die Natur in der umweltpsychologischen Forschung. In: Götz Großklaus /Ernst Oldemeyer (Hrsg.): Natur als Gegenwelt. Karlsruhe 1984. S. 121 bis 135.

Kühne, Hans Heiner: Geschäftstüchtigkeit oder Betrug? Kehl 1978.

Künschner, Alfred: Wirtschaftlicher Behandlungsverzicht und Patientenauswahl. Knappe medizinische Ressourcen als Rechtsproblem. Stuttgart 1992.

Kürten, Claudio: »Laßt mich doch endlich sterben!« Begegnung mit Walter G. In: Peter Godzick/Petra-R. Muschaweck (Hrsg.): Laßt mich doch zu Hause sterben. Gütersloh 1989. S. 92–103.

Kuhse, Helga: A modern myth. That letting die is not the intentional causation of death: Some reflections on the trial and acquittal of Dr. Leonard Arthur. In: Journal of Applied Philosophy 1 (1984) S. 21–38.

–　The sanctity-of-life doctrine in medicine. A critique. Oxford 1987.
　– Dt.: Die »Heiligkeit des Lebens« in der Medizin – Eine philosophische Kritik. Erlangen 1993.

Kuhse, Helga/Singer, Peter: Muß dieses Kind am Leben bleiben? Erlangen 1993.

Ladd, John: Active and passive euthanasia. In: J. L. (Hrsg.): Ethical issues relating to life and death. New York/Oxford 1979. S. 164 bis 186.

Lamb, David: Down the slippery slope. Arguing in applied ethics. London 1988.

Lamerton, Richard: Sterbenden Freund sein. Freiburg i. Br. 1991.

Larenz, Karl: Ursächlichkeit der Unterlassung. In: Neue juristische Wochenschrift 6 (1953) S. 686 f.

Leist, Anton (Hrsg.): Um Leben und Tod. Moralische Probleme bei Abtreibung, künstlicher Befruchtung, Euthanasie und Selbstmord. Frankfurt a. M. 1990.

Leist, Anton: Eine Frage des Lebens. Ethik der Abtreibung und künstlichen Befruchtung. Frankfurt a. M. 1990a.

Lerner, Melvin J.: The desire for justice and reactions to victims. In: Macauly/Berkowitz (1970) S. 205–229.

Lerner, Melvin J./Miller, Dale T.: Just world research and the attribution process: Looking back and ahead. In: Psychological Bulletin 85 (1978) S. 1030–51.

Lickona, Thomas (Hrsg.): Moral development and behavior. New York 1976.

Lück, Helmut E. (Hrsg.): Mitleid – Vertrauen – Verantwortung. Ergebnisse der Erforschung prosozialen Verhaltens. Stuttgart 1977.

Lück, Helmut E.: Prosoziales Verhalten.: Feld- und handlungstheoretische Perspektiven. In: Bierhoff/Montada (1988) S. 36–54.

Lutterotti, Markus von: Der Arzt und das Tötungsverbot. In: Medizinrecht 10 (1992) S. 7–14.

Maas, Paul J. van der [u. a.]: Euthanasia and other medical decisions concerning the end of life. In: Lancet 338 (1991) S. 669–674.

Maaß, Wolfgang: Betrug verübt durch Schweigen. Gießen 1982.

Macauly, Jacqueline R./Berkowitz, Leonard (Hrsg.): Altruism and helping behavior. New York 1970.

Mack, Eric: Bad Samaritanism and the causation of harm. In: Philosophy and Public Affairs 9 (1979/80) S. 230–259.

– Moral rights and causal casuistry. In: Brody (1988) S. 57–74.

Mackie, John L.: The cement of the universe. Oxford 1974.

Mellema, Gregory: Groups, responsibility, and the failure to act. In: International Journal of Applied Philosophy 2 (1984/85) S. 57–66.

Mildenberger, Hermann: Grenzen chirurgischer Therapie beim multipel geschädigten Kind. In: Helmuth Müller/Hermann Olbing (Hrsg.): Ethische Probleme in der Pädiatrie und ihren Grenzgebieten. München 1982. S. 204 bis 210.

Milgram, Stanley: Das Erleben der Großstadt: eine psychologische Analyse. In: Lück (1977) S. 131–144.

Mill, John Stuart: Natur (1874). In: J. St. M.: Drei Essays über Religion. Stuttgart 1984. S. 9–62.

Morillo, Carolyn R.: As sure as shooting. In: Philosophy 51 (1976) S. 80–89.

– Doing, refraining, and the strenuousness of morality. In: American Philosophical Quarterly 14 (1977) S. 29–39.

Nietzsche, Friedrich: Werke in drei Bänden. Hrsg. von Karl Schlechta. München 1966.

Nowak, Rachel: Dutch doctors call for legal euthanasia. In: New Scientist. 12. 10. 1991. S. 17.

Otto, Harro: Grundkurs Strafrecht. Allgemeine Strafrechtslehre. Ein Lernbuch. Berlin/New York 1976.

– Recht auf den eigenen Tod? Strafrecht im Spannungsverhältnis zwischen Lebenserhaltungspflicht und Selbstbestimmung. Gutachten D zum 56. Deutschen Juristentag Berlin 1986. München 1986.

Patzig, Günther: Wertvorstellungen als Leitbilder ärztlichen Handelns: Philosophische Aspekte. In: Allgemeinmedizin 16 (1987) S. 9–16.

Picht, Georg: Der Begriff der Verantwortung. In: G. P.: Wahrheit, Vernunft, Verantwortung. Philosophische Studien. Stuttgart 1969. S. 318–342.

Pijnenborg, Loes [u. a.]: Life-terminating treatment acts without explicit request of patient. In: Lancet 341 (1993) S. 1196–99.

Popitz, Heinrich: Der Begriff der sozialen Rolle als Element der soziologischen Theorie. Tübingen ³1972.

Quill, Timothy: Das Sterben erleichtern. Plädoyer für einen würdevollen Tod. München 1994.

Quine, Willard Van Orman: Die Wurzeln der Referenz. Frankfurt a. M. 1976.

Rachels, James (Hrsg.): Moral problems. A collection of philosophical essays. New York ²1975.

Rachels, James: Active and passive euthanasia. In: New England Journal of Medicine 292 (1975) S. 78–80. Wiederabgedr. in: Steinbock (1980) S. 63–68. – Dt. in: Sass (1989) S. 254–264.

– Killing and letting people die of starvation. In: Philosophy 54 (1979) S. 159–171.

Ramsey, Paul: The patient as person. Explorations in medical ethics. New Haven/London 1970.

Ratcliffe, James S. (Hrsg.): The Good Samaritan and the law. New York 1966.

Reichenbach, Bruce C.: Euthanasie und die aktiv/passiv-Unterscheidung. In: Leist (1990) S. 318–348.

Remmert, Hermann: Naturschutz. Berlin 1988.

R. G.: Eine halbe Million auf Irrwegen. In: DIE ZEIT. 21. 1. 1994. S. 24.

Riedel, Manfred: Handlungstheorie als ethische Grunddisziplin. In: M. R.: Norm und Werturteil. Stuttgart 1979. S. 17–47.

Rolston, Holmes: Environmental ethics. Duties to and values in the natural world. Philadelphia 1988.

Rosenhan, D. L./Moore, Bert S./Underwood, Bill: The social psychology of moral behavior. In: Lickona (1976) S. 241–252.

Ruhrmann, D. [u. a.]: Leidensminderung. Wunsch nach aktiver Tötung? (Säugling T. F.). In: Ethik in der Medizin 2 (1990) S. 200 bis 205.

Russell, Bruce: On the relative strictness of negative and positive duties. In: American Philosophical Quarterly 14 (1977). Wiederabgedr. in: Steinbock (1980) S. 215–231.

Sass, Hans-Martin (Hrsg.): Medizin und Ethik. Stuttgart 1989.

Schmidhäuser, Eberhard: Strafrecht. Allgemeiner Teil. Lehrbuch. Tübingen 1970.

Schönke, Adolf/Schröder, Horst: Strafgesetzbuch. München [22]1985.

Schünemann, Bernd: Grund und Grenzen der unechten Unterlassungsdelikte. Göttingen 1971.

Schweitzer, Albert: Die Weltanschauung der indischen Denker. Mystik und Ethik. München 1934.

Seebaß, Gottfried: Wollen. Frankfurt a. M. 1993.

Seelmann, Kurt: Opferinteressen und Handlungsverantwortung in der Garantenpflichtdogmatik. In: Goltdammer's Archiv für Strafrecht (1989) S. 241–256.

– Solidaritätspflichten im Strafrecht? In: Heike Jung/Heinz Müller-Dietz/Ulfried Neumann (Hrsg.): Recht und Moral. Beiträge zu einer Standortbestimmung. Baden-Baden 1991. S. 295–304.

Sidgwick, Henry: The methods of ethics. London [7]1907.

Singer, Peter: Famine, affluence, and morality. In: Aiken/La Follette (1977) S. 22–36.

– Utility and the Survival Lottery. In: Philosophy 52 (1977a) S. 218 bis 222.

– Praktische Ethik. Stuttgart 1984.

Slote, Michael A.: The morality of wealth. In: Aiken/La Follette (1977) S. 124–147.

Sloterdijk, Peter: Kritik der zynischen Vernunft. 2 Bde. Frankfurt a. M. 1983.

Slovic, Paul/Fischhoff, Baruch/Lichtenstein, Sarah: Rating the risks. In: Environment 21 (1979) S. 14–20, 36–39.

Spaemann, Robert: Nebenwirkungen als moralisches Problem. In: R. S.: Kritik der politischen Utopie. Stuttgart 1977. S. 167–183.

Stanley, John M.: The Appleton consensus: suggested international guidelines for decisions to forego medical treatment. In: Journal of Medical Ethics 15 (1989) S. 129–136.

Steinbock, Bonnie (Hrsg.): Killing and letting die. Englewood Cliffs (N. J.) 1980.

Stich, Stephen B.: Genetic engineering: how should science be controlled? In: Tom Regan/Donald VanDeVeer (Hrsg.): And justice for all. New introductory essays in ethics and public policy. Totowa (N. J.) 1982. S. 86–115.

Strafgesetzbuch. Alternativkommentar. Bd. 1. Neuwied 1990.

Strafrechtsreformkommission: 45. Sitzungsperiode. 2. Schriftlicher Bericht des Sonderausschusses für die Strafrechtsreform. BT-Drucksache V/4095.

Stratenwerth, Günter: Strafrecht. Allgemeiner Teil. Köln ²1976.

Thomas von Aquin: Summa theologica. Lat./Dt. Bd. 18. Kommentiert von Arthur F. Utz. Heidelberg/München 1953.

Thomson, Judith Jarvis: Killing, letting die, and the trolley problem. In: Monist 59 (1976) S. 204–217.

Tooley, Michael: An irrelevant consideration: Killing versus letting die. In: Steinbock (1980) S. 56–62.

– Abortion and infanticide. Oxford 1983.

– Abtreibung und Kindstötung. In: Leist (1990) S. 157–195.

Trammell, Richard: Saving life and taking life. In: Journal of Philosophy 72 (1975). Wiederabgedr. in: Steinbock (1980) S. 166–171.

Trapp, Rainer W.: »Nicht-klassischer« Utilitarismus. Eine Theorie der Gerechtigkeit. Frankfurt a. M. 1988.

Vogel, Christian: Vom Töten zum Mord. Das wirklich Böse in der Evolutionsgeschichte. München 1989.

Vollmer, Gerhard: Ein neuer dogmatischer Schlummer. Kausalität trotz Hume und Kant. In: G. V.: Was können wir wissen? Bd. 2: Die Erkenntnis der Natur. Stuttgart 1986. S. 39–52.

Wachter, Maurice A. M. de: Euthanasia in the Netherlands. In: Hastings Center Report. März/April 1992. S. 23–29.

Waismann, Friedrich: Wille und Motiv. Zwei Abhandlungen über Ethik und Handlungstheorie. Hrsg. von Joachim Schulte. Stuttgart 1983.

Wieland, Wolfgang: Strukturwandel der Medizin und ärztliche Ethik. Heidelberg 1986.

Williams, Bernard: Kritik des Utilitarismus. Frankfurt a. M. 1979.

– Utilitarismus und moralische Selbstgefälligkeit. In: B. W.: Moralischer Zufall. Aus dem Amerikan. von André Linden. Königstein i. Ts. 1984. S. 50–64.

Wittgenstein, Ludwig: The Blue and the Brown Books. Oxford 1958.

Wolf, Jean-Claude: Zur Verwendung von Gedankenexperimenten und Szenarien in der Ethik. In: Klaus Steigleder/Dietmar Mieth (Hrsg.): Ethik in den Wissenschaften. Ariadnefaden im technischen Labyrinth? Tübingen [2]1991. S. 242–256.

Wolff, Ernst Amadeus: Kausalität von Tun und Unterlassen. Heidelberg 1965.

Woolf, Virginia: Orlando. Harmondsworth 1963.

Wright, Georg Henrik von: Norm and action. A logical enquiry. London 1963.

Wunderli, Jürg: Euthanasie oder über die Würde des Sterbens. Ein Beitrag zur Diskussion. Stuttgart 1974.

Zachary, R. B.: Ethical and social aspects of treatment of Spina Bifida. In: Samuel Gorovitz [u. a.] (Hrsg.): Moral problems in medicine. Englewood Cliffs (N. J.) 1976. S. 342–348.

Zeisel, Hans: An international experiment on the effects of a Good Samaritan law. In: Ratcliffe (1966) S. 209–212.

Register

Deutsche Philosophie der Gegenwart

IN RECLAMS UNIVERSAL-BIBLIOTHEK

Bernulf Kanitscheider, Kosmologie. Geschichte und Systematik in philosophischer Perspektive. 512 S. UB 8025

Reinhard Knodt, Ästhetische Korrespondenzen. Denken im technischen Raum. 166 S. UB 8986

Hans Lenk, Macht und Machbarkeit der Technik. 152 S. UB 8989

Wolf Lepenies, Gefährliche Wahlverwandtschaften. Essays zur Wissenschaftsgeschichte. 165 S. UB 8550

Odo Marquard, Abschied vom Prinzipiellen. 152 S. UB 7724 – Apologie des Zufälligen. 144 S. UB 8351 – Skepsis und Zustimmung. Philosophische Studien. 137 S. UB 9334

Günther Patzig, Tatsachen, Normen, Sätze. 183 S. UB 9986

Alfred Schmidt, Kritische Theorie, Humanismus, Aufklärung. Philosophische Arbeiten 1969–1979. 183 S. UB 9977

Joachim Schulte, Wittgenstein. Eine Einführung. 248 S. UB 8564

Walter Schulz, Vernunft und Freiheit. Aufsätze und Vorträge. 175 S. UB 7704

Robert Spaemann, Philosophische Essays. Erweiterte Ausgabe 1994. 264 S. UB 7961

Holm Tetens, Geist, Gehirn, Maschine. Philosophische Versuche über ihren Zusammenhang. 175 S. UB 8999

Ernst Tugendhat, Probleme der Ethik. 181 S. UB 8250

Ernst Tugendhat / Ursula Wolf, Logisch-semantische Propädeutik. 268 S. UB 8206

Joachim Wehler, Grundriß eines rationalen Weltbildes. 285 S. UB 8680

Carl Friedrich von Weizsäcker, Ein Blick auf Platon. Ideenlehre, Logik und Physik. 144 S. UB 7731

Wolfgang Welsch, Ästhetisches Denken. 224 S. 19 Abb. UB 8681

Philipp Reclam jun. Stuttgart